背离技术

典型形态交易实战技法

黄凤祁◎著

人民邮电出版社

北 京

图书在版编目（CIP）数据

背离技术典型形态交易实战技法 / 黄凤祁著. -- 北京 ：人民邮电出版社，2016.12（2022.11重印）
ISBN 978-7-115-43823-2

Ⅰ．①背… Ⅱ．①黄… Ⅲ．①期权交易—基本知识 Ⅳ．①F830.91

中国版本图书馆CIP数据核字(2016)第245221号

内 容 提 要

在技术分析中，指标的种类多种多样。其实所有的指标都是万变不离其宗，最终都要归结到一个指标上，那就是MACD指标。本书详细介绍了如何通过MACD指标把握股市未来新的运行趋势，锤炼出高胜率的实战交易方法，从而提前做出有利于投资的买卖决策和操作。

本书共分为9章，以MACD指标为主线，以贴近实战的案例解读MACD指标与股价出现不同形式背离的表现，帮助读者理解典型的背离交易机会。按照交易信号交易股票，投资者不仅可以发现交易机会，而且能够在行情逆转前确认交易时机。

书中列举的一些指标用法完全颠覆了以往投资者对指标的理解，很多是大众投资者所无法想象的。通过阅读本书，广大股票投资者会让MACD指标真正成为自己手中的利器，获得更大的收益。

◆ 著　　　　黄凤祁
　　责任编辑　郑冬松
　　责任印制　周昇亮

◆ 人民邮电出版社出版发行　　北京市丰台区成寿寺路 11 号
　　邮编　100164　　电子邮件　315@ptpress.com.cn
　　网址　http://www.ptpress.com.cn
　　北京虎彩文化传播有限公司印刷

◆ 开本：700×1000　1/16
　　印张：21　　　　　　　　　2016 年 12 月第 1 版
　　字数：336 千字　　　　　　2022 年 11 月北京第 8 次印刷

定价：59.80 元

读者服务热线：(010)81055296　印装质量热线：(010)81055316
反盗版热线：(010)81055315
广告经营许可证：京东市监广登字 20170147 号

背离与买卖点

　　背离在股票交易中，就像是一个人某一天突然出现了某些异常。人们在生活和工作中出现了异常的行为，必然会有异常的心理，而小异常必然会因心理的异常导致更大的异常行为发生。股价运行也是这样，所谓的背离就是股票运行中的小异常行为信号，而这种小异常必然会导致其后股价趋势的大异常行为。因为背离现象背后有很多的必然因素：比如主力拉升或出货的心理，比如主力开始建仓的行为……这些心理或行为，必然会导致股价出现震动。因此，背离甚至可以说是股价出现趋势转变前的一种异常波动、一种信号。可以说，投资者在实战操盘中，甚至可以遵循"无背离不交易"的原则。

　　然而，并不是每一只股票都会出现背离，背离的出现有其背后深层的原因，并且大多出现在单边上涨的牛市，或是单边下跌的熊市，甚至是上涨中途的间歇，或是下跌中途的间歇。总之，无论是大趋势，还是小趋势，在转变前都会有背离出现。

　　尽管背离可以出现在这些对投资者而言的关键时刻，并且不是经常出现，但背离有很多的种类，各种技术指标背离的表现形式也有所不同，其蕴含的意义也不同，而同时，各种背离所体现出来的技术形态也是各有千秋。不同的背离揭示出来的买入或卖出意义也不同，为了让投资者能够更深入地了解背离技术，我们特写了本书。

　　为了能够让投资者能够通过本书的学习，更好地掌握背离技术，从而利用背离技术指导自己的操作，我们采取了由浅入深、循序渐进的方式，从背离最基础的知识入手，并且介绍了大盘指数与个股背离、均线背离、量价背离、K线形态背离、筹码分布背离和分时图背离；同时还专门介绍了技术指标中最为突出的两个指标的背离：MACD指标背离和KDJ指标背离，并介绍了其他较为常用的RSI、CCI、ASI等指标背离；最后，又以实战为基础，融合了各种背离技术指标，阐述了不同时间、不同周期、不同指标之间的背离共振，以及如何来利用背离技术分析判断趋势演变。

背离的原因有很多，为此，本书结合各种背离形态，在介绍各种背离种类的同时，也顺带解析了背离产生的原因。同时，考虑到股票投资无外乎买入与卖出，我们从如何通过背离形态来寻找股票的买点与卖点入手，从各种技术指标背离时的形态出发，详细向读者介绍了各种技术指标背离时的经典形态，并且利用一个个发生在投资者眼前的实际案例进行说明、判断，以图文并茂的方式呈现给读者，增强了学习中的实战氛围。

然而，背离是一种细微的指标变化，需要投资者在实际应用中始终保持冷静的心态，并通过仔细观察才能够发现——因为在背离出现之初，往往背离的程度是较轻的。另外，当一种背离出现后，还应当结合其他技术指标综合运用和观察，这样才能练就一双火眼金睛，真正准确地洞悉行情的变化，在准确捕捉住一个个背离的同时，获得更大的收益！

第1章　背离概述

　　背离是一种技术，但要做到熟练地利用背离技术来指导自己的操作，就必须先掌握什么是背离，不同周期的背离所代表的意义，背离与趋势演变的关系，不同的背离所代表的不同意义，以及不同的背离情况对行情演变的影响。只有了解了这些背离的基础知识，才能够做到根据不同的背离来把握盘中的买点与卖点。

1.1 背离的定义

1.1.1 背离

背离又称背驰，是指指数或股价在上涨或下跌的过程中，不断创出新高或新低，但是一些技术指标却不跟随其创出新高或新低。同时，背离也是指股价或指数与一些技术指标脱离原来的、正常的、通常的或是公认的轨道，或是偏离常轨、常规、习惯等运行的一种形态。

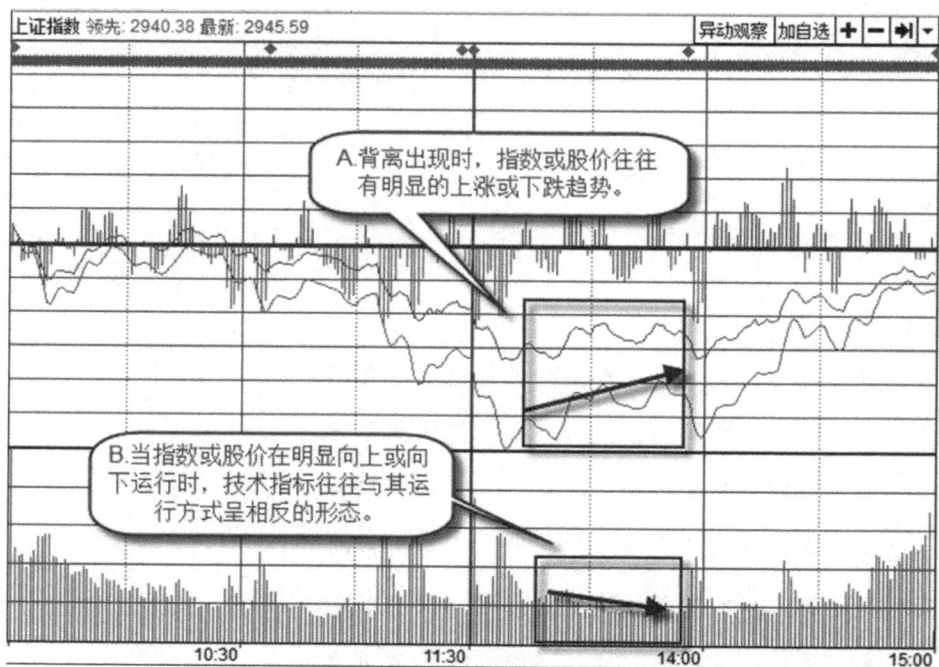

图1-1　上证指数：2016年4月28日分时图

形态特征

图1-1是上证指数（000001）2016年4月28日的分时图，其形态特征可以从以下两点分析确认：

A.背离出现时，指数或股票往往有明显的上涨或下跌趋势。

B.当指数或股票在明显向上或向下运行时，技术指标往往与其运行方式呈相反的形态。

实战案例

2016年4月28日，当上证指数经过上午的小幅横盘震荡后，上午收盘前出现放量震荡向下，午后，指数在震荡探底后缩量止跌，但在其后，领先线与最新线纷纷震荡向上运行时，成交量却出现了小幅减少，从而形成背离，说明其后指数仍然会出现向下的反复，因为没有量能的配合，很难出现持续上涨的行情。以上说明如图1-2所示。

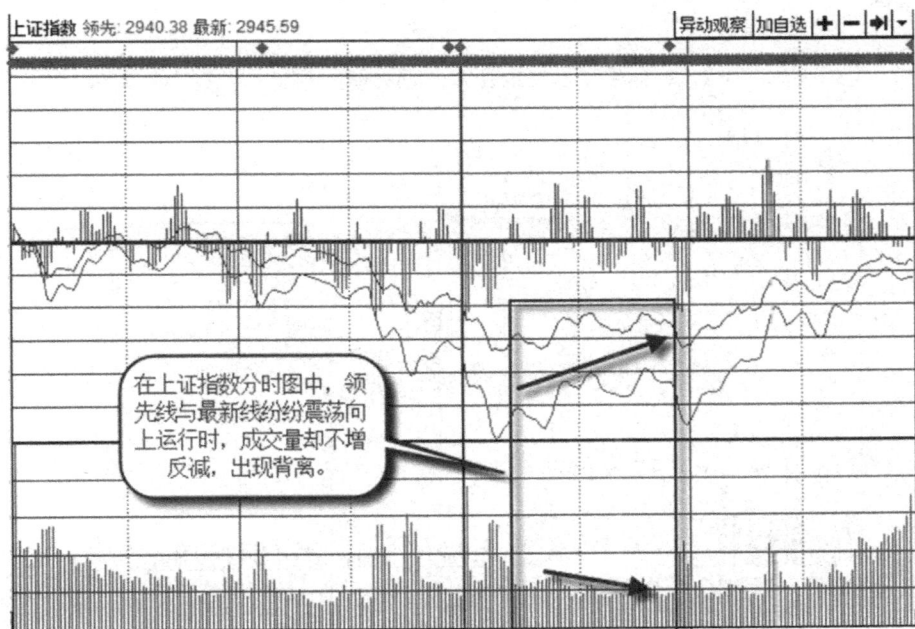

图1-2　上证指数：2016年4月28日分时图

技术要领

1.判断大盘出现背离时，应当看指数与成交量或其他技术指标，综合判断，但只要有一种指标与指数运行出现背道而驰的现象时，即为背离。

2.背离出现时，指数或股价往往会在其后改变原有的运行方向，投资者可以据此判断走势，做出买或卖的交易。

3.如果背离出现后，指数或股价即与指标重新恢复了正常，那么行情也会恢复正常，此时应以其运行的正常形态来判断行情的演变。

1.1.2 底背离

底背离，是指指数或股价在经历下跌的过程中，一些技术指标却突然出现平行或是向上运行，从而形成了指数或股票的底部低位时的背离。值得注意的是，底背离的出现往往说明跌势将尽，股价或指数开始见底回升，属于一种买入的信号。

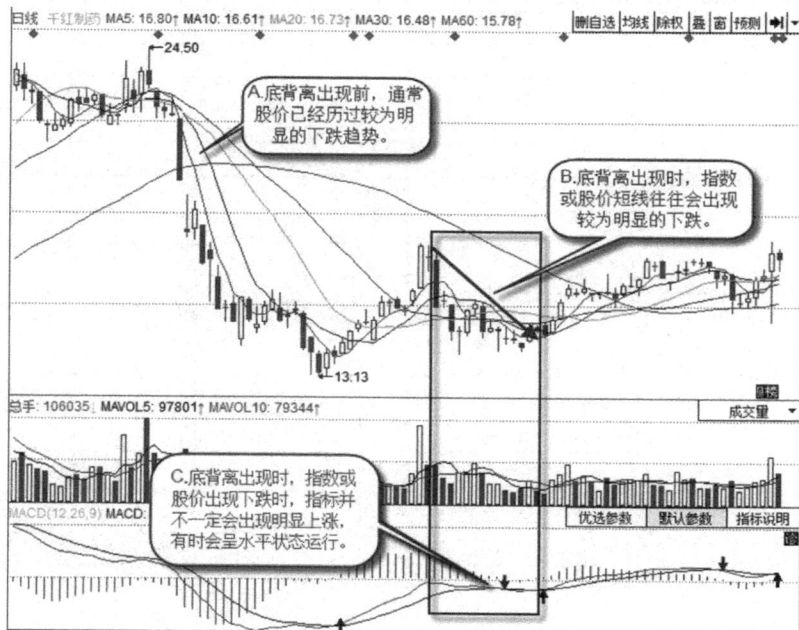

图1-3 千红制药：日线图

形态特征

图1-3是千红制药（002550）的日线图，其形态特征可以从以下三点分析确认：

A.底背离出现前，通常股价已经历过较为明显的下跌趋势。

B.底背离出现时，指数或股价短线往往会出现较为明显的下跌。

C.底背离出现时，指数或股价出现下跌时，指标并不一定会出现明显上涨，有时会呈水平状态运行。

实战案例

在经历自2015年下半年的大跌后，又经过2016年初的宽幅震荡，千红制药（002550）在经过震荡下跌后，在2016年4月26日开始的下跌过程中，MACD指标中DEA线却一直处于平行状态，与股价的上涨形成了轻度背离，因此，当背离出现后股价止跌回升时，可以短线抄底买入。以上说明如图1-4所示。

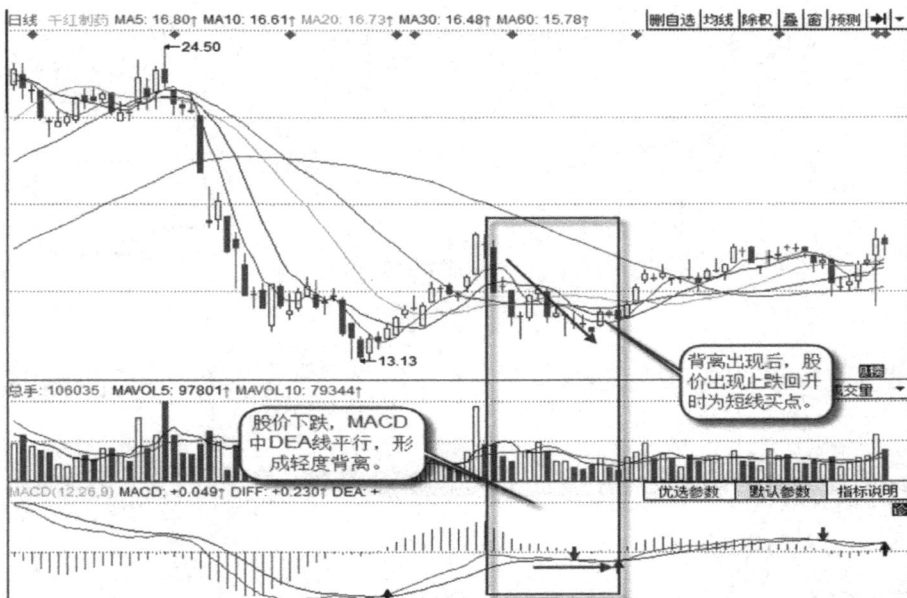

图1-4 千红制药：日线图

技术要领

1.底背离出现时，往往一次背离不能确认行情反转，但背离出现后的股价止跌时，往往是短线最佳买点。

2.底背离出现后，若要判断行情是否为反转时，应结合其他指标综合研判。

3.往往底背离多次反复出现后，说明此价格区域为低位区，而行情如果其后出现大的趋势转变，应当结合成交量等情况加以确认。

1.1.3 顶背离

顶背离，是指股价或指数在上涨趋势中，技术指标却出现了向下运行的现象。顶背离的出现，往往意味着升势开始放缓，指数或股价很难在高位企稳，甚至会出现掉头回落，因此是一种高位卖出的信号。

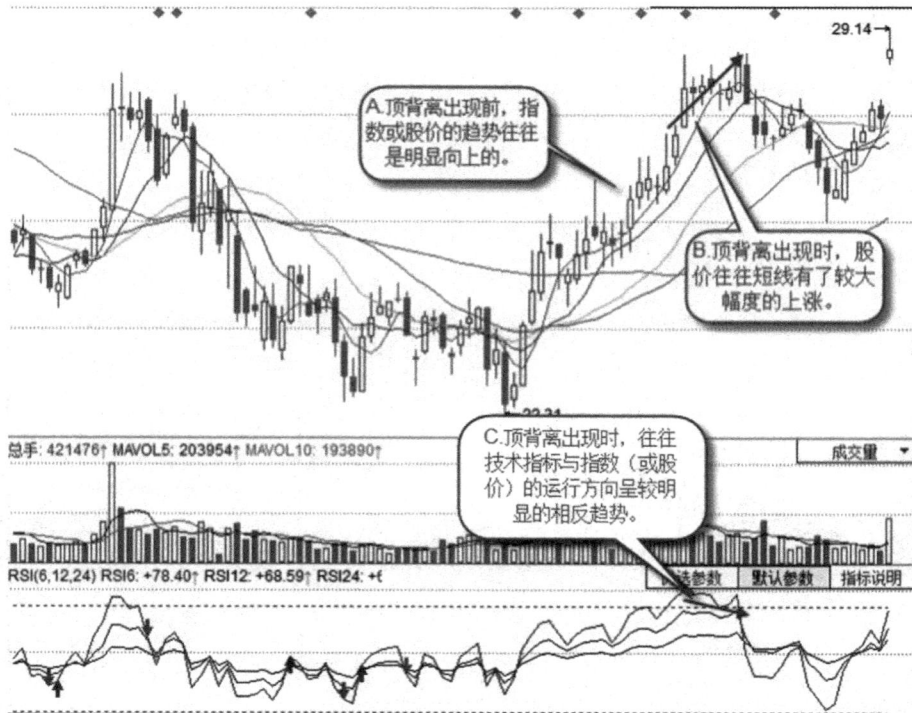

图1-5 五粮液：日线图

形态特征

图1-5是五粮液（000858）的日线图，其形态特征可以从以下三点分析确认：

A.顶背离出现前，指数或股价的趋势往往是明显向上的。

B.顶背离出现时，股价往往短线有了较大幅度的上涨。

C.顶背离出现时，往往技术指标与指数（或股价）的运行方向呈较明显的相反趋势。

实战案例

自2016年3月1日，五粮液（000858）止跌企稳上涨后，股价出现了持续的上涨，到了3月28日时股价依然在上涨，但RSI线却出现了转头向下运行的趋势，而此时大行情处于弱市行情，五粮液却已上涨了近30%，累积短期涨幅已较大，因此，应当以卖出股票为主。其后，股价果然在出现顶背离后转为下跌。以上说明如图1-6所示。

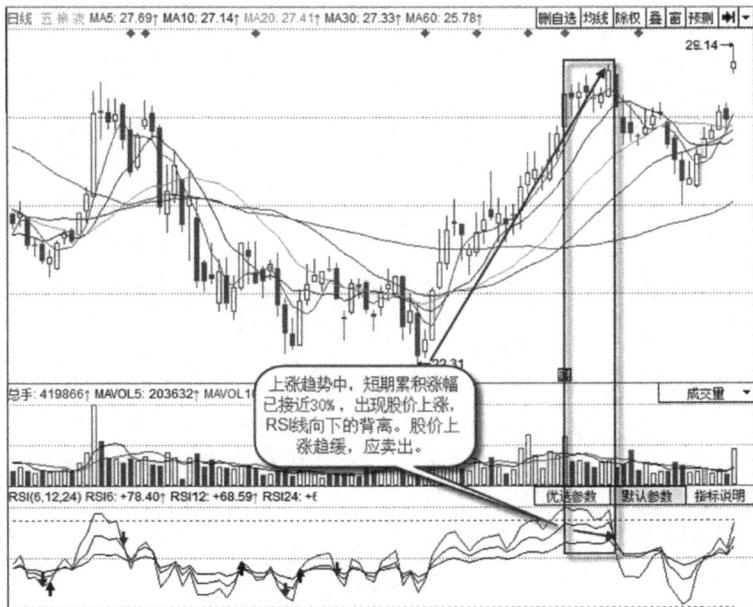

图1-6　五粮液：日线图

技术要领

1.顶背离是一种股价上冲乏力的表现，通常一次明显的顶背离即可判定高位，因此，一经出现即当及早卖出股票。

2.如果顶背离出现时，技术指标的向下趋势不够明显，属于轻度背离，说明短线股价仍有上冲的动力，此时可短线持有，但一旦发现股价开始下跌时，应及时卖出，以免高位被套。

3.如果出现轻度顶背离后，股价或指数仍有继续上冲的情况出现，但往往是主力再次拉高吸引跟风盘的表现，K线形态上，此时往往会以双顶出现。

1.2 背离的周期

1.2.1 短期背离

短期背离，是指在1分钟、5分钟、10分钟、30分钟、60分钟等短周期K线图上指数或股价出现与指标的背离，因周期较短，所以背离的时间也会极短，因此，当短周期背离出现后，行情出现的反转时间也较短，所以更适合在做T+0交易时使用。

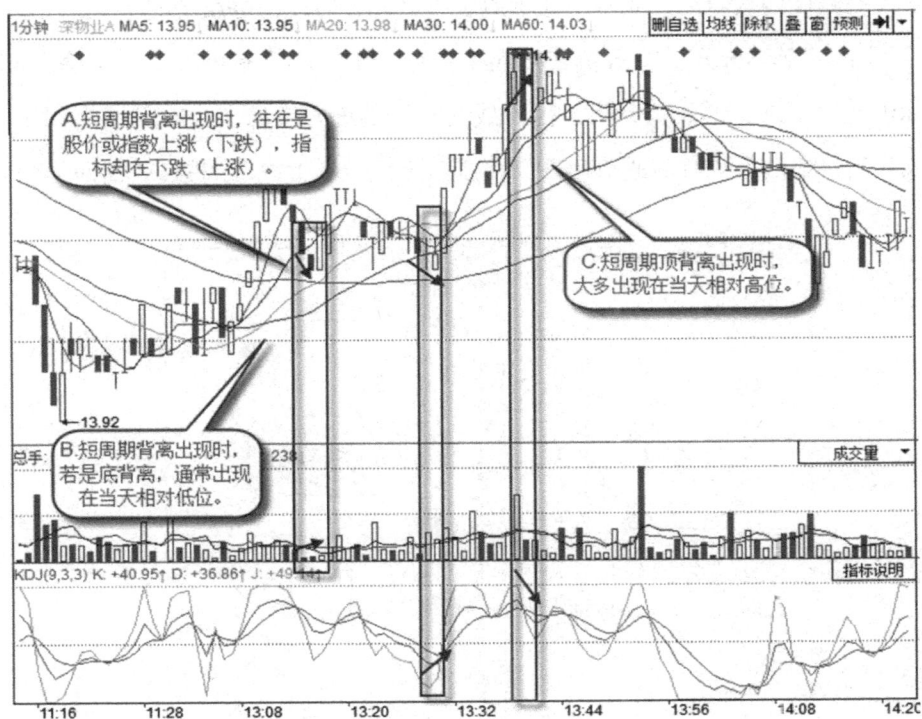

图1-7　深物业A：1分钟图

形态特征

图1-7是深物业A（000011）的1分钟图，其形态特征可以从以下三点分析确认：

A.短周期背离出现时，往往是股价或指数上涨（下跌），指标却在下跌（上涨）。

B.短周期背离出现时，若是底背离，通常出现在当天相对低位。

C.短周期顶背离出现时，大多出现在当天相对高位。

实战案例

在2016年4月29日，从深物业A（000011）1分钟图上可以看到，从13点15分开始，股价出现下跌，成交量却在放大，并很快转为阳量，与股价形成底背离，其后在29分及30分时，再次出现股价下跌，KDJ指标中的J线却在向上运行时背离，而此两次背离，股价均在相对位，因此为短线趋势反转的买点。

到了13点30分开始，股价在接连上涨过程中，成交量出现明显下降，KDJ指标也转为下跌，形成顶背离，因此成为全天的最好卖点，当时创出的14.14元也成为当日最高点，其后股价出现一路震荡走低。以上说明如图1-8所示。

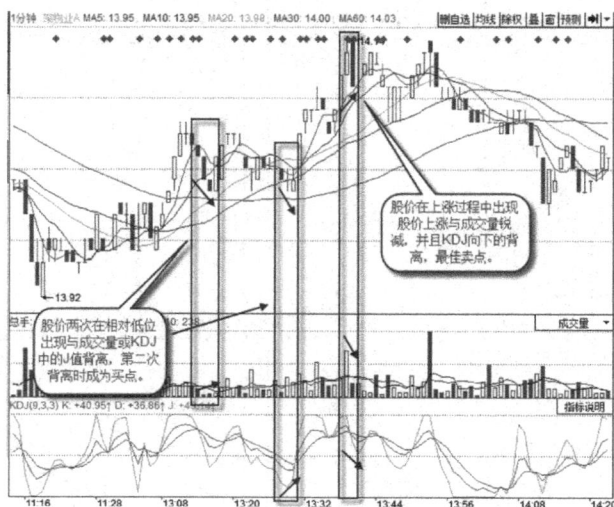

图1-8　深物业A：1分钟图

技术要领

　　1.短周期上的变化往往很短暂，所以出现底背离时，可做T+0的买入；出现顶背离时，可做T+0的卖出。

　　2.短周期背离往往时间较短，因此更适合做T+0交易，或是判断短线的趋势变化。

　　3.如果短周期图上出现底背离，往往不是全天的最低点，如果寻找低点买入则应结合其他指标，但短周期图上的顶背离，往往会成为全天的高点。

1.2.2　分时图背离

　　分时图背离，是指指数或股价的运行与技术指标的背离情况出现在大盘或个股的分时图上。同样，分时图背离也有顶背离与底背离之分。只是分时图所表达出的背离后的周期变化较短，因此，更适合短线抓买卖点。

形态特征

　　图1-9是深深宝A（000019）2016年4月26日的分时图，其形态特征可以从以下三点分析确认：

　　A.分时图背离，必须是出现在大盘或个股的分时图上。

　　B.分时图背离出现时，必须是股价或指数出现上涨（下跌），技术指标却出现与股价或指数运行方向相反。

　　C.均价线向上（下）运行，股价线却向下（上）运行，同样是一种背离。

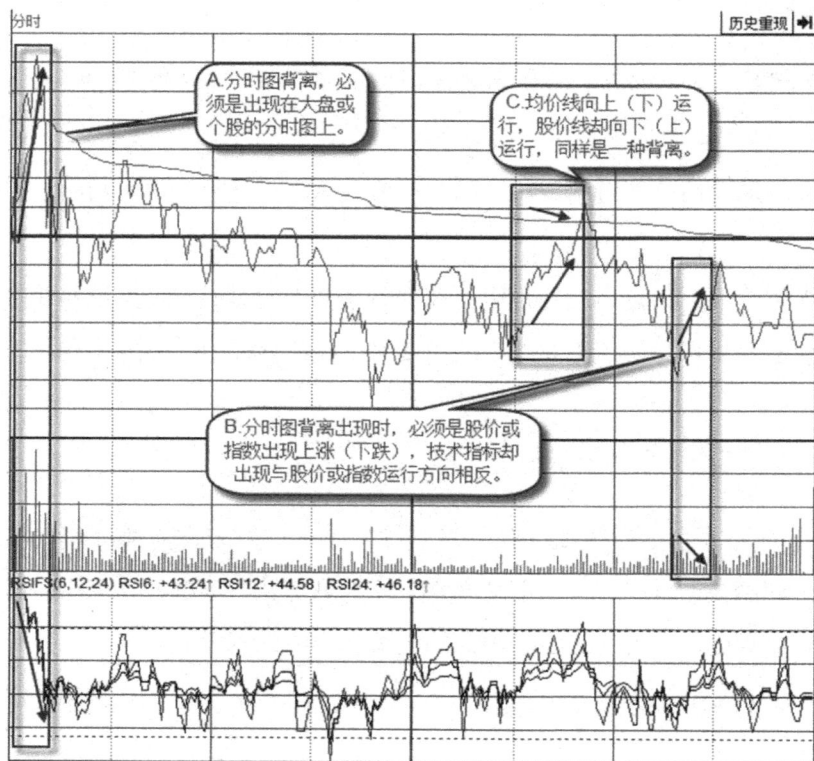

图1-9　深深宝A：2016年4月29日分时图

实战案例

在2016年4月29日的分时图上，深深宝A（000019）开盘后股价即出现了上涨，但RSI指标却出现了一路下跌的情况，背离出现，说明此时的股价冲高是主力拉高出货，因此冲高时成为全天好的卖点。其后，均线价却一直向下运行，但股价线却出现多次向上运行，这同样是一种背离。而至尾盘时，股价在探底反弹中，成交量也出现逐渐减少的背离。同一天之内，出现三种股价向上、指标向下的背离，说明短期股价处于弱势，应当在开盘高位卖出，或是多次背离后卖出。以上说明如图1-10所示。

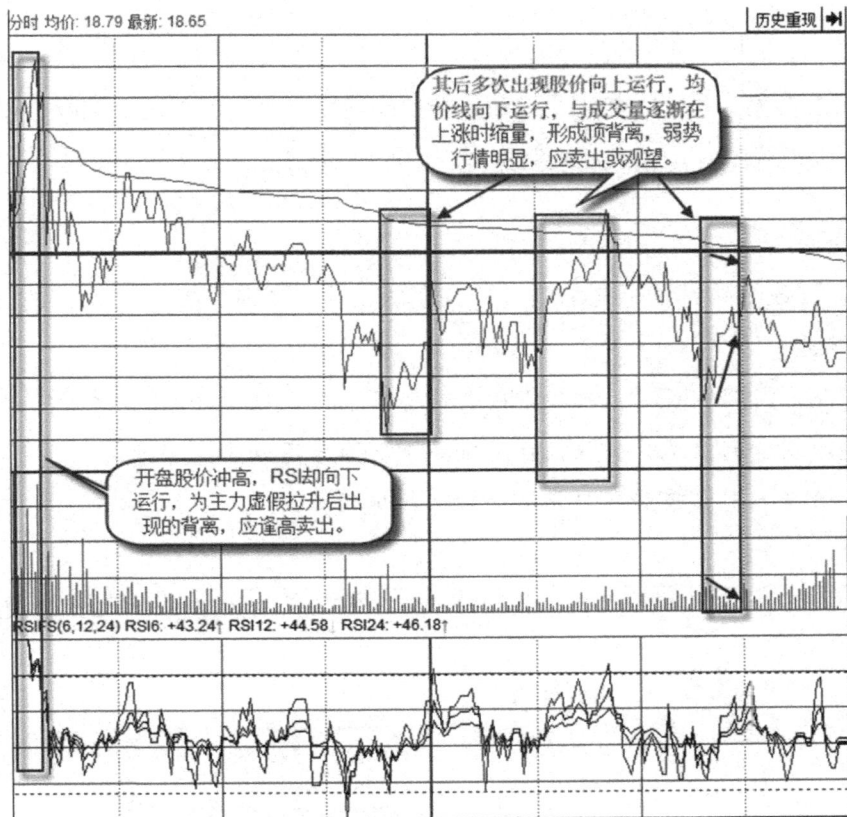

图1-10　深深宝A：2016年4月29日分时图

技术要领

1.分时图背离出现时，如果是股价向下运行时出现的指标向上的情况，为短期底背离，往往说明后市较强，可短线买入；相反，若是股价向上运行时出现的指标向下的背离，往往是顶背离，短线应当以卖出或回避为主。

2.在分时图出现背离现象时，应当结合日线、周线及大盘趋势综合判断行情，从而决定操作。

3.原则上是顶背离出现时卖出，底背离出现时买入，但如果出现的时间较短，应当根据日线形态判断是短线调整还是趋势即将反转。

1.2.3 日线背离

日线背离，是指指数或股价在日线出现与技术指标的背离。同样，日线背离也分为顶背离与底背离，是短线捕捉买卖点的良机。

形态特征

图1-11是方兴科技（600552）的日线图，其形态特征可以从以下三点分析确认：

A.日线底背离出现时，往往在股价经历下跌后的低位区。

B.日线顶背离出现时，往往是股价处于反弹的高位区。

C.日线背离时，有时不只是一种技术指标的背离。

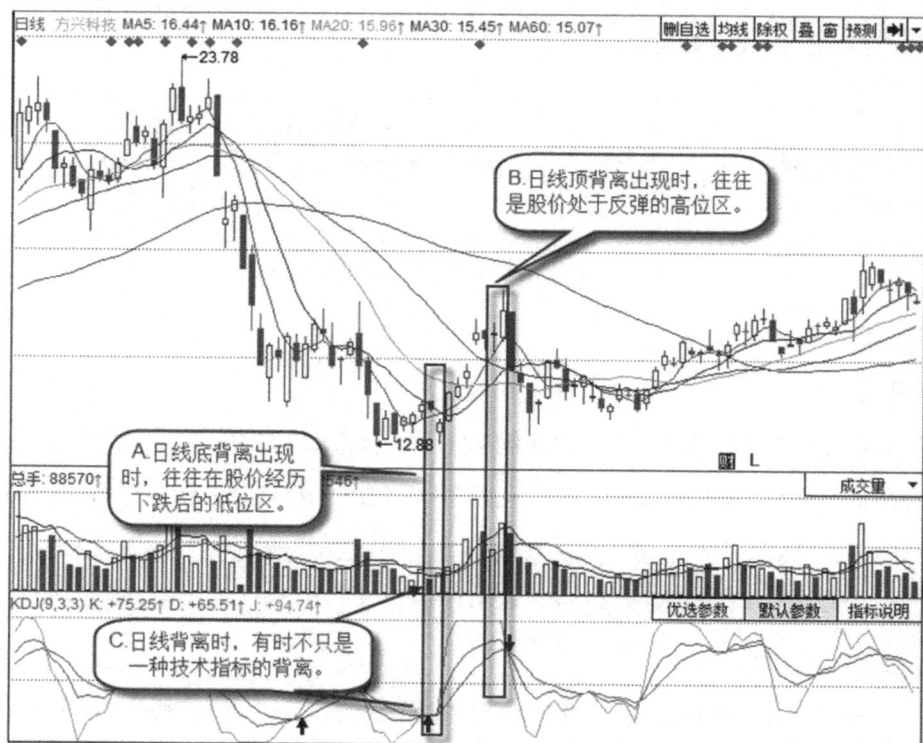

图1-11　方兴科技：日线图

实战案例

在2016年2月5日与16日，因方兴科技在期间停牌，所以在2月16日开盘后，股价突然出现补跌行情，直接向下跳空低开，但成交量却出现阳量放大，日线图上KDJ指标并未随股价下跌，而以粘合平等走势出现，形成短期底背离，成为好的买点。

股价随后一路反弹，到2月23日与24日时，股价出现了明显的放量上涨，但KDJ指标中的J线却出现了在顶部平行、甚至有拐头向下的迹象，形成顶背离，说明股价即将转势，成为阶段性高位区的卖点。以上说明如图1-12所示。

技术要领

1.日线背离通常是股价或指数短线变盘的征兆，可作为阶段性波段操作的买点与卖点的判断依据。

2.日线底背离出现时，若是首次出现，只有成交量出现明显放大的与股价趋势背离时，才可适当参与行情。

3.日线顶背离出现时，往往是阶段性的高点区，此时KDJ指标中J值的趋势相对准确，若J线在顶部平行，即使不出现拐头向下的背离，也应卖出股票。

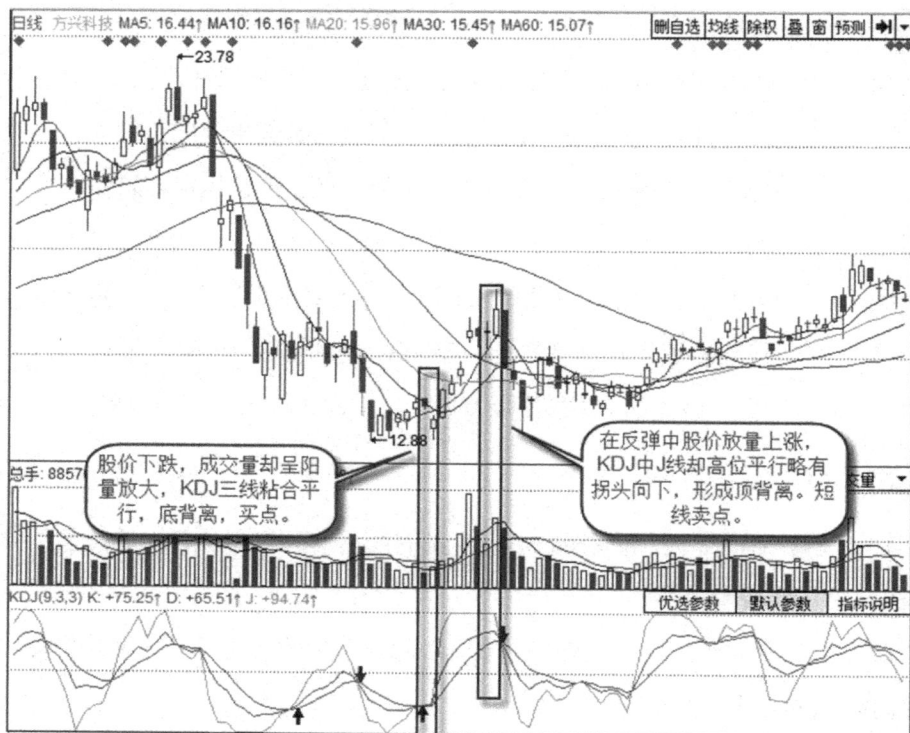

图1-12　方兴科技：日线图

1.2.4　周线背离

周线背离是一种周期较长的背离，是指在周线上指数或股价与技术指标的背离，同样分为底背离与顶背离。所不同的是，周线上的背离通常是中长线选股时判断中期买点或卖点的依据，是趋势转变的重要参照，大盘指数周线在高位区出现的顶背离往往是一轮牛市即将转熊的征兆；大盘指数长期在低位区徘徊时出现的底背离往往是漫漫熊市即将结束时的标志。

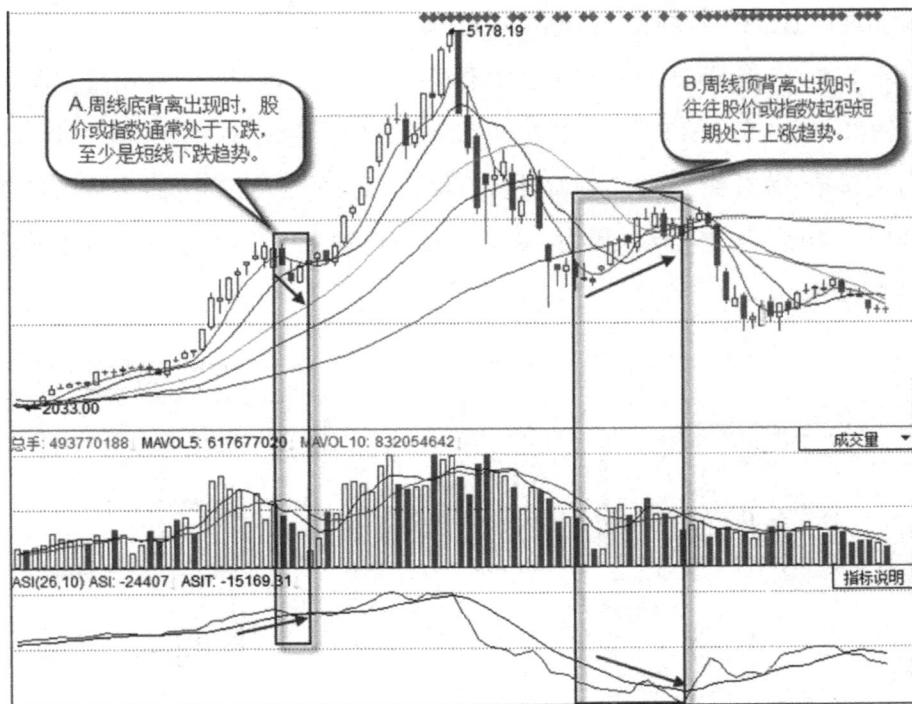

图1-13　上证指数：周线图

形态特征

图1-13是上证指数（000001）的周线图，其形态特征可以从以下两点分析确认：

A.周线底背离出现时，股价或指数通常处于下跌趋势，至少是短线处于下跌趋势。

B.周线顶背离出现时，往往股价或指数起码短期处于上涨趋势。

实战案例

上证指数在周线图上，于2015年1月16日－2月6日的上涨趋势中出现的下跌过程中，指数在下跌，但ASIT却依然处于向上的运行，出现指数与ASI指标的底背离，说明此时只是上涨趋势中的调整，并且调整即将结束，因此，可在指数背离出现后的结束下跌时，选择盘中个股买入。

　　到了2015年9月30日，在上证指数经历完一轮下跌后，开始出现震荡上涨时，ASI指标中的ASIT线却依然处于向下运行中，形成底背离，说明这一轮上涨行情只是下跌中继出现的反弹行情，而不是行情的反转，所以此时应当在背离结束时，选择在高点卖出。因为，其后，行情仍然将回归下跌走势。以上说明如图1-14所示。

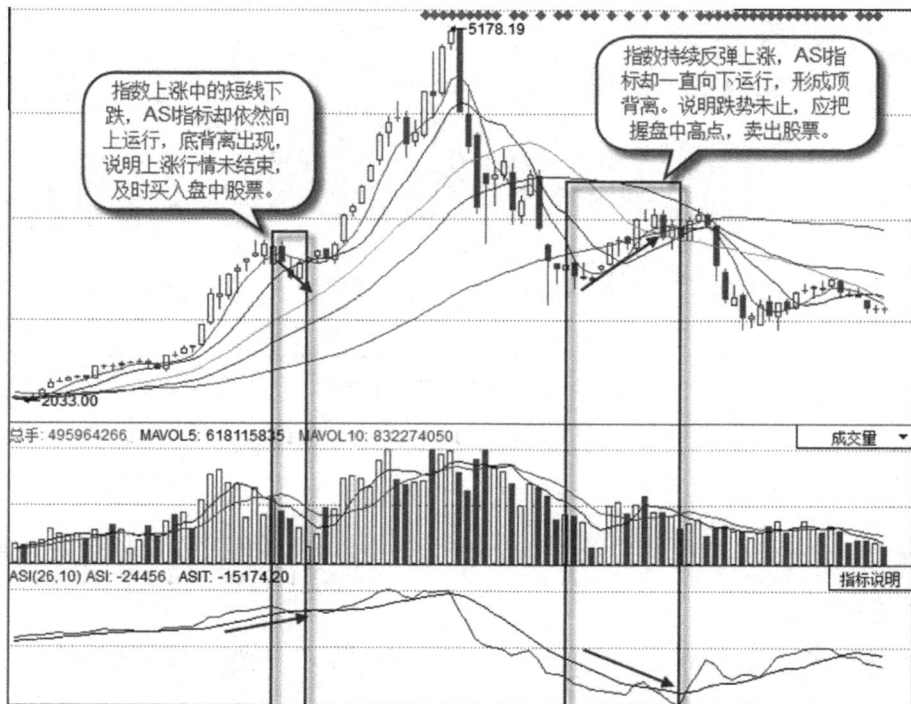

图1-14　上证指数：周线图

技术要领

　　1.周线底背离如果出现在长期低位震荡区域时，往往说明趋势即将反转，是中线买入的机会；如果周线底背离出现在上涨行情的下跌时，往往是调整行情结束的表现，应在股价出现明显上涨时果断参与。

2.如果周线顶背离出现在上涨趋势中时，往往是顶部即将形成时期，此后行情将转熊，应果断中线卖出股票；如果周线顶背离出现在下跌趋势中的反弹行情时，只是短期反弹行情，可适当参与，但背离结束时应果断卖出股票。

3.无论指数还是股价，在周线上出现的背离，往往即时行情不会表现得太过明显，因此，投资者如果要准确捕捉行情短线的变化，应当结合周线上的变化去观察短期K线图的变化。

1.2.5 月线背离

月线背离，是指股价或指数出现在月线上的与技术指标背离的现象。通常，因月线反映的周期较长，所以，月线上的背离往往是长线操作者观察趋势转变的参考。如果月线上出现顶背离时，是长线卖出的信号；如果月线上出现底背离，往往是长线抄底的信号。

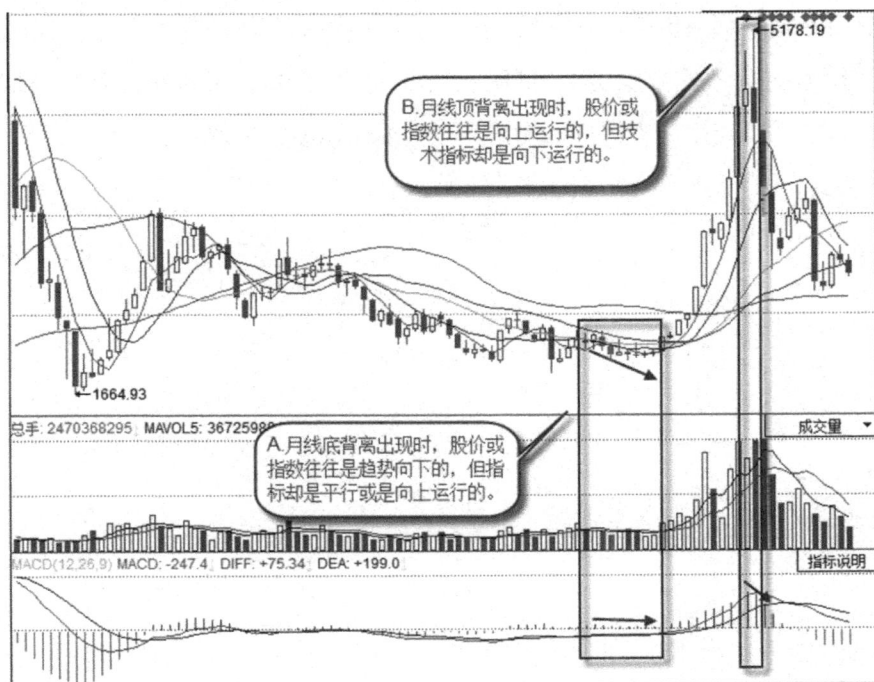

图1-15 上证指数：月线图

形态特征

图1-15是上证指数（000001）的月线图，其形态特征可以从以下两点分析确认：

A.月线底背离出现时，股价往往是趋势向下的，但指标却是平行或是向上运行的。

B.月线顶背离出现时，股价或指数往往是向上运行的，但技术指标却是向下运行的。

实战案例

在上证指数月线图上，在2013年9月－2014年6月30日期间，上证指数在持续震荡下跌中，但MACD指标中的DIFF线却与DEA线粘合平行，形成底背离，说明下跌行情即将结束，长线投资者可在背离出现后行情出现明显上涨时选择买入。

到了2015年4月30日－5月30日时，上证指数依然在继续上涨，但成交量却出现了明显减少，形成顶背离，说明跟风盘减少，行情即将转变，因此，长线持股者可在月线顶背离出现时选择卖出。以上说明如图1-16所示。

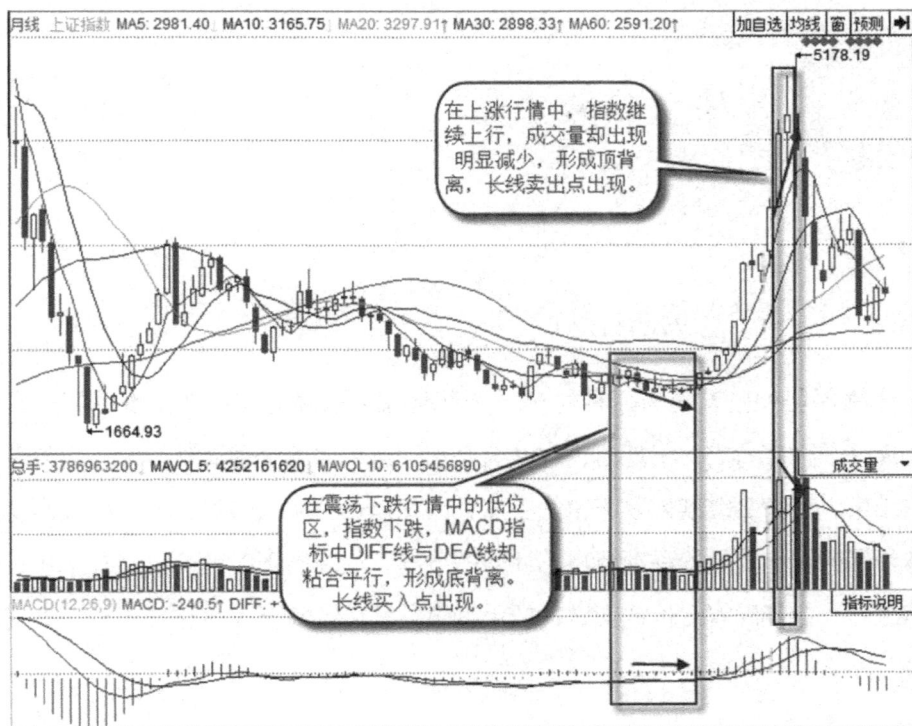

图1-16　上证指数：月线图

技术要领

1.月线背离是一个长周期的背离，适用于长线投资者，但从月线的背离中却可以看出行情长线的转变迹象。

2.作为短线投资者而言，可以根据月线的背离来掌握长线趋势，以更好地根据长线趋势指导短线操作。

3.月线背离的出现，并不是说出现底背离或顶背离时，就会买到低价或卖到高价，只是趋势上的一种即将转变的提示，具体的买卖点，还要根据日线或周线的提示具体把握。

1.3 背离与趋势演变

1.3.1 上涨趋势中的背离

上涨趋势中的背离有两种情况：一种是在上涨趋势初中期出现的背离，这种背离是一种底背离，出现后，往往会是上涨过程中的一种调整行情，但随着背离的结束，行情会继续恢复正常的上涨，因此是一种买入信号；另一种是出现在上涨晚期的背离，是一种顶背离，此时的背离，往往出现时股价已经有了较大幅度的上涨，会伴随着股价或指数的较大振幅，其后行情会发生逆转，是一种卖出信号。

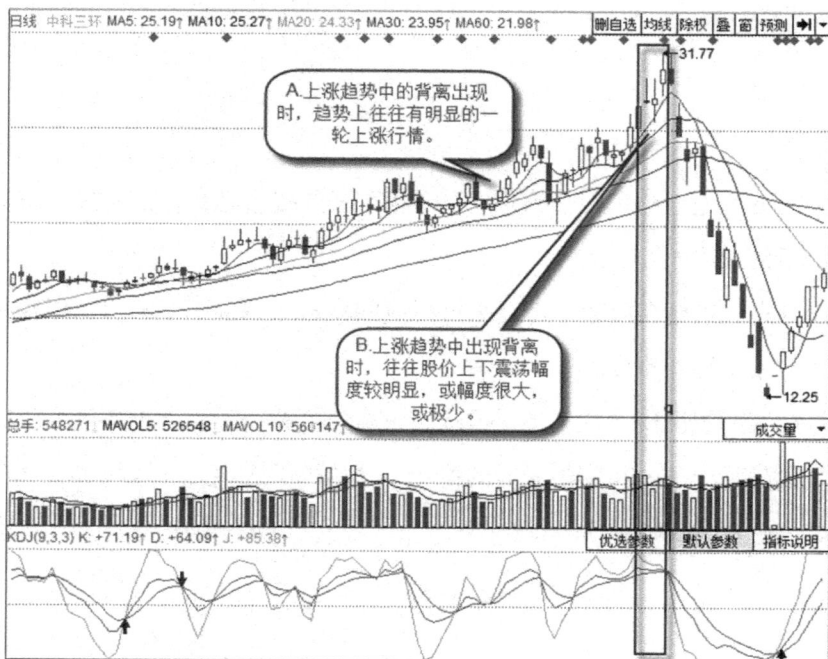

图1-17 中科三环：日线图

形态特征

　　图1-17是中科三环（000970）的日线图，其形态特征可以从以下两点分析确认：

　　A.上涨趋势中的背离出现时，趋势上往往有明显的一轮上涨行情。

　　B.上涨趋势中出现背离时，往往股价上涨，技术指标却在向下运行。

实战案例

　　经过前期大幅上涨后，中科三环在2015年6月15日、16日、17日出现了持续上涨，但KDJ中的J线却出现了向下的相反运行，形成顶背离，且股价每日上下振幅较大，说明此时盘中出现分歧，股价一冲高即引发卖盘。此时，应当以卖出股票为主，因一旦背离消失，股价将转势运行。以上说明如图1-18所示。

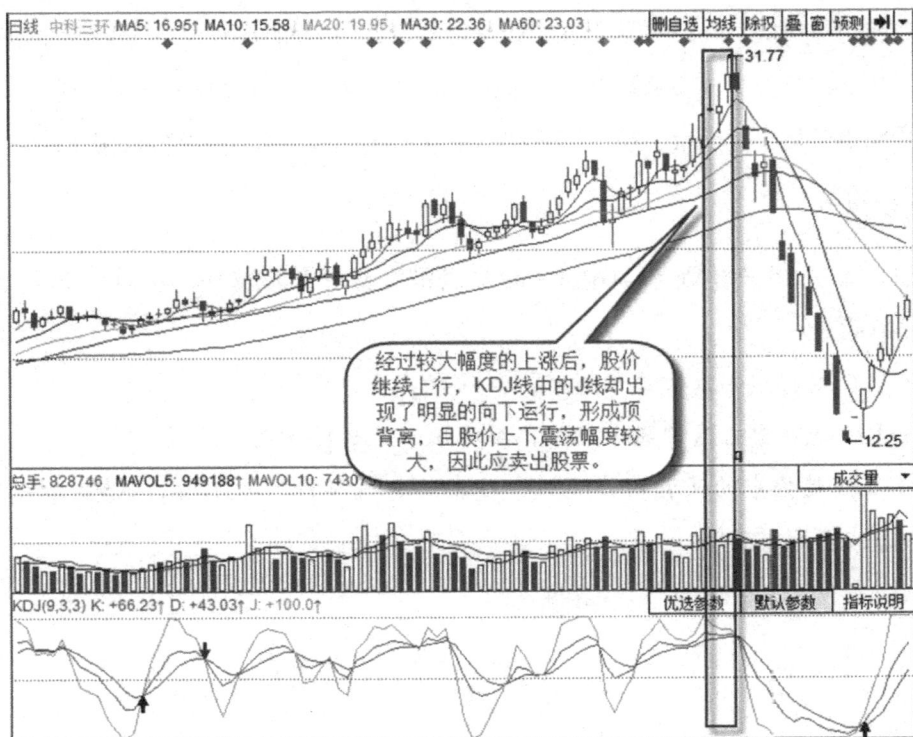

图1-18　中科三环：日线图

技术要领

1.上涨趋势中出现底背离时，必须确保中期趋势是向上的，否则底背离不能确认为调整结束。

2.上涨趋势中，一旦出现顶背离时，往往股价已经过了大幅上涨，是股价即将转势时的征兆，因此应果断卖出，而不要心存幻想。

3.上涨中继出现的底背离，往往会呈下跌缩量的情况，一旦结束背离趋势，将放量上涨重拾升势，因此应果断买入。若是背离后未出现放阳量上涨，则说明调整尚未结束，应短线继续观望，调整结束时再行买入。

1.3.2　下降趋势中的背离

下降趋势中的背离，是指出现在起码中期趋势时向下的背离。此时，同样会出现两种情况：一是震荡下跌中的底背离，此时的底背离往往不具有买入的意义，是下跌过程中成交量逐渐萎缩后的一种假背离；二是反弹中的顶背离，此时往往说明反弹已经结束，趋势即将回归下跌，因此是反弹结束时的卖出信号。

形态特征

图1-19是创兴资源（600193）的日线图，其形态特征可以从以下三点分析确认：

A.下跌趋势中的顶背离出现时，往往行情处于反弹之中。

B.下跌趋势中的顶背离出现时，往往短期已出现一定的涨幅。

C.下跌趋势中的底背离出现时，往往指数或股价跌幅不大，技术指标的向上力度也很小。

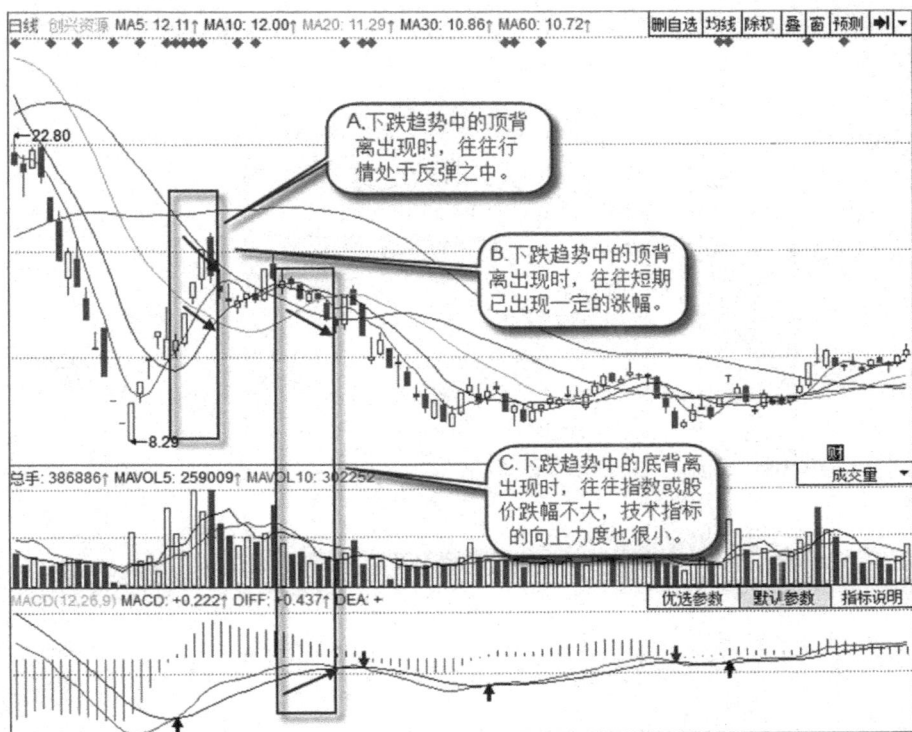

图1-19 创兴资源：日线图

实战案例

创兴资源在经历2015年6月初到7月初的暴跌后，于7月9日开始超跌反弹，但10日线与30日线却一直在反弹中与股价出现背离，即股价上涨，10日与20日线却在一直向下运行，形成顶背离。因此，当背离结束时，即是反弹结束的象征，应及时卖出股票。

在其后股价震荡下跌过程中，2015年12月21日出现下跌时，MACD中的DIFF线与DEA线却出现了向上运行，但向上运行的幅度很小，显示力度较弱，虽然形成底背离，但此时趋势正在下跌，因此是一种假背离，其后往往会出现短暂的反弹后再次回归下跌，因此往往不可参与，反而应借反弹之际以卖出股票为主。以上说明如图1-20所示。

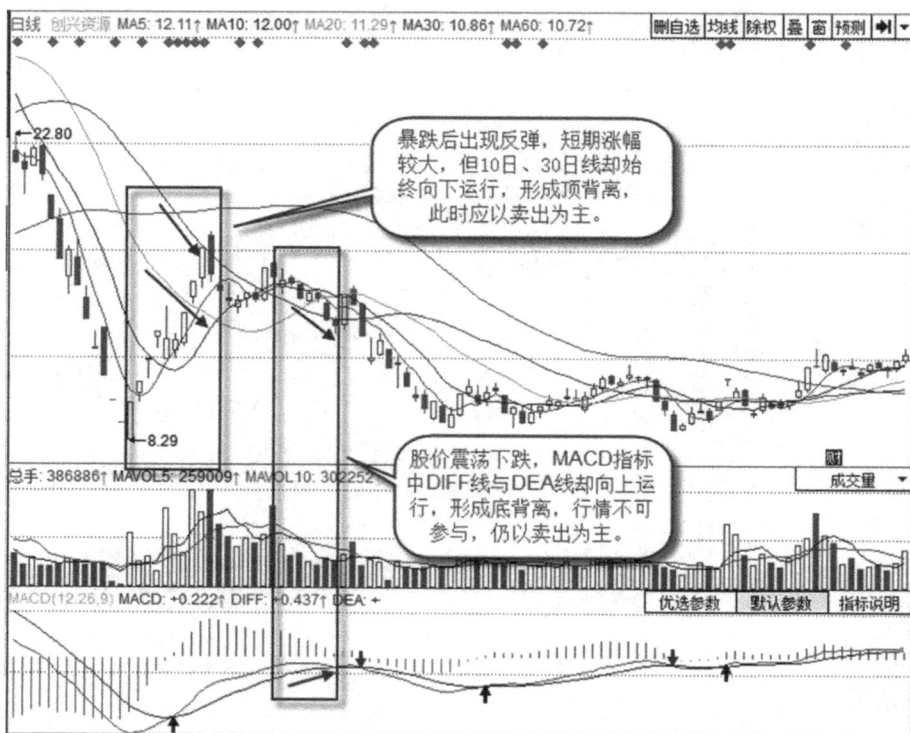

暴跌后出现反弹，短期涨幅较大，但10日、30日线却始终向下运行，形成顶背离，此时应以卖出为主。

股价震荡下跌，MACD指标中DIFF线与DEA线却向上运行，形成底背离，行情不可参与，仍以卖出为主。

图1-20　创兴资源：日线图

技术要领

1.下降趋势中的底背离出现时，往往是一种止跌的假象，因此不可参与行情，反而应以卖出为主，因为其后出现的反弹往往时间很短。

2.下降趋势中的顶背离出现时，应结合成交量、大盘等其他反对票来判断，一旦发现股价上涨乏力时，应果断离场，不可过贪。

3.只有股价或指数经过较长时间的下跌震荡后出现的多次底背离，"底"的意义才更有可靠性。

1.4 背离与行情转换

1.4.1　一次高位顶背离

大多数情况，背离如果出现在高位区，这种背离较为可靠，通常一次的高位顶背离即可确定行情即将转势，因此是一种强烈的卖出信号。

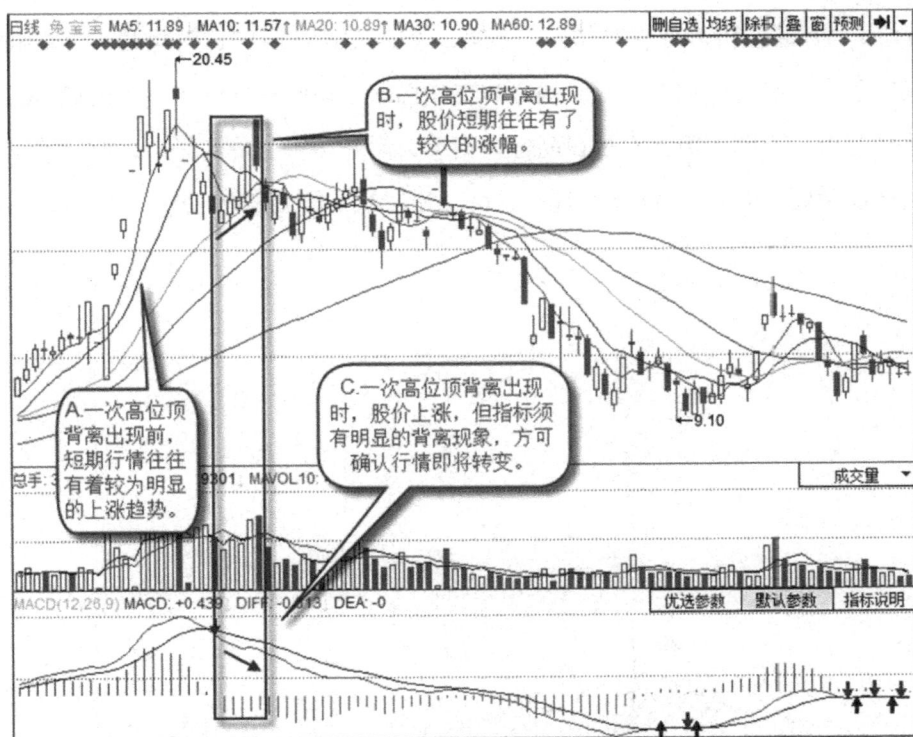

图1-21　兔宝宝：日线图

形态特征

图1-21是兔宝宝（002043）的日线图，其形态特征可以从以下三点分析确认：

A.一次高位顶背离出现前，短期行情往往有着较为明显的上涨趋势。

B.一次高位顶背离出现时，股价短期往往有了较大的涨幅。

C.一次高位顶背离出现时，股价上涨，但指标须有明显的背离现象，方可确认行情即将转变。

实战案例

经过了2015年10月20日至30日的快速上涨后，兔宝宝在短时间内涨幅接近了100%，其后股价开始在高位震荡调整，到2015年11月6日时止跌，并由此开始恢复了上涨行情。然而，此时的MACD指标却是呈明显的向下运行的趋势，出现了顶背离。说明行情并不是在高位企稳了，而是即将出现转势，因此，投资者应当在顶背离出现时，及时选择在高位卖出股票。以上说明如图1-22所示。

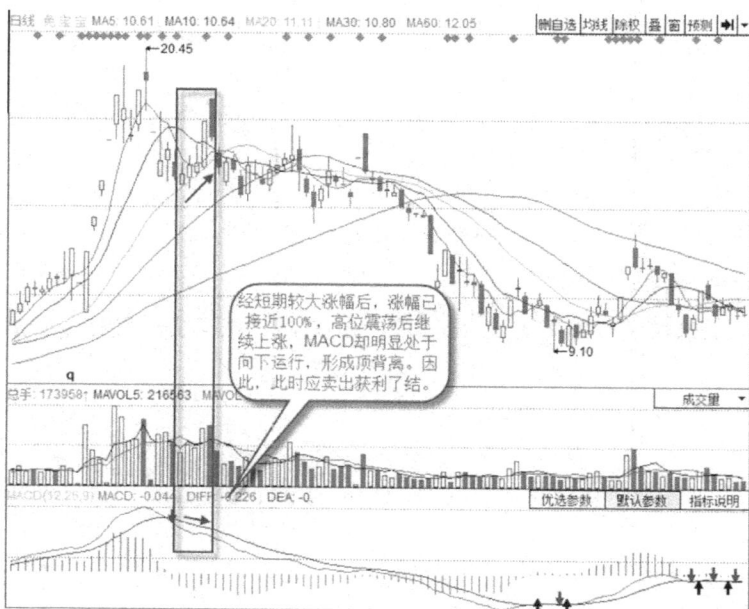

图1-22　兔宝宝：日线图

技术要领

1.高位一次顶背离，在大多数情况下，是一种行情即将转换的象征，实现率较高，因此，是一种卖出信号，应果断卖出，而不应再期待。

2.高位顶背离如果出现时不太明显，或时间较短，比如日线上只有一日行情时，往往不应果断做出转势的判断，应继续观察后决定是否上涨行情已走到尽头。

3.在研判高位顶背离时，MACD指标相对于其他指标出现的背离较为准确。

1.4.2　多次底背离

多次背离，是指股价或指数在运行过程中，至少有两次以上的背离出现。这种情况出现时，应当首先研判大的趋势：当行情长期处于弱势震荡时，多次底背离的出现，往往会成为行情反转的信号，但要综合其他情况具体研判，比如背离后是否成交量持续阳量放大，政策是否有多重利好等。

形态特征

图1-23是江粉磁材的日线图，其形态特征可以从以下三点分析确认：

A.多次底背离出现前，往往有着较明显的震荡下跌走势。

B.多次底背离出现时，往往是在大跌后的末端，出现时下跌的趋势已减缓。

C.多次底背离出现后，若要确定行情是否转势，应结合其他指标。

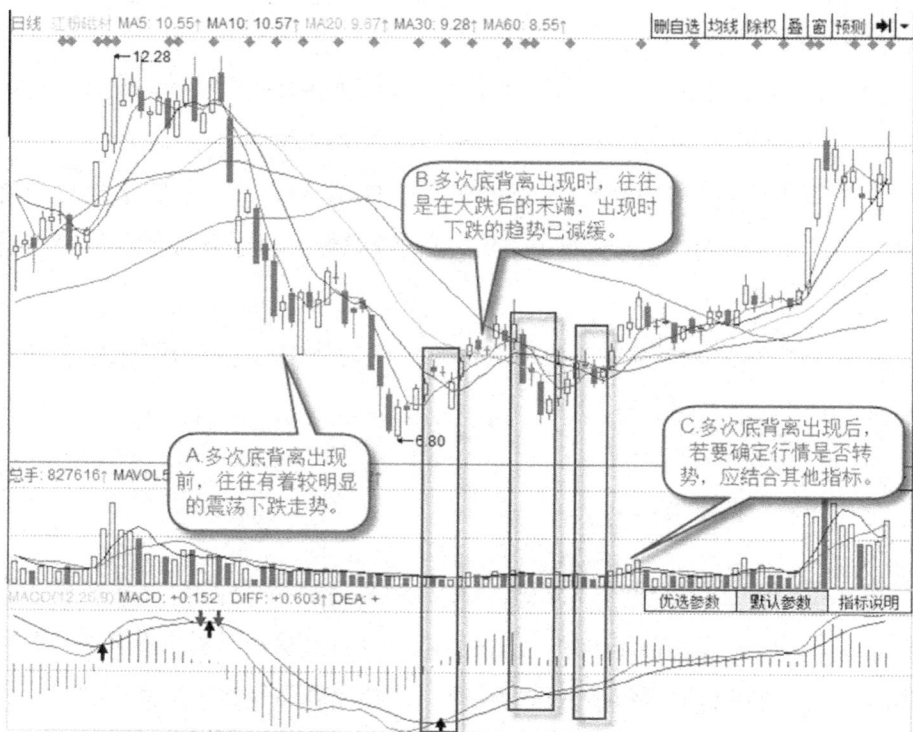

图1-23　江粉磁材：日线图

实战案例

　　在经历2015年下半年的大跌和其后的震荡行情时，江粉磁材（002600）在经历了2016年1月的下跌后，股价企稳，涨跌幅变小，在2016年2月4日、5日、15日三个交易日的下跌中，MACD却出现了向上运行的情况，形成底背离；2月25日、26日、29日，股价持续下跌，MACD中的DEA线却依然向上，再次形成底背离；3月15日、16日，股价下跌，MACD中DIFF线与DEA线依然向上运行，第三次出现底背离。接连三次的底背离都发生在股价的低位区，而此时大盘行情也开始转好，江粉磁材也在多次底背离出现后，成交量出现明显的逐级增长，行情也在震荡后变为上涨趋势。因此，投资者可在多次底背离出现后的成交量稳步增加中选择买入。以上说明如图1-24所示。

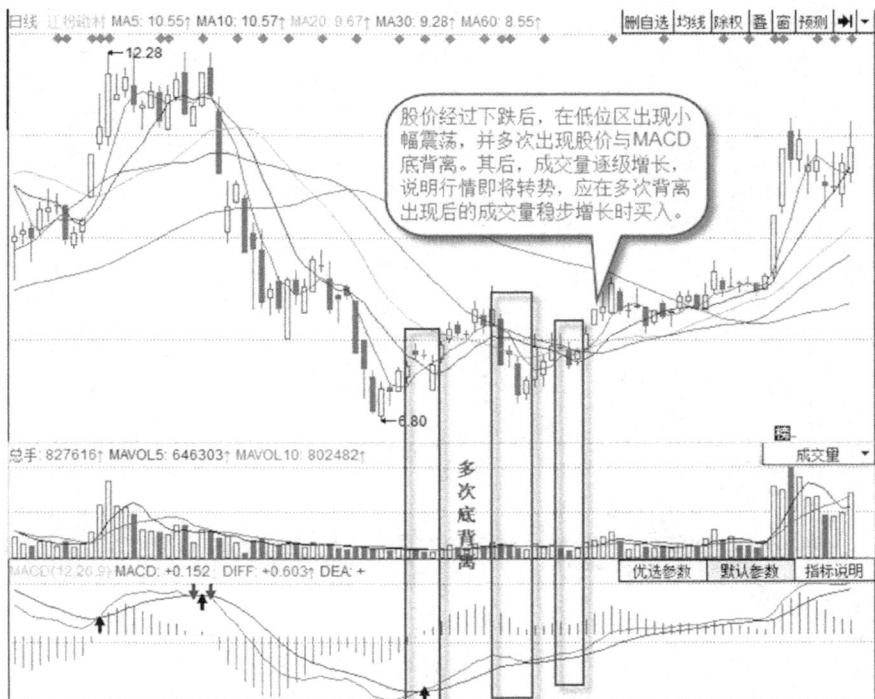

图1-24　江粉磁材：日线图

技术要领

　　1.在震荡行情中多次出现的底背离与顶背离，往往是行情分歧较大，其后仍会归于反复震荡。

　　2.如果是在上涨趋势中反复出现底背离，则股价或指数出现持续上涨的逼空行情的概率会大些，即使参与，也应快进快出。

　　3.底背离多次出现低位区后，一定要结合其他指标，及大盘行情来综合判断。

第2章
大盘指数与个股背离典型买卖形态

背离不仅会发生在个股身上，同样会发生在大盘指数的运行中，但大盘指数同样也会与盘中个股出现背离的走势，因此在了解个股背离之前，应当先知道大盘背离的各种形态。因为大盘与个股在分时图上有着不同形态，所以会出现离奇的双线背离。同时，大盘与个股背离时，同样个股会出现许多的买入形态与卖出形态，所以，只有掌握了大盘在不同状态下发生的与个股背离状况，才能更为准确地把握好行情和买卖点。

2.1 双线背离

2.1.1　指数上涨，"二八"背离

在双线背离中，指数上涨、"二八"背离指的是：正常的情况下，指数上涨，会是以代表大盘股指数的领先线引领盘行情上涨的，而当大盘上涨时，却出现代表小盘股指数的最新线位于领先线之上的情况，也就是小盘股指数带领大盘股上涨，这就是双线背离。这种双线背离的"二八"现象出现时，说明盘中的上涨是由少数的小盘来引领行情，一旦大盘股出现下跌，那么行情很容易出现下跌，小盘股引领的上涨行情往往不会持久。因此，指数上涨中出现的"二八"背离，往往表明行情难以持久，所以是一种卖出的信号。

形态特征

图2-1是上证指数（000001）2016年4月6日的分时图，其形态特征可以从以下三点分析确认：

A.指数上涨、"二八"背离出现时，行情往往是上涨行情。

B.指数上涨、"二八"背离出现时，领先线位于最新线之上，且两条线的间距较大。

C.指数上涨、"二八"背离出现时，都是出现在大盘分时图上。

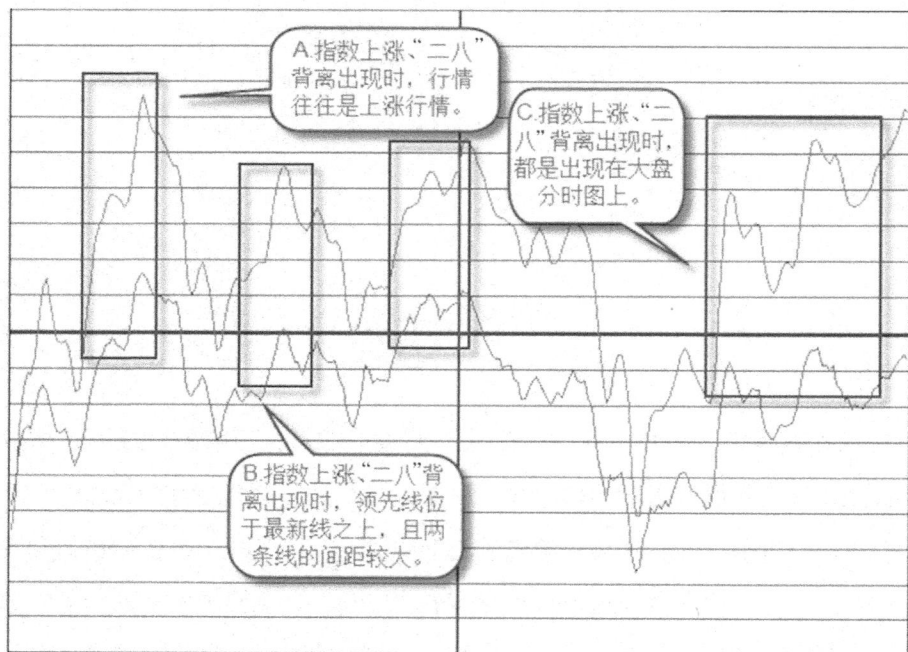

图2-1　上证指数：2016年4月6日分时图

实战案例

在短线接连上涨过程中，上证指数在2016年4月6日时，其分时图上出现了指数上涨，领先线出现了向上远离最新线的运行，说明此时的上涨行情出现"二八"背离，即代表小盘股的领先线在引领着大盘上涨，而占指数比重较高的大盘股却落后于上涨行情。说明当前的这种上涨难以持久，因为小盘股（领先线）所占指数比重很小，却在领涨，而一旦代表大盘股的最新线出现下跌，则行情很容易出现逆转。因此，这种双线背离的"二八"现象出现时，应当随时观察大盘股的动向，一旦出现大盘股下跌时，应及时卖出涨幅较大的小盘股。以上说明如图2-2所示。

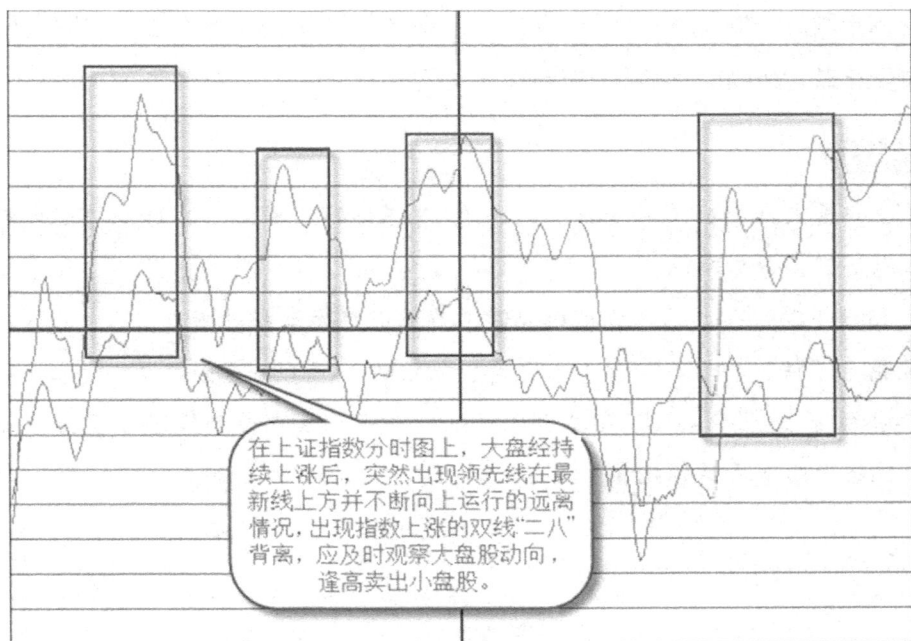

图2-2　上证指数：2016年4月6日分时图

技术要领

　　1.指数上涨过程中的"二八"背离，往往是研判趋势的一种有效方法，也是行情出现短期转变的征兆，因此出现时应当逢高卖出小盘股。

　　2.在大盘指数持续反弹过程中，经常会出现这种"二八"背离现象，往往是反弹即将结束时的表现，所以对行情短线的研判具有较高的参考价值。

　　3.如果这种"二八"现象出现在指数上涨初期，往往说明是小盘股率先出现领涨，此时应当卖出大盘股，买入小盘股。

2.1.2　指数下跌，"二八"背离

　　指数下跌、"二八"背离，指的是：在大盘分时图上，当指数出现下跌时，代表小盘股的领先线在代表大盘股的最新线之下运行，并出现远离最新线运行。这种情况的出现，往往说明盘中小盘股在领跌，而通常的情况下，大盘领跌

都是占指数成分较大的最新线领跌，而这种背离恰好是小盘股领跌，说明大盘股出现了止跌，所以往往在此时应当买入大盘股。

形态特征

图2-3是上证指数（000001）2016年2月25日的分时图，其形态特征可以从以下三点分析确认：

A.指数下跌、"二八"背离出现时，是出现在大盘分时图上。

B.指数下跌、"二八"背离出现前，指数须处于下跌趋势。

C.指数下跌、"二八"背离出现时，领先线往往在最新线下方运行，并出现逐渐向下远离领先线。

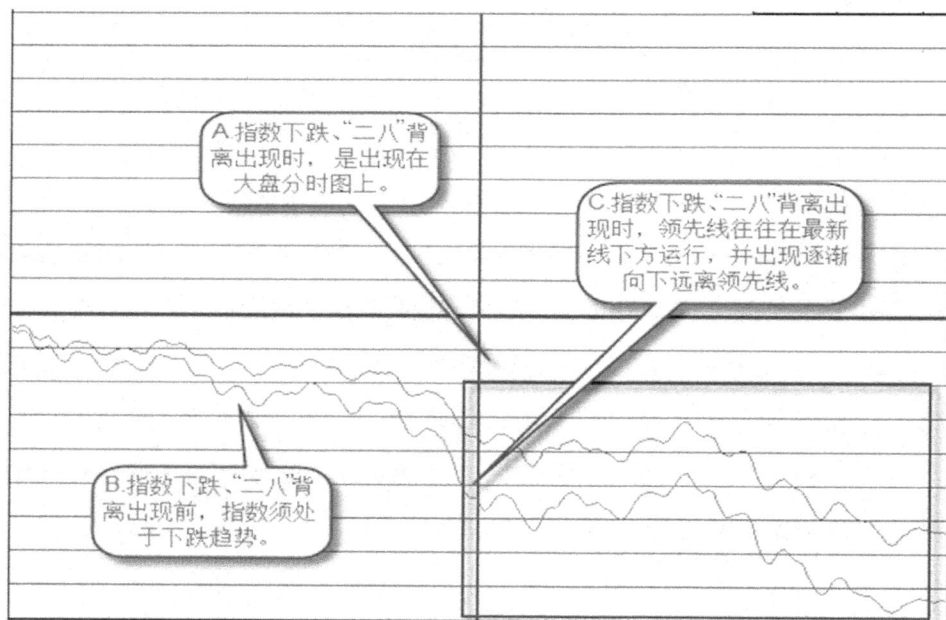

图2-3　上证指数：2016年2月25日分时图

实战案例

从2016年2月25日上证指数分时图中可以看出，当指数出现下跌时，领先线一直位于最新线下方，并逐渐出现向下的远离，形成双线背离。而正常的情况是，指数下跌时，占指数成分较大的最新线会领跌。因此，这种背离状况说明，盘中小盘股的杀跌力量较大，所以应当在此时刻远离小盘股，并时刻观察，如发现指数止跌时，可适当参与大盘股。以上说明如图2-4所示。

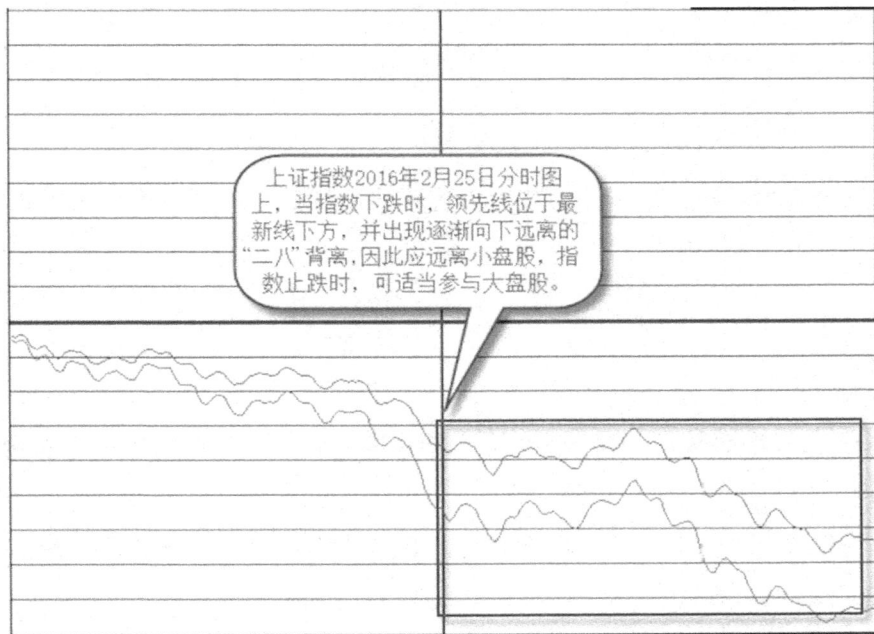

上证指数2016年2月25日分时图上，当指数下跌时，领先线位于最新线下方，并出现逐渐向下远离的"二八"背离，因此应远离小盘股，指数止跌时，可适当参与大盘股。

图2-4　上证指数：2016年2月25日分时图

技术要领

1.指数下跌、"二八"背离有时会出现较大背离，即盘中大盘股处于上涨，而小盘股却全面杀跌，此时往往是权重股护盘、小盘股杀跌的情况，此时虽然指数杀跌不大，但盘中小盘股却往往出现跌停一片，因此应远离小盘股。

2.指数下跌、"二八"背离，往往是判断趋势的一种方法，也是跌势未止的表现，所以此时不可贸进。

3.即使是在上涨趋势中的调整行情中出现，也应当观察后发现最新线止跌后，方可根据领先线的情况，再决定买入。

大盘涨个股跌背离形态

2.2.1　三只乌鸦

三只乌鸦形态，是指股价在上涨过程中，突然出现了接连三根下跌的阴线，而此时大盘指数却依然保持着向上运行，从而形成了大盘趋势与个股趋势的背离。

形态特征

图2-5是捷顺科技（002609）的日线图，其形态特征可以从以下三点分析确认：

A.大盘上涨趋势中个股出现三只乌鸦形态背离时，往往三根小阴线实体不会太长。

B.大盘上涨趋势中个股出现三只乌鸦形态背离时，往往是股价与中长期均线的运行方向出现相反。

C.大盘上涨趋势中个股出现三只乌鸦形态背离时，往往股价正在高位区震荡。

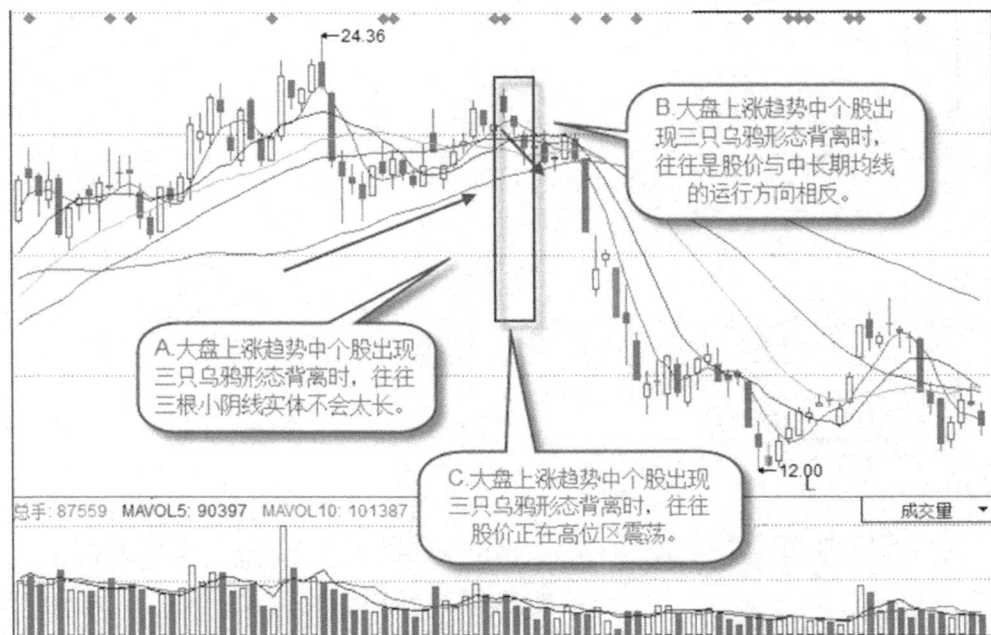

图2-5 捷顺科技：日线图

实战案例

在2015年12月22日、23日、24日时，上证指数在上涨趋势中出现高位震荡，但捷顺科技的日线图上却接连拉出了三根小阴线，形成三只乌鸦形态，与大盘的趋势出现了背离，同时，捷顺科技的股价走势也与其20日均线形成背离，股价在下跌，60日均线却依然在涨，说明短线即将出现转势，所以应当在三只乌鸦背离形态出现时，及时卖出股票。以上说明如图2-6所示。

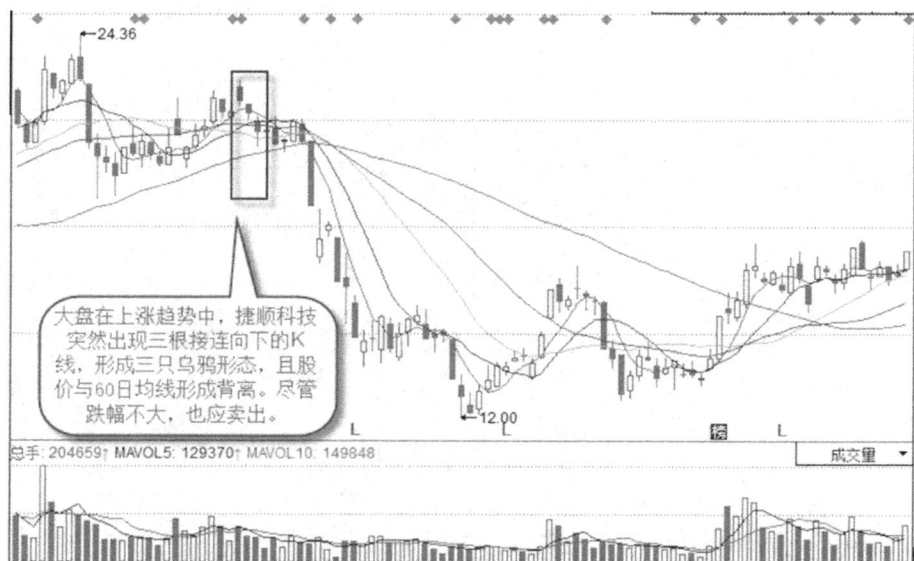

图2-6　捷顺科技：日线图

技术要领

1.三只乌鸦形态本就是一种见顶信号极强的形态，尤其是与大盘趋势出现背离时出现，说明个股已先一步见顶，投资者不应以大盘为准继续持有，应果断卖出。

2.在确认三只乌鸦形态时，要确保连续出现的三根阴线，每日收盘价都向下跌，收盘价接近每日的最低价位，每日的开盘价都在上一根K线的实体部分之内，同时第一根阴线的实体部分，最好低于上一个交易日的最高价。

3.如果在大盘低位区时，个股出现三只乌鸦形态，往往其参考意义并不大。

2.2.2　倾盆大雨

倾盆大雨形态，是指股价在上涨过程中，突然在出现一根中阳或大阳线后，接着却出现了一根较长的阴线，并且阴线的开盘价低于阳线的收盘价，收盘价低于阳线的开盘价，最高价接近或低于阳线的收盘价。这种形态出现时，尤其是在大盘上涨过程中，这种个股与大盘的背离，往往是个股先于大盘出现转势的征兆，因此是一种强烈的卖出信号。

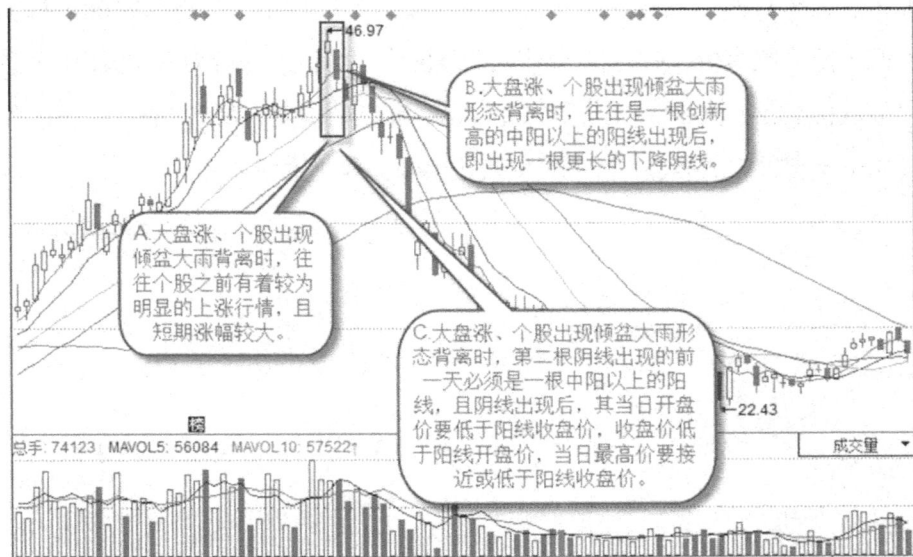

图2-7　济民制药：日线图

形态特征

图2-7是济民制药（603222）的日线图，其形态特征可以从以下三点分析确认：

A.大盘涨、个股出现倾盆大雨背离时，往往个股之前有着较为明显的上涨行情，且短期涨幅较大。

B.大盘涨、个股出现倾盆大雨形态背离时，往往是一根创新高的中阳以上的阳线出现后，即出现一根更长的下降阴线。

C.大盘涨、个股出现倾盆大雨形态背离时，第二根阴线出现的前一天必须是一根中阳以上的阳线，且阴线出现后，其当日开盘价要低于阳线收盘价，收盘价低于阳线开盘价，当日最高价要接近或低于阳线收盘价。

实战案例

2015年12月底，上证指数正处于上涨趋势中时，济民制药在经历了短期较大涨幅后，于12月21日拉出一根中阳后，22日却出现了一根较长阴线，且其开盘价低于阳线收盘价，收盘价低于阳线开盘价，当日最高价为46.25元，仅高于昨日最低价46.23元0.02元，形成个股倾盆大雨形态与大盘指数的背离，因此是个股先于大盘转跌的信号，应当及时卖出股票。以上说明如图2-8所示。

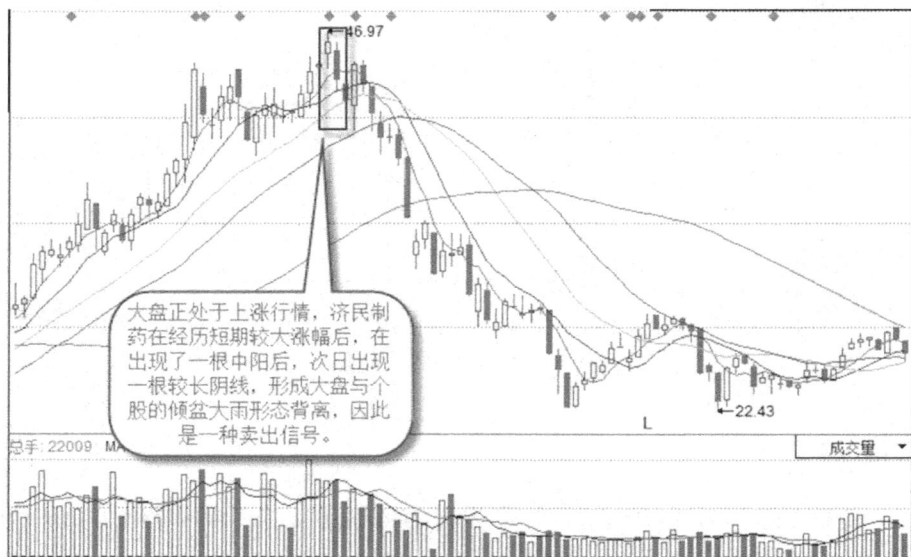

图2-8 济民制药：日线图

技术要领

1.由于大盘与个股倾盆大雨形态背离出现时，大盘仍未发出变盘信号，因此很容易令投资者做出错误判断，认为个股只是上涨中的调整，所以，一旦确认个股形成倾盆大雨形态后，应果断卖出。

2.在研判大盘涨势与个股倾盆大雨背离时，应当确保形态成立，因此，必须保证在二根K线中，阴线开盘价一定要低于阳线收盘价，阴线收盘价一定要低于阳线开盘价，阴线最高价接近阳线最低价，方可确认形态成立。

3.大盘与倾盆大雨形态背离出现时，个股K线形态尚处于完好的多头格局，因此常常令人漠视，所以此时只要确认倾盆大雨形态后，就应果断卖出，而不能犹豫，因为即使其后大盘仍会出现短暂上涨，个股却会先于大盘转势下跌。

2.2.3　乌云盖顶

乌云盖顶形态与大盘指数背离，是大盘指数在上涨过程中，个股突然出现乌云盖顶形态的背离，这往往说明个股会先于大盘出现下跌，因此应在乌云盖顶形态出现时，及时卖出股票。而要确定乌云盖顶形态，则是个股当天收出一根中阳或者大阳线，但次日却突然出现跳空高开后低走，收盘位于前一天的阳线实体的1/2以上，此时阴线插入阳线的实体越深，其反转意义越强。因此，这种背离一出现，即应果断卖出股票。

形态特征

图2-9是益丰药房（603939）的日线图，其形态特征可以从以下三点分析确认：

A.大盘涨、个股乌云盖顶背离出现前，个股往往有一段较明显的涨势。

B.大盘涨、个股乌云盖顶背离出现时，往往个股伴随着较大的成交量。

C.大盘涨、个股乌云盖顶背离出现时，第一根须是中阳以上的阳线，第二根为高开阴线，并实体部分应嵌入第一根阳线至少1/2。

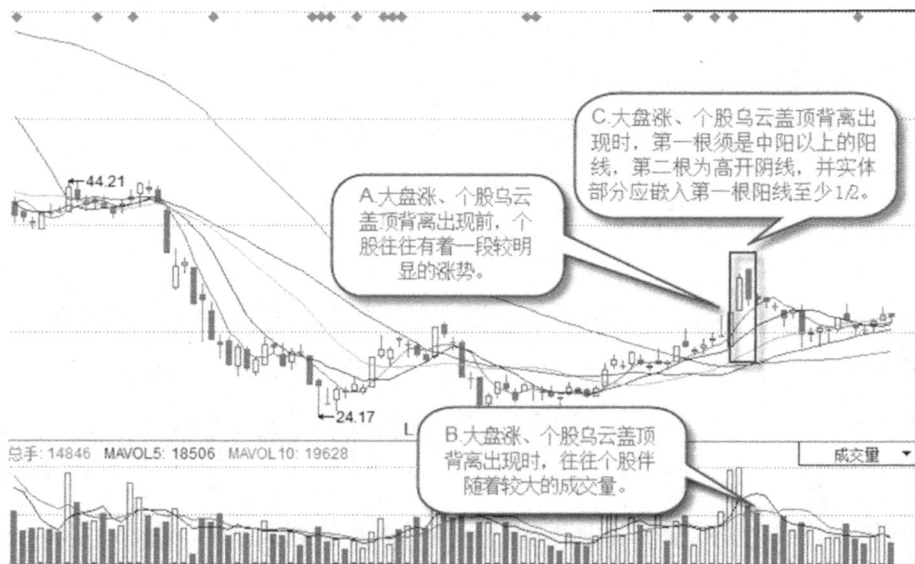

图2-9 益丰药房：日线图

实战案例

在2016年4月11日时，大盘正处于震荡向上的趋势，益丰药房的日K线图也顺势走出了一根长阳线，且成交量明显放大，次日，大盘仍在涨，但益丰药房却出现高开后竟然一路震荡下跌，当日出现一根长阴线，阴线实体嵌入了阳线已超过了1/2，近2/3，从而形成乌云盖顶形态，并与大盘出现了背离。说明此时，益丰药房已先于大盘出现了调整，而此时整个行情为震荡行情，表明益丰药房开始先期震荡转跌，因此投资者应当在确定个股乌云盖顶与大盘背离时，及时卖出股票。以上说明如图2-10所示。

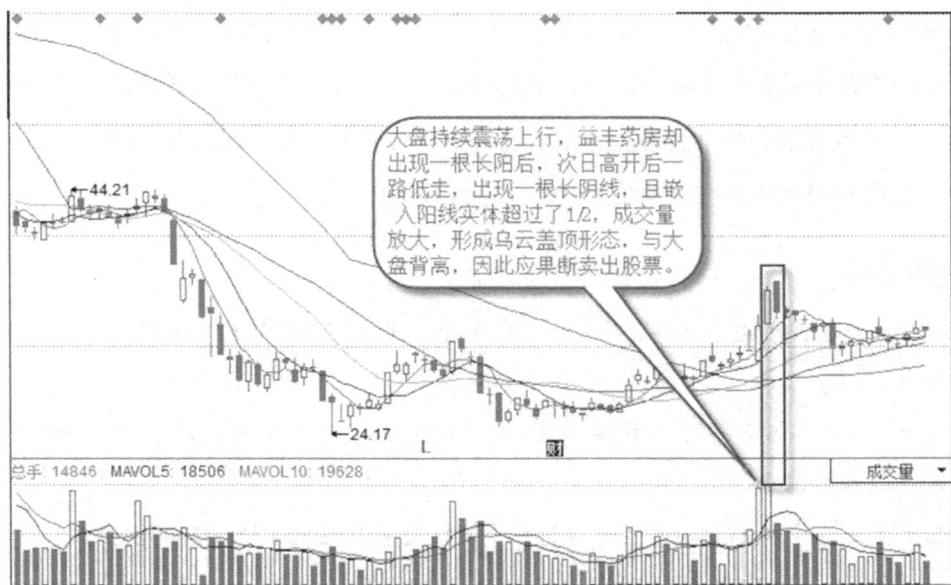

大盘持续震荡上行，益丰药房却出现一根长阳后，次日高开后一路低走，出现一根长阴线，且嵌入阳线实体超过了1/2，成交量放大，形成乌云盖顶形态，与大盘背离，因此应果断卖出股票。

图2-10　益丰药房：日线图

技术要领

1.乌云盖顶本就是一种K线顶部形态，再加上与个股出现乌云盖顶时，与大盘走势出现背离，说明个股已先于大盘转跌，因此是一种卖出信号。

2.个股出现乌云盖顶时，必须是至少一根中阳线与中阴线，且阴线实体至少要嵌入阳线一半以上，嵌入的越多，表明后市调整的意味越浓。因此，即使是震荡行情中出现这种乌云盖顶与大盘的背离，也表明已出现阶段性高点，所以应卖出。

3.大盘涨，个股出现乌云盖顶背离时，往往K线上第二根是光头长阴或是上影线较长的阳线，且实体部分通常比第一根阳线要长。

2.2.4　岛形顶背离形态

大盘上涨、个股岛形顶背离，是指大盘上涨过程中，个股出现岛形顶的背离。而岛形顶是由几根K线组成的一种顶部形态，其中第一根K线是中阳线，第

二根K线是向上跳空高开高走的中小阳线，中间是几根小阴小阳线，最后一根K
线是向下跳空低开低走的中阴线，从而将上面的几根小阴小阳线像孤岛一样孤立
起来。岛形顶是一种个股强势上涨后出现快速转跌的征兆，而此时个股与大盘背
离，说明短期反转意味较强，因此是卖出股票的信号。

形态特征

图2-11是龙津药业（002750）的日线图，其形态特征可以从以下三点分
析确认：

A.大盘涨、个股岛形顶背离出现时，个股往往有着较明显的上涨趋势，
且短期涨幅较大。

B.大盘涨、个股岛形顶背离出现时，个股成交量往往处于近期较高水平。

C.大盘涨、个股岛形顶背离出现时，个股必须有明显的向上跳空缺口及
向下跳空缺口，且两个缺口往往处于相同水平。

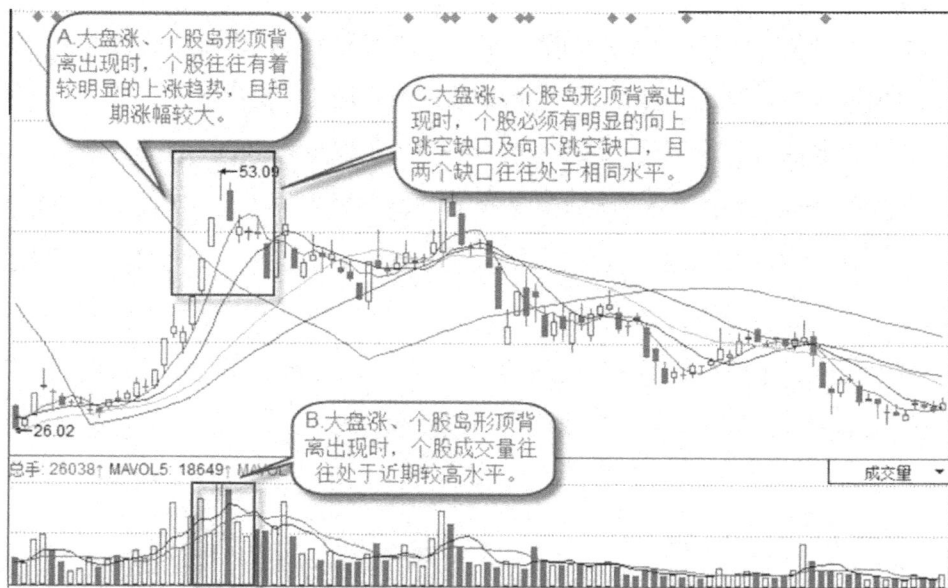

图2-11　龙津药业：日线图

实战案例

经过自2015年11月开始的反弹，至11月18日时，龙津药业与大盘一样继续上涨，且在19日出现高开后的快速涨停，形成一个向上的跳空缺口，其后，股价在高位继续震荡，在继续涨停后出现一根较长阴线后，接连三天均是以小阳小阳出现，但到了11月27日时，却直接跳空低开并低走，尾盘跌停，开盘价成为当日最高价，于是再次形成了一个明显的缺口，将之前的5根K线完全孤立在了上面，且与18日和19日出现的向上的跳空缺口在同一水平，形成岛形顶。而此时，大盘同样在高位震荡，形成大盘涨与个股岛形态顶背离，说明个股已先大盘一步筑完顶，即将转跌，因此应在岛形顶跳空高开形成被孤立的孤岛时选择卖出股票。以上说明如图2-12所示。

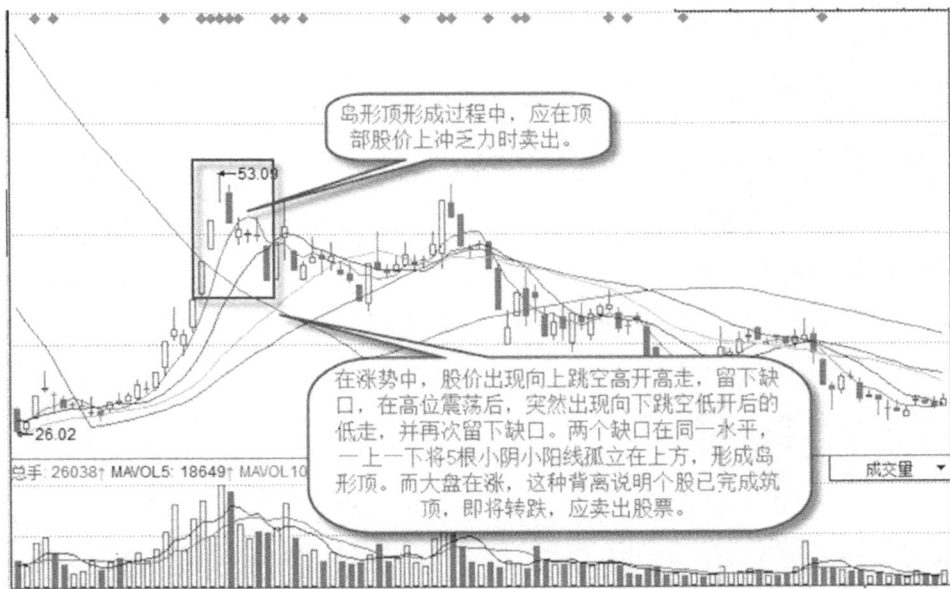

图2-12 龙津药业：日线图

技术要领

1.岛形顶是一种强烈的顶部反转信号，也是股价强势拉升后的筑顶表现，即使是不与大盘出现背离，同样要卖出。

2.岛形顶出现时，股价往往上涨与下跌幅度较大，因此最佳的卖点是根据成交量，选择在形成第一个向上跳空缺口后的头部卖出。

3.个股岛形顶出现时，如果大盘在涨，形成背离，往往是大盘转势前个股已先行一步，因此应选择卖出，而不要被此时的大盘行情影响，认为个股还会继续上冲，因为即使是大盘持续出现数日上涨，个股也再无力上冲。

2.3 大盘跌个股涨背离形态

2.3.1 红三兵

大盘跌、个股出现红三兵形态的背离，是指大盘在跌势或低位震荡时，个股却出现接连三根上涨的红三兵形态的背离。这种背离形态，说明行情即将转势，只不过盘中个股已先大盘一步出现上涨，因此，是一种强烈的抄底信号。

红三兵形态，是指由三根长短相近的阳线组成，每一天的开盘价都在前一天的实体之上，而收盘价又在当日的最高价或接近最高价处。

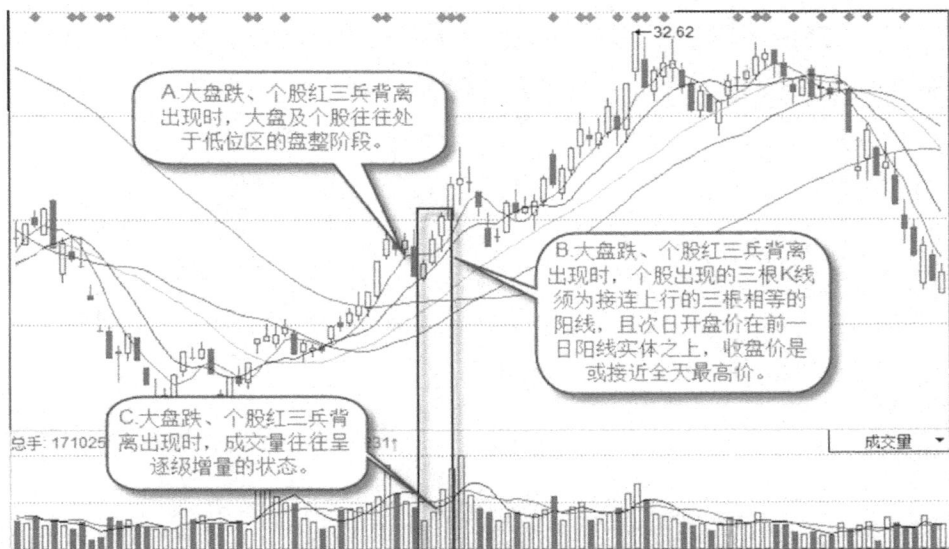

图2-13 鸿博股份：日线图

形态特征

图2-13是鸿博股份（002229）的日线图，其形态特征可以从以下三点分析确认：

A.大盘跌、个股红三兵背离出现时，大盘及个股往往处于低位区的盘整阶段。

B.大盘跌、个股红三兵背离出现时，个股出现的三根K线须为接连上行的三根相等的阳线，且次日开盘价在前一日阳线实体之上，收盘价是或接近全天最高价。

C.大盘跌、个股红三兵背离出现时，成交量往往呈逐级增量的状态。

实战案例

在2015年10月22日、23日与26日，大盘正处于震荡走低的状态，可鸿博股份在这三天接连出现了三根明显的逐级放量的上涨，且三根阴线大小相近，每日开盘价都在上一根阳线之上，且收盘价基本上都接近当日最高价，形成红三兵形态，与大盘走势出现背离，并且此时大盘及鸿博股份均处于相对低位，因此是一种个股先于大盘开始上涨的信号，应当果断买入并持股待涨。以上说明如图2-14所示。

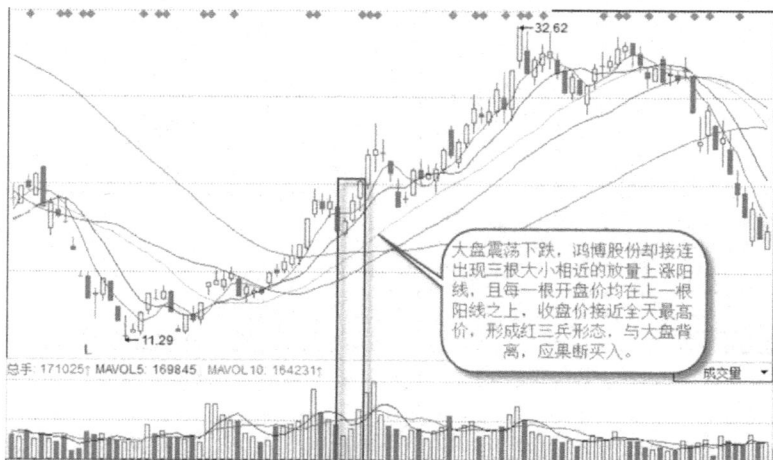

图2-14　鸿博股份：日线图

技术要领

1.大盘跌、个股红三兵出现背离时，必须确保个股出现接连放量，否则后市继续震荡调整的概率会大些，不能确定行情的反转。

2.大盘跌、个股红三兵出现背离时，必须确保三根阳线中，每一根阳线实体均在前一根之上，即开盘价高于昨日收盘价，收盘价又接近全天最高价，否则上影线过长，会导致其后继续震荡整理。

3.大盘跌、个股红三兵出现背离时，如果是相对高位区时，行情其后反转的可信度不高，只有在低位区出现时，才是可信的抄底信号。

2.3.2 曙光初现

大盘跌、个股曙光初现背离，是指大盘在震荡下跌的过程中，个股却出现了一阴一阳两根曙光初现形态的背离。这往往说明，尽管大盘在跌，但个股已早一步开始出现止跌企稳的反弹，后市行情会出现反转向好，因此是一种底部买入形态。

曙光初现形态，则是由一阴一阳两根K线组成，最先出现的一根是阴线，承担原来的跌势，但第二天在继续低开的情况下却出现了反转上涨，形成一根较长的阳线，其开盘价虽远远低于阴线的收盘价，但收盘价却要高于阴线的收盘价，与乌云盖顶形态恰恰相反。

形态特征

图2-15是*ST盈方（000670）的日线图，其形态特征可以从以下三点分析确认：

A.大盘跌、个股曙光初现形态背离出现时，个股往往处于明显的下降趋势。

B.大盘跌、个股曙光初现形态背离出现时，阳线的开盘价一定要低于阴线收盘价，但收盘价要高于阴线收盘价。

C.大盘跌、个股曙光初现形态背离出现时，阳线往往会创出新低，成交量会比阴线成交量放大，且呈阳量。

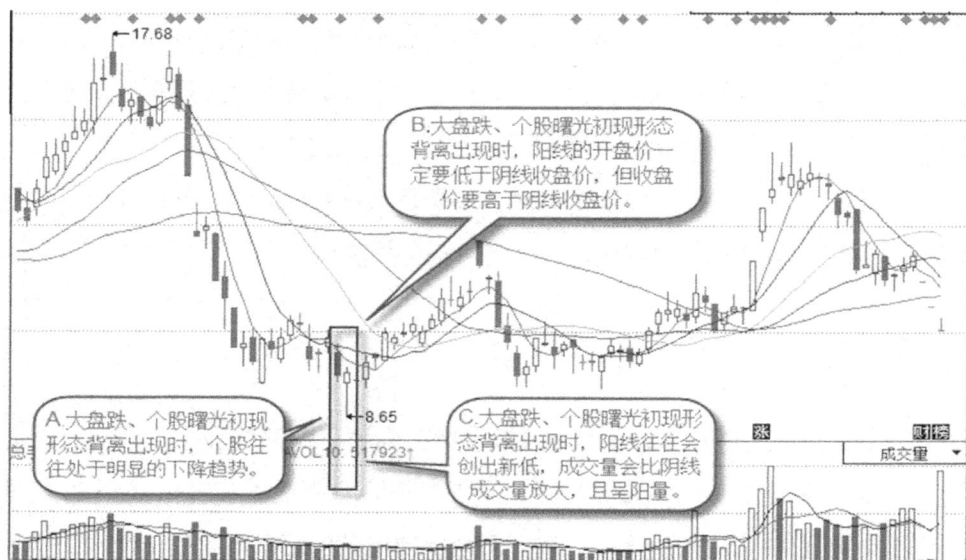

图2-15 *ST盈方：日线图

实战案例

　　2016年1月中下旬时，大盘与*ST盈方明显处于下跌趋势，但在1月26日，*ST盈方在出现一根中阴线后，次日以低于昨日收盘价9.60元的9.40元跳空低开，在一路创出8.65元的新低后，开始反弹，最终收盘在9.68元，高于昨日收盘价9.60元，不仅与大盘的下跌背离，同时形成曙光初现形态，成交量也呈阳量放大，说明*ST盈方已先于大盘企稳回升，投资者应在收盘前及时买入。以上说明如图2-16所示。

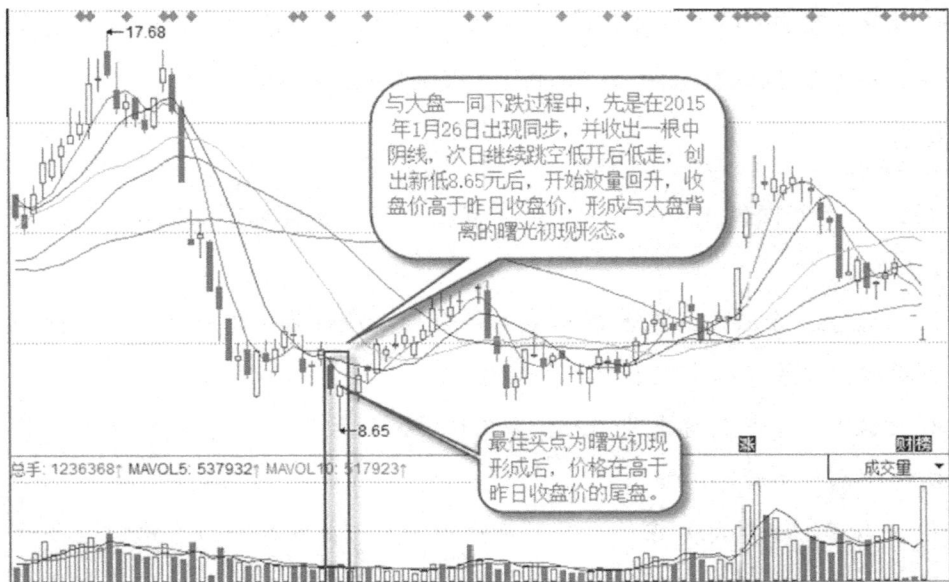

与大盘一同下跌过程中，先是在2015年1月26日出现同步，并收出一根中阴线，次日继续跳空低开后低走，创出新低8.65元后，开始放量回升，收盘价高于昨日收盘价，形成与大盘背离的曙光初现形态。

最佳买点为曙光初现形成后，价格在高于昨日收盘价的尾盘。

图2-16　*ST盈方：日线图

技术要领

1.大盘跌、个股曙光初现形态背离出现时，如果在阳线出现时有明显的量能放大行为时，应当在股价放量向上突破昨日收盘价时果断买入。

2.大盘跌、个股曙光初现形态背离出现时，如果是熊市，往往在阳线出现后，会创出接连至少13个交易日的新低时方可确认。

3.大盘跌、个股曙光初现形态背离出现时，第二根阴线句上嵌入阴线实体部分越长，或是其阳线实体越长，成交量也明显放大时，反转意味越大。

2.3.3　旭日东升

大盘跌、个股旭日东升形态背离，是指大盘在接连下跌过程中，个股却突然先大盘出现了旭日东升形态的上涨背离。这往往表明，个股已出现短线企稳，即将展开反弹，因此是股价短期见底的信号，应当果断抄底买入。

旭日东升，指的是个股在接连下跌中，在前一天依然以一根大阴线延续跌势，可是在次日却突然出现大幅跳空高开，延续上升走势直到收盘，K线上收出一根近乎光头光脚的长阳线，一举将上一交易日的阴线覆盖。

形态特征

图2-17是星网锐捷（002396）的日线图，其形态特征可以从以下三点分析确认：

A.大盘跌、个股旭日东升形态背离出现时，最好第一根阴线出现时能创出新低，但第二根阳线不能创出新低。

B.大盘跌、个股旭日东升形态背离出现时，往往是一阴一阳两根K线，且阴线在先，其后为阳线。

C.大盘跌、个股旭日东升形态背离出现时，阳线出现当日，必须呈高开高走，并最终以全天最高价或接近最高价收盘。并且，阳线实体要高于阴线实体，即使有长上影线，也不能过长。

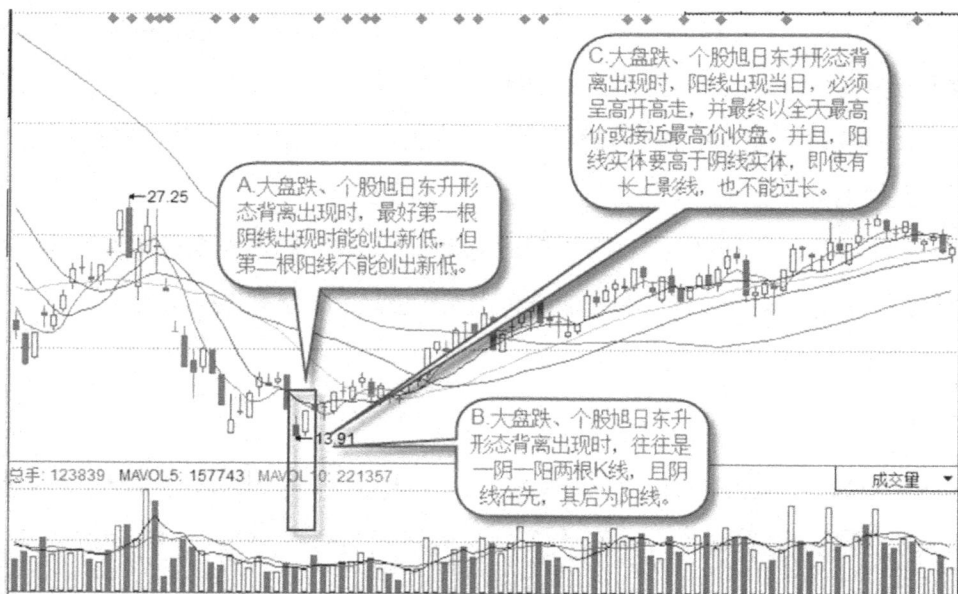

图2-17　星网锐捷：日线图

实战案例

在2015年9月15日，星网锐捷随大盘一同出现阴跌，并留下较长上影线，看似盘中抛压较重，但在次日，大盘继续震荡下跌时，星网锐捷却出现了高开，并一路高走，最终在收盘时以涨停价收盘，形成与大盘走势背离的旭日东升形态背离，说明星网锐捷短线已先于大盘止跌，并开始反弹上涨，因此，应在股价向上突破昨日阴线的最高价后仍然上冲的过程中及时买入。以上说明如图2-18所示。

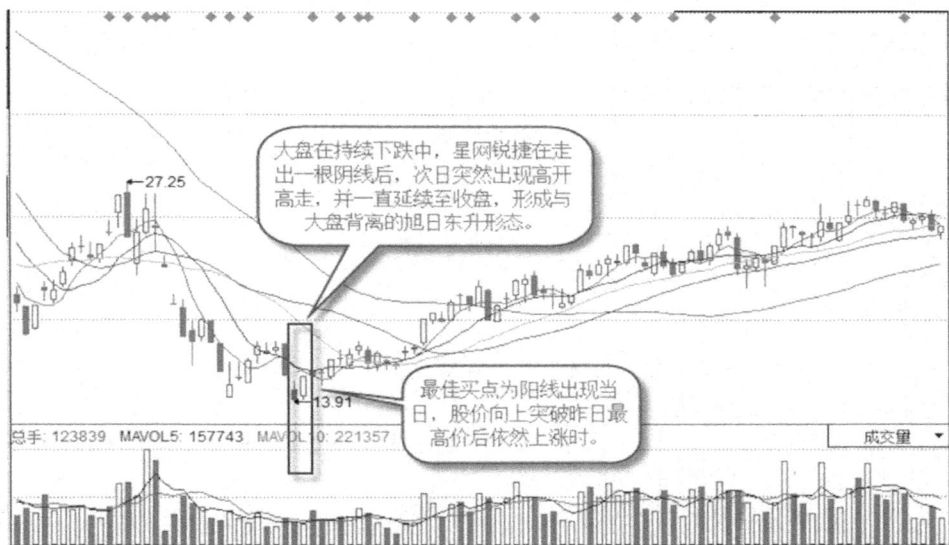

图2-18　星网锐捷：日线图

技术要领

1.大盘跌、个股旭日东升形态背离出现时，第二根阳线必须以高开高走形式出现，即使出现回调，也是时间较短即出现再次上涨，且回调的幅度不能过大。

2.大盘跌、个股旭日东升形态背离出现时，阳线的收盘价必须高于阴线开盘价，且阳线实体高出阴线实体部分越多，表明转势信号越强。

3.大盘跌、个股旭日东升形态背离出现时，最佳买点为：阳线出现时，股价突破阴线当日最高价后依然上涨的过程中。

2.3.4 岛形底

大盘跌、个股岛形底背离，是指大盘在下跌的过程中，个股突然出现了向下跳空低开低走，留下了一个向下的跳空缺口，并在随后几个交易日内出现在低位窄幅徘徊，但接着，股价突然出现了向上的跳空高开高走，留下了一个向上的跳空缺口，并且两个缺口的位置大体处于同一水平位置，使得股价的底部区域好像一个孤立的岛屿，两边的缺口恰似分隔岛屿和陆地的水域。而大盘此时仍然处于震荡下跌趋势，形成背离。

这种背离形态的出现，说明个股已通过加速下跌的方式提前完成了底部整理，并在企稳后开始先于大盘反弹，因此是一种股价见底的信号。

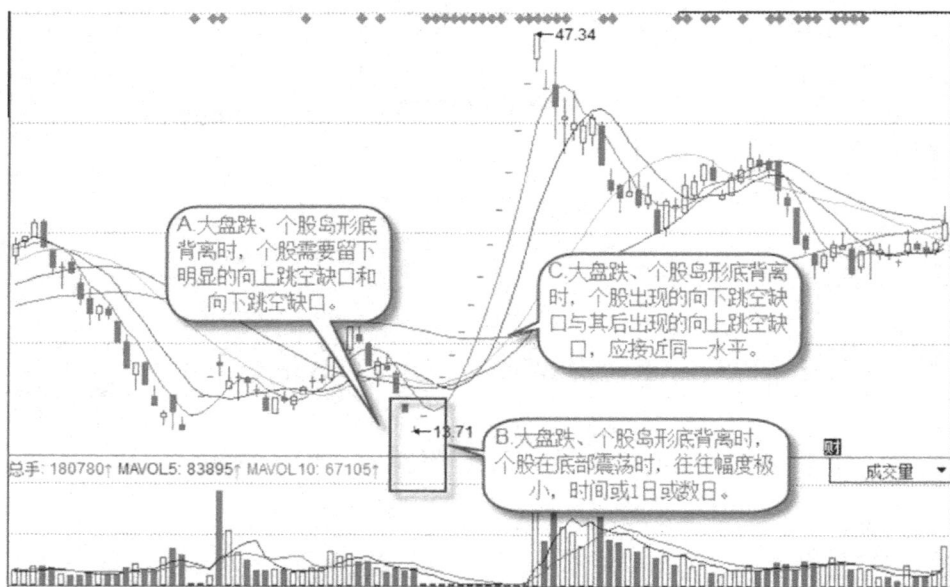

图2-19 艾迪西：日线图

形态特征

图2-19是艾迪西（002468）的日线图，其形态特征可以从以下三点分析确认：

A.大盘跌、个股岛形底背离时，个股需要留下明显的向上跳空缺口和向下跳空缺口。

B.大盘跌、个股岛形底背离时，个股在底部震荡时，往往幅度极小，时间或1日或数日。

C.大盘跌、个股岛形底背离时，个股出现的向下跳空缺口与其后出现的向上跳空缺口，应接近同一水平。

实战案例

2015年5月下旬时，大盘处于下跌行情，艾迪西也在8月24日突然出现向下跳空低开低走的加速下跌，留下了一个明显的向下跳空缺口，但在次日却出现了截然相反的向上跳空高开，并以"一"字涨停形式出现，留下一个明显的向上跳空缺口，形成了强烈的对比，K线上出现了反转意味较强的岛形底。然而，由于其出现的岛形底反转是以"一"字涨停方式，并且在岛底时震荡整理的时间只有一个交易日，表明反转意味更强，因此是较强的反转买入信号，但因其反转后接连出现"一"字涨停，所以，普通投资者要参与，应在岛形底出现后，在集合竞价时委托买入。以上说明如图2-20所示。

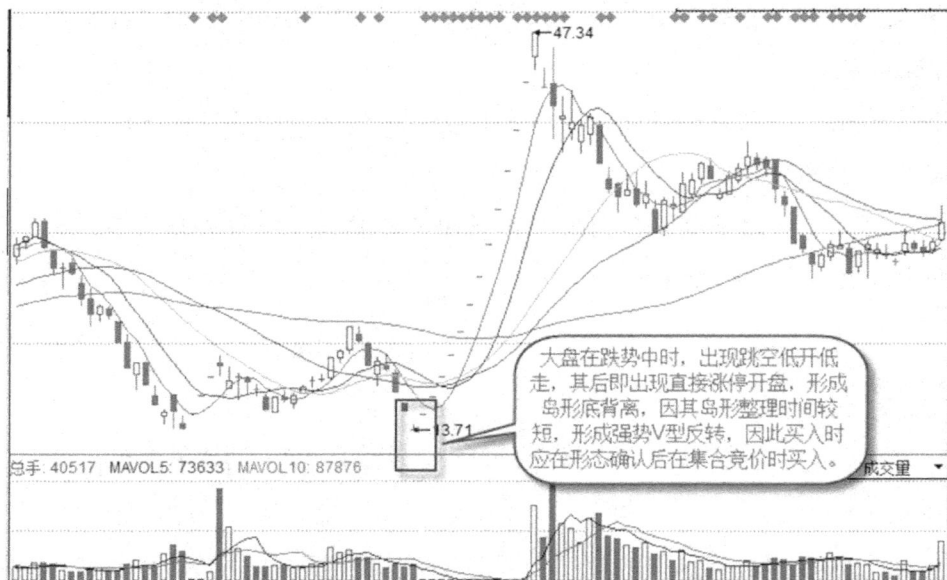

图2-20　艾迪西：日线图

技术要领

1.大盘跌、个股岛形底背离出现时，往往是短线底部反转的信号，因此，一旦确认形态后应及时买入。

2.如果岛形底形成时，底部岛形整理的时间过短，说明反转意味更浓，股价往往会在其后出现强势上涨。

3.如果岛形底确认后，岛形整理的时间仅有一天时，往往会演变为强势的V型反转行情，但这种情况往往会出现在大盘及个股暴跌中。

2.4　大盘横盘震荡个股上涨背离形态

2.4.1　圆弧底

　　大盘横盘震荡、个股出现圆弧底上涨背离，是指当大盘处于横盘震荡时，个股却借机以缓慢下跌的方式出现，在形成圆弧底左边及底部后，突然出现了徐徐上涨，从而与大盘走势形成背离。

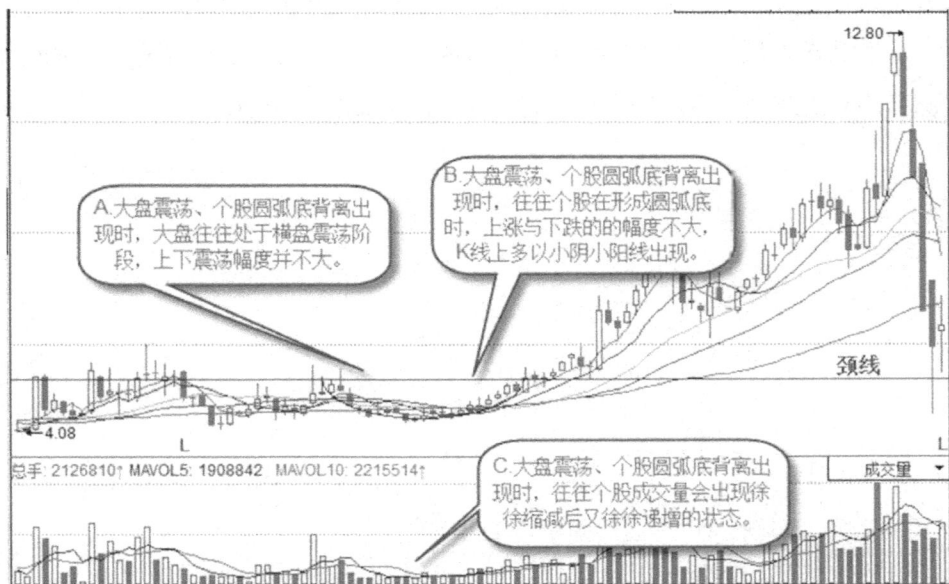

图2-21　海泰发展：周线图

形态特征

　　图2-21是海泰发展（600082）的周线图，其形态特征可以从以下三点分析确认：

A.大盘震荡、个股圆弧底背离出现时，大盘往往处于横盘震荡阶段，上下震荡幅度并不大。

B.大盘震荡、个股圆弧底背离出现时，往往个股在形成圆弧底时，上涨与下跌的的幅度不大，K线上多以小阴小阳线出现。

C.大盘震荡、个股圆弧底背离出现时，往往个股成交量会出现徐徐缩减后又徐徐递增的状态。

实战案例

在2014年4月－8月间，上证指数一直处于横盘震荡状态，但此时海泰发展却开始出现徐徐下跌，但跌幅并不大，K线上多以小阴小阳线出现，且成交量在较低的水平下，出现逐级递减，但随后，股价又出现了徐徐上涨，且上涨的幅度并不大，K线上仍然多以小阴小阳线出现，成交量也出现逐级递增，且多为阳量。从而在与大盘走势背离的情况下，形成圆弧底。因此，投资者应当在股价形成圆弧底突破颈线后出现反抽时买入。以上说明如图2-22所示。

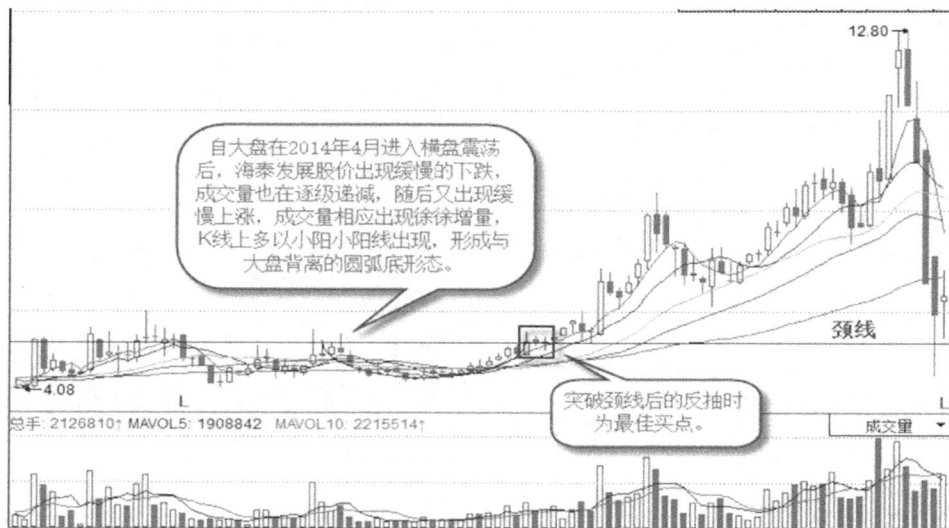

图2-22 海泰发展：周线图

技术要领

1.大盘横盘震荡、个股圆弧底背离出现时，是个股震荡筑底的过程，但圆弧底形态相对于其他底部形态来说，更为隐蔽，因此应仔细观察与辨别。

2.大盘横盘震荡、个股圆弧底背离出现时，K 线上会多以小阴小阳线出现，且上下影线往往不长，成交量在圆弧底形成过程中也呈圆弧形，即缓慢下降，其后缓慢上升。

3.大盘横盘震荡、个股圆弧底背离出现时，最佳买点为圆弧底形成后突破颈线后的反抽时，但一定要在反抽结束后股价再次突破颈线时买入，因为如果反抽后股价不能及时回到颈线之上，往往说明圆弧底已失败，行情会继续震荡触底。

2.4.2　双底

大盘横盘震荡、个股双底背离，是指当大盘指数在横盘震荡期间，个股却出现了反复上涨与下跌，形成两个底，形态像英文字母中的 W，因此也称为 W 底，从而与大盘走势形成一种背离。因双底在形成过程中，股价都是按照一定的价格区间反复上涨或下跌的，因此是主力借机洗盘的表现，因为看似上涨，但只要上涨到一定程度即会转路，可跌到一定程度股价又会被拉起，而双底底筑底完成后，股价通常会转势为向上，因此是一种买入形态。

形态特征

图 2-23 是先锋电子（002767）的日线图，其形态特征可以从以下三点分析确认：

A.大盘横盘震荡、个股双底背离出现时，往往指数与个股处于相对的低位区。

B.大盘横盘震荡、个股双底背离出现时，往往个股的两个低点在同一水平。

C.大盘横盘震荡、个股双底背离出现时，个股成交量往往处于近期较低水平，且以阳量居多。

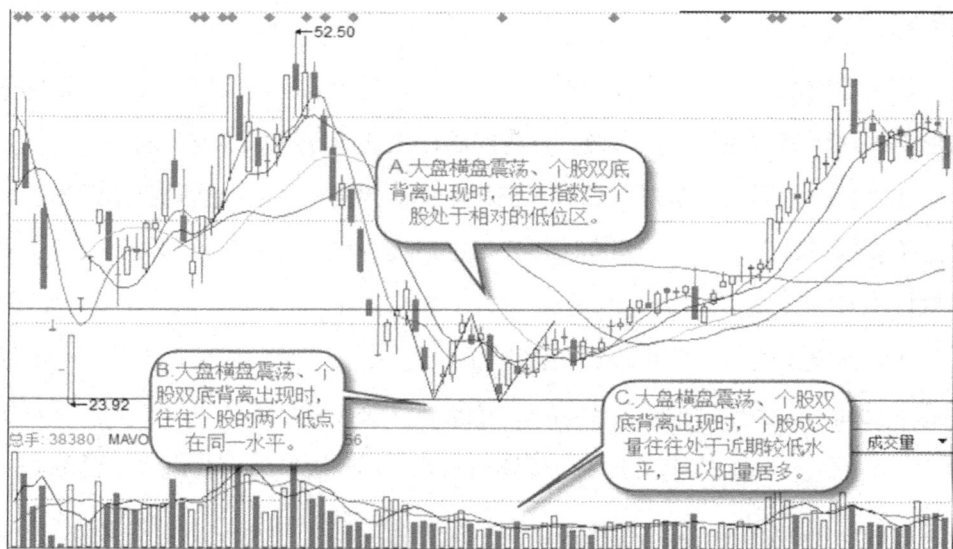

图2-23　先锋电子：日线图

实战案例

　　在2015年8月底至9月底上证指数横盘震荡期间，先锋电子先是出现缩量下跌，但遇到前期低点附近后即刻被拉起，并转为上涨，从而形成第一个底；但增量上涨到前期下跌时的价格时，股价又被打压，转为缩量下跌，形成一个高点，将两个高点连接起来，即形成一条水平的上颈线；随后，股价在跌到前期低点附近时再次转为增量上涨，此时将两个低点连接成线，即出现一条水平的下颈线。至此，先锋电子形成了双底形态，与大盘形成背离。因此，投资者可在双底形成后，再次向上突破上颈线时买入。以上说明如图2-24所示。

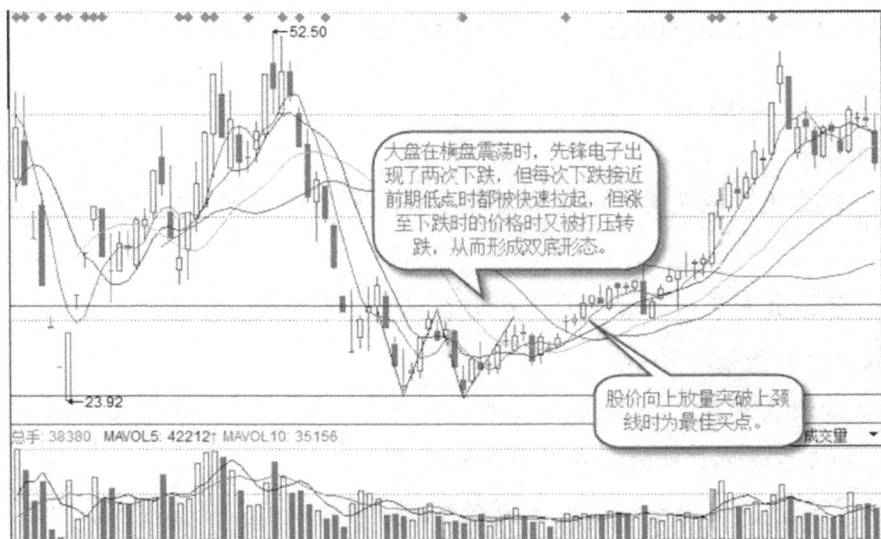

图2-24　先锋电子：日线图

技术要领

　　1.大盘横盘震荡、个股双底背离出现时，个股在下跌过程中不能跌破前期低点，否则双底会失败，因为，双底的低点往往是对前期低点的一种向下测试。

　　2.大盘横盘震荡、个股双底背离出现时，个股底部低点位置时，阳量必须多，如过少，说明筑底筹码不多，后市极有可能再次寻低探底。

　　3.大盘横盘震荡、个股双底背离出现时，个股即使已经形成双底后，也要在价位突破颈线时持续增量，因双底形成后有时会出现反抽，若不能持续出现放量，并再次突破颈线，则形态宣告失败，因此出现反抽时，下跌幅度不能过大。

2.4.3　上升三角形

　　大盘横盘震荡、个股上升三角形背离，指的是，当大盘处于横盘震荡时，个股却出现了逐渐盘错的上升三角形整理形态的趋势背离。这说明，个股在进行整理后，即将重新回归上涨趋势，因此是一种买入形态。值得注意的是，在个股上升三角形出现时，三角形极易演变为旗形，但只要整体调整的趋势不变坏，上升三角形与上升旗形的区别，只在于图形的变形，仍然可按与上升三角形的操作来买入。

形态特征

图2-25是太阳能（000591）的日线图，其形态特征可以从以下三点分析确认：

A.大盘横盘震荡、个股上升三角形整理背离出现时，往往出现在大盘及个股上涨后的整理时期。

B.大盘横盘震荡、个股上升三角形整理背离出现时，个股在每次调整时，每次下跌调整时的低点是不断被抬高的。

C.大盘横盘震荡、个股上升三角形整理背离出现时，成交量往往呈现出上涨时逐渐放量、下跌时逐渐缩量，且高点连线与低点连线呈逐渐向上运行并收缩的状态。

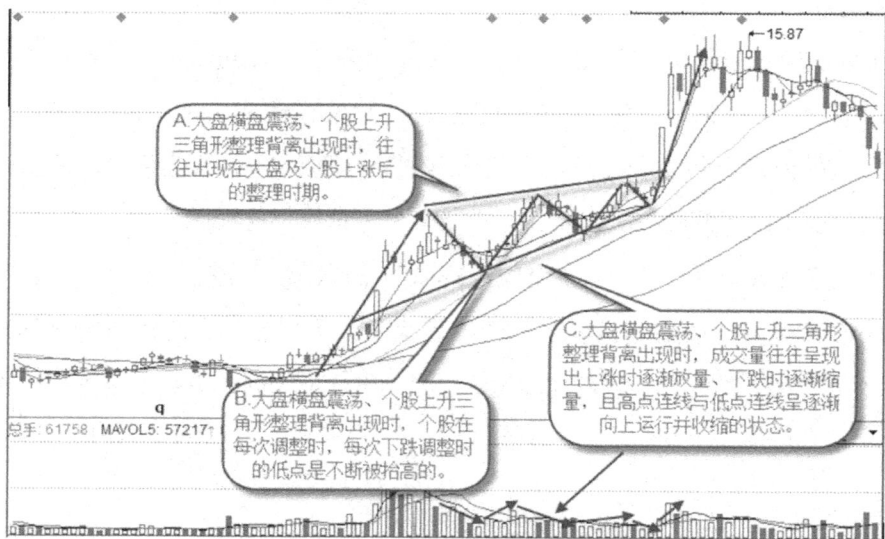

图2-25　太阳能：日线图

实战案例

在2014年8月底至9月底期间，大盘在经过上涨后出现横盘震荡，但太阳能

却出现不断的上涨与下跌，但每次下跌时都出现缩量，且下跌幅度越来越小，而
每次上涨都出现增量，且上涨的点度越来越高。如果将其高点连接在一起，再将
其低点连接在一起，就形成了一个向上不断收缩并飘扬的三角形旗，形成了上涨
三角形与大盘的背离。说明调整已经结束，股价及大盘将重拾升势。因此，应当
在股价向上突破三角形高点连线时买入。以上说明如图2-26所示。

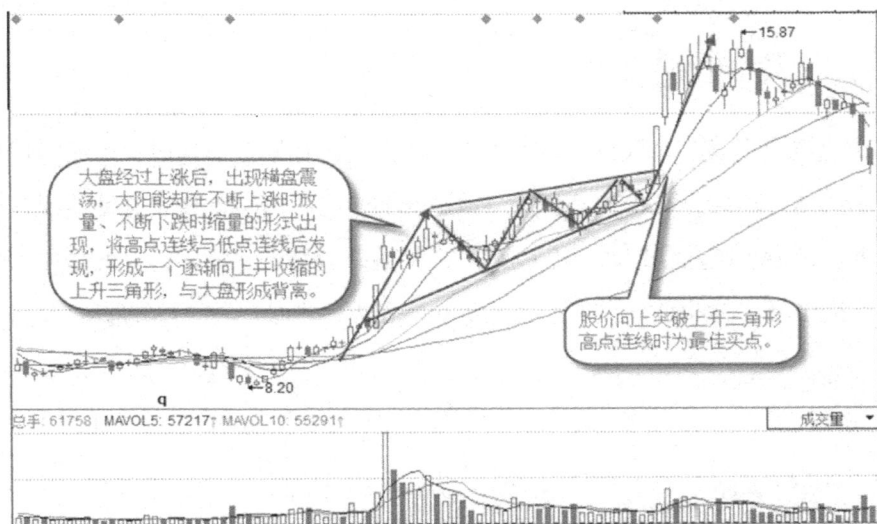

图2-26　太阳能：日线图

技术要领

　　1.大盘横盘震荡、个股上升三角形整理背离出现时，往往是在上升初期，是
大盘及个股的一种调整方式的背离，因此是一种明显的买入形态。

　　2.大盘横盘震荡、个股上升三角形整理背离出现时，如果个股及大盘成交量
过大，极易引发继续深度调整，因此必须在个股向上明显放量突破三角形高点边
线时买入。

　　3.大盘横盘震荡、个股上升三角形整理背离出现时，如果个股三角形没有出
现，而是演变为了上升旗形，往往说明提前结束了调整，同样可以在股价向上放
量突破高点连线时买入。

2.5 大盘横盘震荡个股下跌背离形态

2.5.1 倒V形顶

大盘横盘震荡、个股倒V形顶背离，是指大盘在横盘震荡时，个股却出现了突然的快速上涨后，又出现了快速下跌，出现倒V形顶的背离。这种情况，往往说明大盘在横盘震荡整理时，个股已失去了整理后再上涨的动力，而是主力大急于拉高后出货，因此是个股先于大盘下跌的表现，也是一种强烈的卖出形态。

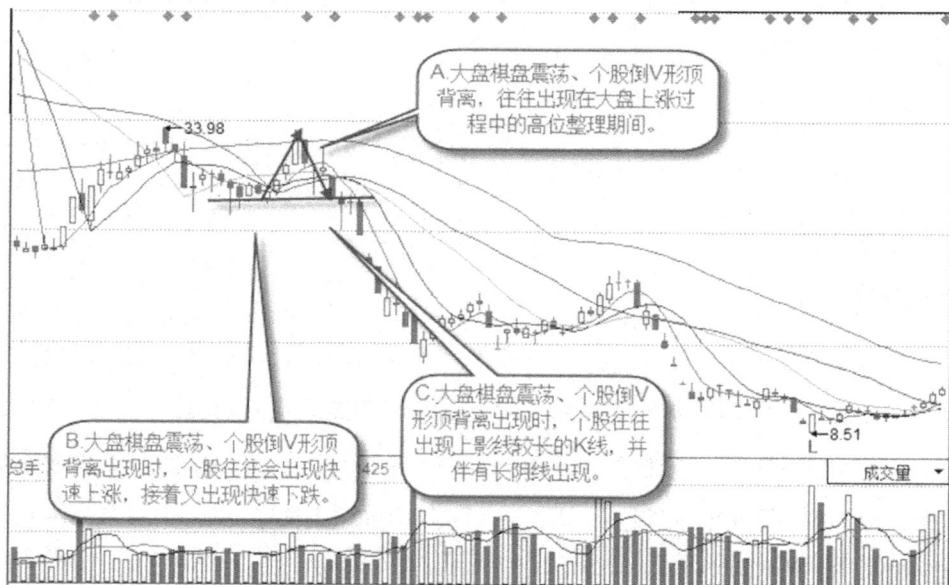

图2-27 中环股份：日线图

形态特征

图2-27是中环股份（002129）的日线图，其形态特征可以从以下三点分析确认：

A.大盘棋盘震荡、个股倒V形顶背离，往往出现在大盘上涨过程中的高位整理期间。

B.大盘棋盘震荡、个股倒V形顶背离出现时，个股往往会出现快速上涨，接着又出现快速下跌。

C.大盘棋盘震荡、个股倒V形顶背离出现时，个股往往出现上影线较长的K线，并伴有长阴线出现。

实战案例

2015年6月中下旬时，大盘正处在高位震荡，但中环股份却出现了接连快速拉升，并随即出现长阴式下跌，K线上形成了一红一绿极为鲜明的对比，并呈一个倒写的英文字母V，与大盘走势出现背离。说明，中环股价已先大盘一步赶顶，因此应当及时卖出股票。以上说明如图2-28所示。

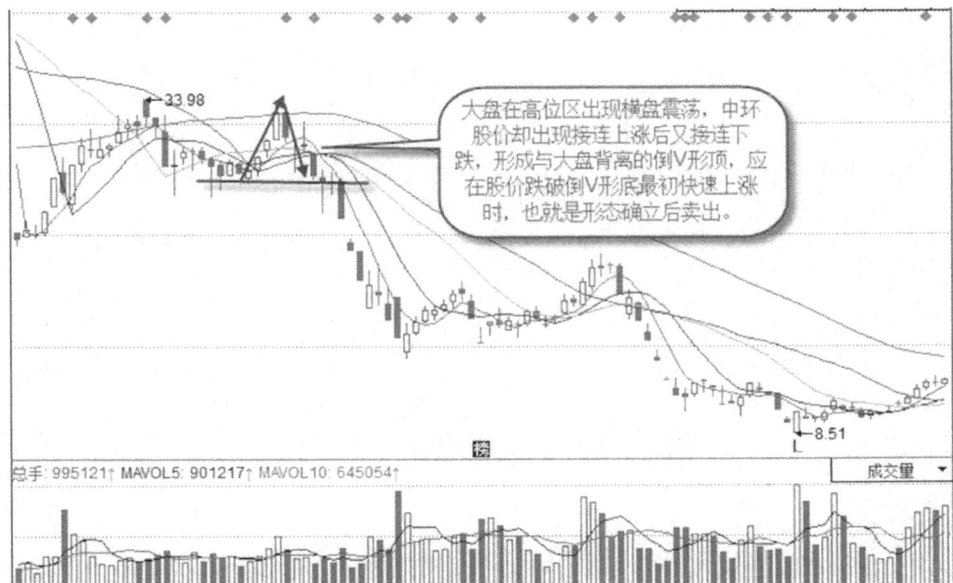

图2-28　中环股份：日线图

技术要领

1.因倒V形顶是一种出现后即会急速下跌的顶部形态，因此，即使大盘的横盘震荡与个股倒V形左侧的形成出现了背离，也不应过于期待行情，应在个股形态成立后果断卖出。

2.大盘横盘震荡、个股倒V形顶背离，大多出现在牛市末端，或是阶段性高点，是主力快速出货的表现，也是强烈的卖出信号。

3.大盘横盘震荡、个股倒V形顶背离出现时，个股成交量并不一定会格外放大，但股价上下浮动却很明显，K线上常出现长阴线，或是接连向下跳空低开的阴线。

2.5.2　圆弧顶

大盘震荡、个股圆弧顶背离，是指当大盘在相对高位区横盘震荡时，个股却出现缓缓上升又缓缓下降的圆弧顶趋势背离。说明，短期即将出现头部，主力在借个股横盘震荡缓缓拉升股价实现缓缓出货。因此，是一种趋势缓慢转跌的过程，也是一种卖出股票的信号。

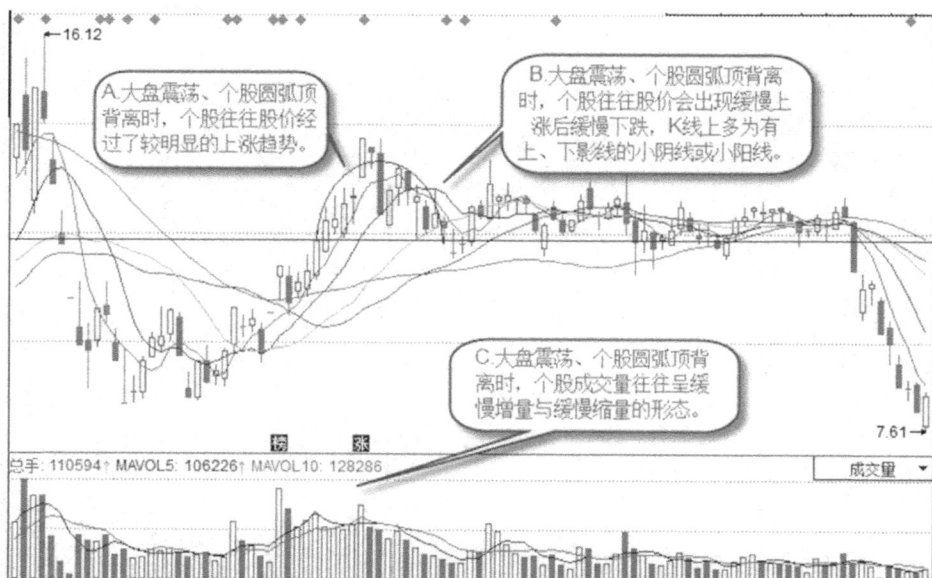

图2-29　江苏舜天：日线图

形态特征

图2-29是江苏舜天（600287）的日线图，其形态特征可以从以下三点分析确认：

A.大盘震荡、个股圆弧顶背离时，个股往往股价经过了较明显的上涨趋势。

B.大盘震荡、个股圆弧顶背离时，个股往往股价会出现缓慢上涨后缓慢下跌，K线上多为有上、下影线的小阴线或小阳线。

C.大盘震荡、个股圆弧顶背离时，个股成交量往往呈缓慢增量与缓慢缩量的形态。

实战案例

2015年10月至11月初时，上证指数处于横盘震荡，但江苏舜天却出现了缓慢的上涨，紧接着又出现了缓慢的下跌，K线上多为带有上、下影线的小阴线或小阳线，将其高点连接起来，形成了一个较明显的圆弧顶。同时，成交量也出现了缓慢增量后缓慢减量的情况，形成个股圆弧顶与大盘的背离。这表明，股价在经过明显的短线反弹后，主力均不太看好后市，因此开始借大盘在高位横盘震荡之际，以圆弧底的方式缓慢推升股价，并缓慢出货。因此，投资者可以圆弧顶形成后卖出股票。以上说明如图2-30所示。

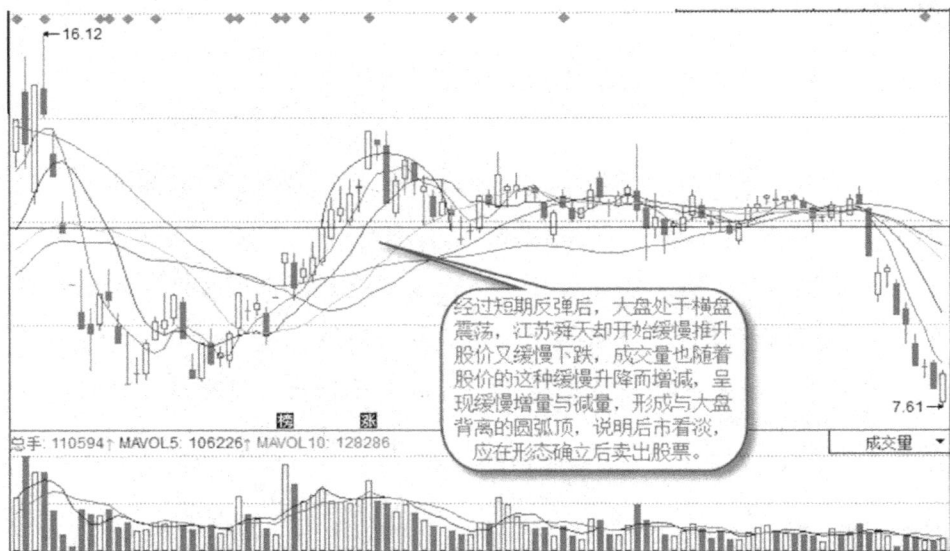

经过短期反弹后，大盘处于横盘震荡，江苏舜天却开始缓慢推升股价又缓慢下跌，成交量也随着股价的这种缓慢升降而增减，呈现缓慢增量与减量，形成与大盘背离的圆弧顶，说明后市看淡，应在形态确立后卖出股票。

图2-30　江苏舜天：日线图

技术要领

1.圆弧顶是一种缓慢筑顶的过程，通常持续的时间较长，如果时间过短，那么往往出现后会以横盘震荡的方式在高位徘徊，但其出现，则表明主力后市看淡，因此，即使是其后大盘会出现再次上涨，也应以卖出为主。

2.大盘涨、个股圆弧顶背离出现时，如果个股形成圆弧顶时时间过短，那么成交量往往会较大；如果是经过长期上涨而形成的圆弧顶，圆弧顶形成的周期往往较长，此时的成交量往往不会太大，其圆弧形态更为标准，借此迷惑投资者。

3.大盘震荡、个股圆弧顶背离出现时，往往是个股先于大盘进行筑顶，大多出现在基金重仓股身上，个别小盘股的主力因获利筹码少，极少用此方式。

2.5.3　双顶

大盘横盘震荡、个股双顶背离，是指当大盘经过一段时间的上涨后，突然出现横盘走势，个股却出现了形似英文字线M的接连上涨与下跌，从而形成与大盘背离的双顶。这表明，个股已先于大盘一步构筑顶部，因此是一种股价出现反转前的拔高出货，也是一种卖出形态。

形态特征

　　图2-31是上海普天（600680）的日线图，其形态特征可以从以下三点分析确认：

　　A.大盘横盘震荡、个股双顶背离出现时，个股往往已经有了一定幅度的上涨。

　　B.大盘横盘震荡、个股双顶背离出现时，个股双顶中的高点并不一定在同一水平，但差别不会太大。

　　C.大盘震荡、个股双顶背离出现时，个股成交量往往处于近期较高水平。

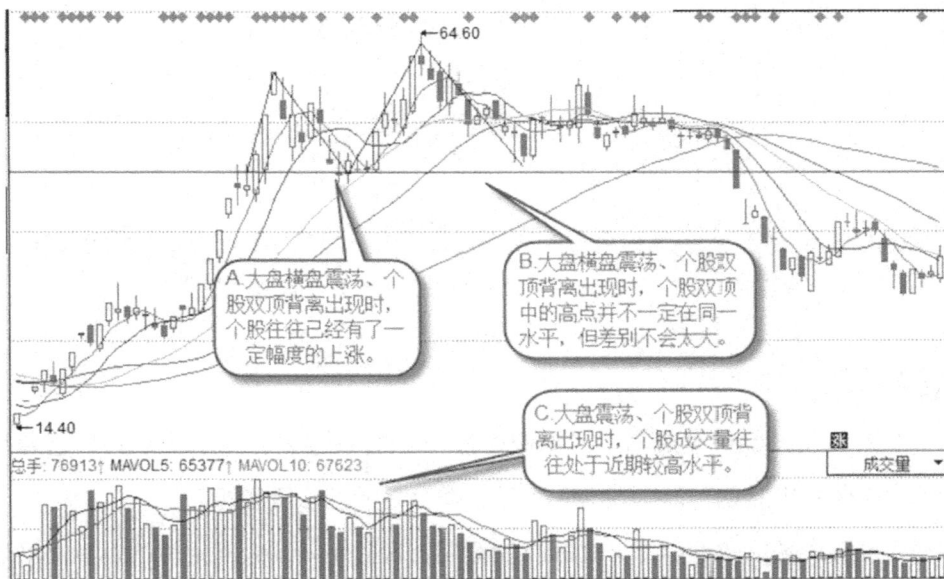

图2-31　上海普天：日线图

实战案例

　　大盘在2015年10月下旬至11月上旬时，处于横盘震荡，而上海普天却在之前构筑好了第一个顶，并利用大盘的横盘震荡，再次完成了第二个顶的构筑，从而形成了与大盘的形态背离。这说明，上海普天的主力在经过前期的上涨后，开始以出货为主，因为从短期涨幅来看，起涨时的最低价是14.40元，而在大盘横盘震荡期间其构筑第二个头时，股价竟然最高达64.60元，短期涨幅已超过400%。因此，投资者应在双顶形态确立后，果断卖出股票。以上说明如图2-32所示。

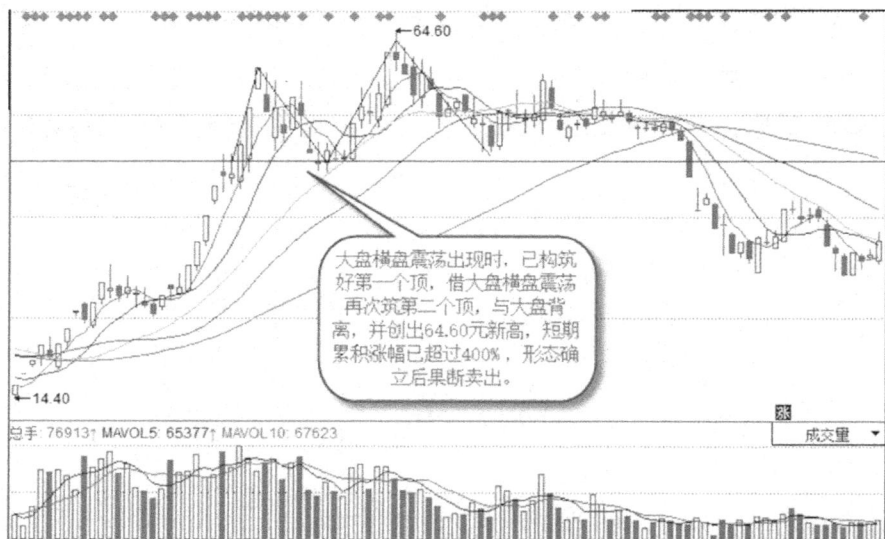

图2-32 上海普天：日线图

技术要领

1.大盘在高位横盘震荡时，如果个股累积涨幅过大，并出现双头形态背离时，应果断卖出股票，而不要被大盘结束横盘后的上涨所迷惑。

2.大盘在高位横盘震荡、个股双顶背离出现时，如果大盘结束横盘震荡后选择继续上涨，则个股往往不会在双顶形成后再次上涨，而是以横盘震荡出货为主，因此应卖出股票。

3.大盘在高位横盘震荡、个股双顶背离出现时，成交量往往处于近期较高水平，同时，若大盘横盘震荡转为跌势，则个股往往会出现快速下跌。

2.5.4   下降三角形

　　大盘横盘震荡、个股下降三角形背离，是指大盘在横盘震荡期间，个股却出现了逐渐向下收缩的下降三角形整理形态，从而形成背离。这说明，大盘横盘震荡整理时，个股同时也出现了整理，但每次反弹的幅度都在缩小，说明跟风盘越来越少，大多数投资者都看淡后市，使得买入者渐少。因此，下降三角形的出现，是多头盘中抵抗力量渐渐变小直到消失的见证，所以是一种卖出信号。

形态特征

　　图2-33是佳都科技（600728）的日线图，其形态特征可以从以下三点分析确认：

　A.大盘震荡、个股下降三角形背离出现时，指数及个股股价往往经过了一定涨幅，在相对高位区。

　B.大盘横盘震荡、个股下降三角形背离出现时，三角形是逐渐向下收缩的。

　C.大盘横盘震荡、个股下降三角形背离出现时，股价每次反弹的力度都在缩小。

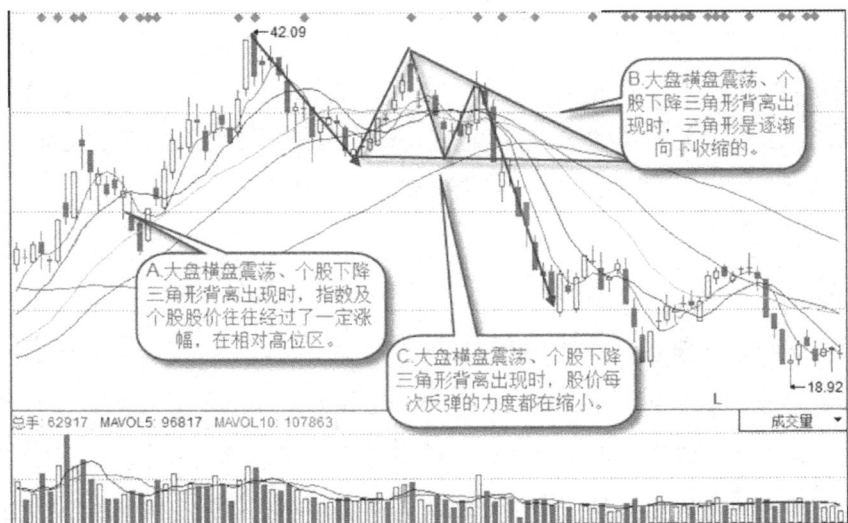

图2-33　佳都科技：日线图

实战案例

2015年12月，大盘经过上涨后，出现横盘震荡，佳都科技却出现了一波接一波的反复上涨与下跌，但上涨的力度却是越来越弱，从而幅度也出现一次小于一次，如果将其高点连接在一起，再将其低点连接在一起，呈逐渐收缩状态，且阳量少、阴量多，形成了一个下降三角形，与大盘震荡的行情形成走势的背离。因此，投资者应当在下降三角形形成后，股价向下跌破低点连线时果断卖出。以上说明如图2-34所示。

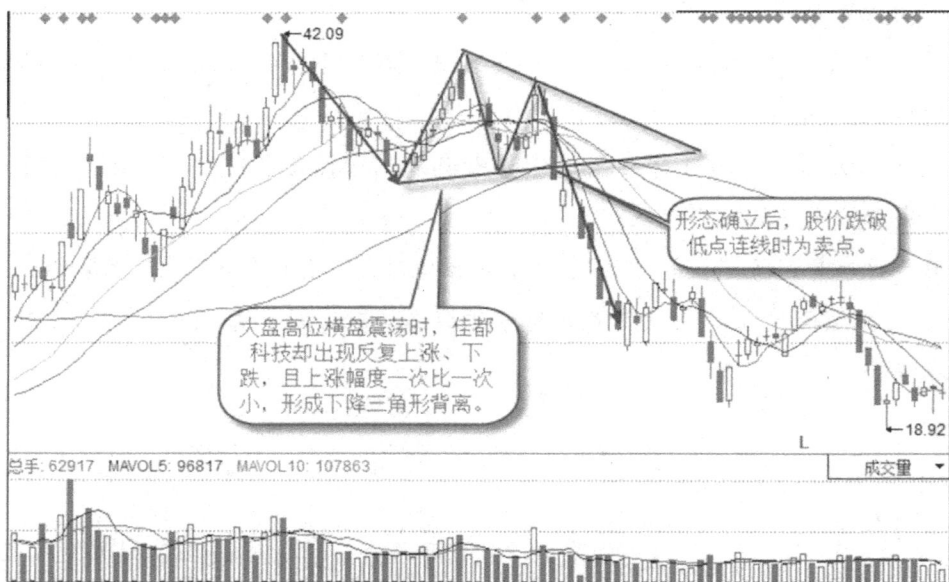

图2-34　佳都科技：日线图

技术要领

1.大盘高位区震荡、个股下降三角形背离出现时，不一定会形成标准的三角形，很多时候会变形为旗形，因此，并不一定要等三角形形成后卖出，只要确认股价的反弹力度一波比一波小时，即可选择在跌破三角形低点连线时卖出。

2.下降三角形如形态是向上的，与大盘棋盘震荡形成明显背离时，只要发现三角形整理时，反弹的力度一次比一次弱，而一跌即放量，则可确定为下降三角形，因为上升三角形下跌整理时是缩量的。

3.大盘高位区震荡、个股下降三角形背离出现时，成交量不一定会明显放大，但每次下跌时都没有缩量，说明是盘中主力在大量卖出股票所致，因此，先知先觉的投资者大多不会等三角形形成后卖出，而是选择股价下跌不缩量时卖出。

第3章 均线背离典型买卖形态

均线是投资者看盘时接触最多的指标，而均线的背离往往又是最为直观的一种背离，但不同均线的背离，往往有着不同的操作理念，比如短期均线的背离、中长期均线的背离……而不同均线的背离，又会导致出现很多经典的买入或卖出的形态，了解这些形态，看盘时才能做到行情了然于胸。

3.1 如何判断均线背离

3.1.1 股价与均线底背离

当股价在低位运行过程中，下跌见底后，又从底部上涨时，中长期均线的运行方向通常都是向下的，当股价突破一条均线后，股价的运行方向与所突破的均线的方向出现相反的交叉，这种情况就是股价与均线底背离。

因均线与股价底背离是一种弱势运行中出现的背离，是股价短期见底时的特征，因此这是股价短期企稳时的短线买点，但并不能由此判定长期趋势的转变，所以要研判大行情的转变，还须根据其他情况综合判断。

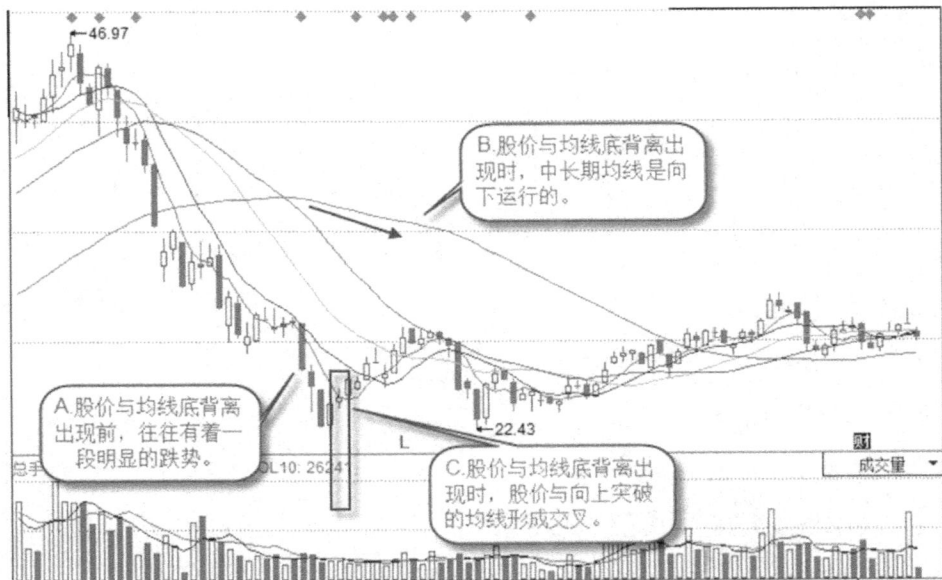

图3-1　济民制药：日线图

形态特征

图3-1是济民制药（603222）的日线图，其形态特征可以从以下三点分析确认：

A.股价与均线底背离出现前，往往有着一段明显的跌势。

B.股价与均线底背离出现时，中长期均线是向下运行的。

C.股价与均线底背离出现时，股价与向上突破的均线形成交叉。

实战案例

2016年1月底，济民制药经过一轮下跌后，中长期均线都处于下跌趋势，但在2016年1月29日，股价出现止跌反弹，但未与5日线交叉，而在次一个交易日，即2月1日时再次出现股价上涨，并与5日均线交叉，而此时60日均线及各短期均线均为向下运行，因此形成股价与均线的底背离，如图3-2所示，说明短期股价已触底反弹，应及时短线买入。

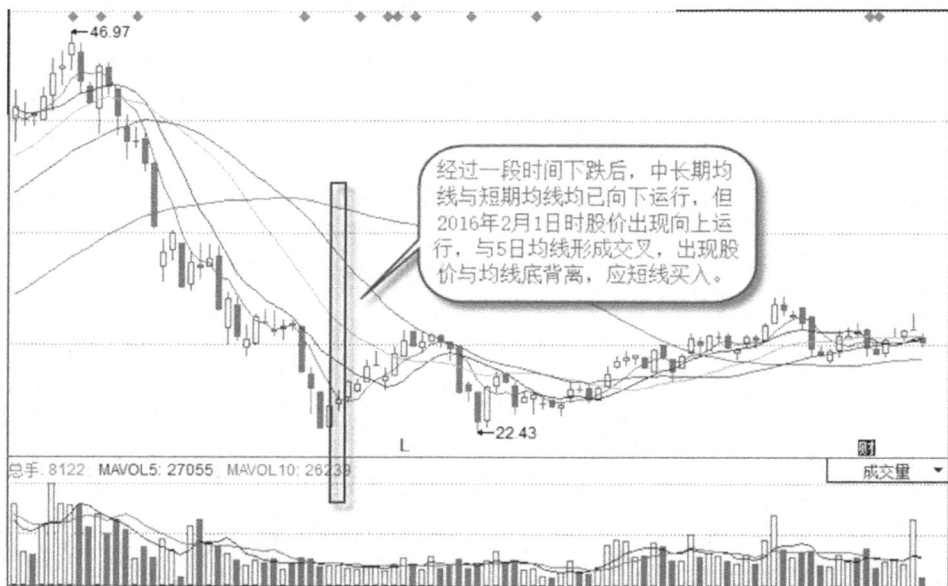

经过一段时间下跌后，中长期均线与短期均线均已向下运行，但2016年2月1日时股价出现向上运行，与5日均线形成交叉，出现股价与均线底背离，应短线买入。

图3-2 济民制药：日线图

技术要领

1.股价与均线底背离往往出现在股价下降趋势的末端，尤其是暴跌行情的末端，它的出现是股价短线企稳的标志，因此是短线买入的良机。

2.如果股价与均线没有发生交叉，即使二者运行方向相反，也不属于股价与均线底背离。

3.当股价与均线底背离出现时，如果是股价在底位首日背离，往往会爆出较大成交量，如果成交量此时无明显放大，最好在次日成交量持续增量时买入。

3.1.2 股价与均线顶背离

股价与均线顶背离，是指当股价上涨见顶后，在出现快速下跌的过程中，短中长期均线的运行方向仍然向上，可是当股价快速向下击穿其中一条均线后，股价的方向是向下的，但被股价击穿的均线的方向却是向上的，股价运行的方向与被击穿的均线的运行方向相反，并呈交叉状态。

值得注意的是，股价在上涨过程中，经常出现股价与5日均线的背离，但并不是每次这种背离的出现都是见顶的信号，只有经过较大上涨幅度或短期出现快速上涨后出现的收盘价低于股价向下所击穿的均线时，才能确定为股价见顶，尤其是股价向下跌穿的均线周期越长时，反转的意味越浓。

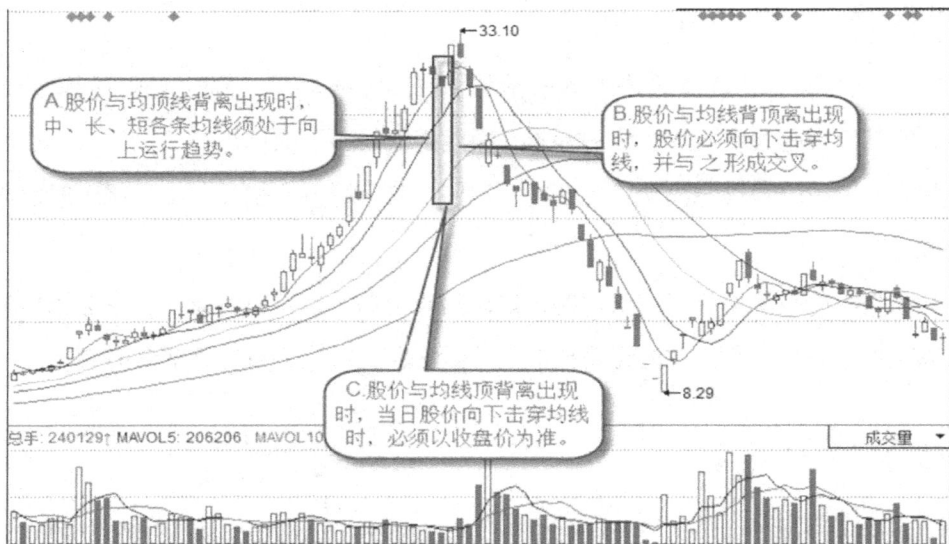

A 股价与均顶线背离出现时，中、长、短各条均线须处于向上运行趋势。

B.股价与均线背顶离出现时，股价必须向下击穿均线，并与之形成交叉。

C.股价与均线顶背离出现时，当日股价向下击穿均线时，必须以收盘价为准。

——33.10

——8.29

总手: 240129↑ MAVOL5: 206206 MAVOL10

成交量 ▼

图3-3　创兴资源：日线图

形态特征

图3-3是创兴资源（600193）的日线图，其形态特征可以从以下三点分析确认：

A.股价与均线背离出现时，中、长、短各条均线须处于向上运行趋势。

B.股价与均线背离出现时，股价必须向下击穿均线，并与之形成交叉。

C.股价与均线顶背离出现时，当日股价向下击穿均线时，必须以收盘价为准。

实战案例

创兴资源经过2015年3月至5月的长期上涨后，各条均线均已处于向上运行状态，但6月4日突然出现向下运行，收盘价收在5日均线之下，股价与5日均线形成顶背离，成交量显著放大，并且经过3个月的持续上涨，股价已从最初的8元左右上涨到了30元左右，上涨幅度接近了400%，如图3-4所示。因此，投资者应当结合当时大盘高位震荡，以及个股成交量明显放大的情况，选择在随后出现冲高回落时卖出。

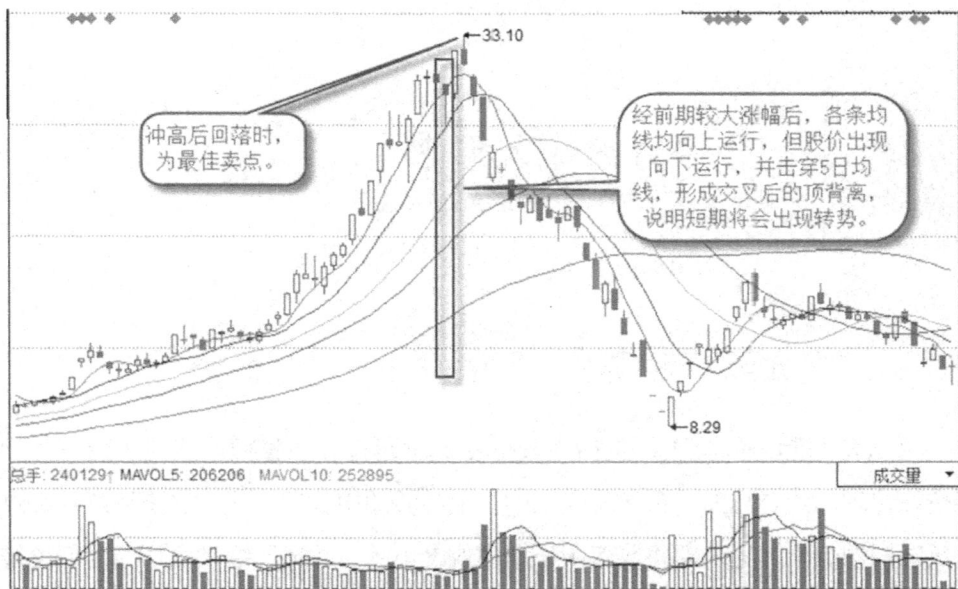

图3-4　创兴资源：日线图

技术要领

1.股价与均线顶背离，可以出现在上涨过程中的任一阶段，尤其是股价与5日、10均线的背离，会出现在上涨中途的调整行情中。因此，投资者应当在股价与均线顶背离出现后，先行卖出，如发现属于调整行情时，应在股价企稳后再买入；但如果涨幅较大，这往往是股价遇顶回落的前兆，此时应果断卖出。

2.股价与均线顶背离出现时，如观察到各条均线此时分散度较高，则背离后出现顶部反转行情的可能居大，应选择卖出。

3.股价与均线顶背离出现时，再判断股价是否在顶部，成交量及高换手率等技术指标也是重要的参考，所以应当结合其他指标来判断是否出现顶部。

3.2 均线底背离买入形态

3.2.1 底背离与趋势线突破

底背离与趋势线突破，是指当股价在低位运行、中长期均线向下运行时，股价在出现均线背离时，突破了代表中长期趋势的中长期均线。这说明股价经过较长时间的低位运行，即将改变中长期均线的下跌，行情已经彻底摆脱了低位徘徊，即将出现转势运行。因此，这种背离的出现是一种可信度极高的买入形态。

形态特征

图3-5是天润乳业（600419）的日线图，其形态特征可以从以下三点分析确认：

A.底背离与趋势线突破出现时，中长期均线必须处于向下运行之中。

B.底背离与趋势线突破出现时，往往各条短期均线已粘合在一起，并与中长期均线相距较近。

C.底背离与趋势线突破出现时，往往已出现股价与短期均线之间的背离。

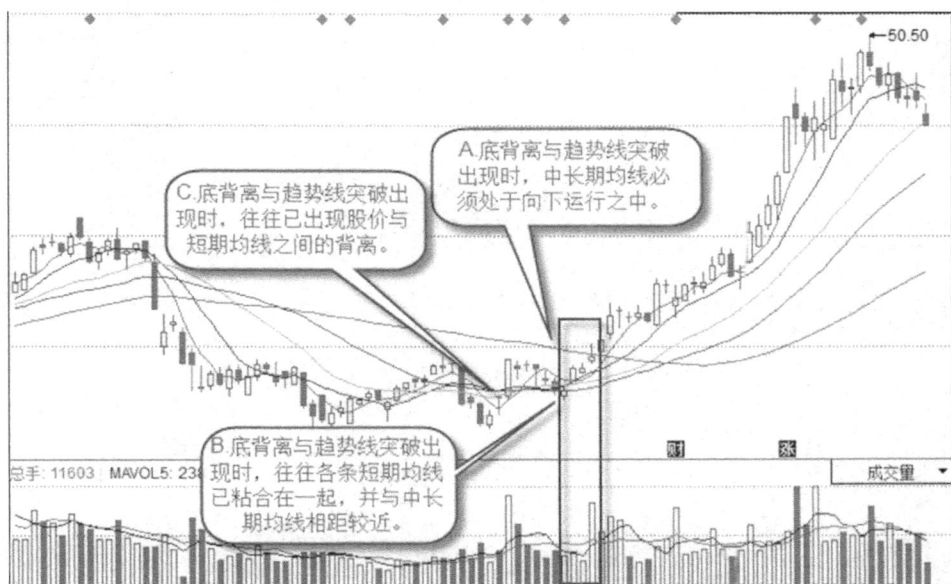

图3-5　天润乳业：日线图

实战案例

天润乳业在经过低位震荡后，股价先后与各条短期均线出现背离，并相互绞在一起，而此时60日线却处于向下运行状态，而股价却出现了向上运行中的突破，如图3-6所示。60日线的趋势性突破，说明行情即将转为多头，因此，应当及时在股价向上放量，在突破60日线时买入。

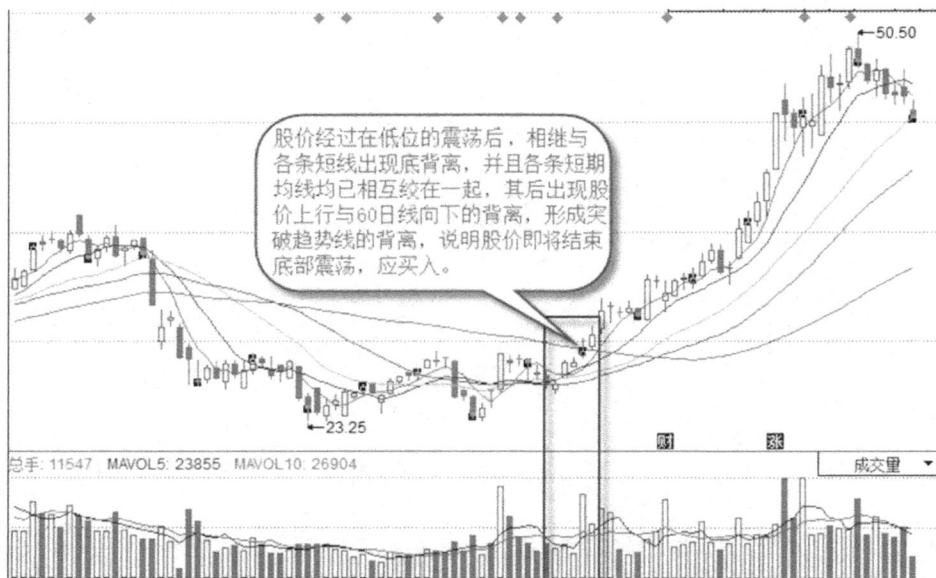

图3-6　天润乳业：日线图

技术要领

　　1.底背离与趋势线突破后，股价将结束长期低位运行，转为多头排列的上涨，因此是行情熊转牛的信号，应及时买入。

　　2.如果底背离与趋势线突破出现在较长周期线上，往往代表一轮牛市即将出现，投资者此时可根据个股短期趋势指导操作。

　　3.底背离与趋势线突破的出现，是股价经过震荡整理，改变中长线趋势线运行方向的一种信号，也是行情即将转变的标志，但此时必须有成交量的持续增加才能确保其后的改变，如成交量不能配合，则行情往往也不会随后展开。

3.2.2　底部向上发散背离

　　底部发散背离，是指股价经过下跌，在低位区的震荡整理后，在发生股价与均线底背离时，各条均线呈向上发散形状。这说明股价经过长期低位震荡后，短期均线已改变了向下运行状态，转为逐渐向上运行状态，因此是一种买入形态。

形态特征

图3-7是誉衡药业（002437）日线图，其形态特征可以从以下三点分析确认：

A.底部向上发散背离出现时，往往中长期均线是向下运行的，但下行的趋势已放缓。

B.底部向上发散背离出现时，短期均线已为向上发散运行的排列。

C.底部向上发散背离出现时，往往中长期均线在上方向下运行，而中短期均线在下方向上运行。

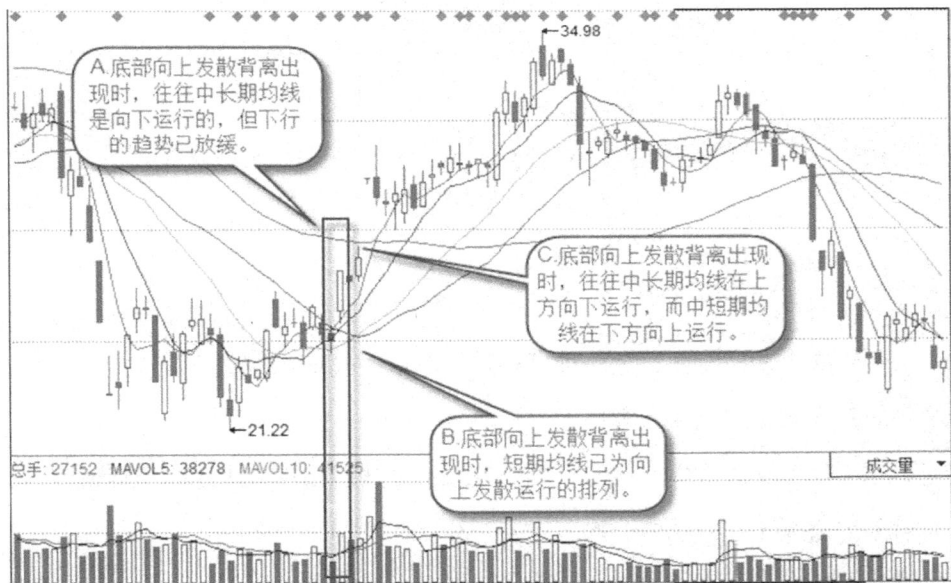

图3-7 誉衡药业：日线图

实战案例

誉衡药业经过前期的下跌，在低位震荡后，60日均线仍在向下运行，但趋势明显已放缓，而5日、10日、20日均线却已走平，并向上发散运行，此时，股价出现向上放量运行，与5日线交叉后背离，从而形成底部向上发展背离，如图3-8所示。这说明股价运行趋势即将从低位震荡转为上涨，因此，应当在底部向上发展背离出现后，及时买入股票。

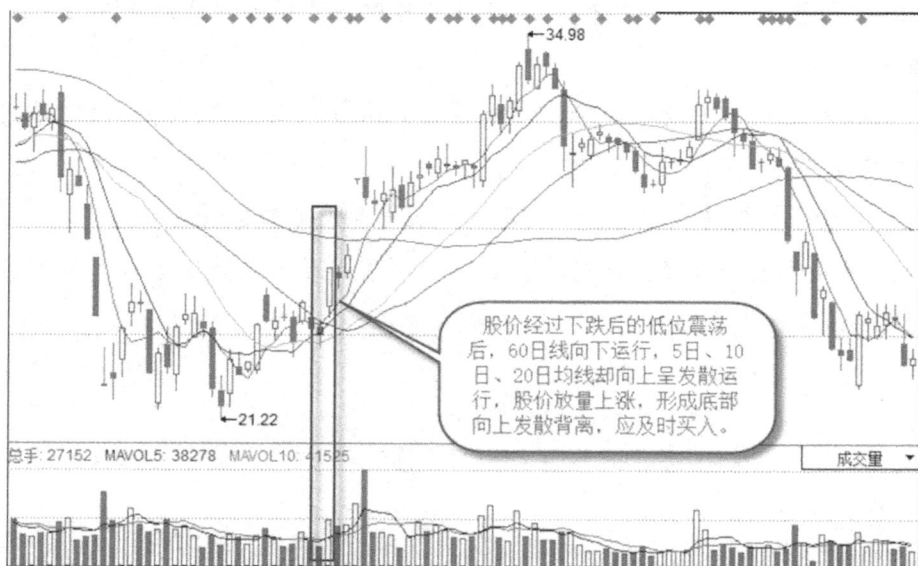

股价经过下跌后的低位震荡后，60日线向下运行，5日、10日、20日均线却向上呈发散运行，股价放量上涨，形成底部向上发散背离，应及时买入。

图3-8　誉衡药业：日线图

技术要领

1.底部向上发散背离，是一种短期均线改变中长期均线运行方向的征兆，是行情转好的标志，应以买入为主。

2.底部向上发散背离出现时，成交量往往会呈明显放大状态，所以应在成交量放量向上突破短期均线后买入。

3.如底部均线背离出现时，短期均线未能出现向上发散状态，但成交量却出现了放大，此时可短线买入，再逢高卖出，因这种情况说明其后行情仍会出现反复，直到短期均线出现向上发散背离时，行情才会反转。

3.2.3　底部收敛背离

底部收敛背离，是指股价在下跌过程中，中短期均线出现了从分散变为逐渐收敛的形态，而此时突然出现了底部均线背离。这说明行情在经过大跌后，出现了短期的底部，已经企稳，即将出现一轮反弹行情，因此是短线的买入形态。

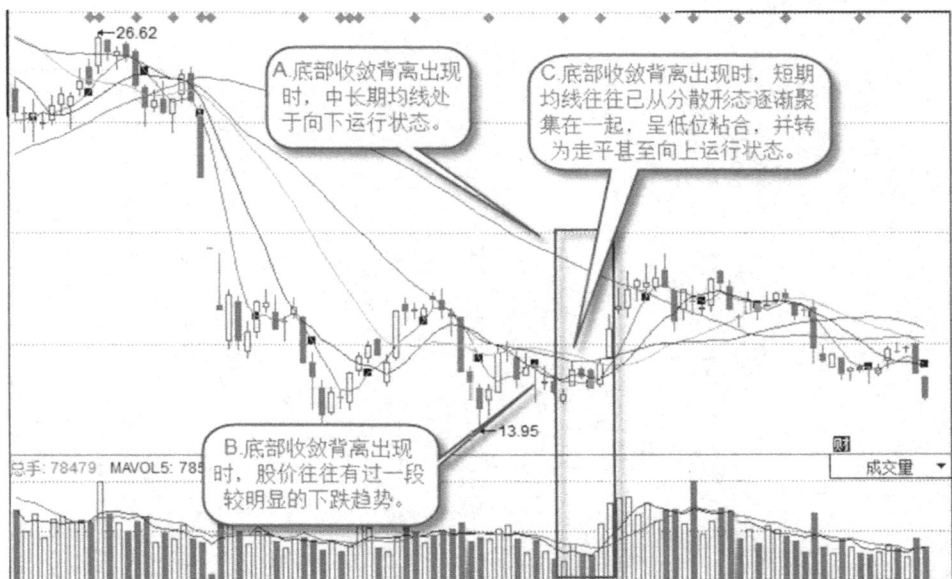

图3-9　积成电子：日线图

形态特征

图3-9是积成电子（002339）的日线图，其形态特征可以从以下三点分析确认：

A.底部收敛背离出现时，中长期均线处于向下运行状态。

B.底部收敛背离出现时，股价往往有过一段较明显的下跌趋势。

C.底部收敛背离出现时，短期均线往往已从分散形态逐渐聚集在一起，呈低位粘合，并转为走平甚至向上运行状态。

实战案例

积成电子经过下跌震荡后，于2C16年3月14日时，各条短期均线已由分散变为低位聚集粘合，并已由向下运行变为走平，此时60日均线仍处于向下运行状态，股价却出现上涨，并向上击穿5日与10日均线，形成均线底部收敛背离，如

图3-10所示。说明股价短线已企稳，行情即将出现反弹，应在形态确立后及时买入，短线持股。

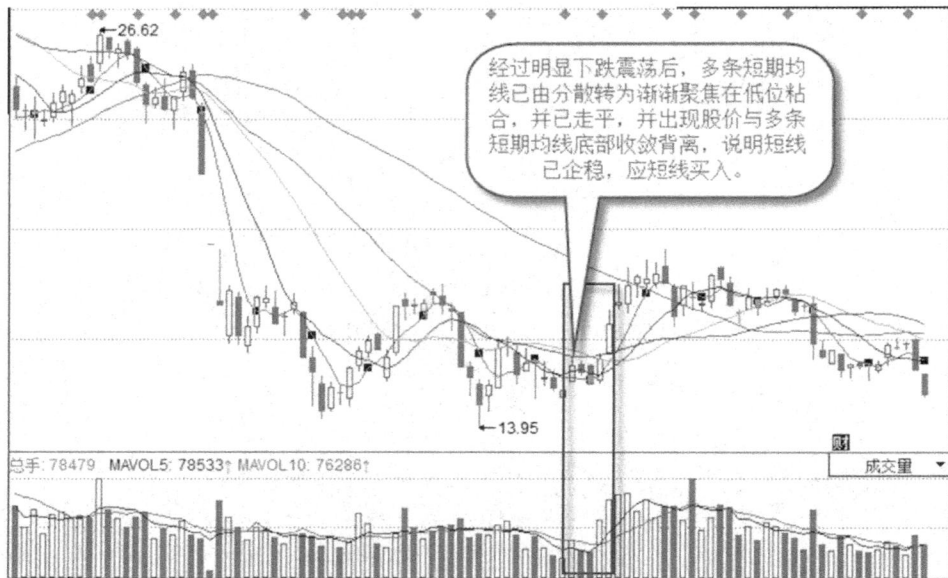

图3-10 积成电子：日线图

技术要领

1.底部收敛背离出现后，短期均线至少要呈走平状态，如出现拐头向上运行，则形态更佳。

2.底部收敛背离出现后，并不说明股价已出现反转行情，因真正中线企稳，还需要长期的底部震荡才能形成，但却说明短线已止跌，一轮反弹行情即将展开，因此可短线参与。

3.底部收敛背离出现后，如果成交量不能持续增长，或成交量过大，往往会很快引发再次冲高后的回落，此时应及时卖出观望。

3.3 均线顶背离卖出形态

3.3.1 顶部发散背离

顶部发散背离，是指当股价在上涨趋势中时，各条均线此时都是向上运行的，但均线之间发散的程度较大，股价却突然出现了向下击穿短期均线的背离。这说明股价已涨幅过大，需要进行调整，因此是一种卖出股票的形态。

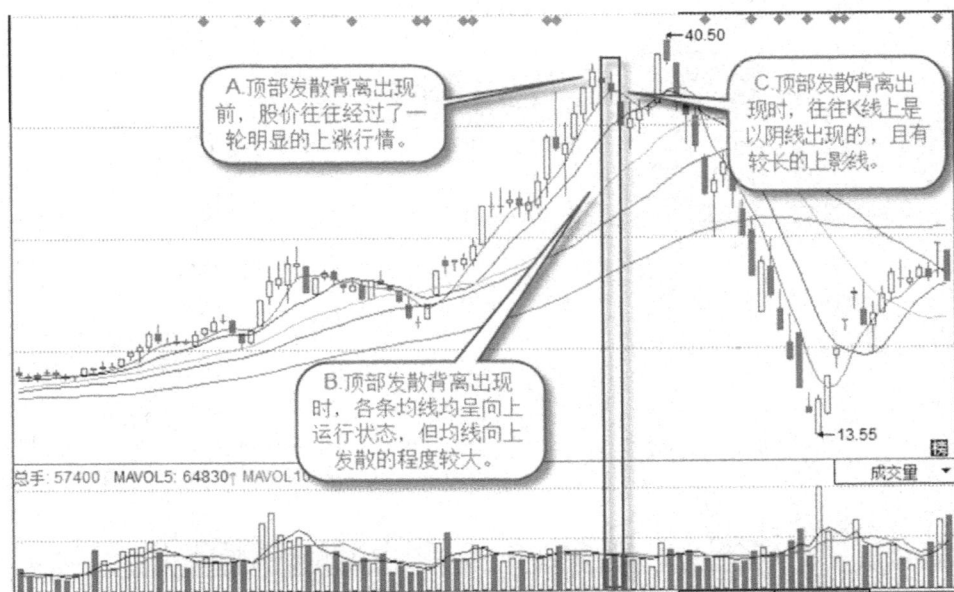

图3-11　汉森制药：日线图

形态特征

图3-11是汉森制药（002412）的日线图，其形态特征可以从以下三点分

析确认：

A.顶部发散背离出现前，股价往往经过了一轮明显的上涨行情。

B.顶部发散背离出现时，各条均线均呈向上运行状态，但均线向上发散的程度较大。

C.顶部发散背离出现时，往往K线上是以阴线出现的，且有较长的上影线。

实战案例

汉森制药经过前期较长时间的上涨后，至2015年6月5日时，仅从3月下旬时算起，此时涨幅即已超过100%，并且各条均线均为向上发散状态，且发散度较高，但股价却突然出现了向下运行后击穿5日均线的背离，形成顶部发散背离，如图3-12所示。这说明股价经过巨大涨幅后，筹码出现松动，因此应当以卖出为主。

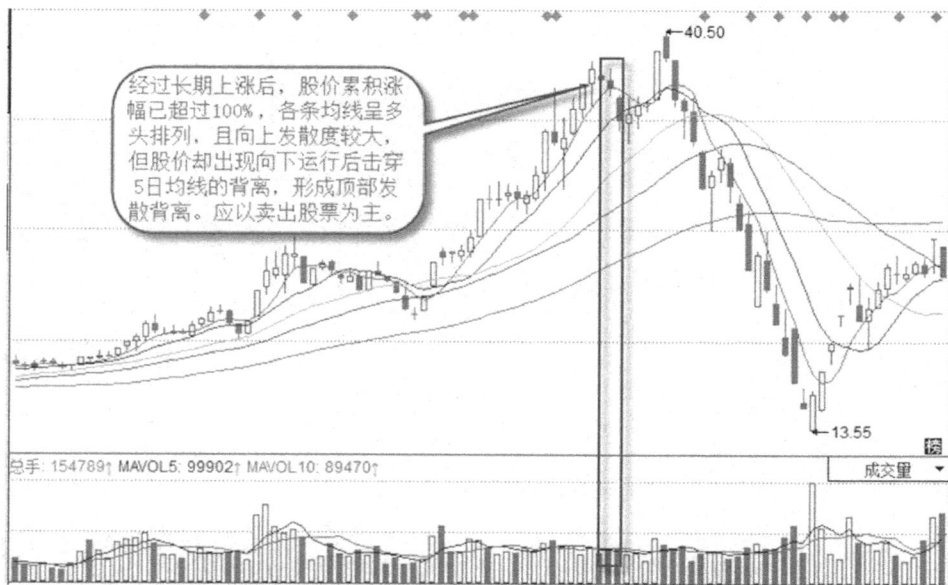

图3-12　汉森制药：日线图

技术要领

1.顶部发散背离出现时，往往是筹码在高位松动的表现，因此，不仅K线上会出现带有长上影线的阴线，成交量往往也呈阴量。

2.顶部发散背离出现时，若发散度不高，往往是短线调整的征兆，因此也应短线卖出股票，待股价出现止跌后的放量上涨时再行买入。

3.顶部发散背离如果出现在高位区后，可以断定行情不会立即转为下跌，但即使再上涨，往往幅度也不大，并会出现长阴后的再次均线背离，此时应果断卖出股票，以免高位被套。

3.3.2　顶部收敛背离

顶部收敛背离，是指股价在上涨趋势中，在中长期均线保持持续向上运行的情况下，短期均线出现了收敛，而股价却出现了向下击穿短期均线的背离。

值得注意的是，如果行情是持续较长的上涨行情时出现的顶部收敛背离，往往第一次出现的短期均线收敛背离，通常是上涨中期的调整行情，而第二次再上涨后出现的顶部均线收敛背离，才是真正的顶部卖出形态。

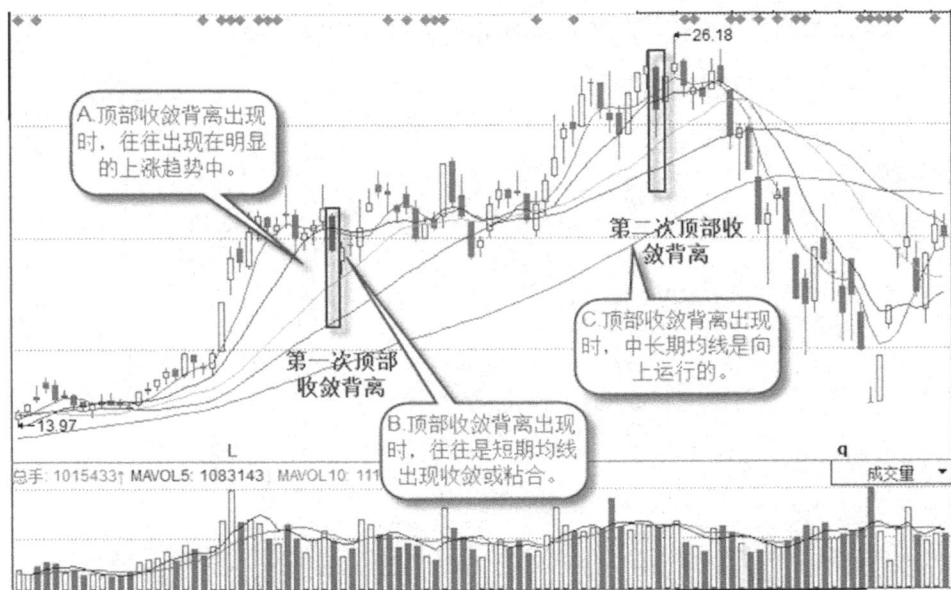

图3-13　金风科技：日线图

形态特征

图3-13是金风科技（002202）日线图，其形态特征可以从以下三点分析确认：

A.顶部收敛背离出现时，往往出现在明显的上涨趋势中。

B.顶部收敛背离出现时，往往是短期均线出现收敛或粘合。

C.顶部收敛背离出现时，中长期均线是向上运行的。

实战案例

经过2015年3月下旬的上涨后，金风科技于4月15日，在60日均线向上的情况下，5日均线出现与10日、20日均线的收敛粘合，股价向下击穿5日与10日均线，形成顶部收敛背离，因是首次出现，所以为上涨中期的调整行情。其后，当股价恢复上涨后，至6月4日时，在60日均线持续保持向上运行的情况下，5日均线再次出现收敛，并收敛靠近10日均线，股价却向下再度击穿5日均线与10日均线，形成二次顶部收敛背离。两次顶部收敛背离如图3-14所示。说明股价此时已经过快速上涨，在高位出现筹码松动，因此应卖出股票。

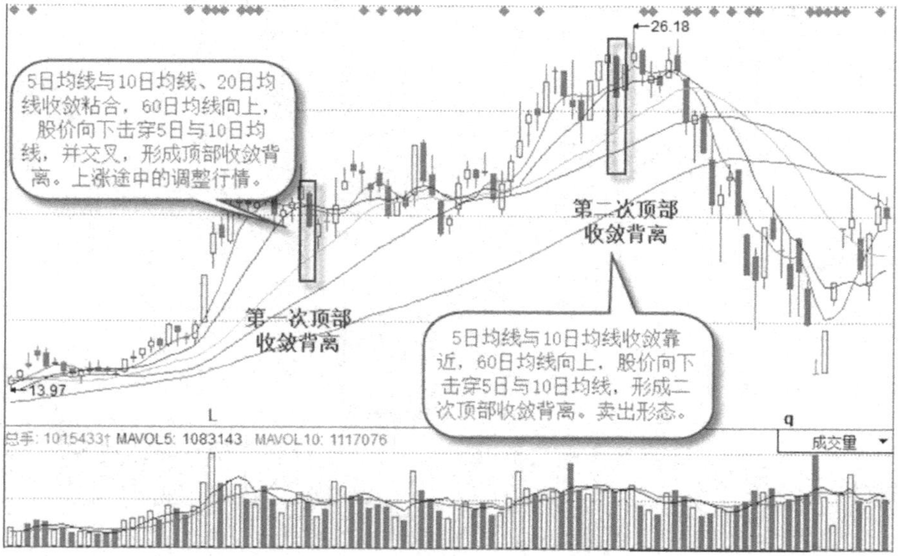

图3-14　金风科技：日线图

技术要领

1.顶部收敛背离往往出现在牛市中，首次出现往往是由于上涨中期的调整，此时大多为针对5日均线与10日均线的调整，幅度往往不大，只要不出现破位，即可持股待涨。

2.二次顶部收敛背离，往往出现在股价拉升期的末端，一经出现，说明股价出现了高位筹码松动，因此应果断卖出。

3.二次顶部收敛背离出现时，往往从起涨点算起，股价有了巨大的涨幅，并且此时K线上往往出现带有较长上影线的K线，这是主力拉高出货时筹码松动的特征，所以即使出现后股价仍有上冲的动力，也往往不会维持太久，且当日股价振幅加大的同时，整体上涨幅度往往极小，因此应及时逢高卖出。

第4章　量价背离典型买卖形态

成交量在实战中往往是最无法欺骗投资者的，即使是主力利用筹码的对敲等手法左右股票价格，也无法掩盖盘中成交量的变化。因此，成交量与股票价格的背离，也是在实际操作中最为常见的一种背离。因为股价在上涨或下跌过程中，是有迹可循的，而所有改变常规的量价关系，都是一种背离。因此，只有详细了解了各种量价背离时的形态，以及这种量价背离后的趋势演变，才能真正把握好未来行情的变数。

4.1　如何判断量价背离

4.1.1　量价背离

　　量价背离，是指股价或指数在上涨（下跌）过程中，当价格不断出现新的高价（低价）时，成交量却没有出现相应放大（缩减），从而出现股价或指数与成交量的背道而驰。因此，当量价背离出现后，往往短期行情或会出现转机，展开一段与之前方向相反的运行，所以，量价背离往往是选择买入或卖出的时机。而大盘指数的量价背离往往成为趋势判断的标准。

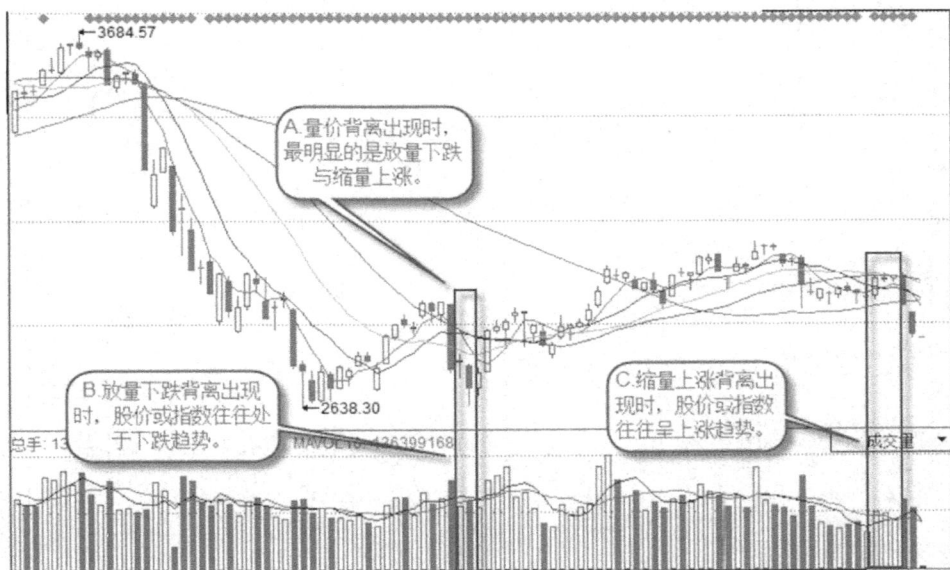

图4-1　上证指数：日线图

形态特征

　　图4-1是上证指数（000001）的日线图，其形态特征可以从以下三点分析

确认：

A.量价背离出现时，最明显的是放量下跌与缩量上涨。

B.放量下跌背离出现时，股价或指数往往处于下跌趋势。

C.缩量上涨背离出现时，股价或指数往往呈上涨趋势。

实战案例

上证指数在2016年2月26日与29日两个交易日，指数处于明显的下跌趋势，但成交量却出现明显放量，形成量价背离，说明股价即将企稳，可在此时选择盘中个股买入；到了2016年5月4日与5日，上证指数在不断震荡上涨，可成交量却出现了明显的缩量，表明上涨的动力不足，如图4-2所示。因此可选择量价背离出现后，卖出盘中个股。

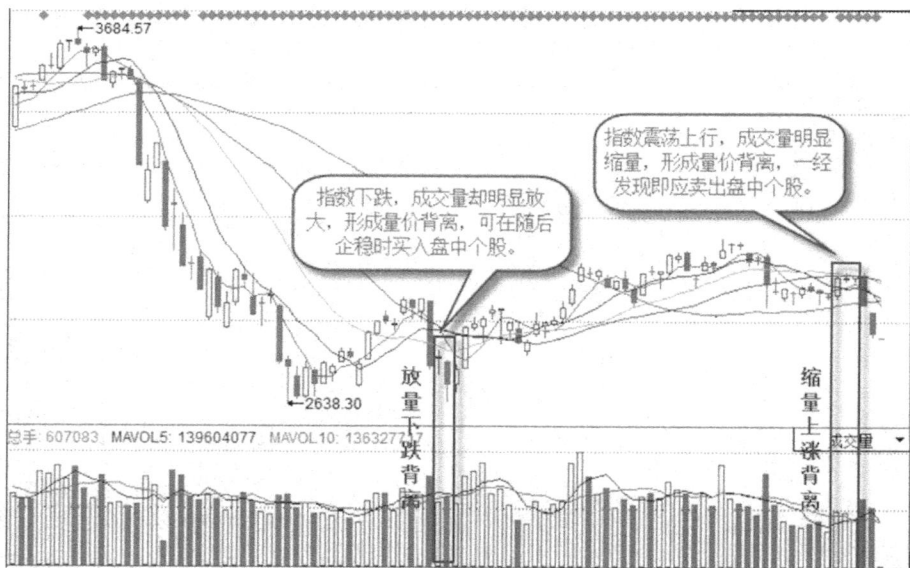

图4-2　上证指数：日线图

技术要领

1.缩量上涨背离出现时，往往表明股价或指数上升动力不足，资金不愿追高买入，因此是逢高卖出的信号。

2.放量下跌背离出现时，如果是在大跌初期，往往其后会引发快速反弹，但这种行情通常较短，不可参与，并可借反弹卖出股票，因为其后股价或指数仍然要回归跌势，所以这时出现量价背离后的反弹行情时间较短、力度有限。

3.大盘指数的量价背离往往是研判趋势的标准，个股的背离在选择买或卖时，同样应参考大盘行情而定。

4.1.2　上涨行情的量价背离

上涨行情的量价背离，是指股价或指数在明显的上涨趋势中出现股价或指数上涨时，出现成交量的缩小，或是股价或指数下跌时出现的放量。

通常而言，如果在上涨趋势中高位出现放量下跌，往往行情即将转变；如果是主力洗盘，那么此时往往是上涨初期。如果在高位出现缩量上涨，则说明行情未止，盘中筹码有惜售行为，导致成交量无法放大，其后行情仍然会出现上涨，所以高位出现缩量上涨背离是一种买入信号，而低位出现时应当卖出。

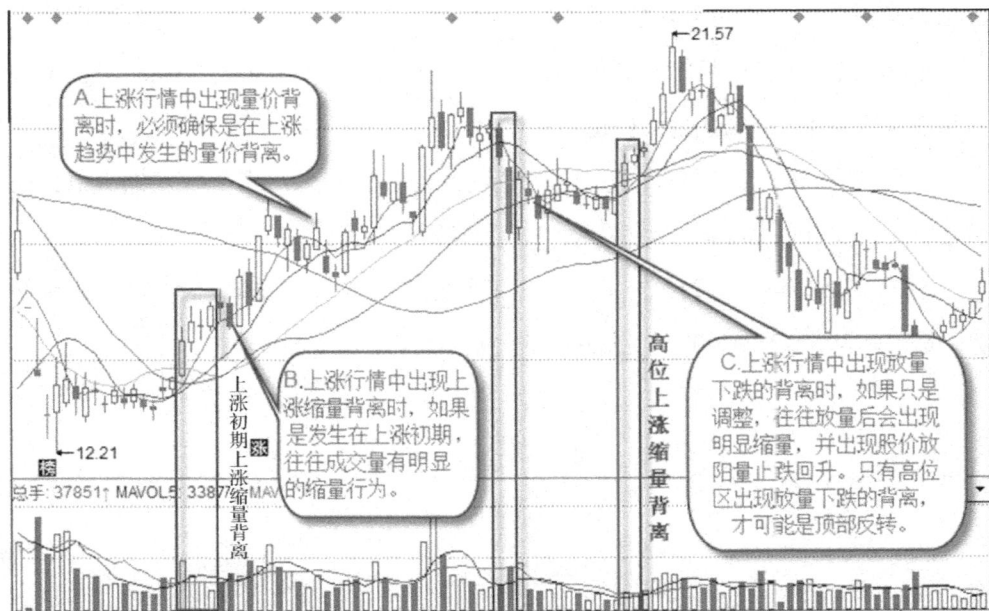

图4-3　山东药玻：日线图

形态特征

图4-3是山东药玻（600529）日线图，其形态特征可以从以下三点分析确认：

A.上涨行情中出现量价背离时，必须确保是在上涨趋势中发生的量价背离。

B.上涨行情中出现上涨缩量背离时，如果是发生在上涨初期，往往成交量有明显的缩量行为。

C.上涨行情中出现放量下跌的背离时，如果只是调整，往往放量后会出现明显缩量，股价止跌回升。只有高位区出现放量下跌的背离，才可能是顶部反转。

实战案例

自2015年10月9日，山东药玻结束底部震荡开始进入上涨行情后，随即在13日、14日、15日三个交易日中，接连出现上涨缩量的背离，此时应在随后出现调整结束后买入，因如果调整不结束，行情极有可能出现演变，变为深度调整。

随后在2015年11月27日，股价调整时，出现放量下跌背离，其后股价出现缩量震荡，可在调整结束后买入。

到了2015年12月16日，股价此时已在高位区，却出现了高位上涨缩量，表示盘中筹码惜售，因此应短线买入，持股待涨。

至12月28日时，股价在高位出现下跌放量，说明筹码出现松动，即将转势，因此应果断卖出股票。以上说明如图4-4所示。

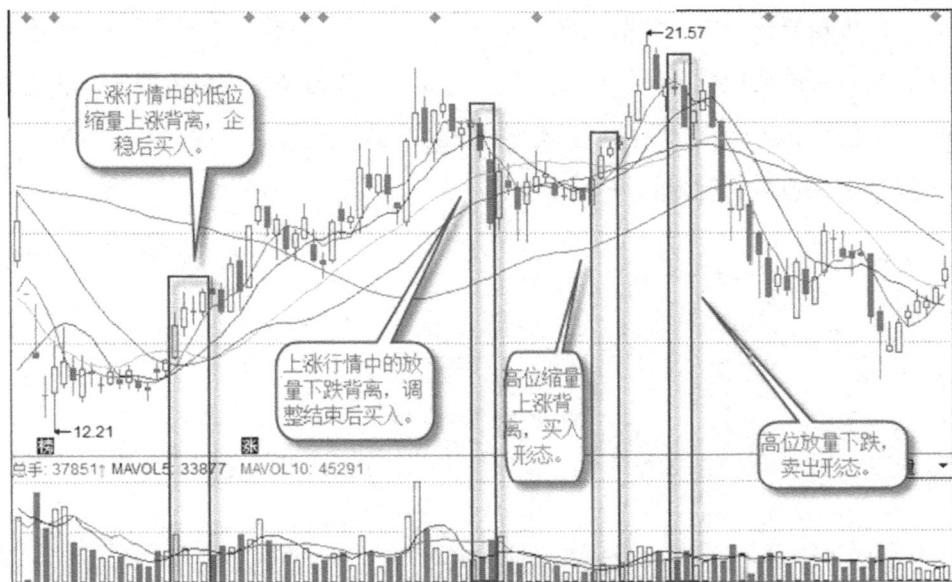

图4-4　山东药玻：日线图

技术要领

1.上涨行情中出现量价背离时，应当区别来对待，因为尽管行情属于上涨趋势，但调整的级别不同，量价背离后所出现的走势也会不同。

2.上涨行情中出现放量下跌背离时，首先应当判断此时的股价涨幅，再根据背离后量能是否能降下来进行判断，只有再次出现阳量不断增加的情况时才能确认调整已经结束。

3.如果上涨中出现放量下跌背离，且出现在高位区，往往趋势即将发生逆转，只有其后出现持续阳量放大时方可买入。

4.1.3　下跌行情的量价背离

下跌行情的量价背离，是指在下跌过程中，出现股价或指数下跌、成交量却放大，或是下跌反弹中出现股价或指数上涨、成交量却缩减。

放量下跌背离出现在下跌行情中时，通常是逃命的征兆，即使其后出现反

弹，往往也是昙花一现；缩量反弹背离出现在下跌行情中时，往往表明反弹不会
持久，其后股价或指数会继续反转下跌。因此，下跌行情中的量价背离往往是跌
势未止的信号，应以卖出为主。只有经过长期下跌与震荡后出现的量价背离，才
有可能会出现趋势的反转。

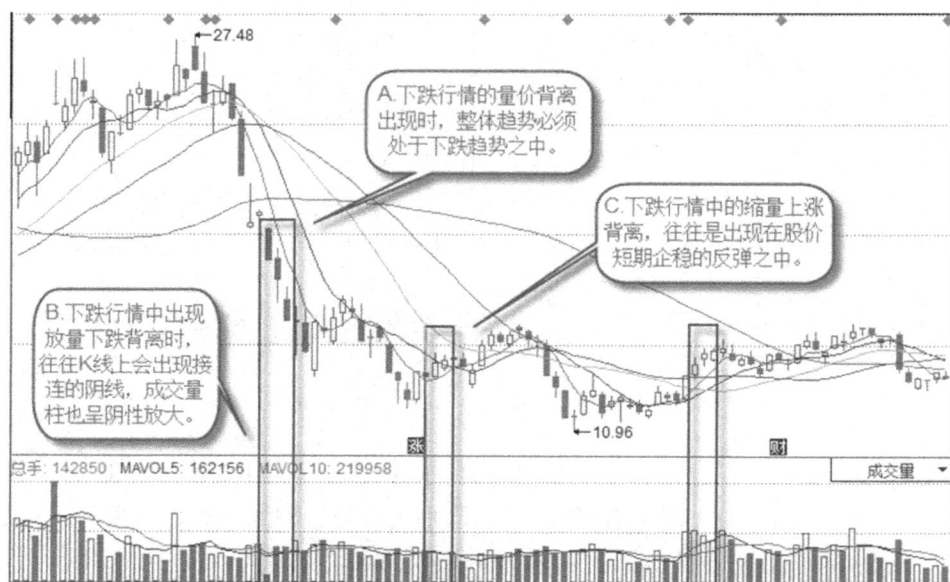

图4-5　榕基软件：日线图

形态特征

图4-5是榕基软件（002474）的日线图，其形态特征可以从以下三点分析
确认：

A.下跌行情的量价背离出现时，整体趋势必须处于下跌趋势之中。

B.下跌行情中出现放量下跌背离时，往往K线上会出现接连的阴线，成交
量柱也呈阴性放大。

C.下跌行情中的缩量上涨背离，往往是出现在股价短期企稳的反弹之中。

实战案例

在下跌趋势中，榕基软件于2016年1月8日与9日接连两天出现明显的阴量放

大，股价快速下跌，形成量价背离。此时说明股价的跌势未止，所以此时应当远离与卖出。

到了2016年2月2日与3日，以及其后的3月21日与22日，股价均处于跌势企稳后的反弹行情，但价格在反弹上涨，成交量却呈阳量逐渐缩减，同时出现量价背离，说明这种上涨并未得到众多资金的认可，反弹行情即将结束，股价将重回跌势，因此，同样应当在这种量价背离时卖出远离，继续观望。以上说明如图4-6所示。

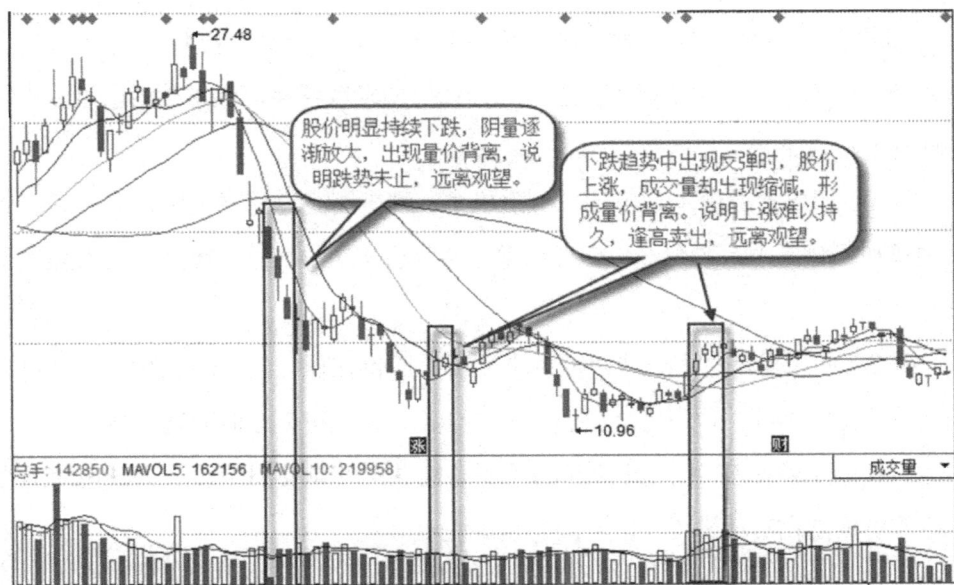

图4-6　榕基软件：日线图

技术要领

1.下跌行情中出现的量价背离，无论是哪一种背离，都说明下跌趋势未止，因此应采取观望态度。

2.下跌行情中出现缩量上涨背离时，是反弹出局的时机。

3.只有下跌中的量能缩减到地量后出现股价小幅缩量下跌时，次日如放出阳量，才是短线买入的时机，但一定要做到快进快出，不可恋战。

4.2 量价背离经典买入形态

4.2.1 量增价平背离

量增价平背离，是指成交量在放大的情况下，股价或指数却没有出现上涨，而是停留在原有水平震荡。这是一种量价的轻度背离，但这种情况可以出现在任何情况之下：

（1）如果量增价平是出现在上涨途中，则表明经过前期上涨，盘中有了较大的获利回吐压力，股价即将出现调整，调整后将重拾升势，因此是股价短线调整的征兆。

（2）如果是经过了一段时间的下跌后，股价在低位区出现量增价平背离，则往往是主力借低位边吸筹边刻意打压的结果，因此可以在此时逢低介入。

（3）如果是在高位区出现量增价平背离，成交量又出现了放大，说明主力在将股价维持在高位出货，因此应当卖出股票。

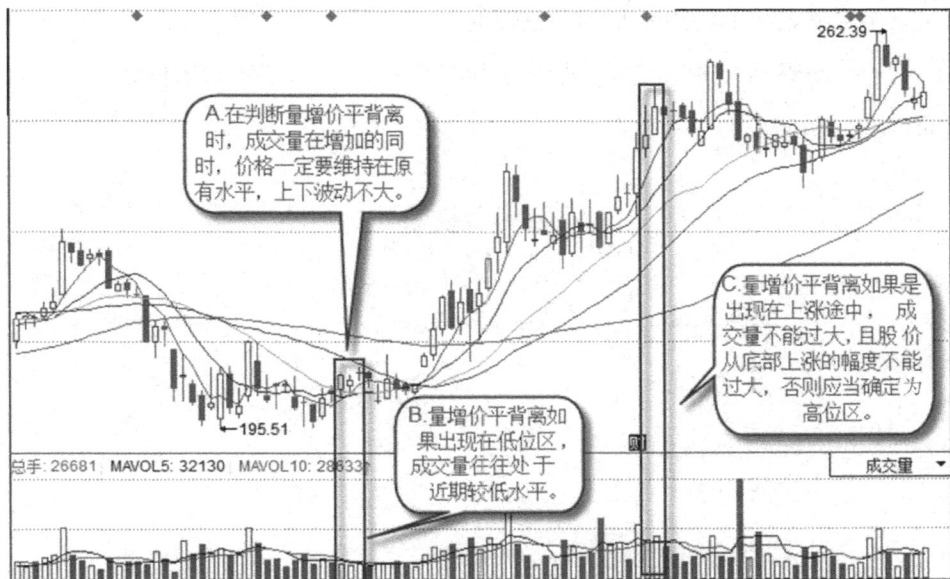

A.在判断量增价平背离时，成交量在增加的同时，价格一定要维持在原有水平，上下波动不大。

B.量增价平背离如果出现在低位区，成交量往往处于近期较低水平。

C.量增价平背离如果是出现在上涨途中，成交量不能过大，且股价从底部上涨的幅度不能过大，否则应当确定为高位区。

262.39

195.51

总手: 26681　MAVOL5: 32130　MAVOL10: 28633

成交量

图4-7　贵州茅台：日线图

形态特征

图4-7是贵州茅台（600519）的日线图，其形态特征可以从以下三点分析确认：

A.在判断量增价平背离时，成交量在增加的同时，价格一定要维持在原有水平，上下波动不大。

B.量增价平背离如果出现在低位区，成交量往往处于近期较低水平。

C.量增价平背离如果是出现在上涨途中，成交量不能过大，且股价从底部上涨的幅度不能过大，否则应当确定为高位区。

实战案例

2016年1月至2月，贵州茅台股价在低位区徘徊，并在2月3日与4日出现了成交量明显增大、股价却震荡的情形，形成低位量增价平背离，说明主力在一边打压股价一边低位吸筹，应在其后逢低买入。

当行情经过一定幅度的上涨后，到了2016年3月29日，再次出现了成交量放大、股价却平平的量增价平背离，而此时成交量并不太大，投价涨幅并不高，说明是盘中存在较多的短线获利筹码兑现的压力，因此后市将出现调整。此时，可在量增价平出现后，逢调整低位股价企稳时买入，因为上涨行情还未结束。以上说明如图4-8所示。

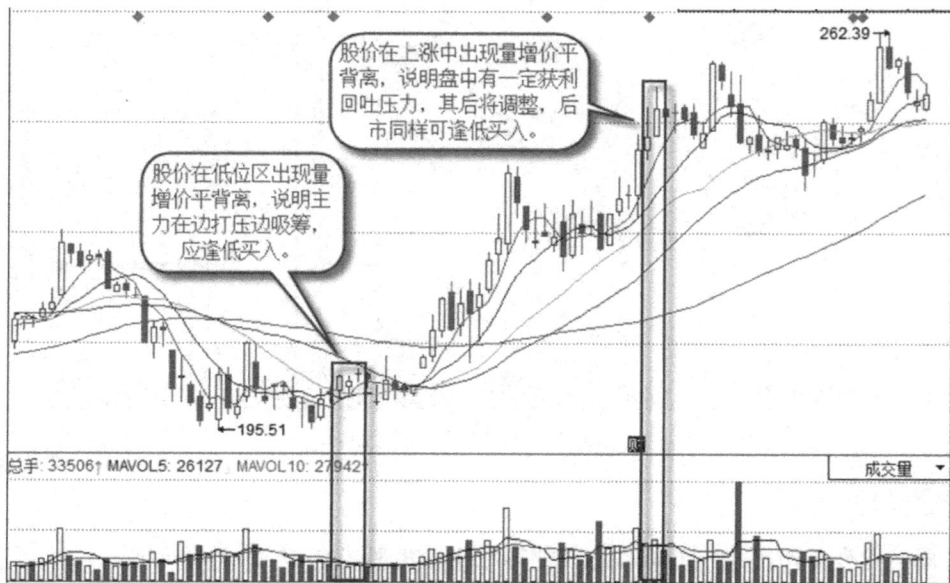

股价在上涨中出现量增价平背离，说明盘中有一定获利回吐压力，其后将调整，后市同样可逢低买入。

股价在低位区出现量增价平背离，说明主力在边打压边吸筹，应逢低买入。

262.39

←195.51

总手：33506↑ MAVOL5: 26127 MAVOL10: 27942

成交量 ▼

图4-8 贵州茅台：日线图

技术要领

1.量增价平背离，是股价与成交量的一种轻度背离，如果出现在低位区，一定要在股价企稳时买入，而不能过早，因为过早买入极有可能遭受继续震荡。

2.量增价平如果出现在上涨中途，成交量不能过于放大，因为即使此时趋势还未转变，若是成交量过大，则极易引发后市出现较大级别的调整，甚至变盘。

3.量增价平背离如果出现在高位区，往往成交量会处于较高水平，但对于锯齿状上涨的个股，主力往往以边拉边出的形式出现，但要是否为高位区，应当看低位起涨至今的总体涨幅。如是大盘震荡阶段出现的个股局部牛市行情，成交量可能不会太大，涨幅亦然，但短期涨幅往往较大，所以此时应先卖出，观察其后的调整级别后再选择。

4.2.2　缩量上涨背离

　　缩量上涨背离，是指在上升趋势中，当股价上涨时，成交量却出现了缩减的背离。由于正常的情况是量价齐升，缩量上涨的出现，表示盘中持有者大多不肯卖出股票，从而导致成交量缩减，因此是一种明显的买入信号。

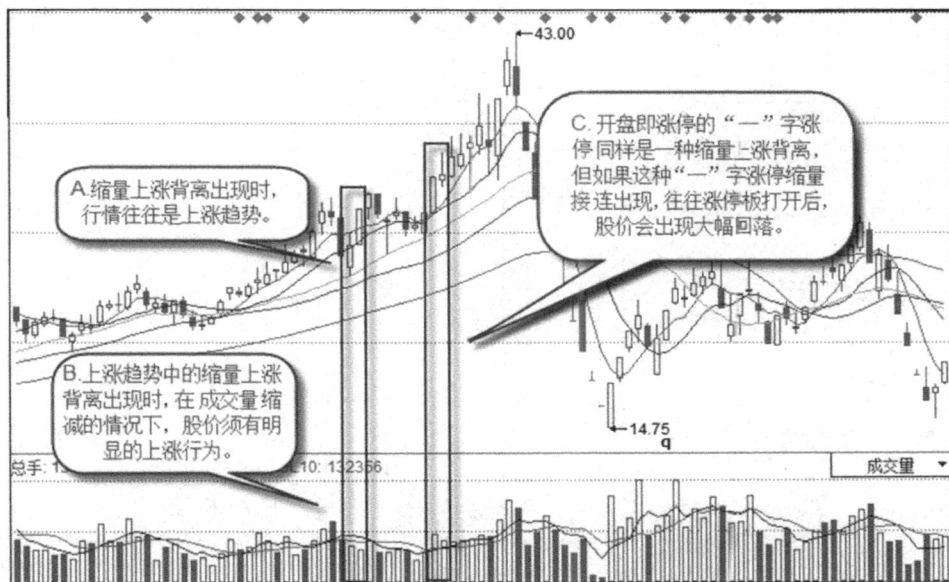

图4-9　贵航股份：日线图

形态特征

　　图4-9是贵航股份（600523）的日线图，其形态特征可以从以下三点分析确认：

　　A.缩量上涨背离出现时，行情往往是上涨趋势。

　　B.上涨趋势中的缩量上涨背离出现时，在成交量缩减的情况下，股价须有明显的上涨行为。

　　C.开盘即涨停的"一"字涨停同样是一种缩量上涨背离，但如果这种"一"字涨停缩量接连出现，往往涨停板打开后股价会出现大幅回落。

实战案例

在上涨趋势中，贵航股份在2015年6月1日出现缩量上涨背离，其后股价仅仅震荡了数日，即恢复了上涨，并在6月15日再次出现明显的缩量上涨背离，其后股价再次出现震荡上涨，如图4-10所示。因此，投资者应当在缩量上涨背离出现后，及时买入。

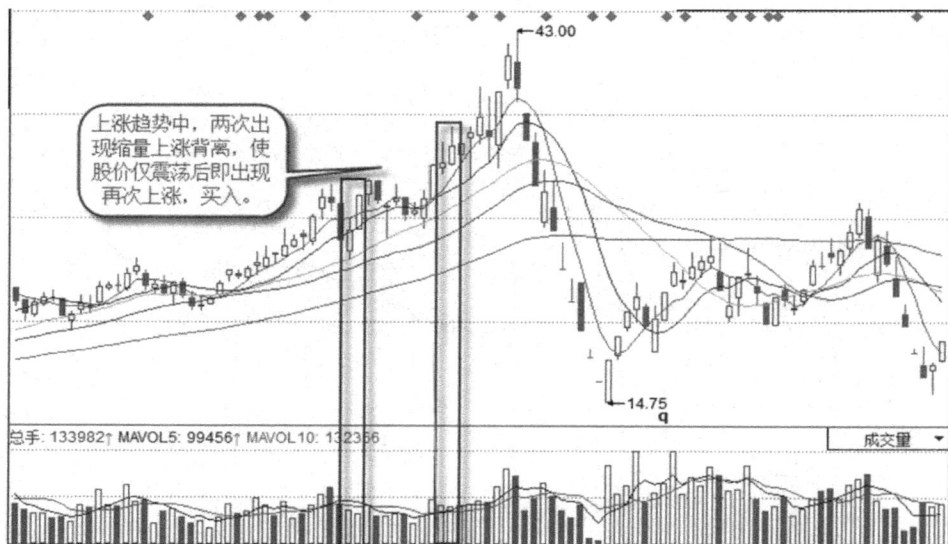

图4-10 贵航股份：日线图

技术要领

1.缩量上涨背离如果出现在低位区，往往可信度不高，尤其是在震荡整理时期，如在成交量低迷的时候出现，则往往是上涨乏力的表现，此时反而应当及时卖出股票。

2.缩量上涨背离是短线买入形态，在上涨行情中出现这种情况时，往往表明市场跟风盘不多，因此主力还要继续拉升吸引跟风盘，但拉高后主力往往会高位派发，所以投资者在缩量上涨背离出现买入后，一旦发现股价上行无力，应果断卖出了结。

3.如果是股价在出现了较大涨幅后出现缩量上涨背离，当时的成交量水平极大，则这种缩量上涨往往是主力出货的象征，应果断以卖出为主。

4.3　量价背离经典卖出形态

4.3.1　低量低价背离

　　低量低价背离，是指大盘或个股在成交量明显很少的情况下，股价或指数也很低。这种情况往往出现在股市经过明显大跌后，由参与者减少所致，所以，低量低价大多出现在下跌过程中，但并不表明已停止下跌，只是下跌中继中经常出现的情况，因此，投资者应在低量低价出现后，逢反弹卖出股票，而不可参与行情。

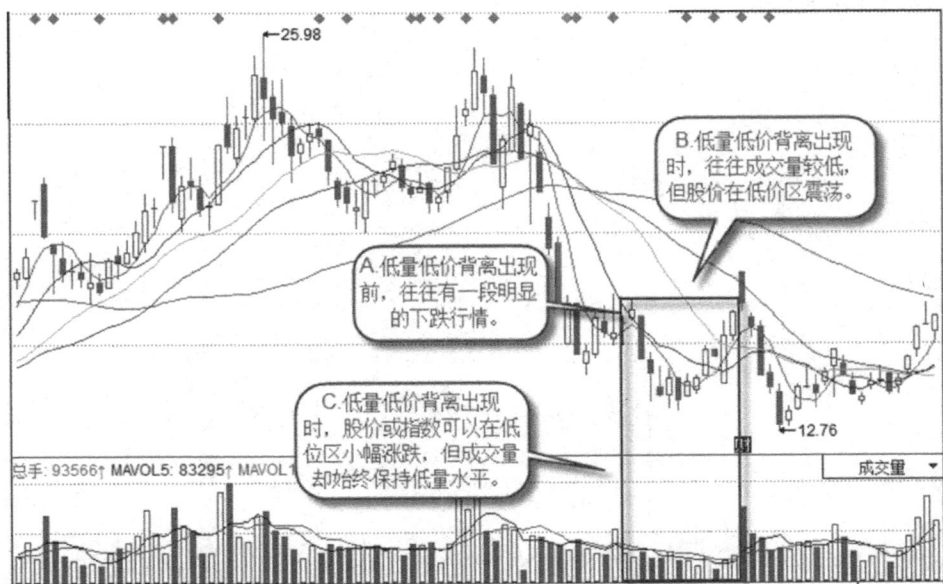

图4-11　楚江新材：日线图

形态特征

图4-11是楚江新材（002171）的日线图，其形态特征可以从以下三点分析确认：

A.低量低价背离出现前，往往有一段明显的下跌行情。

B.低量低价背离出现时，往往成交量较低，但股价在低价区震荡。

C.低量低价背离出现时，股价或指数可以在低位区小幅涨跌，但成交量却始终保持低量水平。

实战案例

经过2015年12月到2016年的下跌后，楚江新材在低位区开始震荡，成交量也出现了明显的减少，处于较低水平，尽管股价在低价区出现了小幅上涨，但成交量却始终没出现明显变化，说明行情只是跌势中的一种对快速下跌的修复或休整，结束之后，股价将重回跌势，如图4-12所示，因此应在低量低价背离出现后逢高卖出股票。

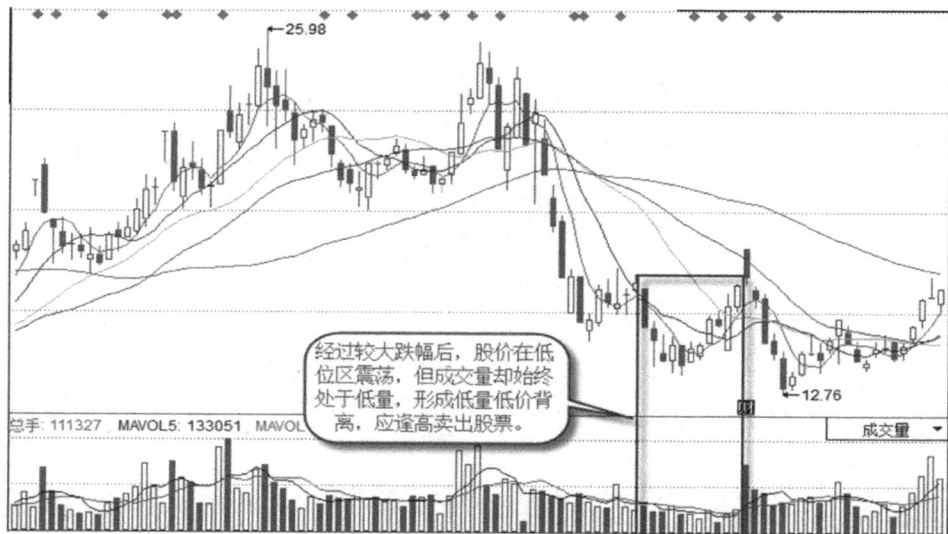

经过较大跌幅后，股价在低位区震荡，但成交量却始终处于低量，形成低量低价背离，应逢高卖出股票。

总手: 111327   MAVOL5: 133051   MAVOL

成交量 ▼

图4-12 楚江新材：日线图

技术要领

　　1.低量低价背离是一种下跌趋势中的整理状态，因经过短时快速下跌后，参与者少，所以此时无需大的成交量即可导致股价涨跌，但这不是止跌的信号，所以应当果断逢高卖出。

　　2.如果是股价在经过一轮上涨后出现了小幅下跌后的低量低价震荡，如果这种背离状态较长，往往会形成平底，一旦这种背离结束，若出现放量上涨，则是股价二次启动的标志，可果断买入；如出现破位下行，应果断卖出远离。

　　3.下跌初期出现的低量低价背离往往是大幅杀跌的征兆，而不是止跌的表现，此时尽管量能较低，也应果断离场。

4.3.2　量缩价跌背离

　　量缩价跌背离，是指股价或指数在下跌的过程中，出现了量能的缩减背离。量缩价跌背离可以出现在上涨趋势之中，这时往往在量缩价跌出现后，会出现量价齐升，是一种买入信号。但多数情况下量缩价跌会出现在跌势之中，尤其是大跌之后，这种背离现象的出现往往意味着股价或指数将会出现进一步下跌，因为低量必定会出低价，因此，这种形态的出现往往是短线进一步下跌的表现，应当卖出，等下跌出现后止跌时再行买入。

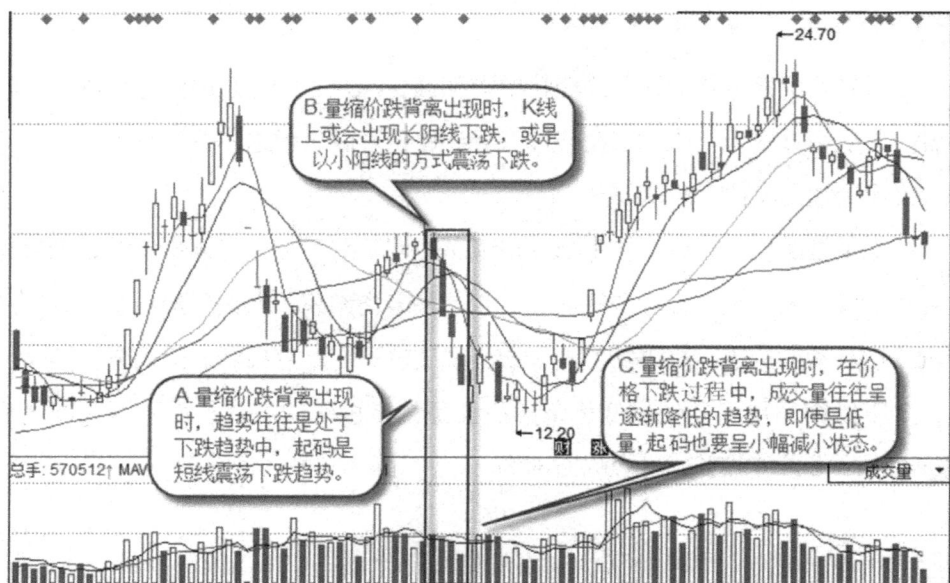

图4-13　亚太股份：日线图

形态特征

　　图4-13是亚太股份（002284）的日线图，其形态特征可以从以下三点分析确认：

　　A.量缩价跌背离出现时，趋势往往是处于下跌趋势中，起码是短线震荡下跌趋势。

　　B.量缩价跌背离出现时，K线上或会出现长阴线下跌，或是以小阳线的方式震荡下跌。

　　C.量缩价跌背离出现时，在价格下跌过程中，成交量往往呈逐渐降低的趋势，即使是低量，起码也要呈小幅减小状态。

实战案例

　　2016年2月底，亚太股份在震荡走低时，于2月25日、26日、29日成交量接连出现三天的缩减，价格也出现接连下跌，K线上留下较长的阴线，形成量缩价跌背离，如图4-14所示。这说明跌势未止，前期未在高点卖出的投资者应当在量缩价减背离第一次出现后即果断卖出股票，待其后再次再跌言企稳时买入。

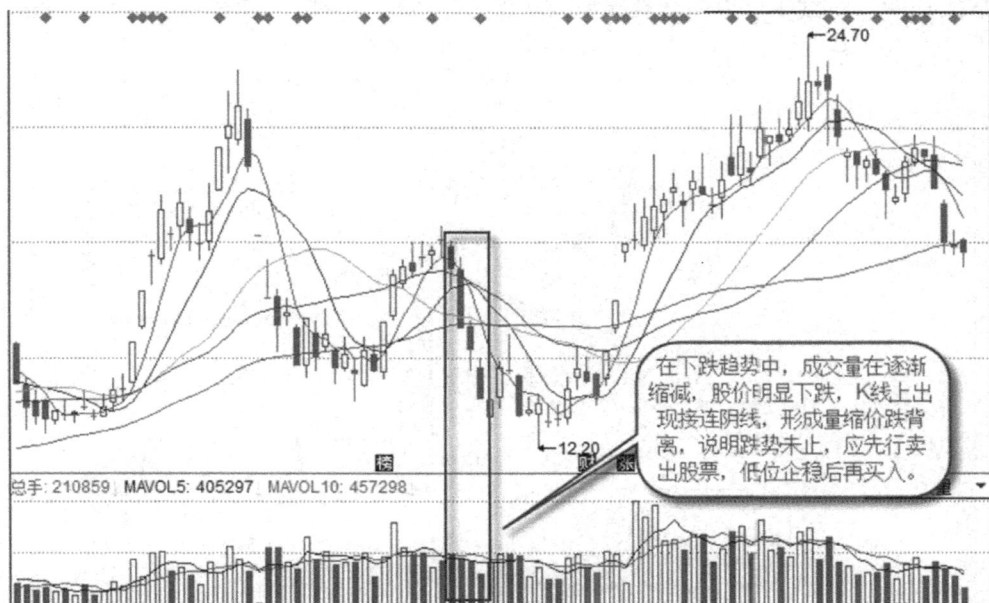

在下跌趋势中，成交量在逐渐缩减，股价明显下跌，K线上出现接连阴线，形成量缩价跌背离，说明跌势未止，应先行卖出股票，低位企稳后再买入。

图4-14　亚太股份：日线图

技术要领

1.量缩价跌背离是一种典型的下跌未止形态，即使是出现在明显的上涨趋势中时，往往也不能确定已止跌，只有其后出现明显量增价升背离时方可买入。

2.量缩价跌背离若是出现在下跌初期，往往其后会引发再一轮下跌，即使此时股份已出现较大幅度下跌，因此，同样是一种卖出信号。

3.量缩价跌背离如果出现在震荡行情中，往往是一种股价即将止跌的信号，此时即使成交量已出现高度萎缩，若要行情见底回升，仍须成交量有效放大才行，因此同样应当暂时卖出，因为低量必然会导致价格新低出现。

4.3.3　量增价跌背离

量增价跌背离，是指在指数或股价下跌趋势里，成交量在不断增加，价格却出现了下跌。这是一种典型的量价背离现象，往往出现在阶段性高点或是牛转熊的初期，由盘中积累的获利筹码太多所致。因此，量增价跌背离形态是一种强烈的卖出信号。

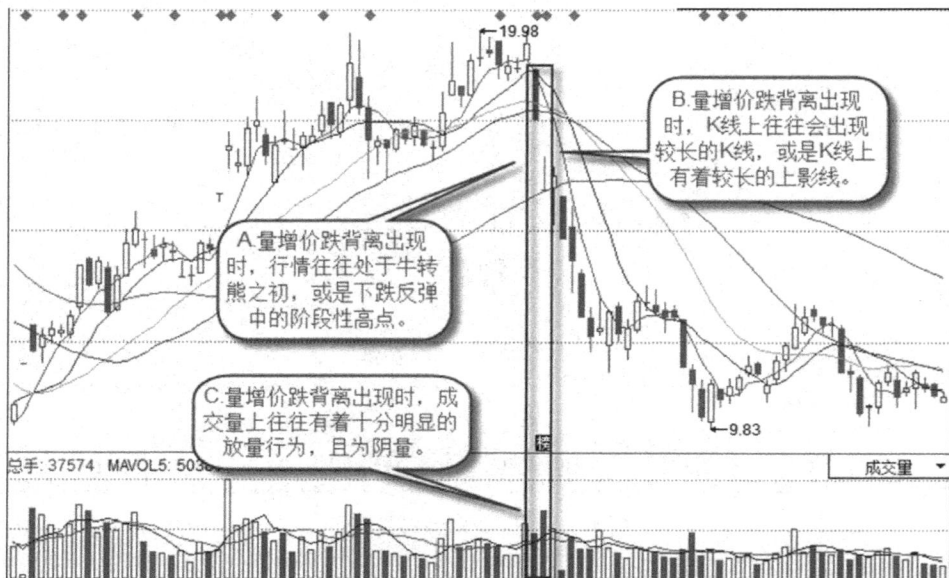

图4-15　啤酒花：日线图

形态特征

图4-15是啤酒花（600090）的日线图，其形态特征可以从以下三点分析确认：

A.量增价跌背离出现时，行情往往处于牛转熊之初，或是下跌反弹中的阶段性高点。

B.量增价跌背离出现时，K线上往往会出现较长的K线，或是K线上有着较长的上影线。

C.量增价跌背离出现时，成交量上往往有着十分明显的放量行为，且为阴量。

实战案例

啤酒花经过前期上涨，股价在高位区出现下跌，在2016年1月5日跳空低开后，成交量明显放大，且股价一路震荡走低，形成量增价跌背离，如图4-16所示。这说明上涨趋势开始转变，跌势已经形成，因此应果断卖出股票。

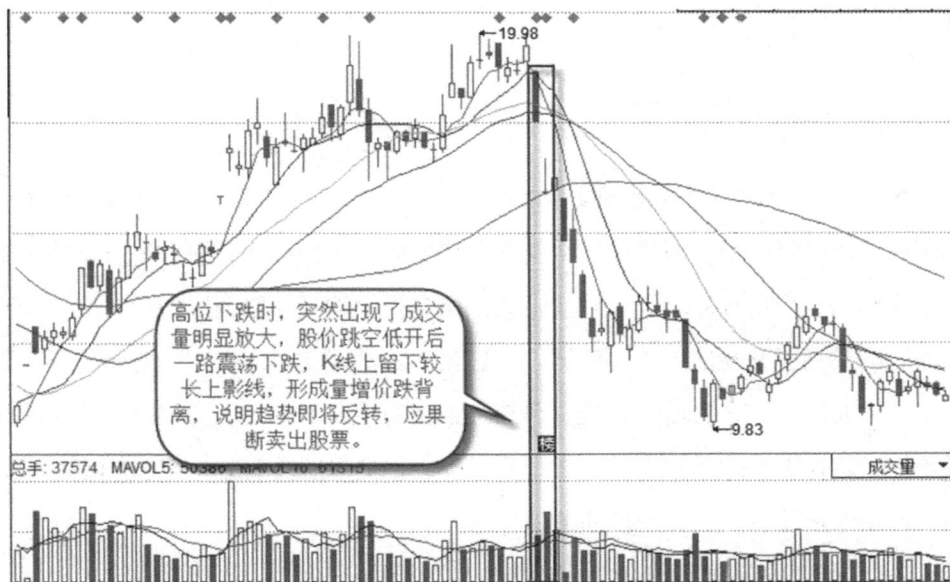

图4-16　啤酒花：日线图

技术要领

1.量增价跌背离通常在顶部出现，是主力大举出逃的信号，因此，即使是在高位买入的投资亏损的状态下，也应割肉出局，因为已出现顶部反转，未来将面临大幅下跌。

2.量增价跌背离往往是在股价有了较大涨幅或是阶段反弹的高点时出现，此时往往短期涨幅较大，因此，成交量也往往处于较高水平。

3.如果量增价跌背离是出现在低位区，并是在阳量不断增加后出现，这往往是股价的最后一跌，但也应在出现时等待卖出，待黄金坑出现并企稳后买入。

4.4 量价背离特殊形态及其买卖点

4.4.1 地量地价背离

地量地价背离，是指股价或指数在低价区成交极不活跃的一种背离现象，此时往往成交量极低，股份或指数也在创出新低后徘徊震荡，因此是股票或指数到达底部的一个重要标志。但要判定成交量是否为地量，应当以股价在之前顶部区域时的最高成交量的20%为依据，超过顶部最高成交量20%，说明股价仍有下跌空间，此时不可盲目进入；成交量在顶部最高成交量20%以内时为地量，此时股价不一定在进入地量标准后马上展开反弹，仍会以震荡为主，但股价或指数却难以再创出新低点，因此是抄底的信号。

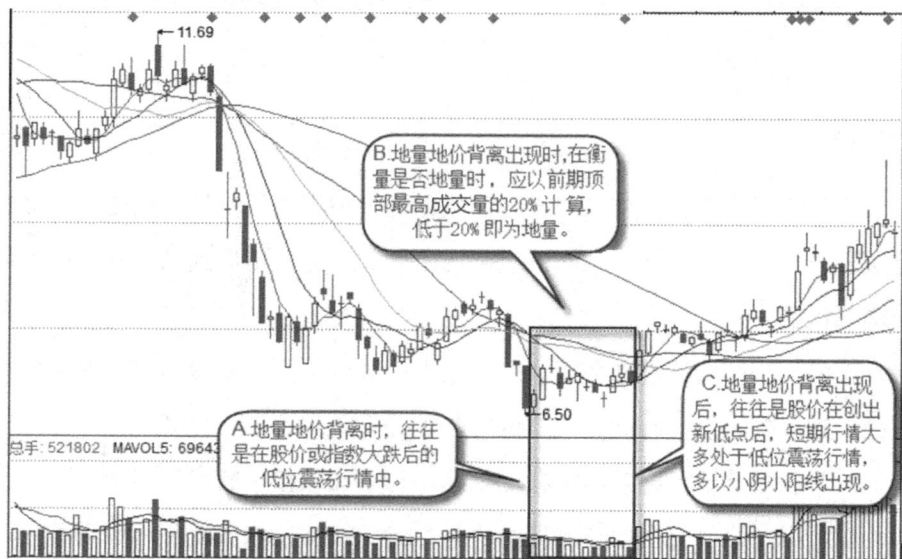

图4-17　御银股份：日线图

形态特征

图4-17是御银股份（002177）的日线图，其形态特征可以从以下三点分析确认：

A.地量地价背离时，往往是在股价或指数大跌后的低位震荡行情中。

B.地量地价背离出现时，在衡量是否地量时，应以前期顶部最高成交量的20%计算，低于20%即为地量。

C.地量地价背离出现后，股价往往创出新低点，短期行情大多处于低位震荡行情，多以小阴小阳线出现。

实战案例

经过2015年12月的下跌后，御银股份在2016年1月到2月期间出现震荡，但随后在2月26日再次下跌后，成交量也明显缩减，并在随后创出6.5元的新低后，一直维持在这种低量水平运行，K线上多以小阴小阳线居多，但股价再未创新低。而根据前期在顶部区域时的最高量——2015年11月5日，当日成交总量为1 239 417手，其20%为24万多手，而御银股份在2016年2月26日－3月16日期间每日的成交量最高只有20万手多一点，最低却不足10万手，形成地量，股价也始终在新低6.50元－7.30元低位震荡，形成地量地价背离，如图4-18所示。这说明其中级调整的底部已经确立，应当及时抄底买入。

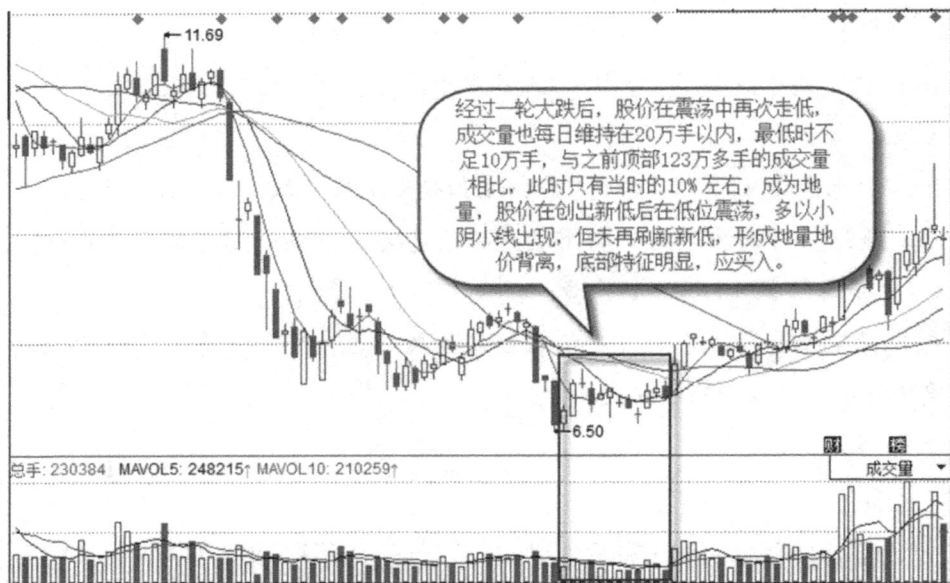

经过一轮大跌后，股价在震荡中再次走低，成交量也每日维持在20万手以内，最低时不足10万手，与之前顶部123万多手的成交量相比，此时只有当时的10%左右，成为地量，股价在创出新低后在低位震荡，多以小阴小线出现，但未再刷新新低，形成地量地价背离，底部特征明显，应买入。

图4-18　御银股份：日线图

技术要领

1.地量地价是一种股价极端下跌后出现的一种极度背离现象，激进的投资者，可在地量地价出现时果断买入；稳健型投资者可在量价打破地量地价时买入。

2.地量地价往往是一轮中级调整到位时的表现，即使出现后短期不会上涨，安全边际也较高，而此时的股价往往也会成为其后的底部白菜价。

3.长期以地量地价做窄幅横盘震荡的股票，往往会成为日后的黑马。

4.4.2　天量天价背离

天量天价背离是指股价或指数在运行过程中，成交量突然出现了急骤放大，价格也一改之前的平庸，出现长阳涨停。这说明短时间买盘很旺，几乎是以横扫行军的方式将所有卖盘全部一扫而光，这往往说明后市股价会继续上涨，因此最先出现天量天价时是一种买入形态，但经过其后的快速上涨，当成交量再次放大，超过最初的量能，股价也出现天价后，却往往表明股价已短期见顶，成为短期的卖点。

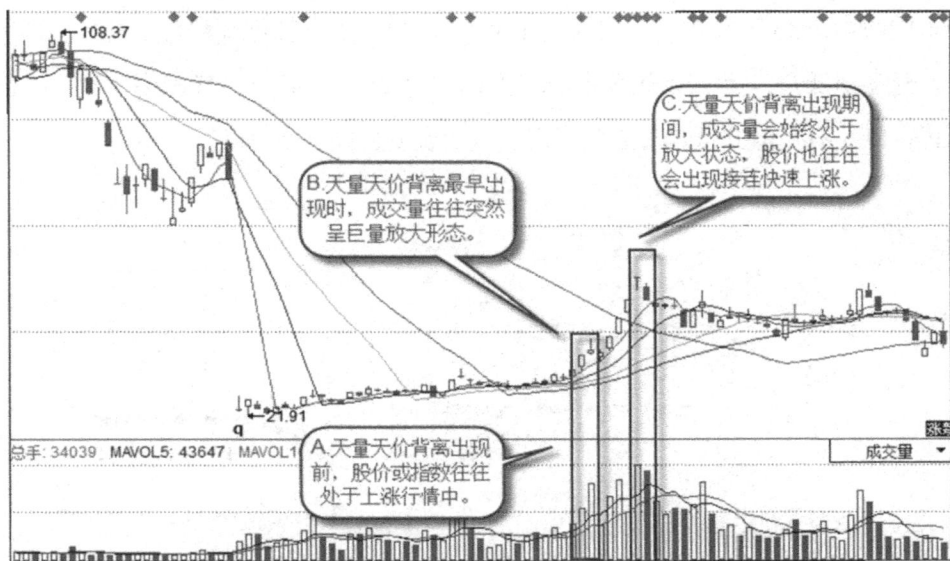

图4-19　龙津药业：日线图

形态特征

图4-19是龙津药业（002750）的日线图，其形态特征可以从以下三点分析确认：

A.天量天价背离出现前，股价或指数往往处于上涨行情中。

B.天量天价背离最早出现时，成交量往往突然呈巨量放大形态。

C.天量天价背离出现期间，成交量始终会处于放大状态，股价也往往会出现接连快速上涨。

实战案例

自2015年9月15日实施高送转后，龙津药业一直处于震荡上涨趋势，但到了11月13日，成交量突然出现了急骤放大，当日高达174 346手，较之前在龙津药业自上市以来高位区的最高5万多手相比，是其3倍多，成交量出现天量，但股价却表现较为平淡，没有出现天价，说明其后股价会在天量之下持续上涨，因此此时应当果断买入。其后，成交量持续维持在较高水平，并于11月20日成交量再次放大，当日达到了220 084手，而股价当日也以涨停价53.09元收盘，与11月

13日的收盘价36.79元相比，仅仅过了5个交易日，上涨幅度却超过了40%。而次日，开盘却低开，但成交量仍然200 724手，因此11月20日未在涨停板卖出的投资者，应在21日低开低走时果断卖出。以上说明如图4-20所示。

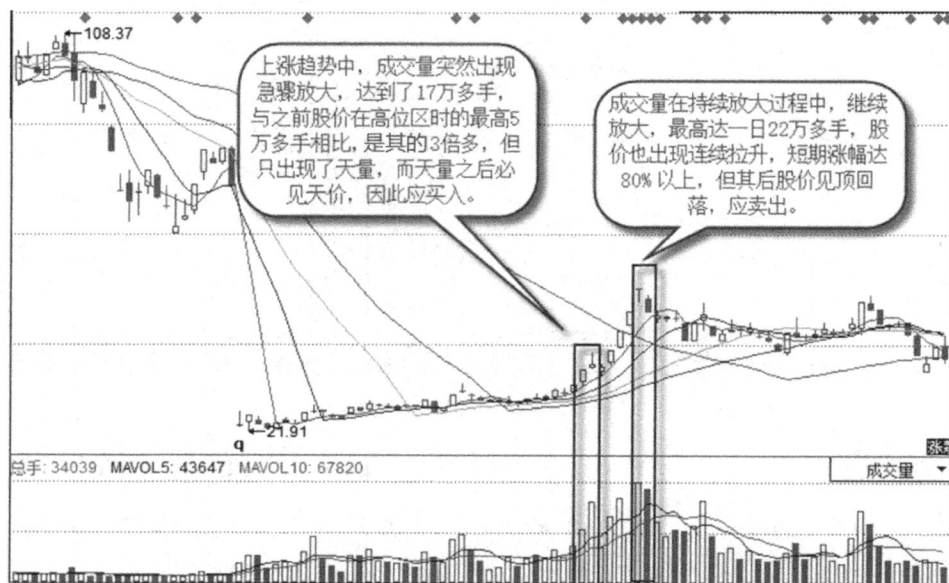

图4-20　龙津药业：日线图

技术要领

1.天量出现时，往往会伴随着天价的出现，但往往是先出现天量，其后才会出现天价，因此，当天量出现后，应及时买入，而天价达到顶峰时，应及时获利了结。

2.天量天价背离往往出现在股票快速拉升期，投资者应给合其他指标，判断卖点，只有发现天量天价出现后，股价滞涨后方可卖出。

3.天量天价背离是一种股价快速见顶时的特征，经常出现在上涨行情的末端或是震荡行情的阶段性高点，也是主力借机拉高股价出货时的特征，因此要快进快出。

4.4.3　无量空涨背离

无量空涨背离，是指股价在运行过程中，在成交量并没有放大的情况下，股价却出现上涨的背离。这种背离情况有两种情形：

（1）股价在低位区出现无量空涨，因此时市场参与度不高，主力已吸足筹码，所以无需太多筹码即可使股价达到上涨。所以，无量空涨在低位出现后，表明主力已吸足筹码开始发动上涨，是一种强烈的买入信号。

（2）股价在高位区出现无量空涨，说明经过上涨后，市场普遍不愿意再追高买入，因此是主力借机出货时的危险信号，此时应卖出股票。

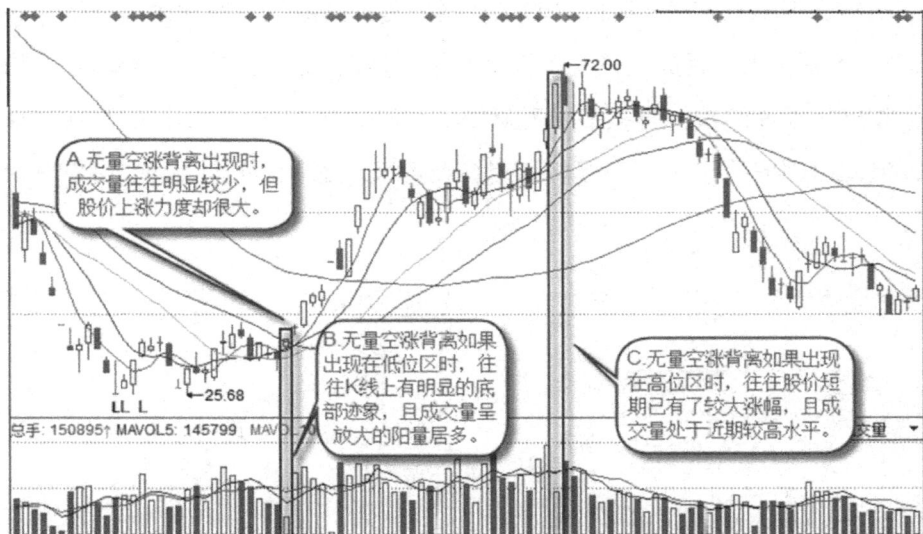

图4-21　银之杰：日线图

形态特征

图4-21是银之杰（300058）的日线图，其形态特征可以从以下三点分析确认：

A.无量空涨背离出现时，成交量往往明显较少，但股价上涨力度却很大。

B.无量空涨背离如果出现在低位区时，往往K线上有明显的底部迹象，且成交量呈放大的阳量居多。

C.无量空涨背离如果出现在高位区，往往股价短期已有了较大涨幅，且成交量处于近期较高水平。

实战案例

经过前期下跌，银之杰在2015年8月底至9月底在低位震荡期间，成交量出现放大，且多为阳量，说明主力在低位吸筹。到10月8日，在前日震荡下跌的情况下，突然出现了高开高走并涨停，且成交量不大，从而形成低位无量空涨背离，应在当日或次日及时买入。

一路上涨至2015年12月7日时，在两个月的时间里，股价累积涨幅已超过150%，涨幅巨大，且成交量处于较高水平，但在12月7日却再次出现了无量涨停，收出一根度阳线，再次形成无量空涨背离，几乎与10月8日的无量空涨相同，但此时因股价已在高位区，所以应及时卖出股票。以上说明如图4-22所示。

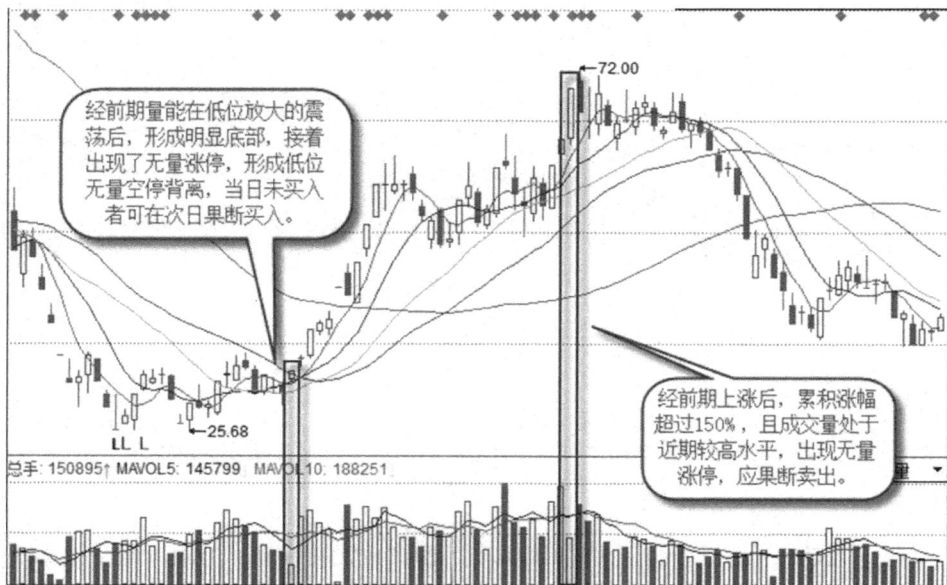

图4-22　银之杰：日线图

技术要领

1.有时，无量空涨背离也出现在上涨途中的整理结束时，此时同样为买点，但必须看到无量空涨背离出现后，股价出现明显放量上涨时方可买入。如出现股价推高后放量回落，说明已见顶，应卖出。

2.投资者在根据无量涨停背离判断未来行情时，应当根据该股历史走势，确认当时股价所处的位置后再行操作。

3."一"字涨停是典型的无量空涨背离，但如果接连出现较多，一旦涨停板打开，往往是主力借机派发的征兆，此时应当远离，或综合其他情况来判断是否能在高位企稳。

4.4.4　无量空跌背离

无量空跌背离，是指股价在运行过程中，成交量很小，股价下跌幅度却很大。这往往表明，股价在下跌过程中，割肉卖出的人很少，而买入的人也很少，从而造成这种无量空跌的局面。因此，通常而言，无量空跌的背离现象出现后，股价往往会继续下跌，但有两种情况是值得投资者注意的：低位区的震荡行情与高位区的震荡行情。低位区震荡行情中出现的无量空跌背离，往往是股价即将结束低位整理的征兆，是买入信号；高位区震荡行情中出现的无量空跌背离，往往是主力出逃后的表现，是一种卖出信号。而判断无量空跌背离中的无量，是指盘中换手率在1%以内。

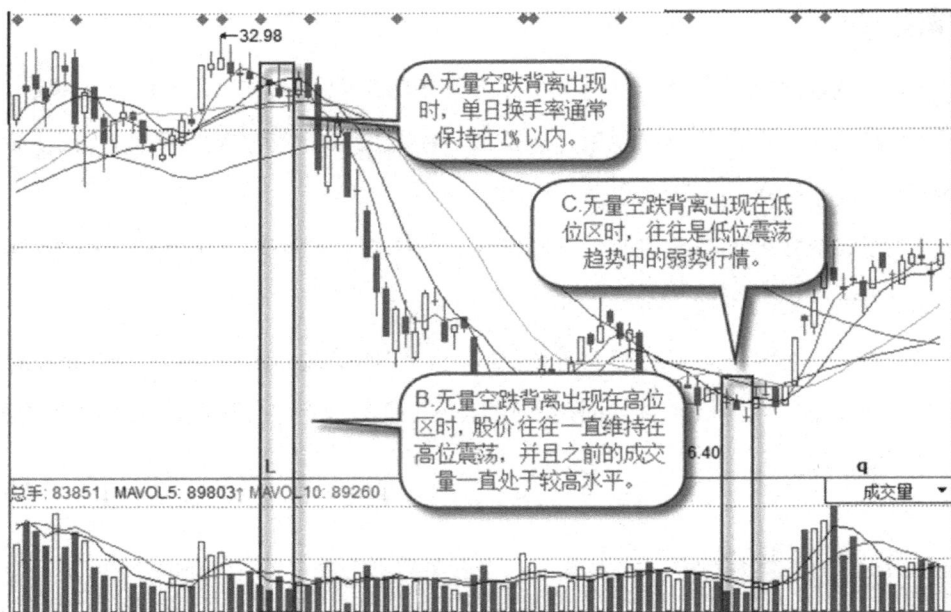

图4-23　高德红外：日线图

形态特征

图4-23是高德红外（002414）的日线图，其形态特征可以从以下三点分析确认：

A.无量空跌背离出现时，单日换手率通常保持在1%以内。

B.无量空跌背离出现在高位区时，股价往往一直维持在高位震荡，并且之前的成交量一直处于较高水平。

C.无量空跌背离出现在低位区时，往往是低位震荡趋势中的弱势行情。

实战案例

高德红外在经过2015年11月至12月的高位放量震荡后，在12月25日、28日、29日时出现无量空跌，换手率维持在1%以内，说明此时主力已在之前高位出货完毕，股价才在无量的情况下空跌，其后2016年1月17日，同样K线上拉出一根长阴，当日换手率却只有0.32%，说明股价即将转势，应在无量空跌出现后，及时卖出股票。

2016年2月至3月间，股价在低位震荡，并在3月9日、10日、11日再次出现无量空跌，换手率维持在8%左右，说明股价在下跌后的震荡中已经无力再深跌，因此，应当在低位出现无量空跌后，股价一旦出现放量上涨时买入。以上说明如图4-24所示。

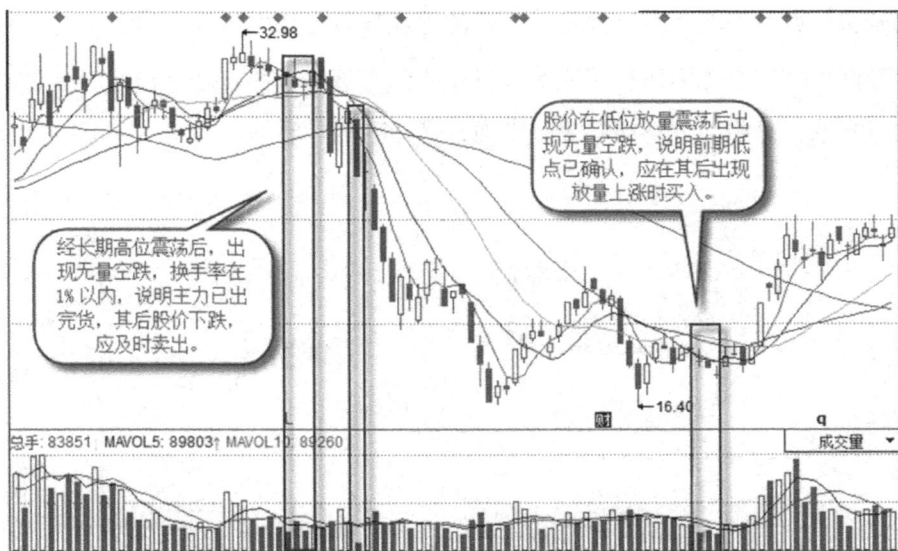

图4-24　高德红外：日线图

技术要领

1.就操作而言，无量空跌背离如果出现在高位区，应选择以卖出为主，如果出现在低位区，最稳妥的操作是，在无量空跌出现后，出现量价齐升时买入。

2.在熊市进入加速下跌的第二段时，也会出现无量空跌背离，但此时属于下跌时期，因此应当远离观望。

3.当某些个股在出现重大利空消息后，各路资金往往会不计成本地出逃，多方则常常持币观望，市场承接力量极度匮乏，因而也会造成股价大跌而成交量稀少的现象，此时不可盲目买入。

4.在震荡行情的回调趋势里，因前景不明朗，也会出现无量空跌，投资者此时应当选择在短线趋势发生转变时买入，而不能仅以无量空跌来判断卖点。

4.4.5 放量滞涨背离

放量滞涨背离，是指股价在运行过程中，成交量在不断放大的情况下，股价却始终停留在原有水平。通常，放量滞涨在具体应用中主要有两种情况：高位放量滞涨，往往是主力借机将股价维持在高位出货的表现，是一种卖出形态；低位放量滞涨，是主力大举吸筹时的表现，是一种买入形态。

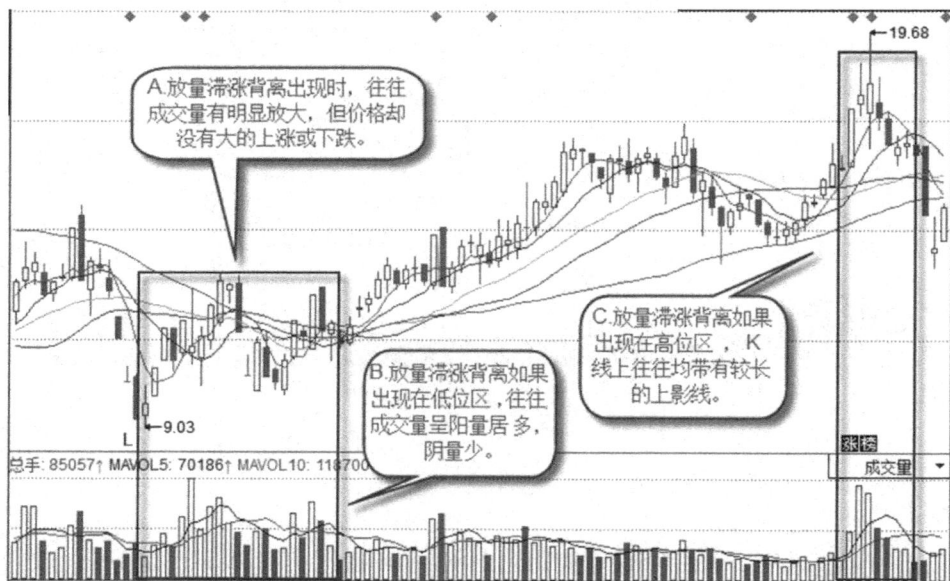

图4-25 安纳达：日线图

形态特征

图4-25是安纳达（002136）的日线图，其形态特征可以从以下三点分析确认：

A.放量滞涨背离出现时，往往成交量有明显放大，但价格却没有大的上涨或下跌。

B.放量滞涨背离如果出现在低位区，往往成交量呈阳量居多，阴量少。

C.放量滞涨背离如果出现在高位区，K线上往往均带有较长的上影线。

实战案例

　　经过前期下跌和震荡后，安纳达在2015年8月27日创出新低9.03元后，成交量却突然出现明显放大，且阳量居多，阴量较少，但股价却没有较大涨幅，形成放量滞涨背离，说明主力在此期间在大举吸筹，因此，投资者也应当及时买入。

　　经过2015年10月至12月的震荡上涨后，此时，股价已有了近100%的涨幅，成交量却再次于12月22日出现了明显放大，但其后，股价仍然没有出现明显的上涨，并且K线上多留下了较长上影线，说明主力此时在拉高股价出货，因此应在放量滞涨出现后，及时逢高卖出股票。以上说明如图4-26所示。

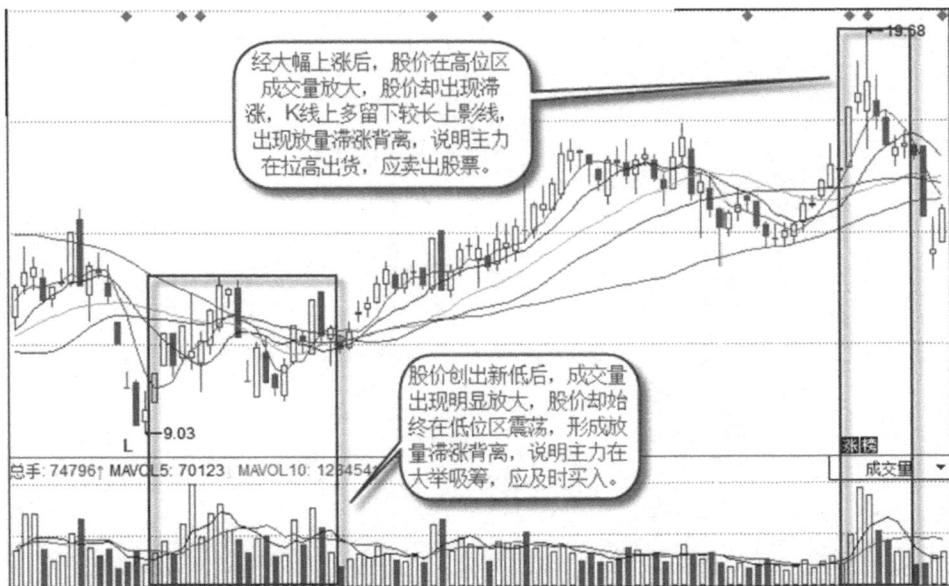

图4-26　安纳达：日线图

技术要领

　　1.放量滞涨背离出现时，投资者应当看清股价所处的位置，然后再选择买入或卖出。

2.通常来说，低位区出现放量滞涨背离时，成交量多为阳量，高位区出现放量滞涨背离时，成交量多为阴量。但在高位区时，主力常以对倒方式维持股价高位震荡，因此高位区的成交量并不一定以阴量居多。

3.如果股价在高位区出现放量滞涨的时间较长，其后阴跌的时间通常很长，力度较大，而这种情况大多发生在高送转个股身上，主力在借高送转概念，维持股价在送转实施前后出货。

4.股价始终维持在高位放量滞涨的背离，多数表明主力做多意愿较大，高送转后快速填权的可能较大，此时应综合观察换手率等其他指标来具体研判。

第5章
K线形态背离典型买卖形态

　　K线形态是投资者打开炒股软件后第一眼就能看到的，包括单一K线与K线组合，而不同形状的K线形态或K线组合形态，往往在其背离后会演绎出不同的行情，所以，只有深刻了解了这些K线及K线组合形态的背离意义，才能做到只要看到这种K线背离的图形，就能够决定自己究竟是应当买入还是卖出。

5.1 如何判断K线形态背离

5.1.1　K线形态顶背离

K线形态顶背离，是指当股价放量向上突破时，往往收出中阳以上的阳线，但随着成交量的萎缩，股价会出现滞涨现象，K线上收出了十字星、小阴小阳等形态。当成交量快速萎缩后，股价也出现调整，K线上收出了中阴以上的K线或接连向下的阴线。因此，投资者应在K线形态顶背离出现后及时卖出股票。K线顶背离出现，说明即将转势。

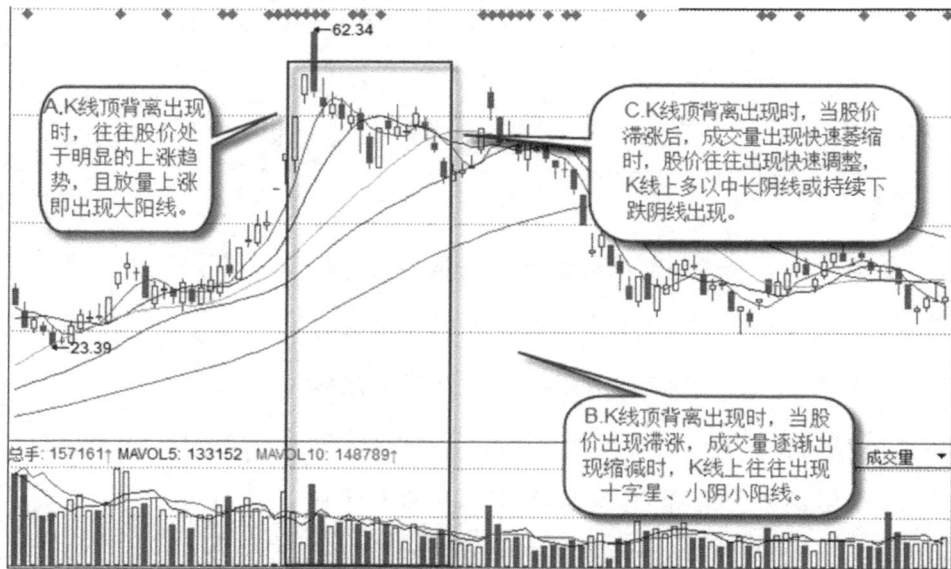

图5-1　分众传媒：日线图

形态特征

图5-1是分众传媒（002027）的日线图，其形态特征可以从以下三点分析

确认：

A.K线顶背离出现时，往往股价处于明显的上涨趋势，且放量上涨即出现大阳线。

B.K线顶背离出现时，当股价出现滞涨，成交量逐渐出现缩减时，K线上往往出现十字星、小阴小阳线。

C.K线顶背离出现时，当股价滞涨后，成交量出现快速萎缩时，股价往往出现快速调整，K线上多以中长阴或接连向下的阴线出现。

实战案例

　　2015年11月中旬，分众传媒明显处于上涨趋势，且放量即会拉出一根长阳涨停，但在11月24日出现滞涨时，成交量出现缩小，K线上多以小阴小阳线出现。随后，在成交量出现明显缩减后，股价随之快速下跌，K线上呈现接连向下的小阴线，形成K线顶背离，如图5-2所示。因此，投资者应在K线顶背离出现后及时卖出股票，因股价即将转势。

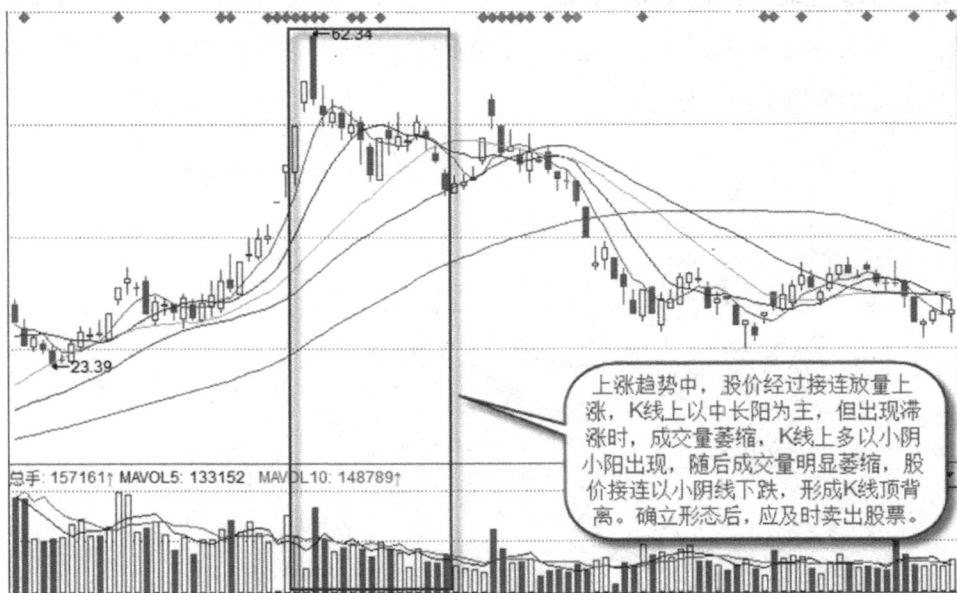

图5-2　分众传媒：日线图

技术要领

1.K线顶背离出现时，有时时间会较长，如基金重仓股，此时股价往往在高位区出现震荡，而一旦出现量缩后的快速下跌，往往跌势来得较快，因此可在高位震荡时选择逢高卖出。

2.高送转预期股也会在顶部形成后出现K线顶背离，但经常会在送转前后出现，此时应根据送转实施日期及其他指标决定卖出时机。

3.K线顶背离是一种K线组合形态，在实战中经常出现，如果股价在高位区滞涨的时间短，背离形态形成后，应即刻卖出股票，以免受损，因其后出现的缩量下跌往往跌势极猛。

5.1.2　K线形态底背离

K线形态底背离，是指当股价放量向下突破时，往往收出中阴以上的阴线，但随着成交量的萎缩，股价会出现止跌现象，K线上收出了十字星、小阴小阳等形态。当成交量快速略微放大后，股价即快速下跌，K线上收出了中阴以上的K线，并创出新低的可能较大。因此，投资者可在K线形态底背离出现后，成交量一旦出现阳量增加时选择买入。

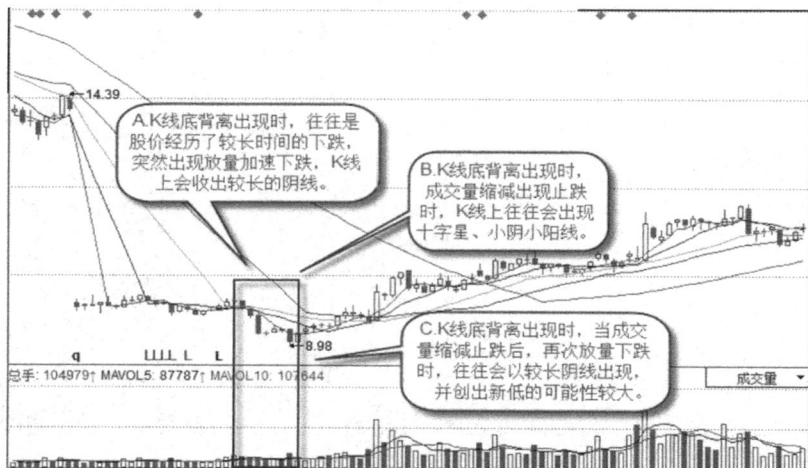

图5-3　思源电气：日线图

形态特征

图5-3是思源电气（002028）的日线图，其形态特征可以从以下三点分析确认：

A.K线底背离出现时，往往是股价经历了较长时间的下跌，突然出现放量加速下跌，K线上会收出较长的阴线。

B.K线底背离出现时，成交量缩减出现止跌时，K线上往往会出现十字星、小阴小阳线。

C.K线底背离出现时，当成交量缩减止跌后，再次放量下跌时，往往会以较长阴线出现，并创出新低的可能性较大。

实战案例

思源电气在2014年初的下跌过程中，至6月中旬时，于17日、18日与19日，接连三天出现放量下跌，K线上出现三根较长阴线，股价跌破前期横盘平台，且跌幅较大，接连成交量缩小，跌势趋缓，K线上出现了十字星、小阴小阳线，但其后突然又放量下跌，收出一根较长阴线，且创出新低8.98元，形成K线底背离，如图5-4所示。因此，投资者可在随后出现阳量逐渐增加时买入。

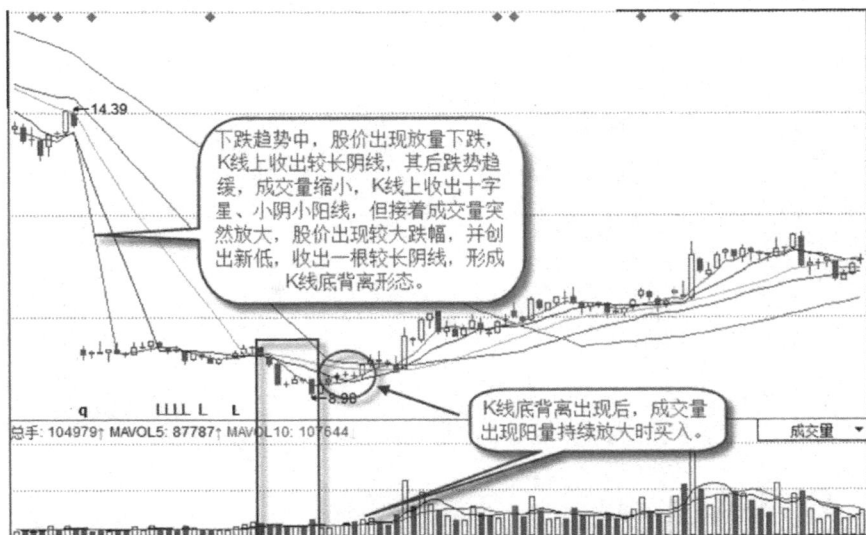

下跌趋势中，股价出现放量下跌，K线上收出较长阴线，其后跌势趋缓，成交量缩小，K线上收出十字星、小阴小阳线，但接着成交量突然放大，股价出现较大跌幅，并创出新低，收出一根较长阴线，形成K线底背离形态。

K线底背离出现后，成交量出现阳量持续放大时买入。

总手: 104979 MAVOL5: 87787↑ MAVOL10: 107644

成交量▼

图5-4 思源电气：日线图

技术要领

1.K线底背离出现时,跌势延续的时间越长越好,尤其是在经过快速下跌后的阴跌时期,如果出现破位下行后的K线底背离形态,往往是个股深跌后再次启动前的底。

2.K线底背离出现期间,往往会创出新低,但并不是出现后即会出现反转行情,有时K线底背离多次出现后方能确立底部,因此,只有K线底背离出现后,成交量呈阳量逐渐放大时,才是最稳健的抄底良机。

3.K线底背离如果出现在震荡行情时,即使创出了新低,但只要成交量未能出现阳量,并呈逐渐增加的趋势,则极有可能会继续震荡寻低,此时极有再次破位下行或继续维持震荡的可能,因此不可贸然根据形态买入。

5.2 K线底背离买入形态

5.2.1　十字星底背离

十字星底线背离，是指股价在下跌趋势中时，突然在一根长阴线出现后，出现了一根十字星，并且成交量出现了小幅萎缩。这种背离往往说明，在前期阴线的低点位置，股价遇到了支撑，而十字星的出现是对股价进一步下跌的阻止，同时也是在为接下来的反弹做准备。因此，低位区出现缩量十字星后，如果成交量能够进一步放大的话，这往往是低位企稳反弹的象征，是一种买入信号。

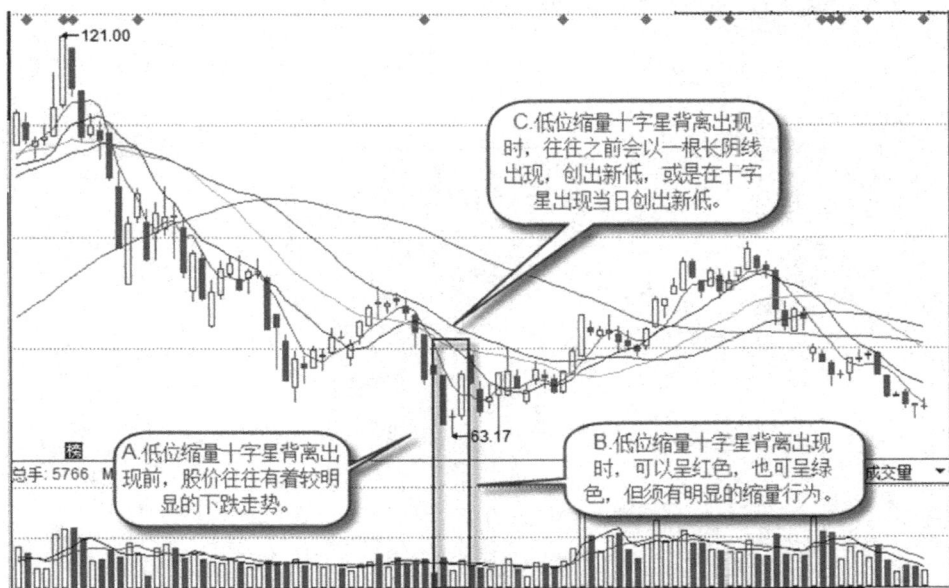

图5-5　国光股份：日线图

形态特征

图5-5是国光股份（002749）的日线图，其形态特征可以从以下三点分析确认：

A.低位缩量十字星出现前，股价往往有着较明显的下跌走势。

B.低位缩量十字星背离出现时，可以呈红色，也可呈绿色，但须有明显的缩量行为。

C.低位缩量十字星背离出现时，往往之前会以一根长阴线出现，创出新低，或是在十字星出现当日创出新低。

实战案例

2016年3月1日，在经过前期较大跌幅后，又经历了短期的长阴式下跌，国光股份突然以低开的方式创出63.17元的股价，但股价很快反弹后出现回落，K线上收出一颗红十字星，成交量出现明显缩减，形成十字星底背离，如图5-6所示。因此，投资者可在次日高开高走时买入。

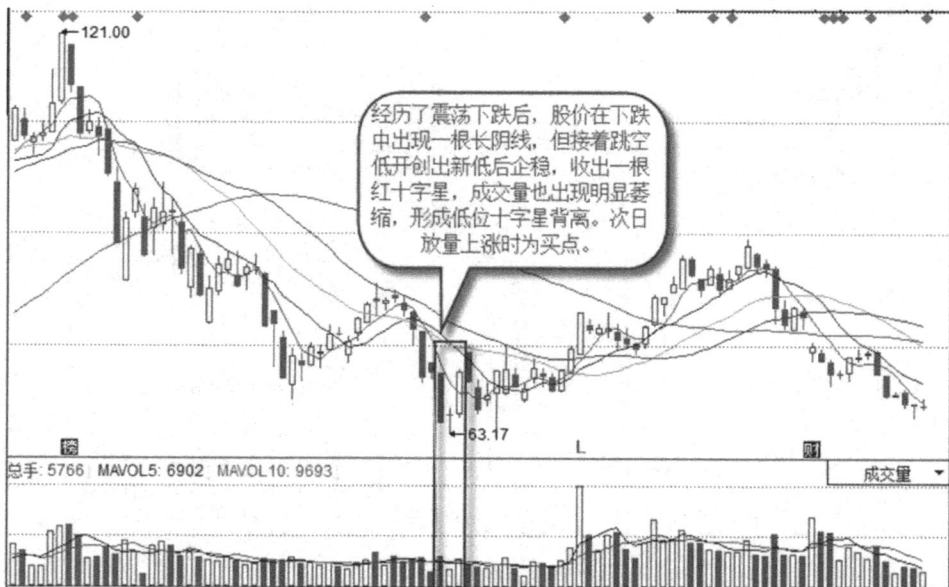

图5-6 国光股份：日线图

技术要领

1.十字星底背离是短线股价企稳的标志，因此往往是短线买入的信号，但因有时是以绿十字星出现，因此稳健的投资者应当在十字星底背离出现的次日，股价出现明显放量上涨时再买入。

2.在上涨趋势中的调整行情里，十字星底背离的出现，往往标志着调整已进入尾声，一经出现可随时买入。

3.如果是上涨行情中股价已出现了较大涨幅，且在高位出现十字星背离，则往往是主力逢高派发的标志，此时应卖出而非买入。

5.2.2　小阴小阳底背离

小阴小阳底背离，是指股价在下跌过程中，在经过较大幅度下跌后，突然跌势放缓，K 线上出现了小阴小阳线，同时成交量也逐渐缩减后呈逐渐放大趋势。这种背离情况的出现表明股价已见到短期底部，股价即将出现反弹，因此是一种短期抄底的买入形态。

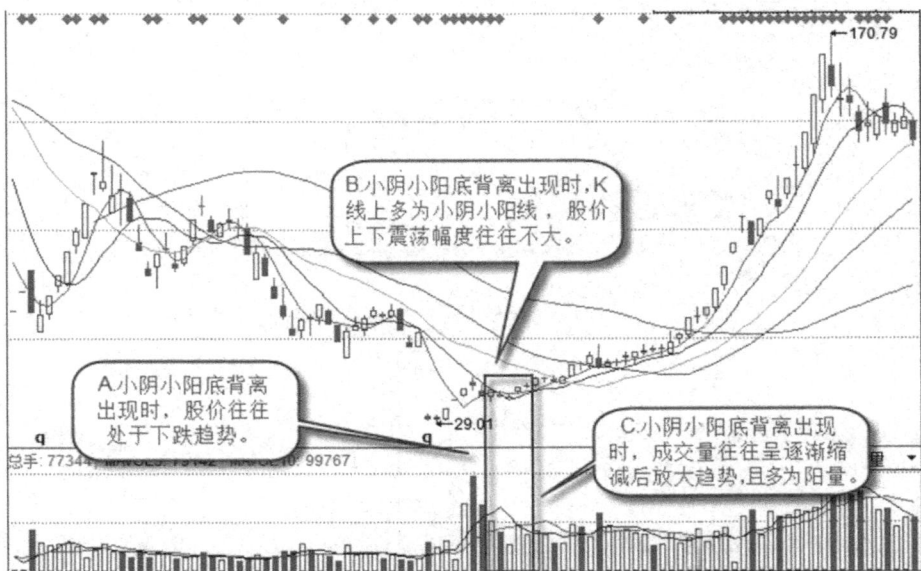

图5-7　易尚展示：日线图

形态特征

图5-7是易尚展示（002751）的日线图，其形态特征可以从以下三点分析确认：

A.小阴小阳底背离出现时，股价往往处于下跌趋势。

B.小阴小阳底背离出现时，K线上多为小阴小阳线，股价上下震荡幅度往往不大。

C.小阴小阳底背离出现时，成交量往往呈逐渐缩减后放大趋势，且多为阳量。

实战案例

2015年9月底，易尚展示下跌趋势逐渐放缓，成交量也逐渐缩减，其后逐渐放大，且多为阳量，K线上多以小阴小阳线出现，形成小阴小阳底背离，如图5-8所示。这说明跌势即将结束，股价即将出现反转上涨，因此，投资者应当在其后成交阳量缓步增加时买入。

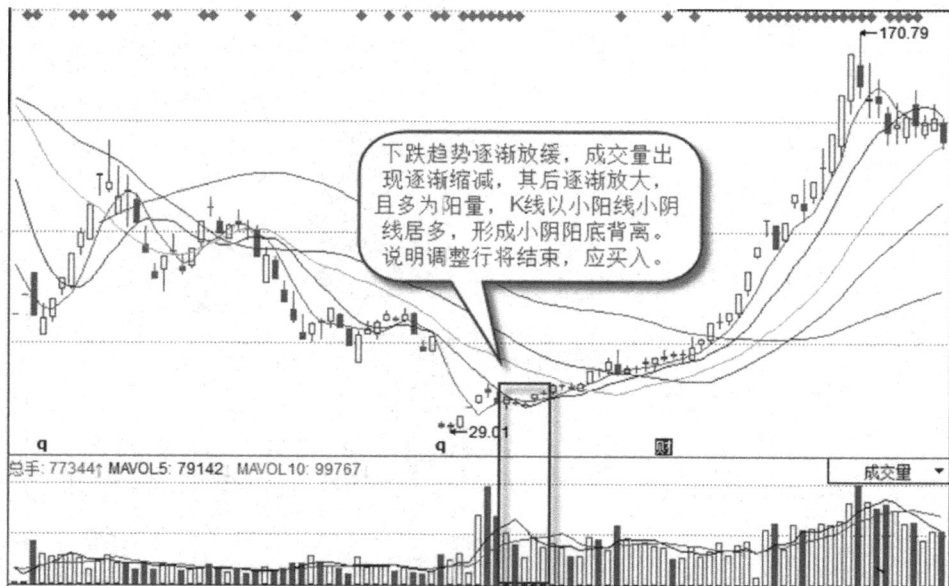

图5-8 易尚展示：日线图

技术要领

1.一轮快速下跌后，也会出现跌势放缓的小阴小阳线式的阴跌，但此时多为阴量，因此，在判断行情时，应当在小阴小阳背离出现后，只有阳量不断增加时方可买入。

2.通常来说，小阴小阳底背离是判断股价短期见底的信号，因此，要判断行情是否能够就此反转，还须结合其他情况综合研判。

3.上涨途中，股价刚刚脱离底部区域后的下跌行情中出现的小阴小阳底背离，往往可信度更高，震荡行情中出现的小阴小阳底背离，其后的反弹力度往往不大，应短线操作。

5.2.3　黎明之星底背离

黎明之星底背离，是股价在下降趋势中，经过阴线下跌之后，下方先是出现了一根小阳线或十字星，接着再出现向上跳空高开高收的一根大阳线。这种 K 线背离形态往往表明股价已终止了下跌趋势，长夜已经过去，即将转为光明的上升趋势，因此是一种抄底的买入形态。

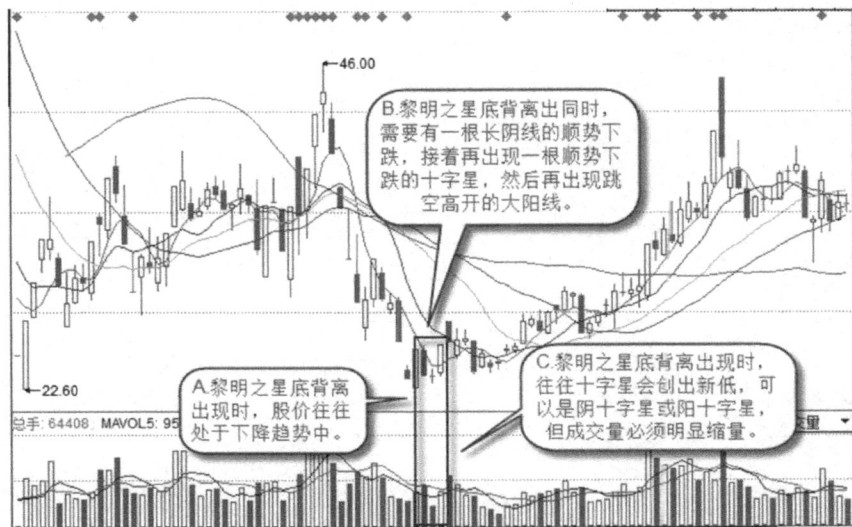

图5-9　昇星股份：日线图

形态特征

图5-9是昇星股份（002752）的日线图，其形态特征可以从以下三点分析确认：

A.黎明之星底背离出现时，股价往往处于下降趋势中。

B.黎明之星底背离出同时，需要有一根长阴线的顺势下跌，接着再出现一根顺势下跌的十字星，然后再出现跳空高开的大阳线。

C.黎明之星底背离出现时，往往十字星会创出新低，可以是阴十字星或阳十字星，但成交量必须明显缩量。

实战案例

经过前期下跌后，昇星股份于2015年9月中旬时跌势放缓，但在9月17日突然出现一根下跌的长阴线，次日继续跳空低开，出现一根缩量十字星，但第三日却出现了与之前趋势完全相反的跳空高开高走，成交量放大，最终收出一根长阳，从而形成黎明之星底背离形态，如图5-10所示。尽管十字星出现时未创出新低，但长阴及十字星的快速下跌，说明只是一种顺势下跌的虚张声势，其后出现的长阳才是主力的目的所在。因此，投资者应在黎明之星底背离出现后，及时逢低买入。

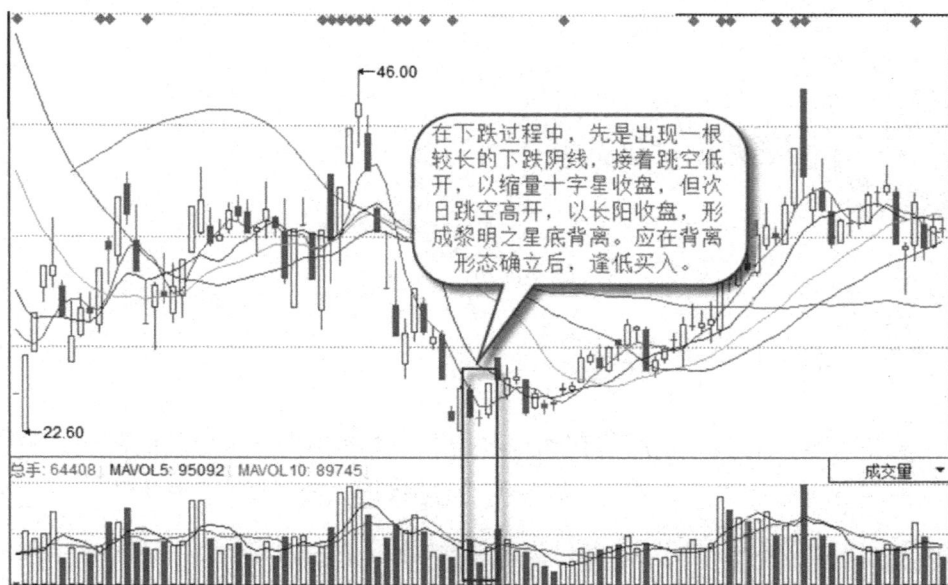

图5-10　昇星股份：日线图

技术要领

1.黎明之星底背离的出现是主力的一种诱空行为，往往最初的阴线及十字星的跌幅越大，并在十字星或小阳线出时创出新低，其后市的涨幅越大。

2.黎明之星底背离出现时，其前期跌幅越大，后市反转的意味越浓。

3.黎明之星底背离出现时，如果是长阴后出现小阳线，后市反转的意味更浓，但必须在形态确立后买入，且黎明之星底背离出现时，长阴及小阳或十字星的成交量不能过大，否则为下跌中继反弹的可能较大，后市仍将下跌。

5.3 K线顶背离卖出形态

5.3.1 黄昏之星顶背离

　　黄昏之星顶背离，是股价在上升过程中，先是出现一根较长的阳线，第二天出现一根实体较短的小阴、小阳K线，或十字星，构成星的主体部分。第三天却出现一根实体较长的阴线，并已深入第一根阳线的主体部分。而黄昏之星顶背离是股价见顶回落的信号，其成功率较高，因此是一种卖出股票的信号。

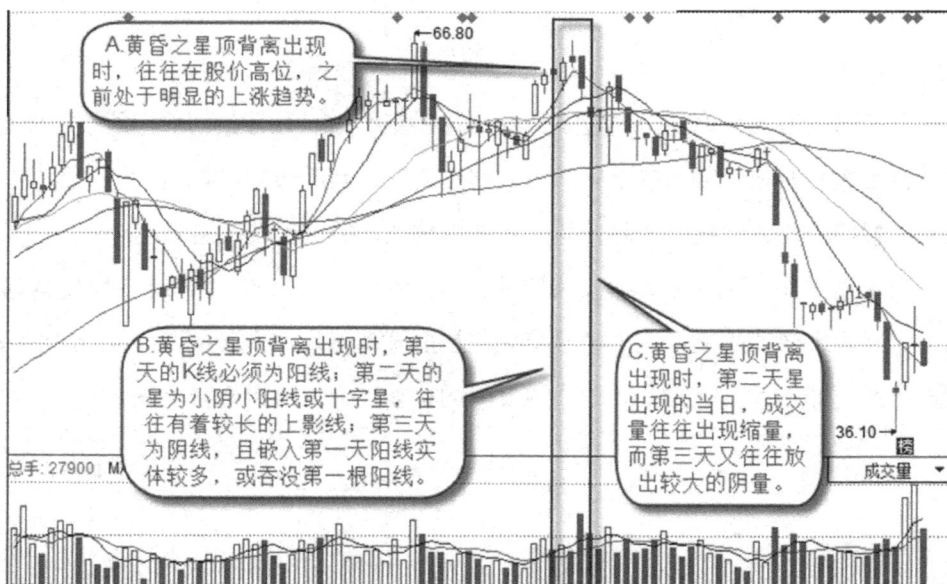

图5-11　南兴装备：日线图

形态特征

图5-11是南兴装备（002757）的日线图，其形态特征可以从以下三点分析确认：

A.黄昏之星顶背离出现时，往往在股价高位，之前处于明显的上涨趋势。

B.黄昏之星顶背离出现时，第一天的K线必须为阳线；第二天的星为小阴小阳线或十字星，往往有着较长的上影线；第三天为阴线，且嵌入第一天阳线实体较多，或吞没第一根阳线。

C.黄昏之星顶背离出现时，第二天星出现的当日，成交量往往出现缩量，而第三天又往往放出较大的阴量。

实战案例

从2015年10月底开始上涨后，至2016年2月底时，南兴装备股价已经实现了翻番，经过短线调整后，在其后的上涨过程中，于2016年3月17日，拉出一根阳线，次日再次冲高，延续了之前的上涨趋势，但收出一根在前一天阳线之上的小阴线，且带有较长上影线；第三天，股价却出现了高开后放量下跌，收出一根放量长阴线，从而形成黄昏之星顶背离。这说明股价此时已无力上冲，3月18日的再冲高，只是主力借机拉高出货，因此投资者应当在背离形态确立后，及时卖出股票。以上说明如图5-12所示。

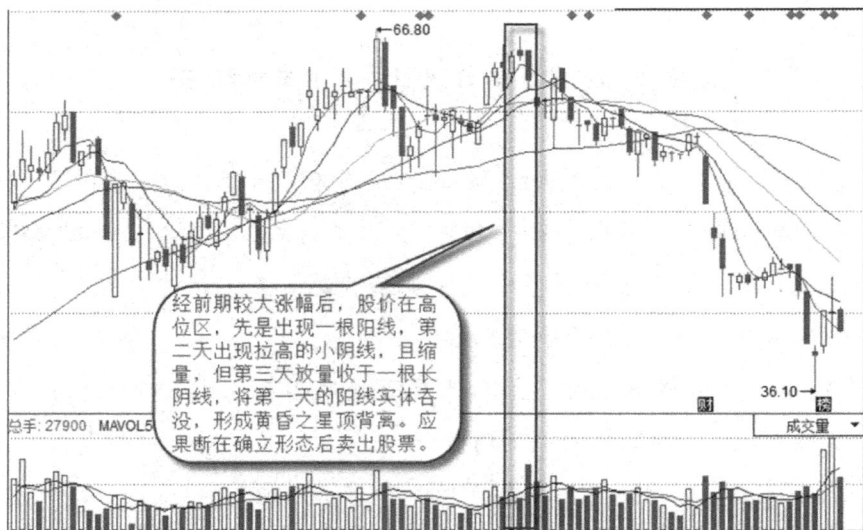

图5-12 南兴装备：日线图

技术要领

1.震荡行情的短期上涨行情中，如果出现黄昏之星顶背离形态，往往是阶段高点的到来，此时也应卖出，而不要过于期待。

2.如果黄昏之星顶背离形态出现在上涨初期时，往往形态出现后，会出现成交量急骤放大的长阳，此时宣告背离形态失败。

3.高位区出现黄昏之星顶背离时，往往成交量处于较高水平，如果是第三根阴线跌幅较大时，应当及时卖出股票，而不要等形态完全确立后再卖出。

5.3.2 塔形顶背离

塔形顶背离，是股价在上升途中，先是出现一根中阳线以上的快速上涨，接着出现了小阳线（可以夹杂几根小阳线或十字星）式的弧形缓慢攀升，但攀升到一定高度后，又出现了小阴小阳线式的不断下降，随后出现一根较长的阴线，股价从此转为下跌。这种塔形顶背离形态出现时，像一只倒扣的茶杯，又像是一座小塔，因此而得名。但塔形顶出现后，股价往往会在其后出现转势，因此是一种卖出的信号。

形态特征

图5-13是万里石（002785）的日线图，其形态特征可以从以下三点分析确认：

A.塔形顶背离出现前，股价往往处于明显的上涨趋势，且涨幅较大。

B.塔形顶背离出现时，必须最早出现的是一根较度的阳线，其后才是不断攀升和下降的小阳小阴线，最后出现的是一根较长的阴线。

C.塔形顶背离出现时，成交量往往处于近期较高水平，尤其是不断攀升与下降的小阳小阴线出现时，成交量也是大的。

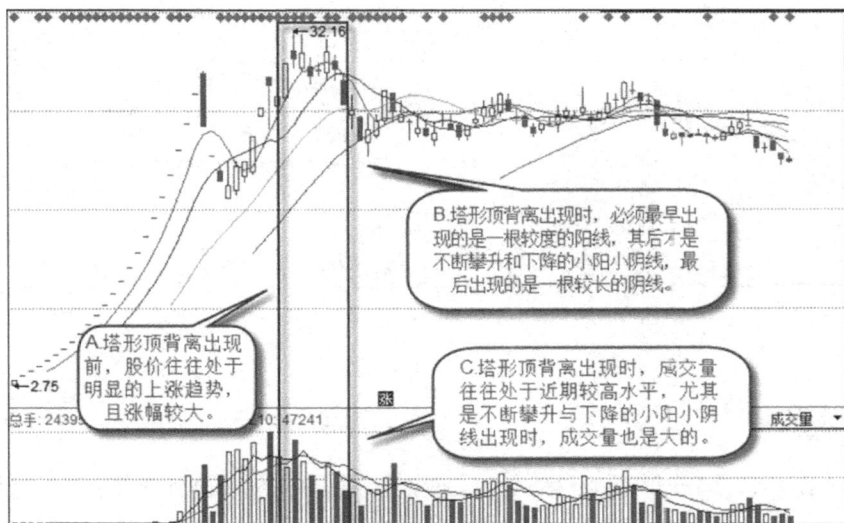

图5-13　万里石：日线图

实战案例

万里石经过上市后接连的"一"涨停后，股价已出现巨大涨幅，从最低的2.75元一路上涨到了2016年1月26日的最高28.77元，短期涨幅已高达10倍多。其后略微调整后，再次恢复了上涨，并于2月16日拉出一根长阳涨停，显示出加速上涨的趋势，但其后，股价虽仍在上涨，但明显趋势渐缓，K线上以小阳小阴居多，其后却出现缓慢下滑，虽然此期间上涨与下降的幅度不明显，但成交量却一直处于一字涨停板打开后的较高水平，每日换手率都维持在35%—50%，并在25日拉出一根较长阴线，从而形成塔形顶背离。说明主力在借塔顶期间的顶部以高换手的方式出货，因此投资者应当在确认塔形顶背离后及时逢高卖出股票。以上说明如图5-14所示。

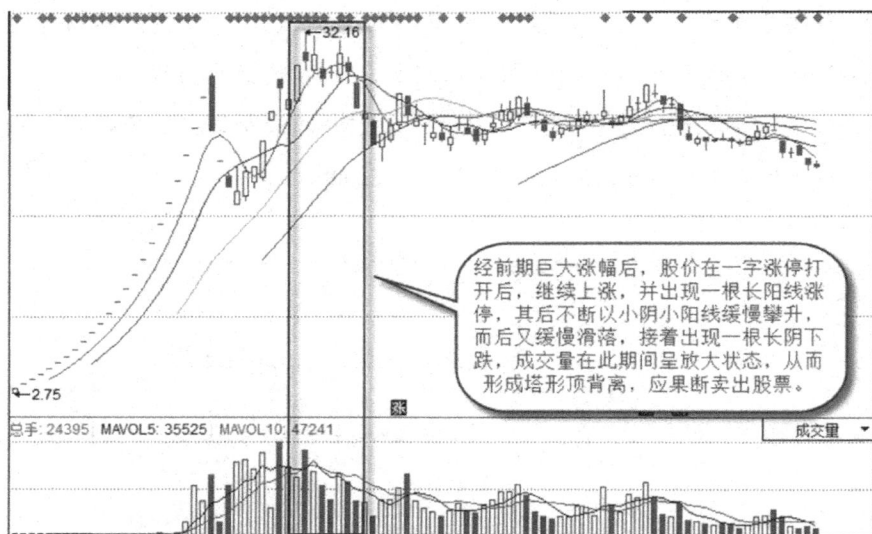

图5-14　万里石：日线图

技术要领

1.塔形顶背离在形态上有些类似圆弧顶，但时间要较圆弧顶形成短，但其杀伤力却不亚于圆弧顶。因此，已经出现巨大涨停的股票，一旦出现塔形顶背离，应果断离场。

2.圆弧顶背离，大多出现在基金重仓股身上，塔形顶背离却大多出现在小盘股身上，是主力维持股价高位盘整从容出货的表现。

3.塔形顶背离出现后，如果成交量没有有效放大，则其顶部背离往往是一种假象，此时可适当跟进。

5.3.3 覆盖式大阴线顶背离

覆盖式大阴线顶背离，是指股价在上涨趋势中，在接出一根较强的中阳或大阳线上涨后，本来股价要接连上涨，可次日却以高开或低开低走的方式出现，并且收出一根将昨日涨势全部覆盖的放量大阴线。这种背离形态，在出现前没有丝毫征兆，但往往是短线见顶的征兆，因此，应当及时卖出股票。

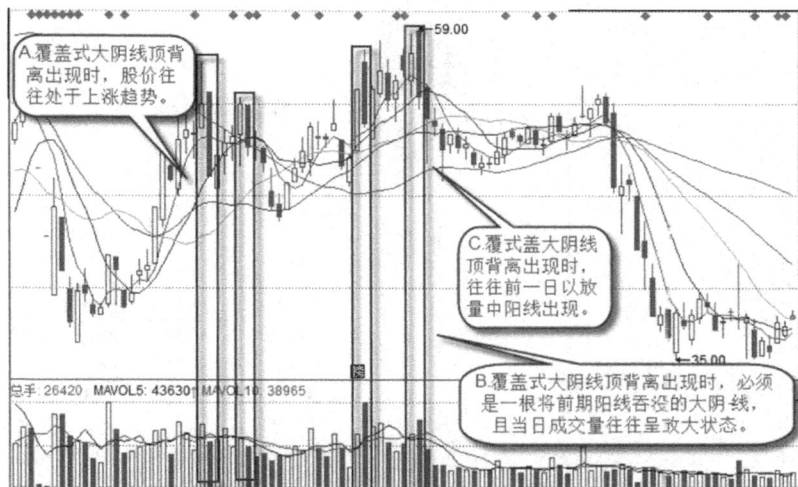

图5-15 北斗星通：日线图

形态特征

图5-15是北斗星通（002151）的日线图，其形态特征可以从以下三点分析确认：

A.覆盖大阴线背离出现时，股价往往处于上涨趋势。

B.覆盖大阴线背离出现时，必须是一根将前期阳线吞没的大阴-线，且当日成交量往往呈放大状态。

C.覆盖大阴线背离出现时，往往前一日以放量中阳线出现。

实战案例

经过短期上涨后，北斗星通在10月21日、10月28日与11月18日、27日的涨势中，在接连前一天拉出一根长阳线后，紧跟着其后出现一根更长的放量阴线，将昨日的涨幅全部覆盖，并且此时成交量处于近期较高水平，形成覆盖式大阴线顶背离。尽管此时股价涨幅并不大，但成交量处于较高水平，说明主力是在以边拉边出货的方式上涨，并且以短线操盘为主，因此应果断在覆盖式大阴线顶背离出现后，及时逢高卖出股票。以上说明如图5-16所示。

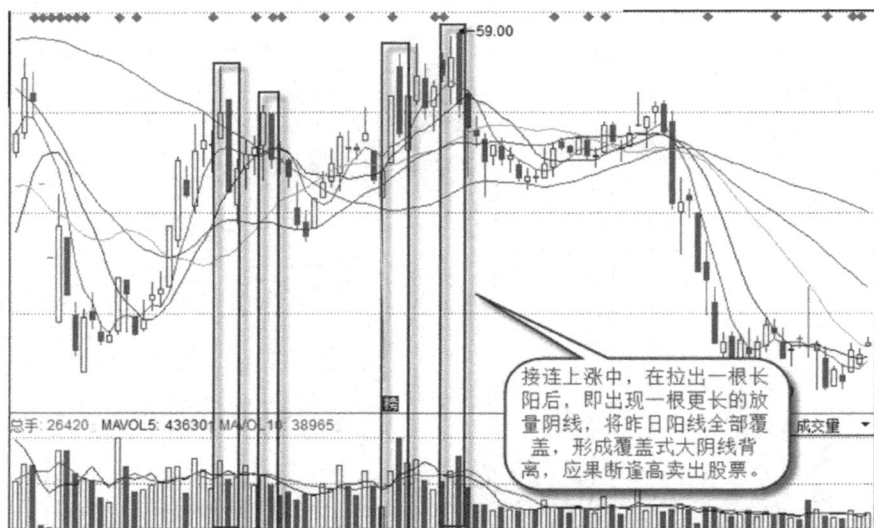

图5-16　北斗星通：日线图

技术要领

1.覆盖式大阴线顶背离往往是主力快速出货的方式，是主力短线操盘时常用的手法，尽管覆盖式大阴线顶背离出现后，股价可能仍会出现上涨，但也不可参与，应逢高卖出。

2.覆盖式大阴线顶背离多是游资大户短线操盘的结果，因资金的快速撤离，导致大阳线之后出现长阴，短线风险很大，尤其是在相对高位区时出现，往往会在大阴线出现后，股价快速下跌。

3.覆盖式大阴线顶背离出现时，成交量往往处于近期较高水平，若是此时成交量不大，或是过大，则极有可能是有重大利空出现所致，或是游资大户的一日游行情。

5.4　K线背离经典形态

5.4.1　倒T形线背离

倒T形线背离，是指在上涨趋势中的高位运行时，K线上出现了一根倒T形的K线。这种形态出现时，往往说明盘中压力极大，也是主力借机出货的表现，往往是开盘即以跌停价出现，其后在买盘出现后，跌停板被打开，但最终卖盘疯涌而出，导致股价以跌停价收盘。因此，这种形态一旦在高位出现时，往往是一种卖出形态。

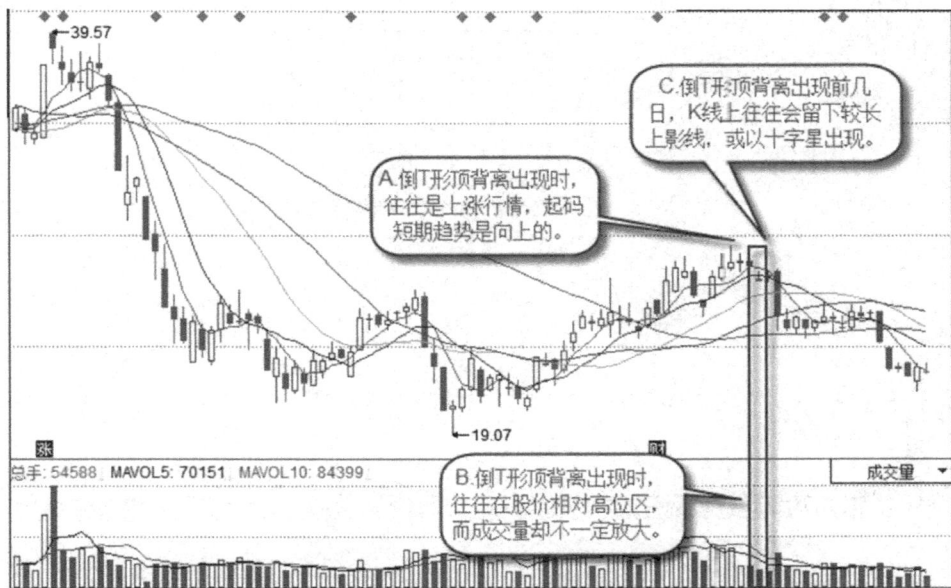

图5-17　中国软件：日线图

形态特征

图5-17是中国软件（600536）的日线图，其形态特征可以从以下三点分析确认：

A.倒T形顶背离出现时，往往是上涨行情，起码短期趋势是向上的。

B.倒T形顶背离出现时，往往在股价相对高位区，而成交量却不一定放大。

C.倒T形顶背离出现前几日，K线上往往会留下较长上影线，或以十字星出现。

实战案例

在经历前期下跌后，中国软件在震荡行情中的反弹行情中，先是出现几根带有较长上影线的小阴小阴线和十字星，接着又出现一根倒T形K线，从而形成倒T形顶背离，说明在反弹高点卖压较大，股价才出现了滞涨。而其后，股价将放量下跌。因此，应当在倒T形顶背离出现后，及时卖出股票。以上说明如图5-18所示。

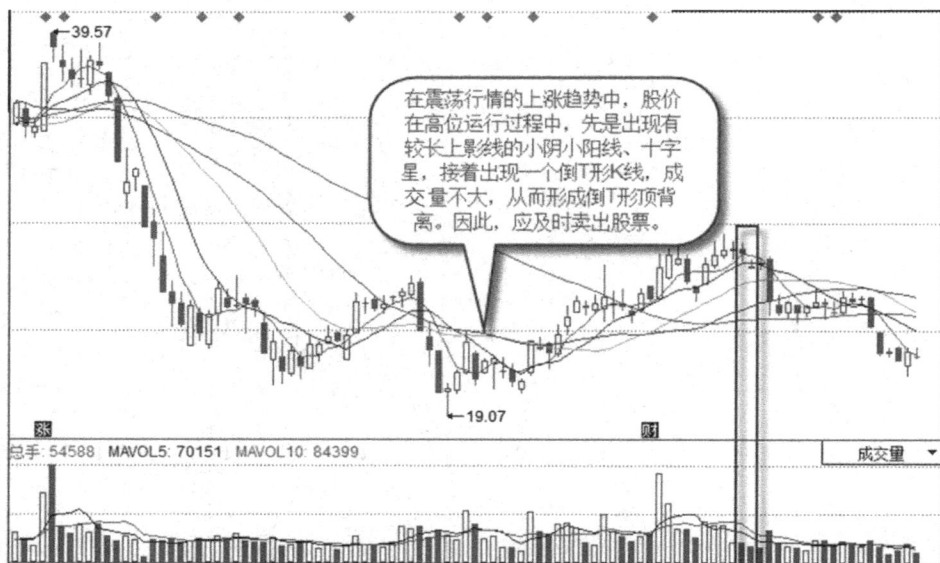

图5-18 中国软件：日线图

技术要领

1.倒 T 形顶是大幅低开后低走所造成的 K 线图形，是因盘中卖压较大所致，而其一旦出现，后市放量下跌的概率很大，因此应果断卖出。

2.如果是倒 T 形顶背离出现在相对低位区，往往意味着股价仍将下行寻求支撑，因此也应当以卖出远离为主。

3.多数时候，倒 T 形顶在相对高位区出现时，并呈红色时，是因主力维持在一定价位出货的表现，此时也可能会形成倒锤子形，但也是上涨乏力的表现。只有出现在相对低位，或是创出新低的倒 T 形或倒锤子形，才是封死下跌空间的表现。

5.4.2　孕线背离

孕线是由两条 K 线组成，第一条是长线，第二条为短线，第二条 K 线的最高价和最低价均不能超过前一图线的最高价和最低价。因其形态中的两条 K 线往往呈相反的运行方向，因此，孕线出现背离时，通常是指第一条为阴线第二条为阳线的阴孕阳，或是相反的阳孕阴，或是第二根为十字星的星孕线。而在孕线出现时，因为出现的位置不同，又可分为高位孕线与低位孕线，因此，孕线背离往往成为了行情反转的象征。高位孕线往往是转势前的卖出信号，而低位孕线又往往成为抄底买入的形态。

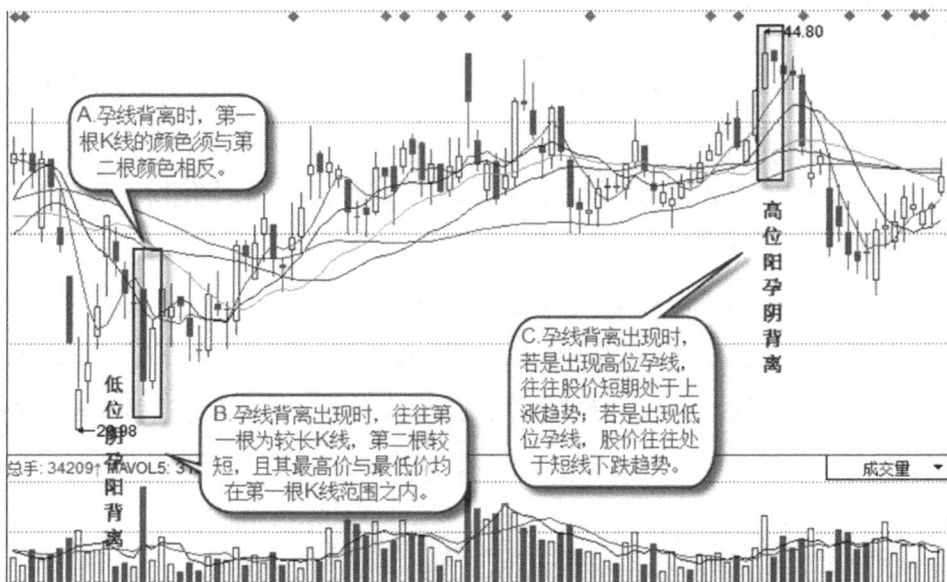

图5-19　索菲亚：日线图

形态特征

图5-19是索菲亚（002572）的日线图，其形态特征可以从以下三点分析确认：

A.孕线背离时，第一根K线的颜色须与第二根颜色相反。

B.孕线背离出现时，往往第一根为较长K线，第二根较短，且其最高价与最低价均在第一根K线范围之内。

C.孕线背离出现时，若是出现高位孕线，往往股价短期处于上涨趋势；若是出现低位孕线，股价往往处于短线下跌趋势。

实战案例

在经过前期下跌后，索菲亚在2015年9月7日拉出一根较长阴线，承接之前的下跌，28日却突然出现了一根阳线，且当日最高价与最低价均在第一根阴线范围内，形成低位阴孕阳孕线背离。说明股价在第一根长阴线时已获得短期低位支撑，后市开始反转，因是应在孕线背离出现后，逢低买入。

在其后的上涨过程中，2015年12月28日，索菲亚拉出一根较长阳线，延续上涨趋势，但在次日却出现了低开震荡，收出一根小阴线，其最高价与最低价均在28日阳线范围内，形成阳孕阴孕线背离。说明股价已无力上冲，因此应在孕线背离出现后，果断卖出股票。以上说明如图5-20所示。

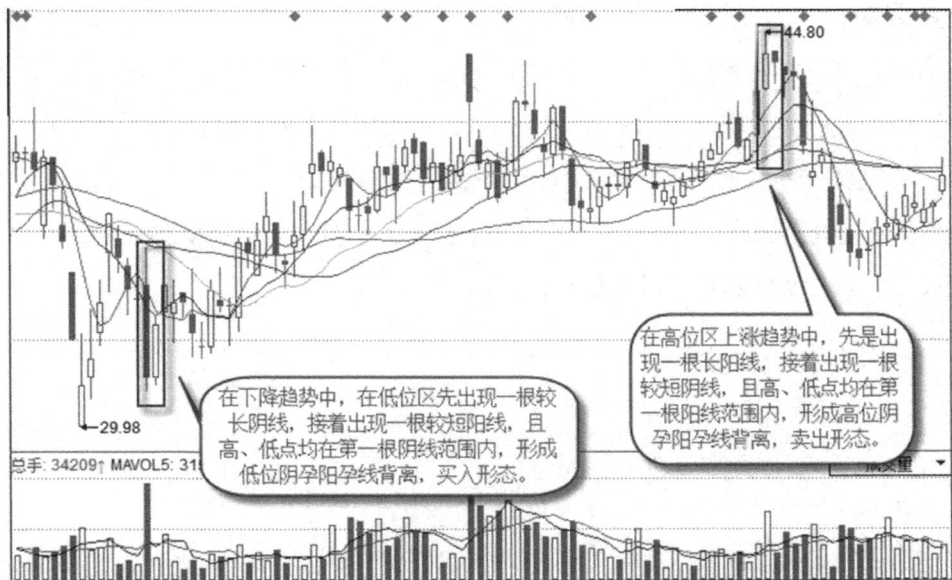

图5-20　索菲亚：日线图

技术要领

1.孕线背离出现时，投资者应首先判断当时股价所处的位置，再进行操作，如高位孕线、阳孕阴孕线，往往是卖出形态；低位孕线、阴孕阳孕线，往往是买入形态。

2.孕线背离出现时，如果出现在低位区时，第一根K线是光头光脚的中阳线或大阳线，并伴随着成交量放出，第二根即使是阴线，后市反转向上的概率也很大。

3.孕线背离出现时，如果第二根K线实体必须与左侧K线实体颜色相反，但是绝对不能超过第一根K线的实体，并且，第二根K线可以带有上下影线，影线越短则形态越可信。

5.4.3 吊线背离

吊线是K实体较短，而上影线（或下影线）较长的一种K线。有上影线的吊线为上吊线，上吊线背离往往出现在上涨趋势中，是短期见顶的信号，因此是卖出信号；有下影线的吊线为下吊线，下吊线背离往往出现在下跌趋势中，或是上涨途中，是一种探明低点的表现，因此是行情反转上涨的表现，是短期见底的信号，往往是一种买入信号。然而，上吊线或下吊线背离出现时，K线可以是红色或绿色，但上吊线的上影线或下吊线的下影，其长度至少要比实体高到2倍，才能成立，并且影线越长，反转意味越大。

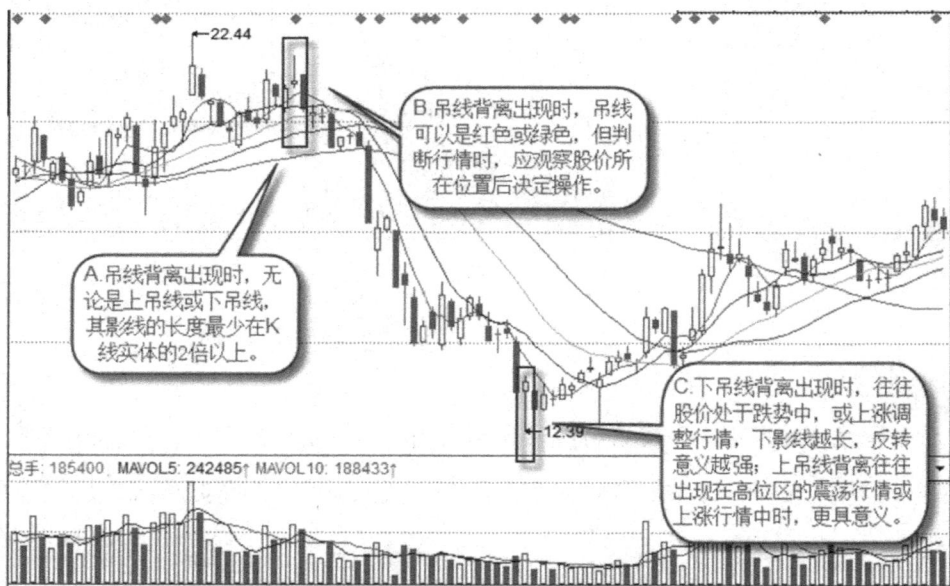

图5-21　东方雨虹：日线图

形态特征

图5-21是东方雨虹（002271）的日线图，其形态特征可以从以下三点分

析确认：

A.吊线背离出现时，无论是上吊线或下吊线，其影线的长度最少在K线实体的2倍以上。

B.吊线背离出现时，吊线可以是红色或绿色，但判断行情时，应观察股价所在位置后决定操作。

C.下吊线背离出现时，往往股价处于跌势中，或上涨调整行情，下影线越长，反转意义越强；上吊线背离往往出现在高位区的震荡行情或上涨行情中时，更具意义。

实战案例

在2015年12月的高位震荡期间，东方雨虹在12月22日拉出一根红色的上影线很长、实体很短的上吊线背离，说明盘中卖压较大，行情即将反转，因此应果断卖出股票。其后，经过较大幅度下跌后，2016年1月27日，东方雨虹于跌势中出现一根下影线较长、实体较短的下吊线背离，并创出新低，说明行情在低位企稳，应及时买入股票。以上说明如图5-22所示。

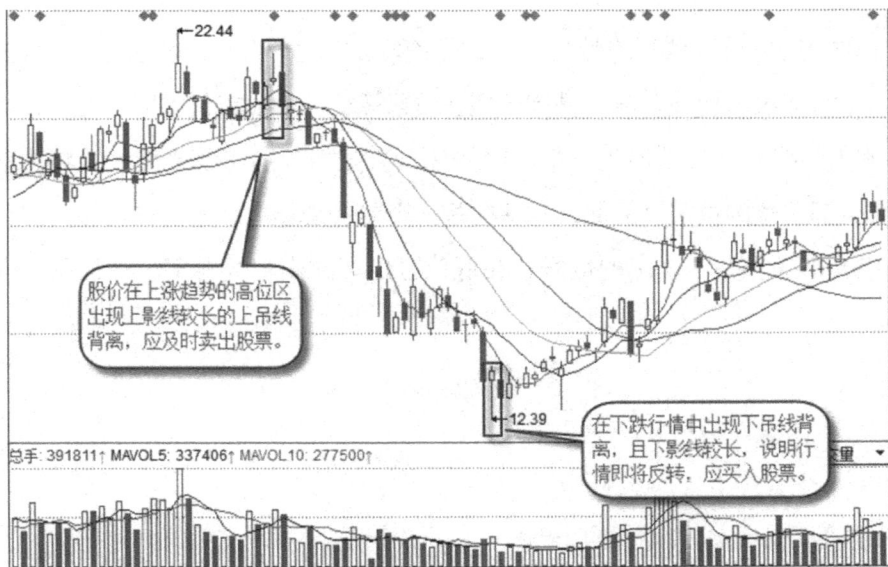

图5-22　东方雨虹：日线图

技术要领

1.在下跌趋势中出现下吊线背离时，下影线越长越有意义，并且其后往往会出现不断增加的阳量，若此时阴量较大，表明股价仍未跌透，可先行卖出，继续等待。

2.下跌初期出现的下吊线背离，往往是短线暂时止跌的信号，实际参与买卖的意义并不大。

3.牛市上涨途中出现的下吊线，往往是短线调整止跌的买入信号。

4.牛市高位区或震荡行情反弹行情中出现的上吊线，往往是大顶或阶段性高点的标志，应果断在上吊线背离出现时卖出。

5.经过长期下跌出现的下吊线背离，如其后出现一根放量中阳，往往是快速止跌的标志，应及时买入。

6.下跌途中出现的上吊线，是强烈的继续下跌的信号，不可参与，或果断卖出。

5.4.4　包线背离

包线与孕线的K线形态恰好相反，是K线右方的一根长K线包覆了左方的一根或多根小K线。包线背离，是指出现在波段循环的高点或低点时，在接连出现小阳或小阴线后，突然出现一根与趋势运行方式相反的阴线或阳线，将之前的小K线全部包覆的情况。因此，它往往是一个趋势反转的信号，在高位区出现的阴包线背离，往往是卖出的信号；在低位区出现的阳包线背离，往往是买入的信号。

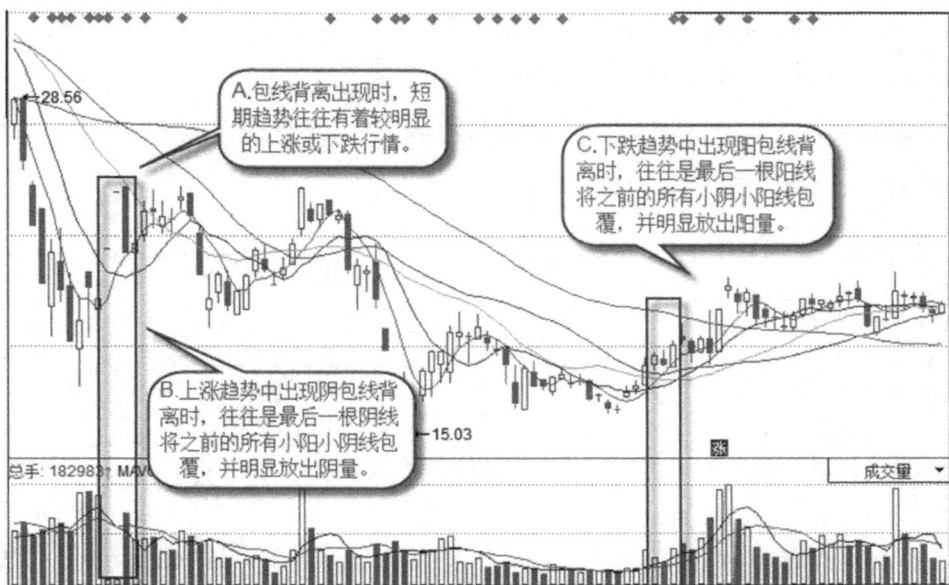

图5-23　九州通：日线图

形态特征

图5-23是九州通（600998）的日线图，其形态特征可以从以下三点分析确认：

A.包线背离出现时，短期趋势往往有着较明显的上涨或下跌行情。

B.上涨趋势中出现阴包线背离时，往往是最后一根阴线将之前的所有小阳小阴线包覆，并明显放出阴量。

C.下跌趋势中出现阳包线背离时，往往是最后一根阳线将之前的所有小阴小阳线包覆，并明显放出阳量。

实战案例

在经过2015年7月7日开始的反弹过程中，九州通接连出现两个一字涨停，但其后即刻出现一根明显的放量长阴，将两个一字涨停包覆，形成阴包线背离，说明反弹即将结束，因此，应在背离形态出现后，逢高卖出。

在其后的下跌过程中，经过深底回升后，九州通在出现短暂下跌后，于2015年10月15日突然出现一根放量中阳线，将之前两日的小阴小阳线全部包覆，形成阳包线背离，说明短期下跌空间已被封死，短线将出现反弹，因此应买入股票。以上说明如图5-24所示。

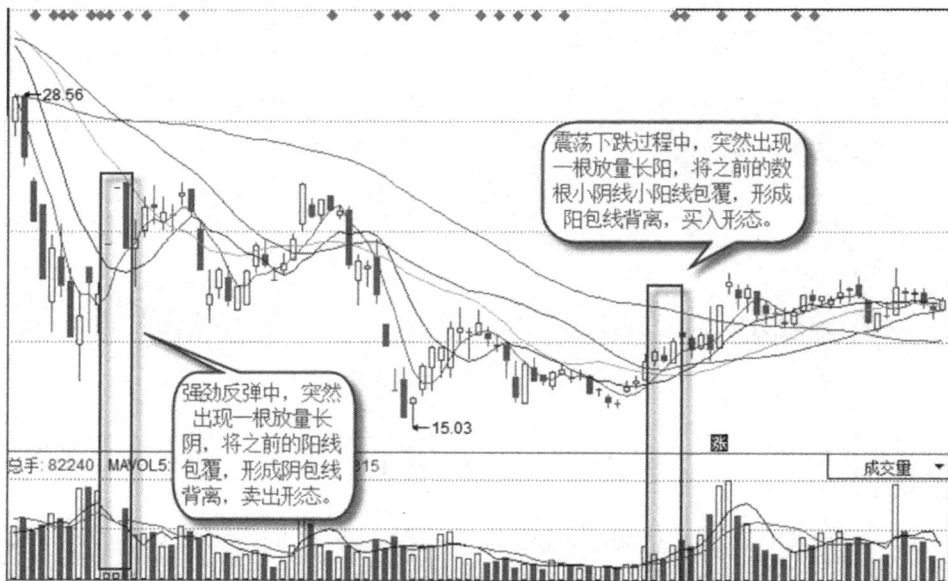

图5-24　九州通：日线图

技术要领

1.包线背离，往往是趋势转折的信号，因此，其中最后一根包线的颜色，往往决定着其后的运行趋势，所以，通常最后一根包线为阳线时，应买入；最后一根包线为阴线时，应卖出。

2.在包线背离形态中，往往最后一根长包线的颜色与之前小阴小阳的运行趋势相反，因此形成背离。

3.包线背离，往往出现在明显的上升趋势或下跌末端时较为明显，在震荡行情中出现，往往表明了股价短期的高点与低点，但若是出现在中期行情的震荡中时，往往决定着震荡整理的结束。

5.4.5　秃线背离

秃线，是由两根颜色相反的不带上影线或下影线的光头光脚K线，或是只有较短的上下影组成的一种K线。它往往出现在上涨行情的末端，或是下跌行情的尾端，这两根颜色不同的K线相继出现，即是一种K线背离，所以经常预示着行情的突然反转。因此，阳线在先阴线在后的秃线，如果出现在高位区时，往往是一种反转下跌的象征，是卖出形态；阴线在先阳线在后的秃线，如果出现在低位区时，往往是股价结束下跌反转向上的象征，是一种买入形态。

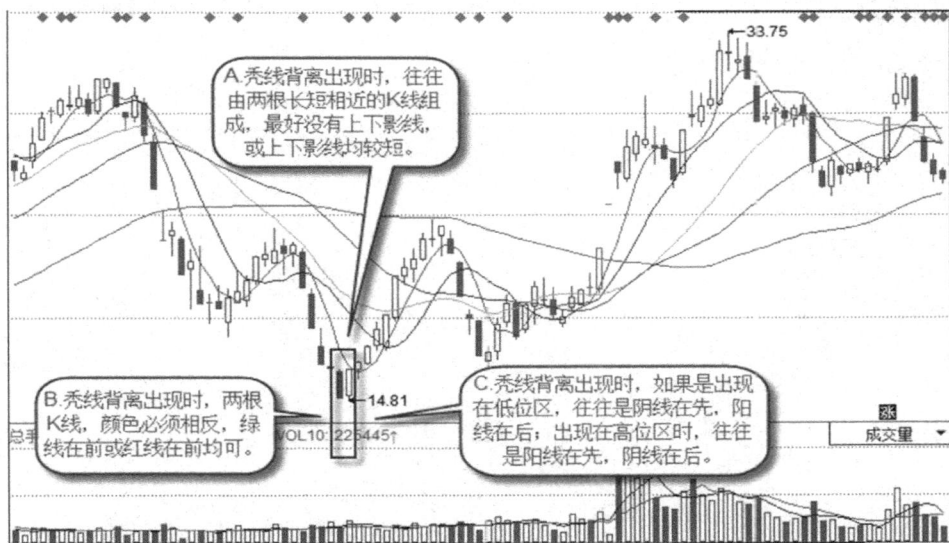

图5-25　辉丰股份：日线图

形态特征

图5-25是辉丰股份（002496）的日线图，其形态特征可以从以下三点分析确认：

A.秃线背离出现时，往往由两根长短相近的K线组成，最好没有上下影线，或上下影线均较短。

B.秃线背离出现时，两根K线，颜色必须相反，绿线在前或红线在前均可。

C.秃线背离出现时，如果是出现在低位区，往往是阴线在先，阳线在后；出现在高位区时，往往是阳线在先，阴线在后。

实战案例

在下跌过程中，辉丰股份在2016年2月1日先是出现一根没有下影线且上影线较短的阴线，承接下跌趋势，次日在低开创出新低后，即刻出现上涨，收于一根与昨日阴线位置在同一水平、长短相近的光头阳线，且下影线极短，形成秃线背离。这说明，阳线出现当日的低开并创新低，只是对进一步下跌的试探，探明底部后即出现回升，表明短期趋势将转为上涨，因此，在秃线背离出现后，应及时逢低买入。以上说明如图5-26所示。

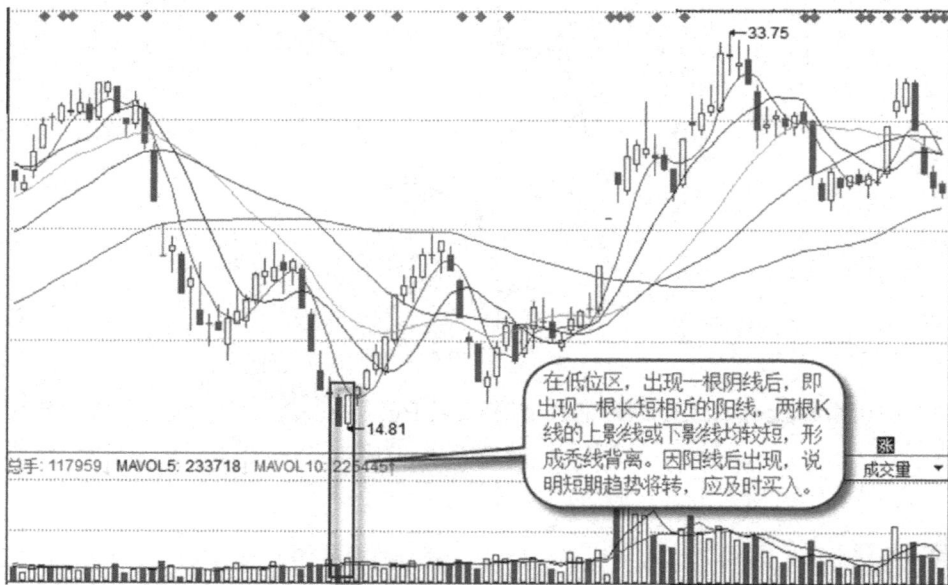

图5-26 辉丰股份：日线图

技术要领

1.秃线背离，如果出现在低位区时，往往是阴线在先时为买入信号；如果是阳线在先，后市仍会进一步下跌。

2.秃线背离出现时，如果是在高位区，阳线在前时，往往说明后市将反转向下，是卖出信号；但如果是阴线在先的话，大多说明股价仍有上涨空间，但必须留意其后的变化，因主力出货时，往往也会在高位维持高价，从而出现这种先阴后阳的秃线背离。

3.秃线背离出现在下降趋势中时，即使是阳线在后，其后成交量也应以阳量逐渐增加为主，如果阴量过多，同样会导致其后的震荡下跌。

第6章
筹码分布背离典型买卖形态

筹码在盘中不同的分布状况，直接关系到后市股价的运行情况，但是，如果筹码分布出现了背离后，同样，不同的形态也会演绎出不同的行情。比如，满盘获利本是一种买入形态，满盘亏损本是一种卖出形态，但背离后的这两种形态，往往成为了卖出和买入的相反形态。而只要记住那些筹码背离时的那些经典买入与卖出形态，筹码分布图也能像K线一样告诉你是应当买入，还是卖出。

6.1　筹码背离

6.1.1　筹码分散到集中背离

筹码分布从分散到集中背离，是股价在上涨过程中，因股价的快速上涨，使得大多数筹码都处于分散状态，但随着股价在高位区震荡，筹码分布从满盘分散变为了向高位聚集，出现了高位集中。这种情况的出现，往往说明主力的低位筹码已卖出，导致盘中筹码均为短线跟风筹码，趋势即将因主力筹码的最后出货而出现反转，因此是一种明显的卖出形态。

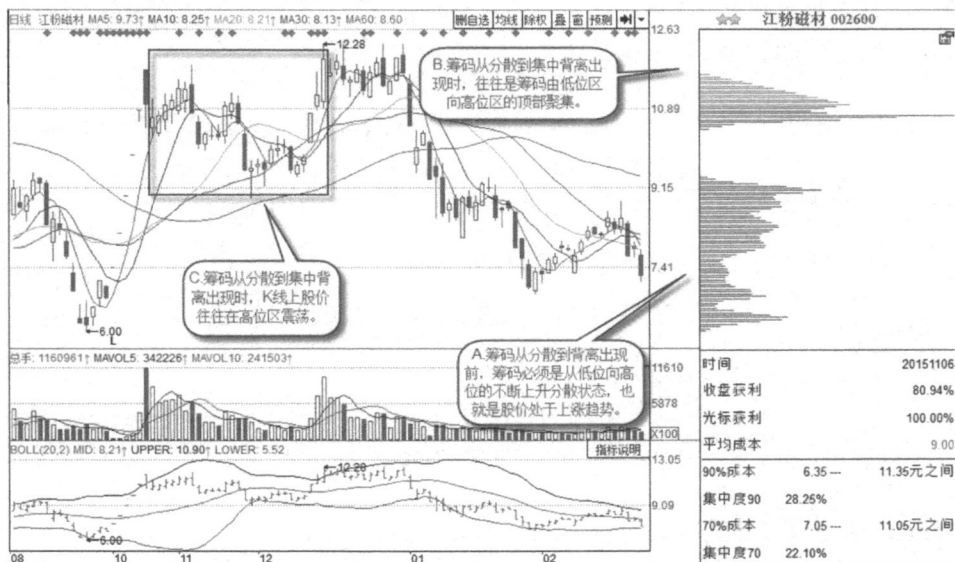

图6-1　江粉磁材：2015年11月6日筹码分布图

形态特征

图6-1是江粉磁材（002600）2015年11月6日的筹码分布图，其形态特征可以从以下三点分析确认：

A.筹码从分散到背离出现前，筹码必须是从低位向高位的不断上升分散状态，也就是股价处于上涨趋势。

B.筹码从分散到集中背离出现时，往往是筹码由低位区向高位区的顶部聚集。

C.筹码从分散到集中背离出现时，K线上股价往往在高位区震荡。

实战案例

在2015年8月底的触底反弹中，江粉磁材的筹码迅速从低位向上分散，并在11月初至12月初，筹码分布图上，筹码虽然在不断向高位聚集，但并不分散，仍较为集中，但多数筹码此时已聚集在高位区，形成筹码从分散到集中的背离。这说明主力在维持股价在高位，以实现出货，因此，投资者应当以逢高卖出股票为主。以上说明如图6-2所示。

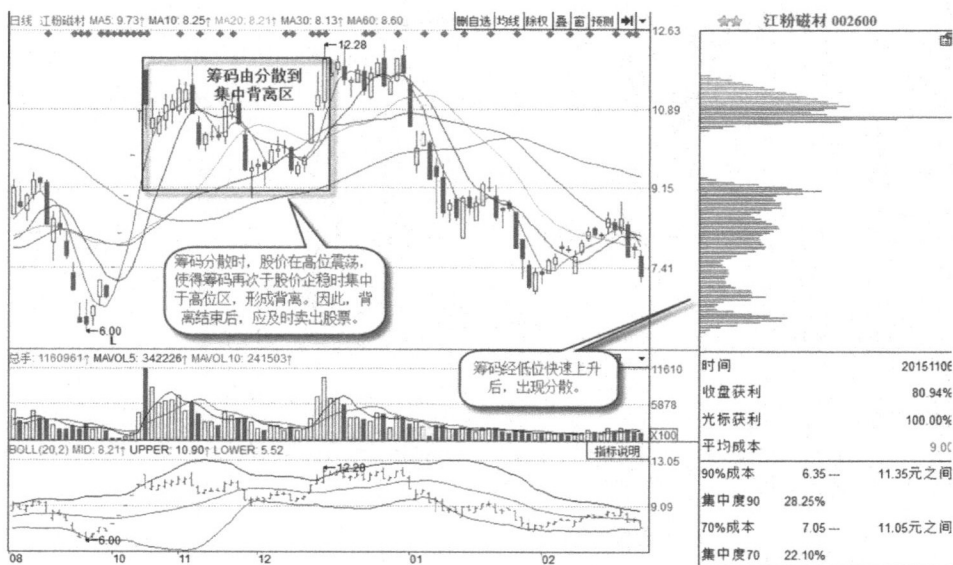

图6-2　江粉磁材：2015年11月6日筹码分布图

技术要领

1.筹码从分散到集中背离，往往出现在股价的高位区时的震荡行情，此时即使筹码完全到达顶部区域，但下方筹码逐渐消失，所有筹码均云集于高位，表示获得筹码已经在升降过程中出局，因此风险极大。

2.筹码从分散到集中背离出现后，稳健的投资者应当在筹码全部集中于顶部区域、下方筹码完全消失时卖出。

3.在震荡行情中，筹码从分散到集中背离出现时，有时因反弹的涨幅不大，所以筹码此时会集中在中部区域形成分散后即向下集中，此时同样应短线卖出股票。

6.1.2 筹码集中到分散背离

筹码集中到分散背离，是指筹码在股价上涨趋势中，当上涨到高位区时，出现了集中在高位区的情况，但随着股价的震荡下跌，筹码出现了向下的分散。这种背离情况的出现，往往是主力出货的征兆，一旦底部零星筹码完全消失，股价即会出现高位趋势反转，因此也是一种卖出形态。

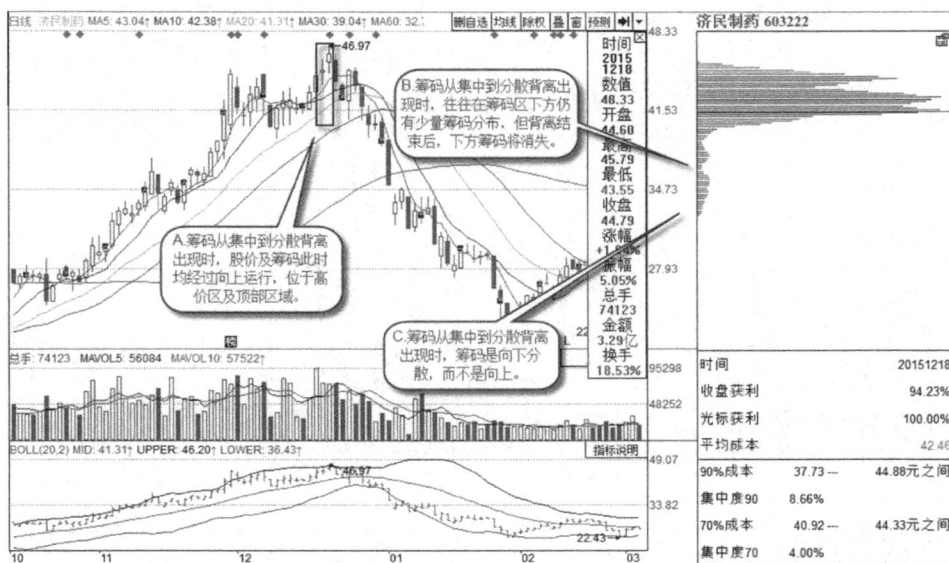

图6-3 济民制药：2015年12月18日筹码分布图

形态特征

图6-3是济民制药（603222）2015年12月18日的筹码分布图，其形态特征可以从以下三点分析确认：

A.筹码从集中到分散背离出现时，股价及筹码此时均经过向上运行，位于高价区及顶部区域。

B.筹码从集中到分散背离出现时，往往在筹码区下方仍有少量筹码分布，但背离结束后，下方筹码将消失。

C.筹码从集中到分散背离出现时，筹码是向下分散，而不是向上。

实战案例

在前期持续上涨后，济民制药股价在高位区震荡滞涨后，筹码已位于顶部区域，并在2015年12月18日由分散出现向上集中，下方仍有少量筹码，但到了次日，下方筹码消失，并出现略向下分散，而股价却创出新高46.97元，形成了筹码在高位区从集中到分散背离。说明下方获利盘在创新高时大举卖出，使得筹码出现向下分散。因此，应当在这种背离现象出现时，果断逢高卖出股票。以上说明如图6-4所示。

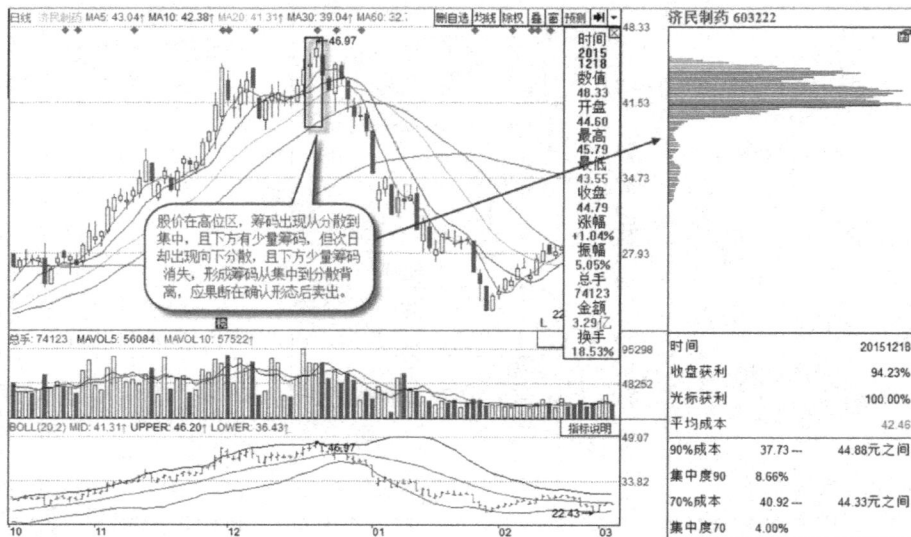

图6-4　济民制药：2015年12月18日筹码分布图

技术要领

1.筹码从集中到分散背离，往往出现在筹码分布图的顶部区域，如低位区出现，说明此时为低位震荡行情，即使卖出也应以短线操盘思路为主。

2.筹码从集中到分散背离出现时，往往令投资者误认为上涨行情仍将继续，因此时筹码虽在高位区，但仍未到达顶部，所以在筹码出现高位集中时会引发许多短线跟风者，但低位少量筹码的消失，以及筹码的向下分散，却表明股价已难以再上涨，因此趋势会发生反转向下，应及时逃顶。

3.筹码从集中到分散背离出现后，即使股价会出现反抽，力度也往往不大，且难以持续，因此，反抽向上的出现，往往成为再次逃命的机会。

6.2 筹码分布底背离买入形态

6.2.1 低位密集满盘亏损背离

低位密集满盘亏损背离，是指股价在下跌趋势中，筹码经过了持续向下运动后，所有的筹码都变为了蓝色的亏损筹码，但却密集在下方的低位区。这种情况，往往说明高位区的所有套牢筹码都已割肉出局，只有一些短线的抄底者介入，因此是一种底部抄底形态。

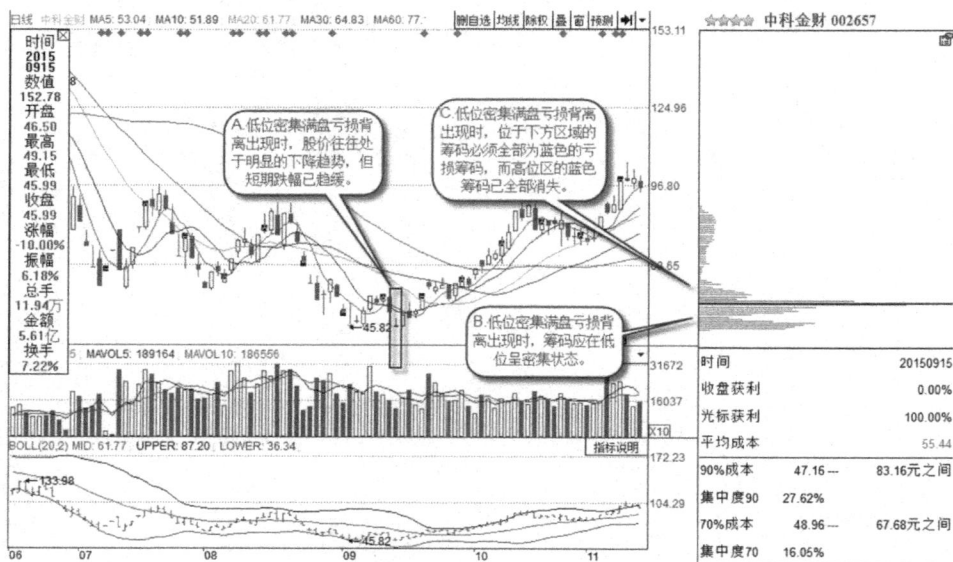

图6-5　中科金财：2015年9月15日筹码分布图

形态特征

图6-5是中科金财（002657）2015年9月15日的筹码分布图，其形态特征可以从以下三点分析确认：

A.低位密集满盘亏损背离出现时，股价往往处于明显的下降趋势，但短期跌幅已趋缓。

B.低位密集满盘亏损背离出现时，筹码应在低位呈密集状态。

C.低位密集满盘亏损背离出现时，位于下方区域的筹码必须全部为蓝色的亏损筹码，而高位区的蓝色筹码已全部消失。

实战案例

经过自2015年6月的持续下跌后，中科金财在9月创出新低后，跌势趋缓，而筹码此时多数密集于下方区域，上方顶部筹码消失，且在9月15日时全变为蓝色筹码，形成低位密集满盘亏损背离形态。说明，股价经长期大幅下跌后，高位套牢筹码已出局，盘中虽出现一时全部筹码为亏损状态，但密集于底部，均为短期抄底者。因此，投资者可在筹码分布图的底部发现红色筹码出现时，低位买入。以上说明如图6-6所示。

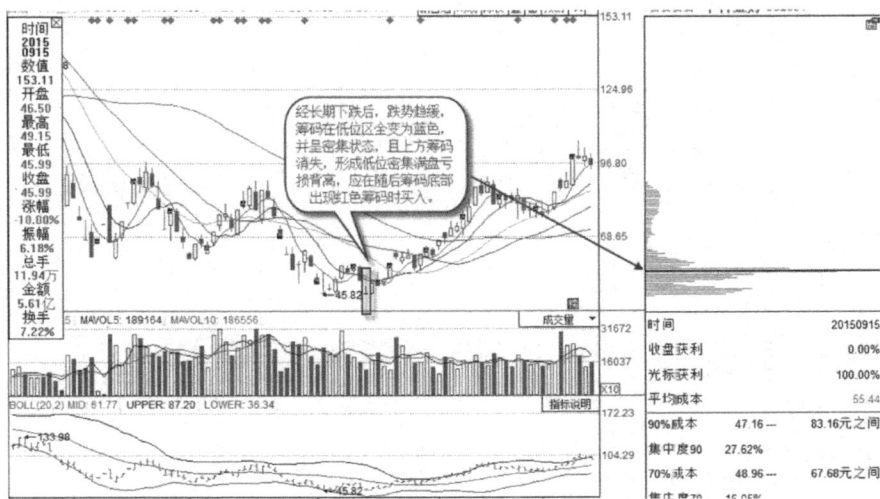

图6-6　中科金财：2015年9月15日筹码分布图

技术要领

1.低位密集满盘亏损背离出现时，往往是股价在低位震荡徘徊的筑底阶段，在此阶段股价往往会创出新低，尽管此时往往市场方向不明，但却是抄底良机。

2.低位密集满盘亏损背离出现时，往往成交量呈缩减状态，背离出现后，投资者可结合成交量的情况，发现阳量增加、筹码分布图底部区域出现较少的红色筹码时买入。

3.低位密集满盘亏损背离出现时，筹码分布图上，筹码越是密集于低位区，则其后行情出现反转的概率越大，但是若发现筹码有继续向下发散迹象，则说明股价会继续寻底，此时短线投资者可在卖出后，逢低再买入。

6.2.2 下跌趋势中的低位筹码密集背离

低位筹码密集本来是筹码集中后应当上涨的形态，但筹码在低位密集后，行情在下跌过程中，筹码形态却依然处于低位密集，就形成了背离。因此，这种背离往往是一种主力拉升股价前的诱空洗盘，是一种买入形态。

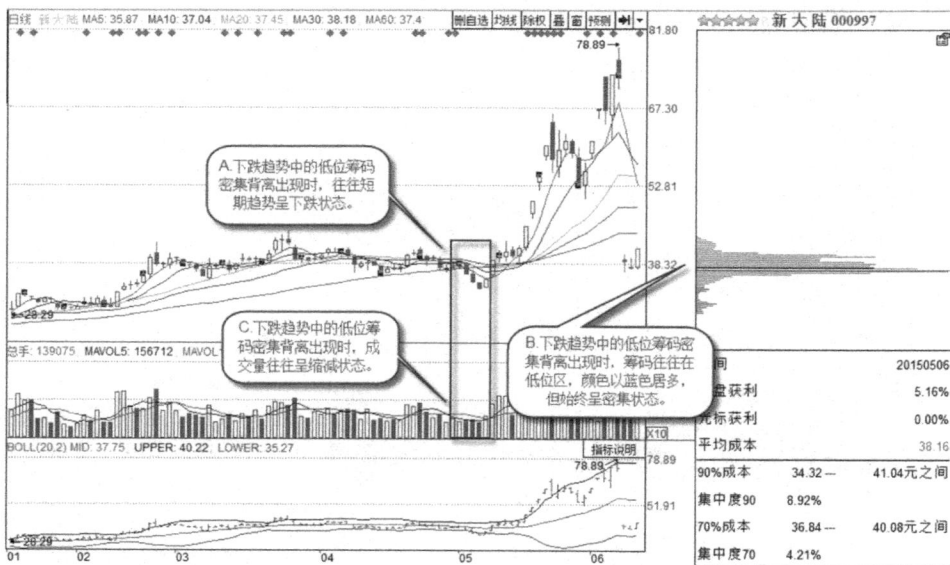

图6-7 新大陆：2015年5月6日筹码分布图

形态特征

图6-7是新大陆（000997）2015年5月6日的筹码分布图，其形态特征可以从以下三点分析确认：

A.下跌趋势中的低位筹码密集背离出现时，往往短期趋势呈下跌状态。

B.下跌趋势中的低位筹码密集背离出现时，筹码往往在低位区，颜色以蓝色居多，但始终呈密集状态。

C.下跌趋势中的低位筹码密集背离出现时，成交量往往呈缩减状态。

实战案例

在震荡整理中，新大陆筹码一直于低位密集，而随着2015年4月23日股价进一步下挫，成交量也渐渐出现缩减，趋势明显转为跌势，大多数筹码也由红转蓝，但筹码分布图上，筹码始终密集于低位，形成下跌趋势中的筹码低位密集背离。这说明，主力在拉升前开始进一步诱低，而筹码的密集说明盘中筹码抛出较少。因此，可在筹码背离出现后，及时买入股票。以上说明如图6-8所示。

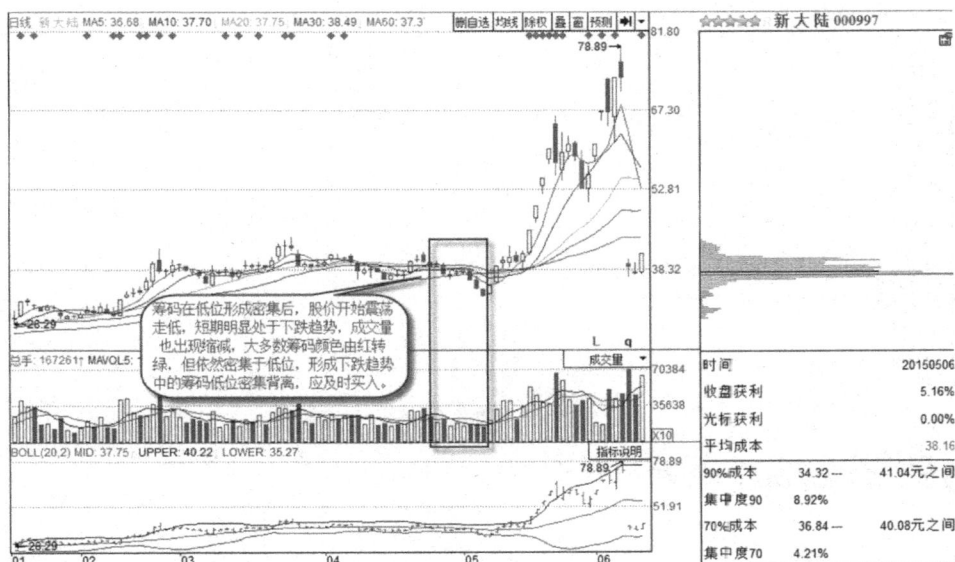

图6-8　新大陆：2015年5月6日筹码分布

技术要领

1.下跌趋势中的低位筹码密集背离，往往出现在上涨初期的调整行情中，是主力拉升股价前的一种短期假跌陷阱，目的是营造一种追转势的假象，让低位持有都卖出。因此，一经出现，即应及时买入。

2.如果低位筹码密集背离出现在下跌末端，则是股价启动前的最后一跌行为，也就是趋势转变前出现的"黄金坑"。

3.下跌趋势中的低位单峰密集背离出现时，如果发现筹码有向下移动的迹象，应当观察后再行操作。

6.2.3　筹码中部单峰密集背离

筹码中部单峰密集背离，是股价在上涨趋势中，随着筹码的不断向上移动，在高位区形成密集，并呈单峰形态，而此时股价正处在震荡盘整，成交量也处于较低水平，从而形成的一种筹码形态。这种形态一经出现，往往说明股价将发动二次上涨，因此应当及时买入，短期将获得较大收益。

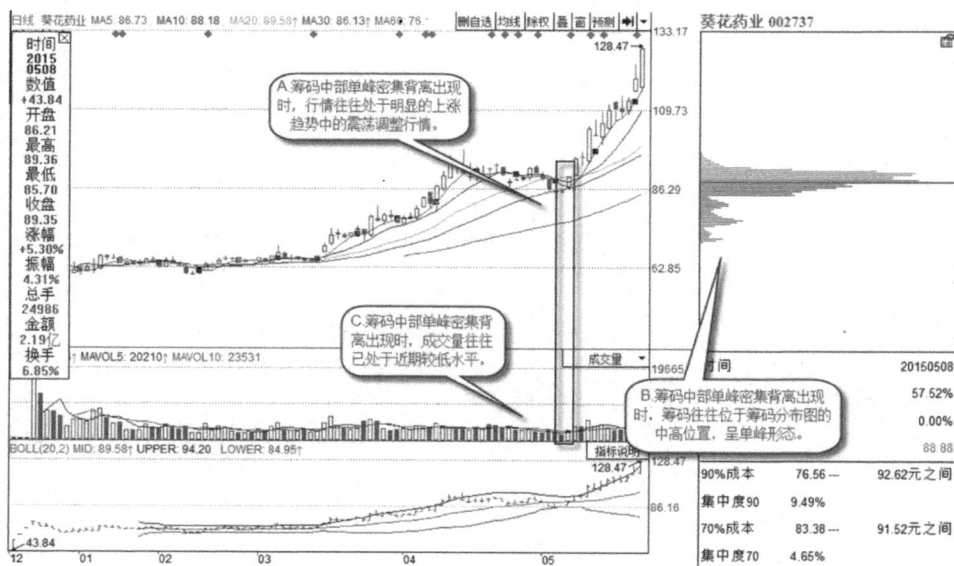

图6-9　葵花药业：2015年5月8日筹码分布图

形态特征

图6-9是葵花药业（002737）2015年5月8日的筹码分布图，其形态特征可以从以下三点分析确认：

A.筹码中部单峰密集背离出现时，行情往往处于明显的上涨趋势中的震荡调整行情。

B.筹码中部单峰密集背离出现时，筹码往往位于筹码分布图的中高位置，呈单峰形态。

C.筹码中部单峰密集背离出现时，成交量往往已处于近期较低水平。

实战案例

经前期较大幅度的上涨后，葵花药业从2014年4月13日开始，股价出现震荡调整，价格跌幅不大，且成交量处于缩量状态，而筹码在运行到中部区域后，开始由分散慢慢集中，至5月8日时，形成了筹码中部单峰密集背离形态。说明此时筹码已再次集中，即将出现再次上涨，因此，应在筹码分布图上，下方红色筹码渐渐向上吞食掉蓝色筹码，并向上越过成本平均线时果断买入。以上说明如图6-10所示。

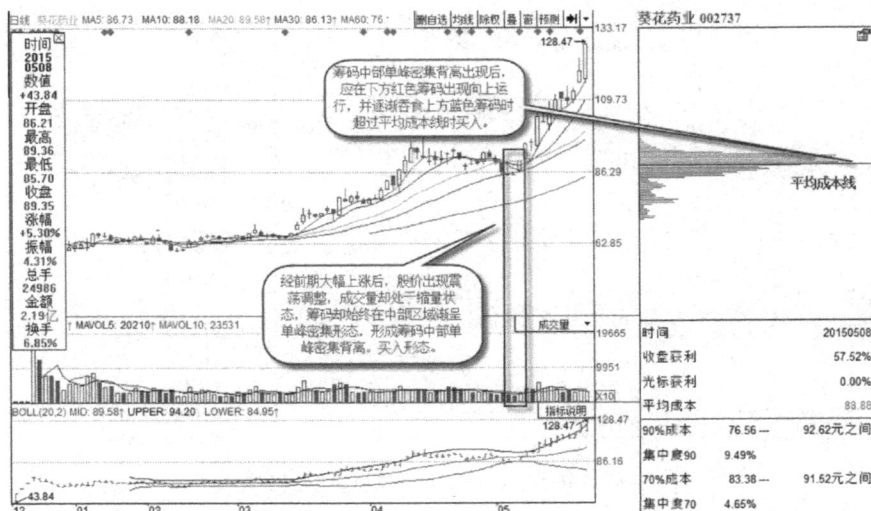

图6-10　葵花药业：2015年5月8日筹码分布图

技术要领

1.筹码中部单峰密集背离出现时，股价往往经过了底部区域的初涨阶段，是加速上涨的标志，大多出现在牛市行情中的快速拉升阶段，因此短期涨幅较为可观。

2.筹码中部单峰密集背离，往往出现在新股的二次上涨前。此时，相对来说，股价往往处于高位横盘状态。

3.筹码中部单峰密集背离出现时，必须等到筹码出现向上移动，红色筹码向上吞食蓝色筹码时买入，如过早，则可能行情还未启动。

6.2.4 满盘获利、筹码集中背离

满盘获利、筹码集中背离，是股价在上涨过程中，筹码在中低位区域出现筹码均变为红色，并且呈较集中的状态。这说明，尽管此时盘中的所有筹码均为获利盘，但筹码还未上移到中高位区，所以是一种买入形态。

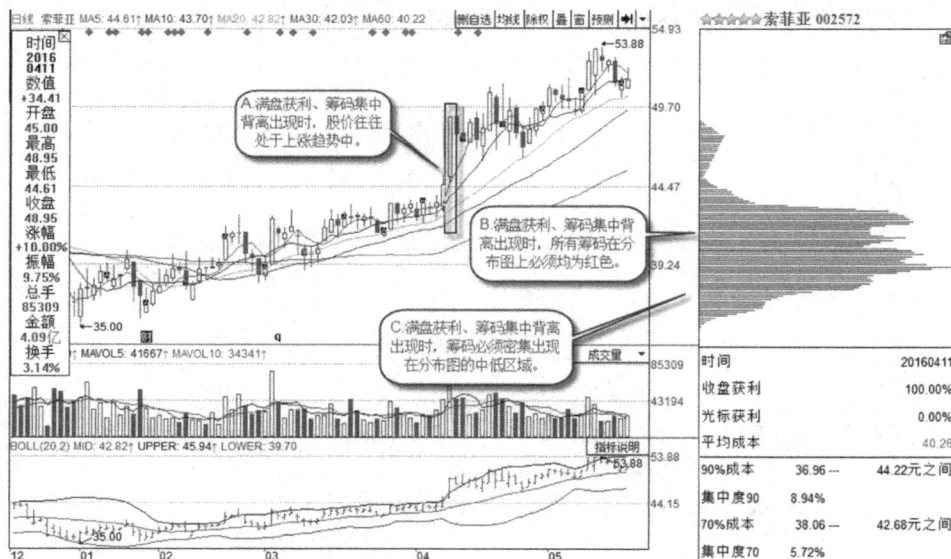

图6-11 索菲亚：2016年4月11日筹码分布图

形态特征

图6-11是索菲亚（002572）2016年4月11日的筹码分布图，其形态特征可以从以下三点分析确认：

A.满盘获利、筹码集中背离出现时，股价往往处于上涨趋势中。

B.满盘获利、筹码集中背离出现时，所有筹码在分布图上必须均为红色。

C.满盘获利、筹码集中背离出现时，筹码必须密集出现在分布图的中低区域。

实战案例

在经过2016年1月中下旬的底部震荡后，索菲亚一直处于上涨趋势，在2016年4月11日时，随着一根放量长阳的出现，筹码分布图上的筹码颜色均变为了红色，并位于分布图的中低区域，呈集中状态，形成满盘获利、筹码集中背离形态。这说明，上涨行情并未中止，因此，投资者可持股待涨，或及时买入。以上说明如图6-12所示。

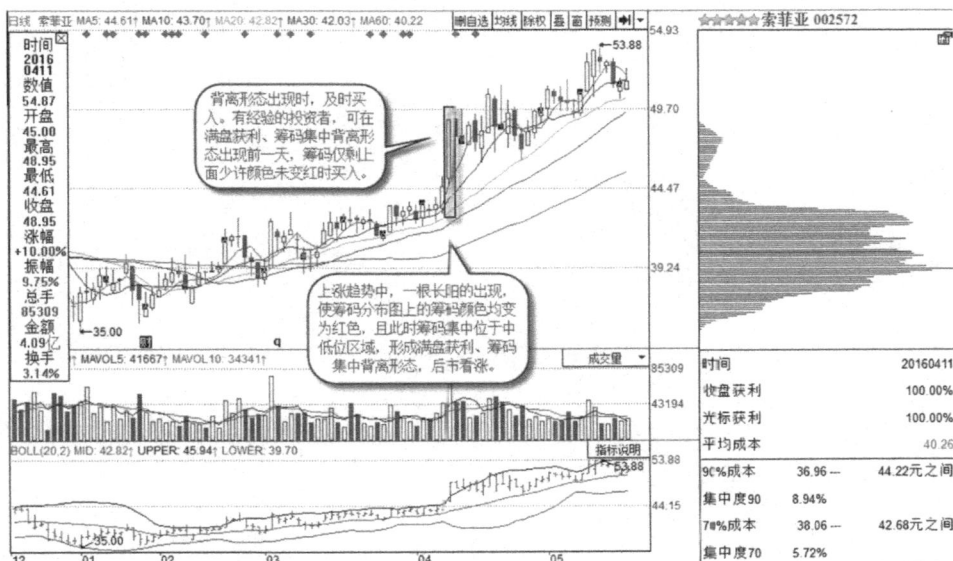

图6-12　索菲亚：2016年4月11日筹码分布图

技术要领

1.满盘获利、筹码集中背离出现时，投资者可在形态出现后逢低买入，但有经验的投资者，可在形态出现的前一交易日，当顶部筹码只有少许未变红时买入。

2.满盘获利、筹码集中背离是股价上升中继的一种短期背离形态，因此应继续持股，或逢低买入。

3.满盘获利、筹码集中背离出现时，往往成交量也呈现量价齐升的状态。

6.3 筹码分布顶背离卖出形态

6.3.1 满盘获利、筹码分散背离

满盘获利、筹码分散背离，是指当股价在上升过程中，突然筹码分布图上，出现了全部筹码均变为红色的现象，而筹码分布此时呈明显的分散状态。这往往说明，盘中因股价的快速上涨，导致了市场分歧，而全部筹码的获利，又使得盘中有兑现的短期需求，因此，满盘获利、筹码分散背离形态出现后，股价即使出现继续上涨，往往涨幅也不大，是一种高位卖出股票的形态。

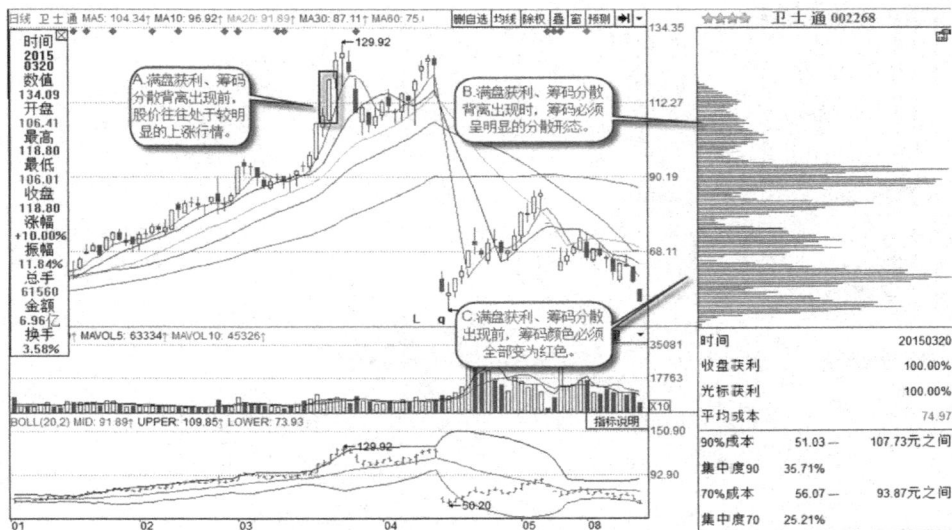

图6-13　卫士通：2015年3月20日筹码分布图

形态特征

图6-13是卫士通（002268）2015年3月20日的筹码分布图，其形态特征可

以从以下三点分析确认：

A.满盘获利、筹码分散背离出现前，股价往往处于较明显的上涨行情。

B.满盘获利、筹码分散背离出现前，筹码必须呈明显的分散形态。

C.满盘获利、筹码分散出现前，筹码颜色必须全部变为红色。

实战案例

在接连上涨过程中，卫士通在2015年3月20日的快速上涨中，筹码分布图上的全部筹码均变为了红色，且出现了明显的分散，从而形成满盘获利、筹码分散背离。这说明，此时盘中的筹码均成了获利筹码，但筹码的分散又说明盘中存在较大的获利了结的情况，因此，投资者应在满盘获利、筹码分散背离形态出现后，一旦股价在其后的拉升中出现上行乏力时，应果断在高位卖出了结。以上说明如图6-14所示。

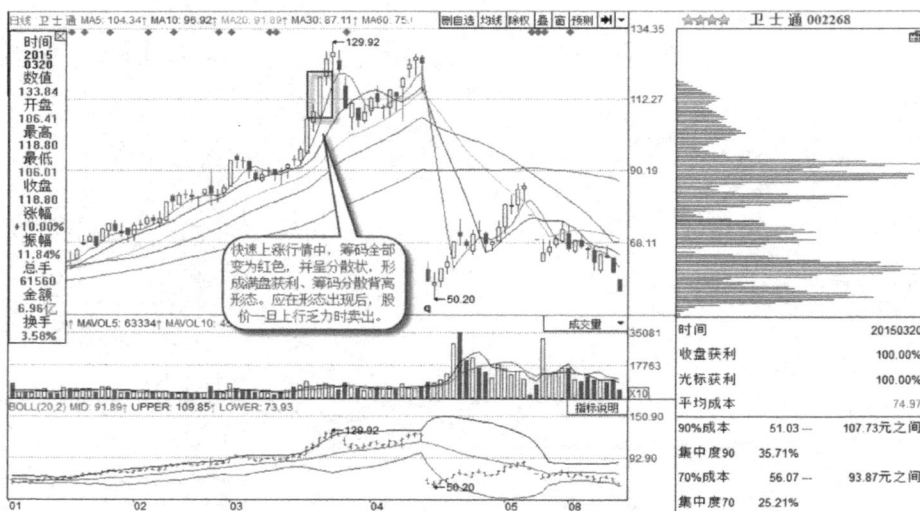

图6-14 卫士通：2015年3月20日筹码分布图

技术要领

1.满盘获利、筹码分散背离出现时，股价通常处于快速拉升期中，因此，其后的涨幅往往不会大。

2.满盘获利、筹码分散背离出现后，应在股价上冲乏力时，果断卖出股票，以免高位被套。

3.满盘获利、筹码分散背离后，往往是主力逢高出货的开始，而对于一些小盘股来说，主力这种高位出货的速度往往很快，因此应引起注意，而不能过于贪恋其后能有大行情。

6.3.2　高位单峰密集背离

高位单峰密集背离，是股价在上涨过程中，筹码不断向上移动，但上涨到一定程度时，筹码聚集在顶部区域，仍然呈单峰密集形态，似有继续上涨的意味，但此时股价却出现了滞涨与调整，筹码也开始从顶峰向下逐渐变为蓝色。这种背离，看似筹码高位不散，事实上却是主力将股价维持在高位出货所致，因此也是一种高位卖出形态。

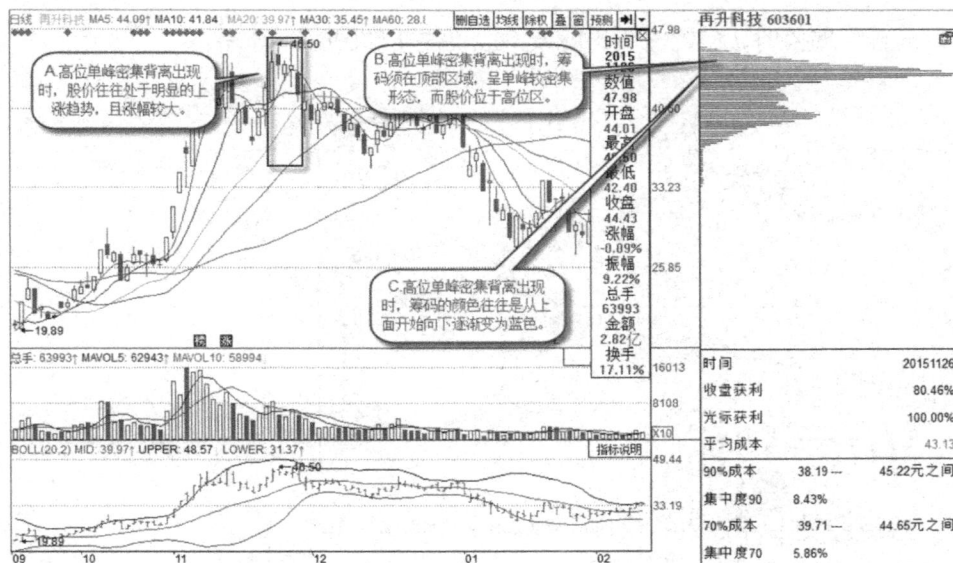

图6-15　再升科技：2015年11月26日筹码分布图

形态特征

图6-15是再升科技（603601）2015年11月26日的筹码分布图，其形态特

征可以从以下三点分析确认：

A.高位单峰密集背离出现时，股价往往处于明显的上涨趋势，且涨幅较大。

B.高位单峰密集背离出现时，筹码须在顶部区域，呈单峰较密集形态，而股价位于高位区。

C.高位单峰密集背离出现时，筹码的颜色往往是从上面开始向下逐渐变为蓝色。

实战案例

经过持续上涨后，2015年11月24日，再升科技的筹码依然在高位区呈单峰较密集形态，并且上方顶部筹码却在逐渐向下变为蓝色，形成高位单峰密集背离形态。但股价却在持续上涨，这说明主力在将股价维持于高位在出货。因此，投资者应在高位单峰密集背离形态出现后，一旦发现股价继续上冲却在无力创出新高后即开始回落时，应及时卖出股票。以上说明如图6-16所示。

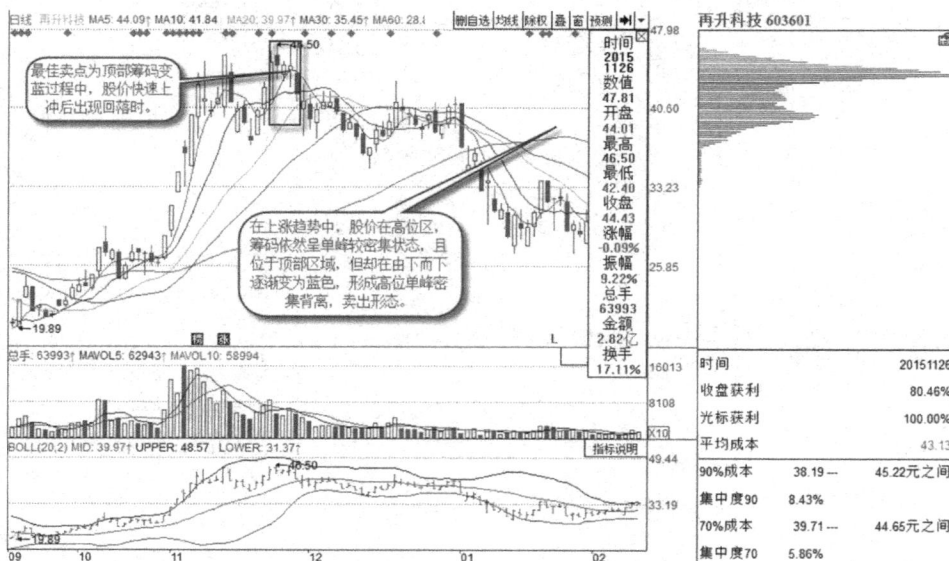

图6-16　再升科技：2015年11月26日筹码分布图

技术要领

1.高位单峰密集背离形态，只有出现在筹码分布图的顶部区域时方为趋势反转前的征兆，若是筹码此时位于中高位区时，往往行情未止。

2.高位单峰密集背离形态如果是出现在震荡行情中时，往往说明股价阶段性高点已经出现，应及时卖出股票。

3.高位单峰密集背离形态出现后，最佳卖点为：筹码在背离状态中时，一旦股价在上冲过程中无力创新高后即出现快速回落时，此时K线上往往收出较长上影线，成交量处于近期较高水平，且换手率较大。

6.3.3 股价下跌、筹码集中背离

股价下跌、筹码集中背离，是指当股价在下跌过程中，筹码在高位区却不分散，依然呈较为集中的密集状态。这种背离形态，往往是出现在股价下跌初期，说明主力仍然未实现大举出货，但此时股价往往位于高位区，也是一种趋势将转的象征，应以卖出为主。

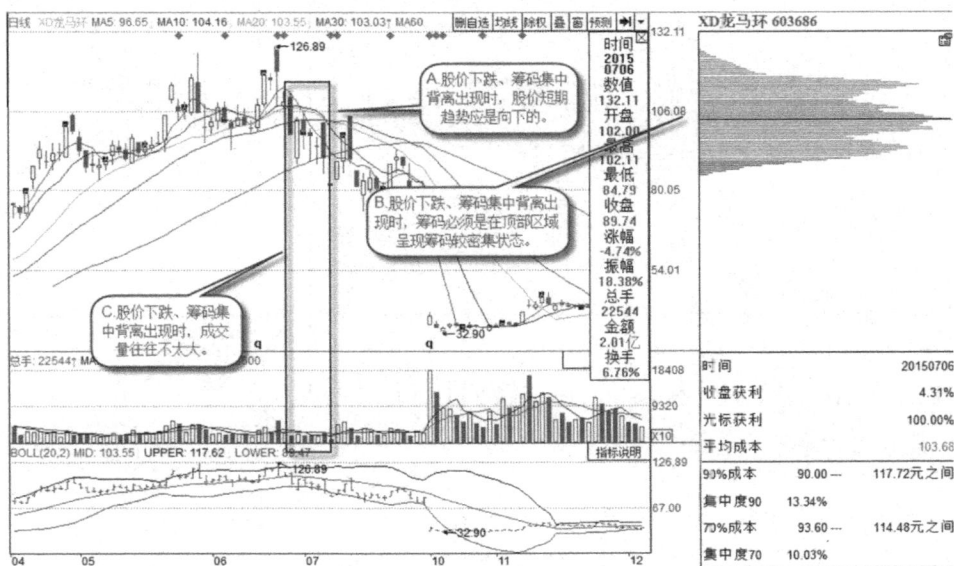

图6-17 XD龙马环：2015年7月6日筹码分布图

形态特征

图6-17是XD龙马环（603686）2015年7月6日的筹码分布图，其形态特征可以从以下三点分析确认：

A.股价下跌、筹码集中背离出现时，股价短期趋势应是向下的。

B.股价下跌、筹码集中背离出现时，筹码必须是在顶部区域呈现筹码较密集状态。

C.股价下跌、筹码集中背离出现时，成交量往往不太大。

实战案例

经过明显的上涨后，XD龙马环在2015年7月初步入高位区，并出现明显下跌调整，成交量并不大，但筹码却在顶部区域依然较为集中，从而形成股价下跌、筹码集中背离形态。这说明，主力刚刚开始出货，并未大举出货，以致成交量未放大，但顶部形态已出现，因此，投资者应当在股价下跌、筹码集中背离出现后的反弹中，发现股价反弹遇阻时及时卖出股票。以上说明如图6-18所示。

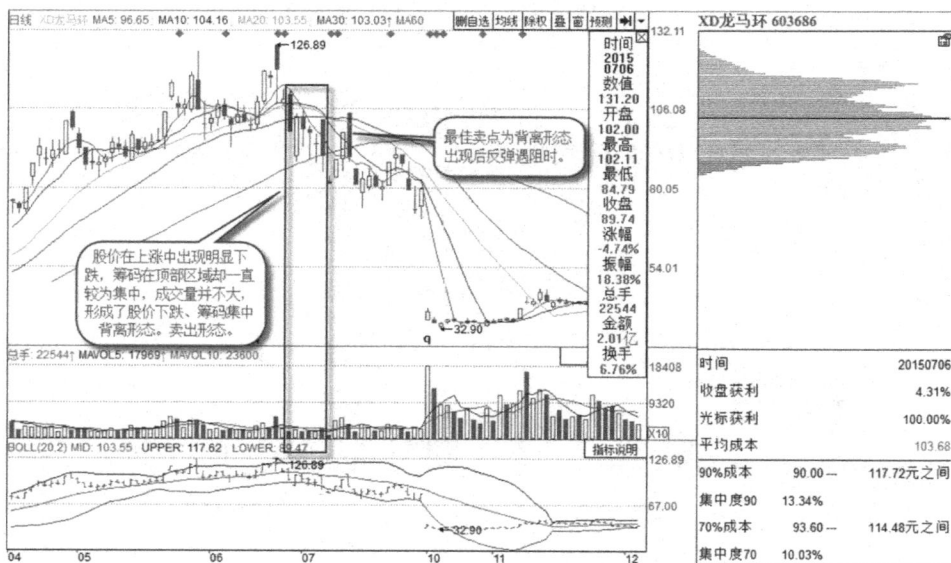

图6-18　XD龙马环：2015年7月6日筹码分布图

技术要领

1.股价下跌、筹码集中背离出现时，K线上往往会出现双顶或多重顶等形态。

2.股价下跌、筹码集中背离出现时，股价其后往往会出现反弹，因此，投资者可较从容地离场，即使是筹码在顶部区域出现全部变蓝的满盘亏损形态，但只要筹码不散，则往往反弹在即。

3.股价下跌、筹码集中背离出现时，最佳的卖点为背离形态出现后的反弹高点，一旦发现反弹上行无力时，应果断卖出股票。

第7章　分时图背离典型买卖形态

　　分时图，往往是投资者即时看盘时所离不开的，但大盘与个股的分时图却又代表着不同的意义，只有了解了这些不同，才会明白个股与大盘分时图背离时，应当如何操作；才能明白股价线与均价线背离时，应当买还是卖……而在不同的分时图背离形态之下，往往日线上同样会有不同的表现。因此，在根据分时图背离分析行情时，应当结合日线，这样才能真正看懂分时图上的背离形态。

7.1　大盘与个股分时图背离

7.1.1　指数上涨与个股下跌背离

指数上涨与股价线下跌背离，是指在分时图上，大盘指数在上涨的情况下，个股却出现了相反的下跌走势。这种大盘与个股的背离，往往说明大盘开始上涨，但个股却在逢高派发，是盘中个股一种独立行情的走势，此时应当根据个股的具体情况来判断：

（1）如果个股处于上涨初期或中期，往往是主力在反其道而行，应企稳时买入；

（2）如果个股此时处于高位区，往往表明主力在借大盘的上涨，掩护出货，应卖出。

（3）如果有重大利空的出现，也会发生这种情况，此时往往成交量急骤放大，并呈阴量，此时应远离。

（4）如果是暴跌企稳时出现，通常个股反弹的力度并不大，应另择股买入。

（5）如果是在指数及个股的高位区出现，往往是个股已先于大盘筑顶回落转势的征兆，此时应果断卖出。

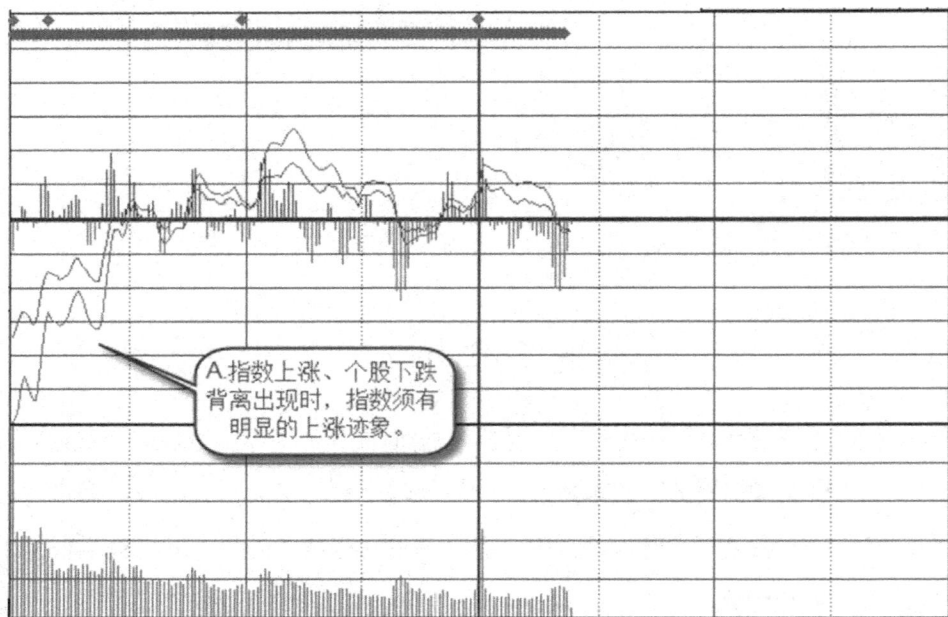

图7-1 上证指数：2016年5月20日分时图

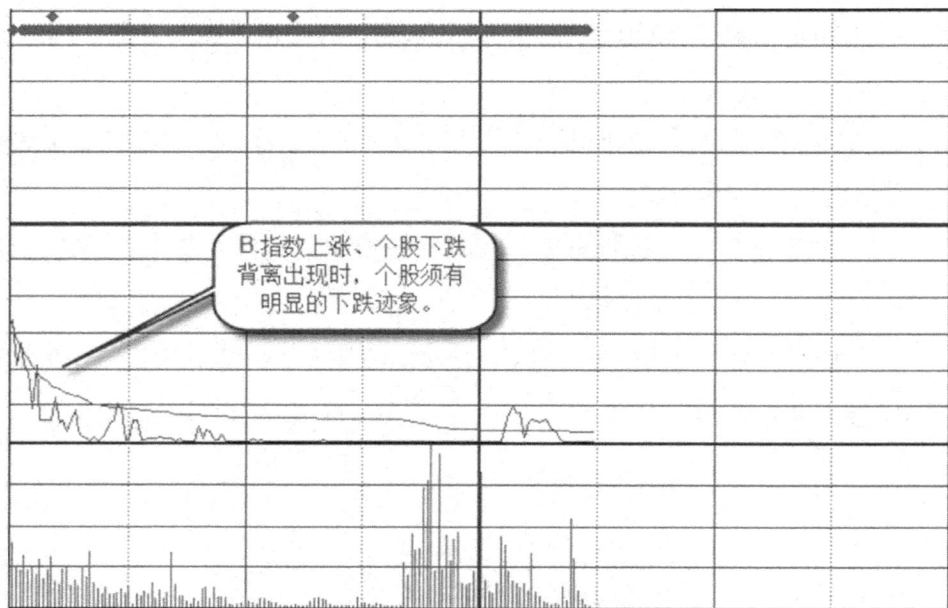

图7-2 宝鼎科技：2015年5月20日分时图

形态特征

图7-1是上证指数2016年5月20日的分时图，图7-2是宝鼎科技（002552）
2016年5月20日的分时图，其形态特征可以从以下两点分析确认：

A.指数上涨、个股下跌背离出现时，指数须有明显的上涨迹象。

B.指数上涨、个股下跌背离出现时，个股须有明显的下跌迹象。

实战案例

在2016年1月－5月的震荡行情中，上证指数于5月20日时，分时图上呈现出
低开高走的明显上涨，但盘中宝鼎科技在当日却出现了低开低走的趋势，并且很
快跌停，与大盘走势完全相反，从而形成了指数上涨、个股下跌背离。以上说明
如图7-3所示。

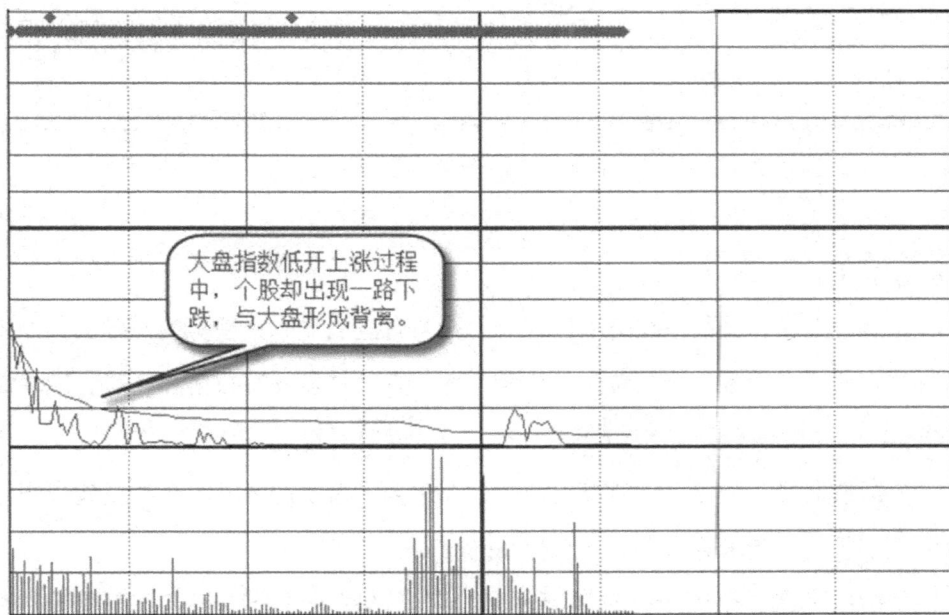

图7-3　宝鼎科技：2015年5月20日分时图

此时，在日线上，宝鼎科技正处于反弹高位，2016年5月20日呈放量下跌形
态，而大盘从2016年1月－5月期间，又一直处于震荡行情，因此，投资者应当

在背离形态出现后，果断卖出，如未能在股价快速跌停前卖出，则应在其后跌停板打开时，果断离场。以上说明如图7-4所示。

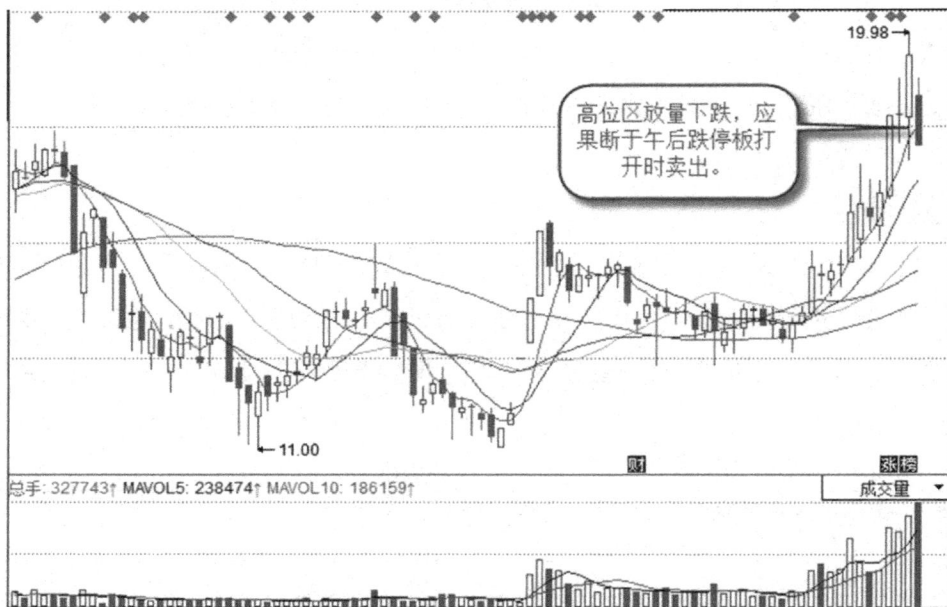

图7-4 宝鼎科技：日线图

技术要领

1.指数上涨、个股下跌背离出现时，投资者应当先以大趋势为基础去判断未来行情，如果个股是处于高位区的放量下跌，则往往意味着行情将转势，应果断离场。

2.指数上涨、个股下跌背离出现时，在综合大盘情况的同时，投资者应当结合下跌个股的日线走势来判断未来行情的演变。

3.指数上涨、个股下跌背离出现时，应当及时关注个股信息，看有无利空出现。

7.1.2 指数下跌与个股上涨背离

指数下跌与个股上涨背离，是指在分时图上，大盘指数出现了下跌，但个股分时图上却出现了上涨。这种个股与大盘的背离同样是一种独立行情，投资者可根据不同的情况来具体研判行情：

（1）如果个股日线上属于多头上涨行情时，个股将不惧大盘调整，独立于市继续上涨，是一种买入的形态。

（2）如果个股此时处于低位区时，说明个股已先大盘展开触底反弹，尤其是在暴跌的末端出现时，应果断买入。

（3）如果有重大利好出现，也会出现这种背离走势，应及时跟进。

（4）如果是指数与个股此时日线上均处于高位时，往往是个股还未完成最后的拉升，主力会继续完成拉升筑顶后，回归下跌。这种情况因大盘已破位，投资者在参与时应快进快出，或是不参与。

（5）如果是在震荡行情中出现，往往是个股拒绝了再次调整，开始拉升降，应果断买入，但此时往往个股底部形态较明显。

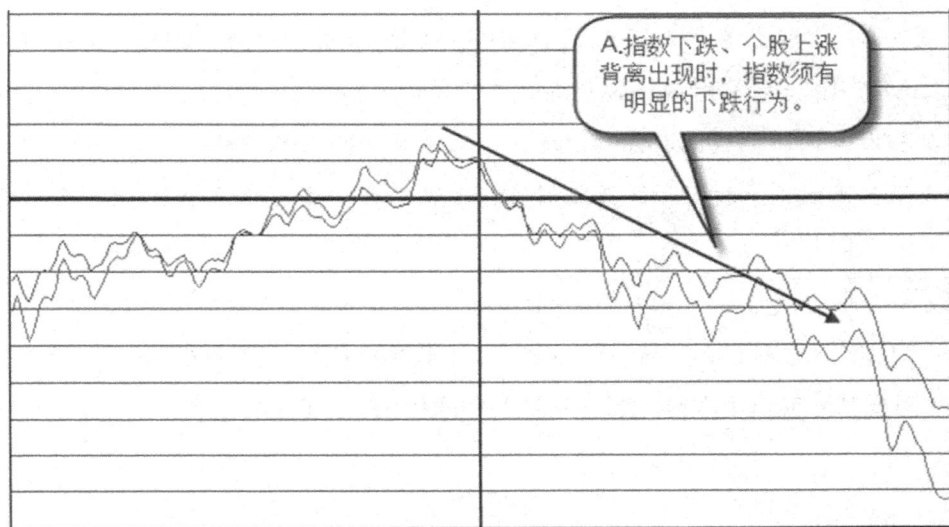

图7-5 上证指数：2016年1月21日分时图

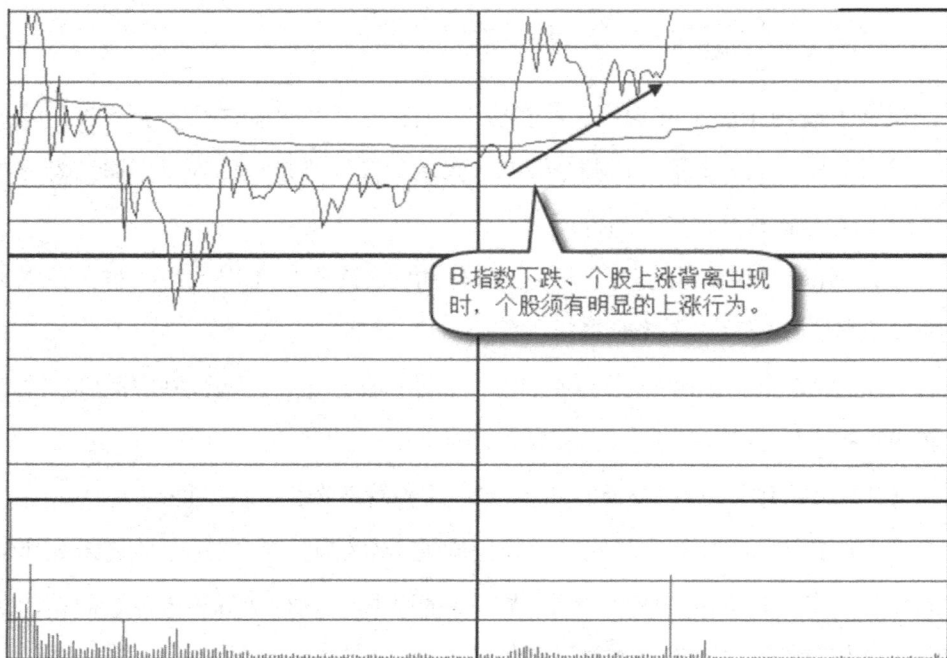

图7-6　中毅达：2016年1月21日分时图

形态特征

图7-5是上证指数2015年1月21日的分时图，图7-6是中毅达（600610）2016年1月21日的分时图，其形态特征可以从以下两点分析确认：

A.指数下跌、个股上涨背离出现时，指数须有明显的下跌行为。

B.指数下跌、个股上涨背离出现时，个股须有明显的上涨行为。

实战案例

2016年1月21日，大盘分时图上，上午收盘前及上午后开盘后，指数一直处于下跌趋势，而盘中中毅达却出现在此时间内出现了明显的上涨。以上说明如图7-7所示。

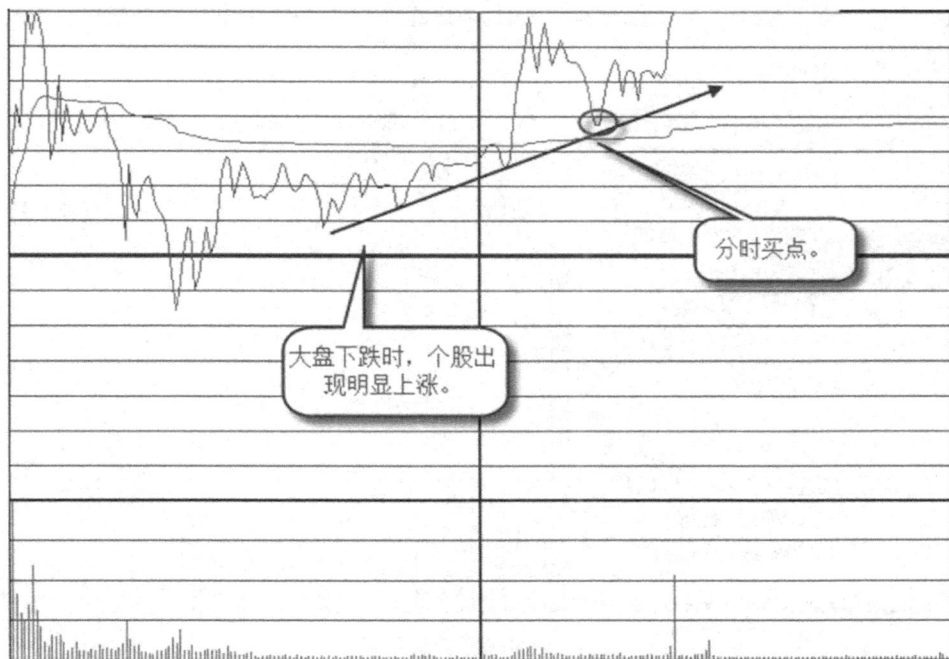

分时买点。

大盘下跌时，个股出
现明显上涨。

图7-7　中毅达：2016年1月21日分时图

　　此时，如果判断操作，应当先看一看大盘的情况，而此时大盘正处于日线
下跌中，但中毅达日线上却呈现出明显的上升趋势，呈V型反转走势，说明个股
前期已早于大盘探明短期底部，因此，投资者可果断在午后个股持续与大盘背离
时，股价下调未跌破背离出现后的低点连线时果断买入。以上说明如图7-7与图
7-8所示。

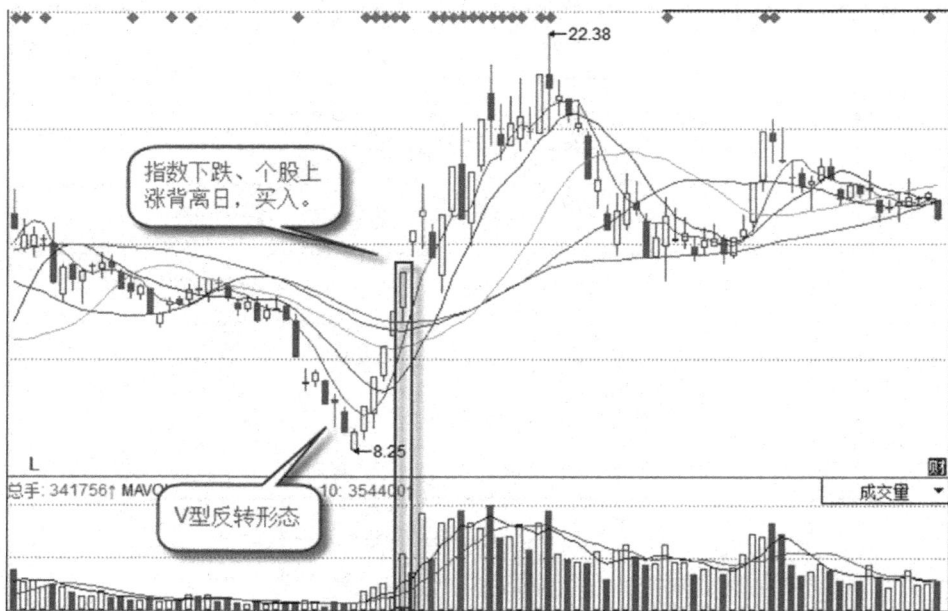

图7-8　中毅达：日线图

技术要领

1.指数下跌与个股上涨背离出现时，应当结合大盘与个股趋势来叛断行情，决定买入或卖出。

2.分时图的背离，时间往往很短，只局限于当日，因此，当指数下跌与个股上涨背离出现时，应结合更长的日线或周线，以确定此时个股的趋势，根据趋势来决定如何操作。

3.指数下跌与个股上涨背离出现时，应视不同的股票来具体操作，如是大盘权重股，则个股的上涨有可能只是一种护盘行为。

7.2 股价线与均价线背离

7.2.1 股价线上涨均价线下跌

股价线上涨均价线下跌，是指个股的分时图上，当股价线出现上涨的时候，均价线却出现了平行或下跌，从而形成分时图背离。这种现象的出现，往往意味着实际成交价是向上运行的，但代表市场状况的均价线却没有与股价同步，说明市场追高买入的意愿并不浓，因此行情即将出现转势或震荡，是一种逢高卖出的形态。

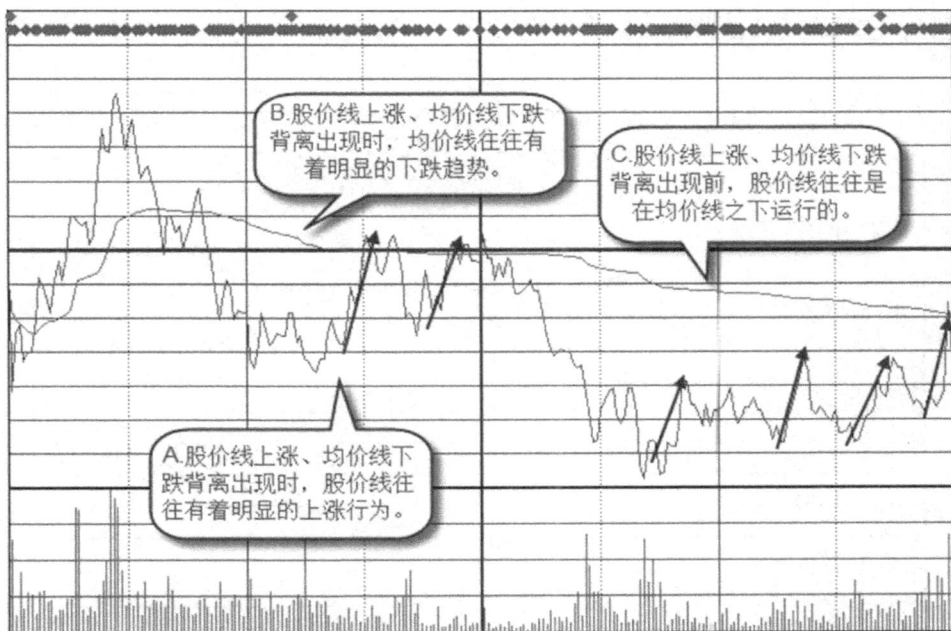

图7-9　厦门钨业：2016年5月20日分时图

形态特征

图7-9是厦门钨业（600549）2016年5月20日的分时图，其形态特征可以从以下三点分析确认：

A.股价线上涨、均价线下跌背离出现时，股价线往往有着明显的上涨行为。

B.股价线上涨、均价线下跌背离出现时，均价线往往有着明显的下跌趋势。

C.股价线上涨、均价线下跌背离出现前，股价线往往是在均价线之下运行的。

实战案例

在厦门钨业2016年5月20日分时图上，股价低开后，出现一时冲高，但随即回落，均价线开始形成向下运行，但盘中多次出现股价线的向上反弹，与均价线形成背离，尽管尾盘强势拉高再次背离，但并未改变均价线趋势，说明行情属于弱势，应采取远离的策略。以上说明如图7-10所示。

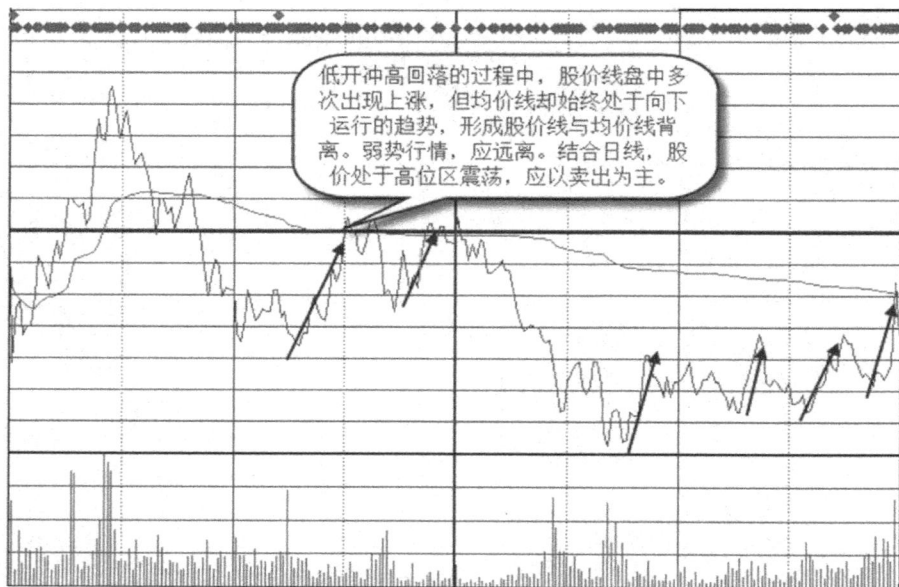

图7-10　厦门钨业：2016年5月20日分时图

如果此时再结合厦门钨业日线图就会发现，自2月初展开反弹后，至5月20日时，股价已最高涨幅达到100%，涨幅较大，而分时图的股价线与均价的背离，说明股价在高位遇到的卖压较大，因此持股者应选择卖出。

技术要领

1.股价线上涨均价线下跌背离出现时，往往是一种弱市行情的表现，说明盘中卖压较大，而跟风者较少，因此即使是日线上处于较低价位时，也应采取暂时观望，切忌盲目进场。

2.股价线上涨均价线下跌背离出现时，如果成交量较大，或是日线处于下跌趋势时，往往股价线向上的反弹上涨力度较弱，即使出现适时大幅背离，只要未改变均价线向下运行的趋势，就不可盲目买入。

3.股价线上涨均价线下跌背离出现时，投资者应当结合个股日线图综合判断行情。

7.2.2　股价线下跌均价线上涨

股价线下跌均价线上涨，是指在个股分时图上，当股价线出现下跌的时候，均价线却没有同步向上，而是选择向下或是平行。这种背离现象，表明主力在逢高出货的可能性较大，因为实际成交的情况多为散户在追高买入，但大资金却在高位处挂卖，导致均价线平行或是向下，因此往往是一种卖出形态。

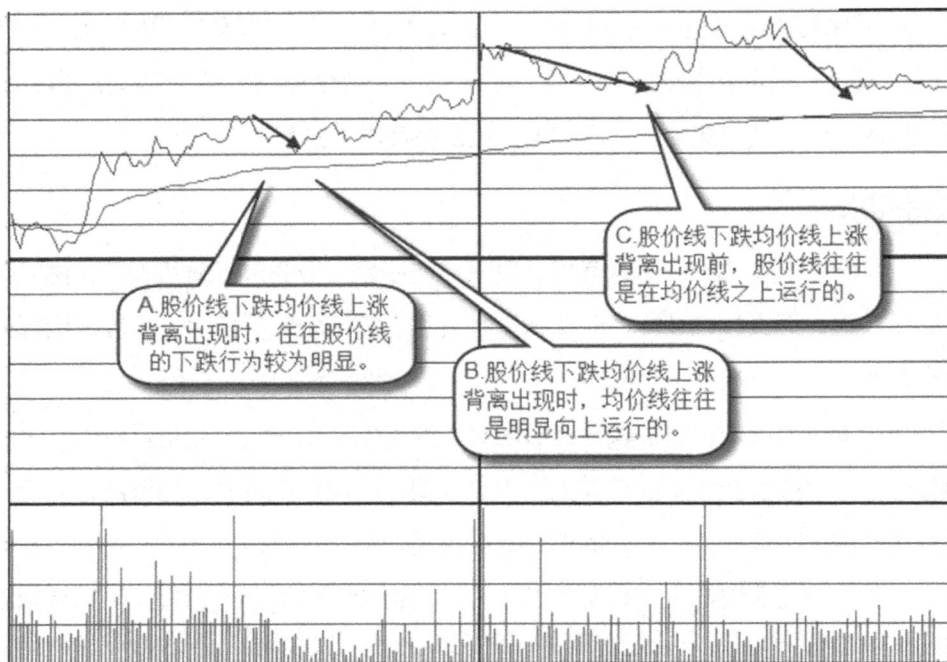

图7-11 浪潮信息：2016年3月18日分时图

形态特征

图7-11是浪潮信息（000977）2016年3月18日的分时图，其形态特征可以从以下三点分析确认：

A.股价线下跌均价线上涨背离出现时，往往股价线的下跌行为较为明显。

B.股价线下跌均价线上涨背离出现时，均价线往往是明显向上运行的。

C.股价线下跌均价线上涨背离出现前，股价线往往是在均价线之上运行的。

实战案例

在2016年3月18日分时图上，浪潮信息小幅高开后出现震荡，随即股价结即向上远离均价线向上运行，盘中多次出现股价线向下运行，而均价线却始终向上运行的情况，形成适时的背离。说明行情属于上涨行情中的小幅调整，因此，投资者可在均价线向上、股价线向下背离运行结束后，出现放量上涨时买入。以上说明如图7-12所示。

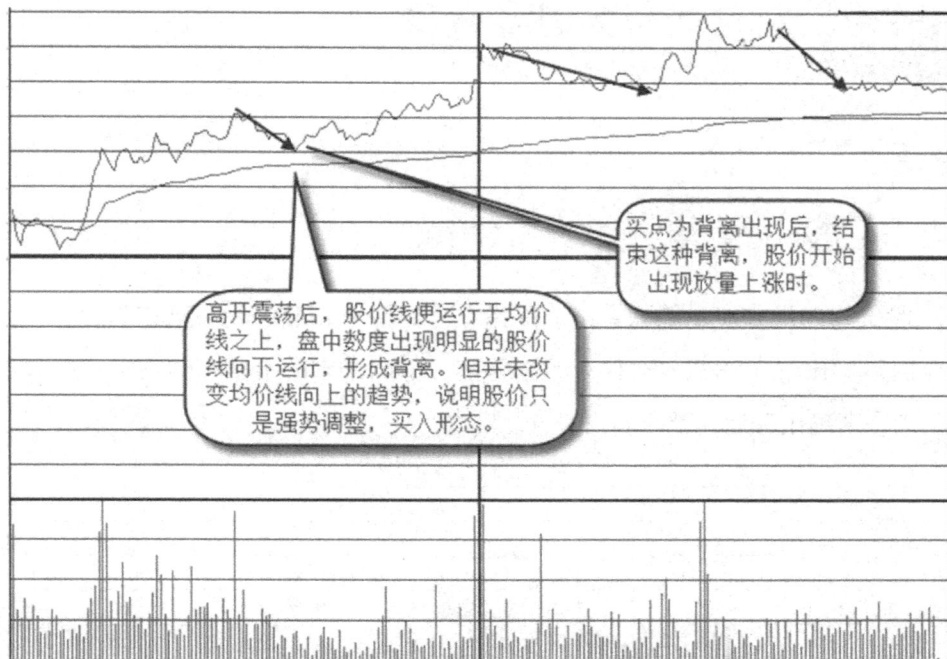

图7-12　浪潮信息：2016年3月18日分时图

技术要领

1.股价线下跌均价线上涨背离出现时，行情往往属于上涨行情中的调整行情，只要均价线向上运行的方向始终不变时，应当及时买入。买点为股价线结束背离放量上涨时，但如果股价线跌破了跌价线时，应在向上突破均价线时买入。

2.股价线下跌均价线上涨背离出现时，如果股价线在背离向下时，向下跌破了均价线，但并未改变均价线向上运行的趋势，则是主力盘中的宽幅震荡洗盘，此时不应卖出，可逢低加码买入。

3.股价线下跌均价线上涨背离出现时，若股价线的下跌，改变了均价线向上运行的方向，说明盘中出现了分歧，此时应结合日线股价的形态具体研判。

7.3 股价线与分时量背离

7.3.1 股价线向上分时量缩减

股价线向上分时量缩减背离，是指在分时图上，股价线一直在向上运行，但分时量却出现了缩减。这种分时图背离，说明未来的上涨行情难以持续，因此，应在背离出现后，及时卖出股票。

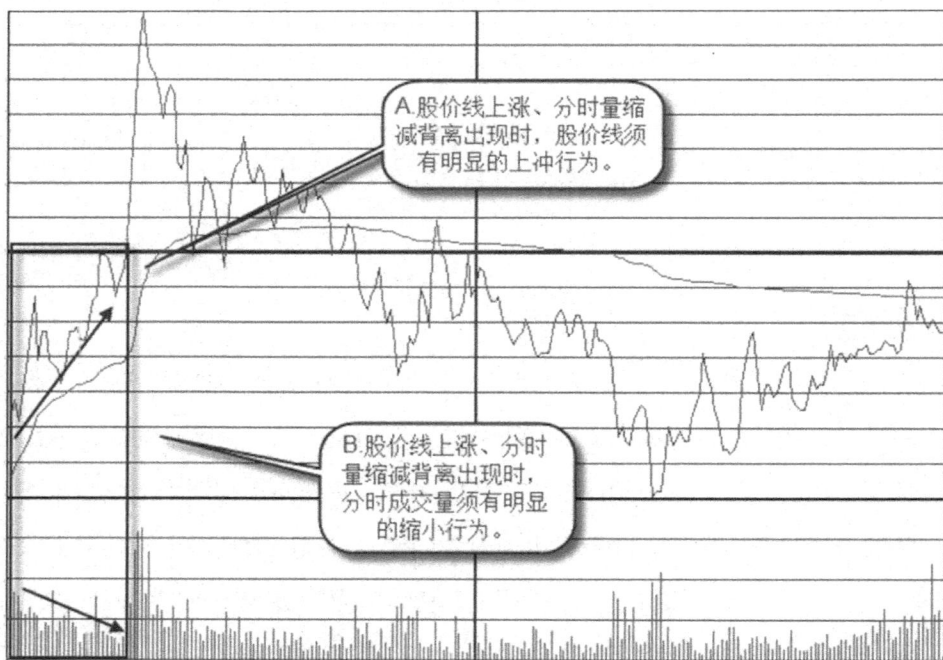

> A.股价线上涨、分时量缩减背离出现时，股价线须有明显的上冲行为。

> B.股价线上涨、分时量缩减背离出现时，分时成交量须有明显的缩小行为。

图7-13 中国软件：2016年4月6日分时图

形态特征

图7-13是中国软件（600536）2016年4月6日的分时图，其形态特征可以从以下两点分析确认：

A.股价线上涨、分时量缩减背离出现时，股价线须有明显的上冲行为。

B.股价线上涨、分时量缩减背离出现时，分时成交量须有明显的缩小行为。

实战案例

在2016年4月6日中国软件的分时图上，开盘即出现明显的股价线上涨，分时成交量却出现了缩减，形成背离。说明这种上涨只是短时的低位冲高行为，即使其后出现放量上涨，也因量过大，难以持续，因此，行情为震荡走低的趋势，应逢高卖出股票。以上说明如图7-14所示。

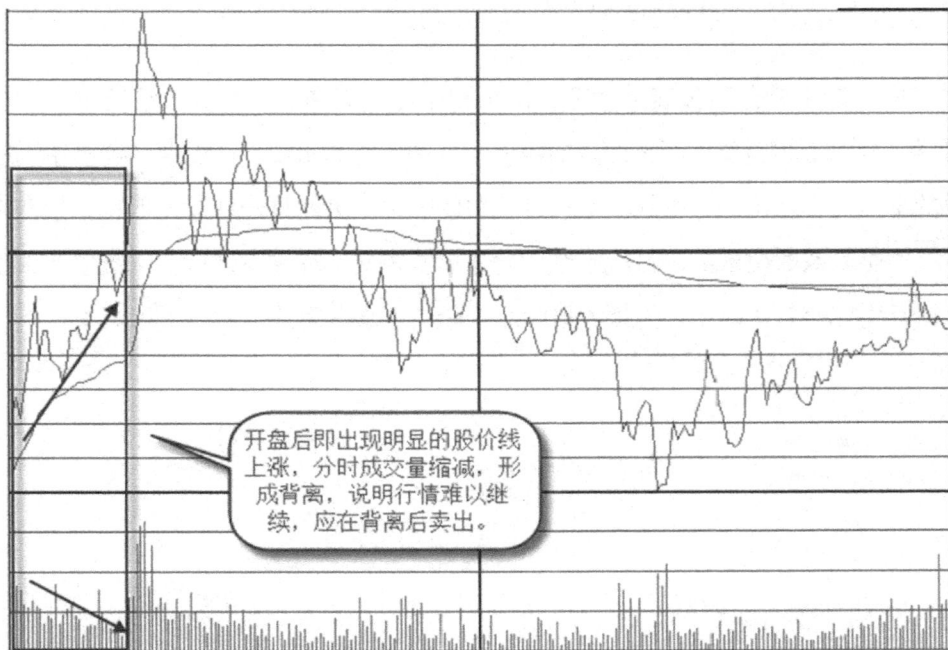

图7-14 中国软件：2016年4月6日分时图

如果再结合日线图观察，会发现，此时股价处于震荡走高中，说明股价此时已无力上冲，阶段性高点已经到来，同样应当逢高卖出。

技术要领

1.股价线向上分时量缩减背离出现时，只能观察到当日的股价走势，实战中应结合日线的具体情况来分析研判。

2.股价线向上分时量缩减背离出现时，如果日线趋势为上涨，往往说明分时图上的这种背离是会出现持续上涨的，因此，分时量缩减与股价线上涨出现后，往往会伴随着持续的放量行为。

3.股价线向上分时量缩减背离出现时，如果其后的放量无法持续，则表明日线上往往处于低位震荡行情，也就是阶段性顶部已经到来，后续出现的放量上涨往往会放出大量，并且时间较短，此时应逢高卖出。

7.3.2 股价线下跌分时量缩减

股价线下跌分时量缩减背离，是指在个股分时图上，当股价线向下运行的时候，分时量却出现了同步缩减的状态。这种背离的出现，往往意味着盘中因股价的下跌而卖盘出现了萎缩，是一种止跌的表现，因此是一种买入形态。但在暴跌或震荡阴跌时出现的股价线下跌分时量缩减背离，往往下跌行情将继续，由于此时盘中成交量本就小，无须大量即可令股价下跌，因此，此时不可买入。

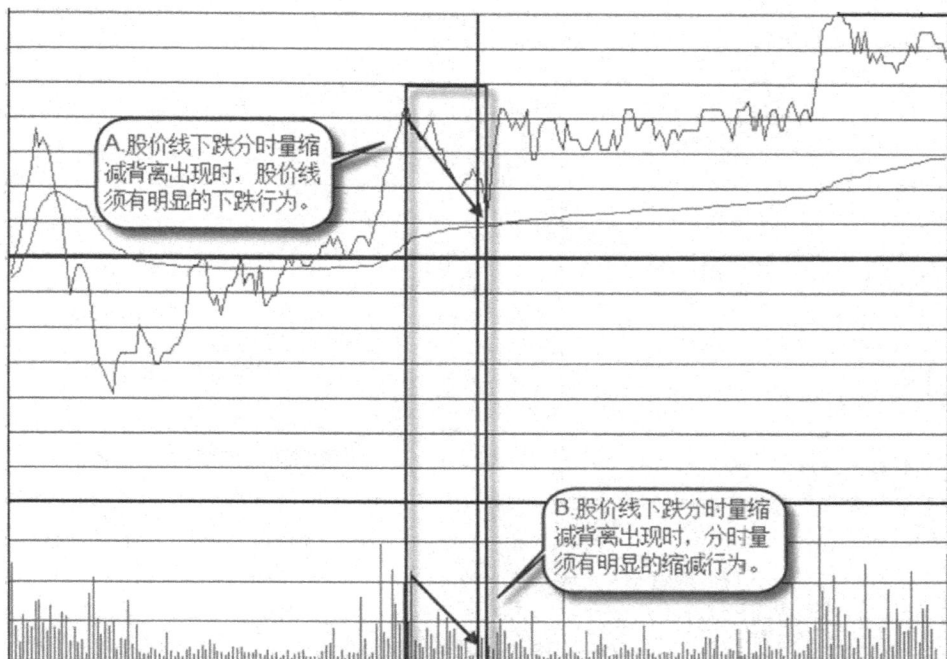

图7-15　万泽股份：2015年3月20日分时图

形态特征

图7-15是万泽股份（000534）2015年3月20日的分时图，其形态特征可以从以下两点分析确认：

A.股价线下跌分时量缩减背离出现时，股价线须有明显的下跌行为。

B.股价线下跌分时量缩减背离出现时，分时量须有明显的缩减行为。

实战案例

2015年3月，万泽股份趋势上处于明显的多头排列格局，但在3月20日时，分时图上却出现适时的股价线向下运行，同时分时量出现了缩减，形成均价线与分时量的背离。因此时万泽股份日线上呈上涨趋势，分时图上的均价线也处于向上运行，说明这种股价线与分时量的背离，仅仅只是上涨过程中的调整，因此，投资者可在背离调整结束股价线继续向上运行时买入。以上说明如图7-16所示。

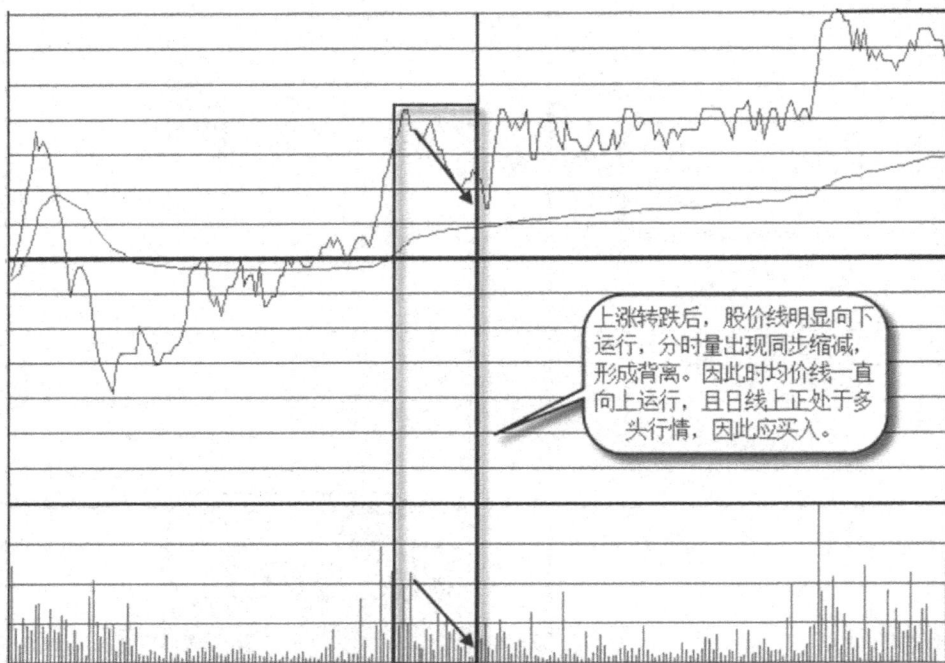

图7-16　万泽股份：2015年3月20日分时图

技术要领

1.股价线下跌分时量缩减背离出现时，投资者应首先查看其日线图，在确认个股大跌势的前提下，再去分析盘中演变。

2.股价线下跌分时量缩减背离出现时，如果日线是上涨趋势中的调整行情，此时分时图上的均价线往往呈向上运行。

3.股价线下跌分时量缩减背离出现时，如果日线上是暴跌行情或是震荡行情，此时分时图上的均价线往往是向下运行的，投资者应当暂时远离，待股价出现放阳量上涨时再买入。

7.3.3　股价线横盘分时量放量

股价线横盘分时量放量背离，是指在分时图上，当股价线出现横盘震荡的走势时，分时量却突然出现了放大的情况。这种分时量与均价线的背离，有两种情况：

（1）放大的分时量为阴量时，说明盘中涌现出了许多卖盘，此时应远离观望。

（2）放大的分时量为阳量时，说明盘中突然涌现了许多买盘，后市往往会出现上涨，因此应在持续放量时买入。

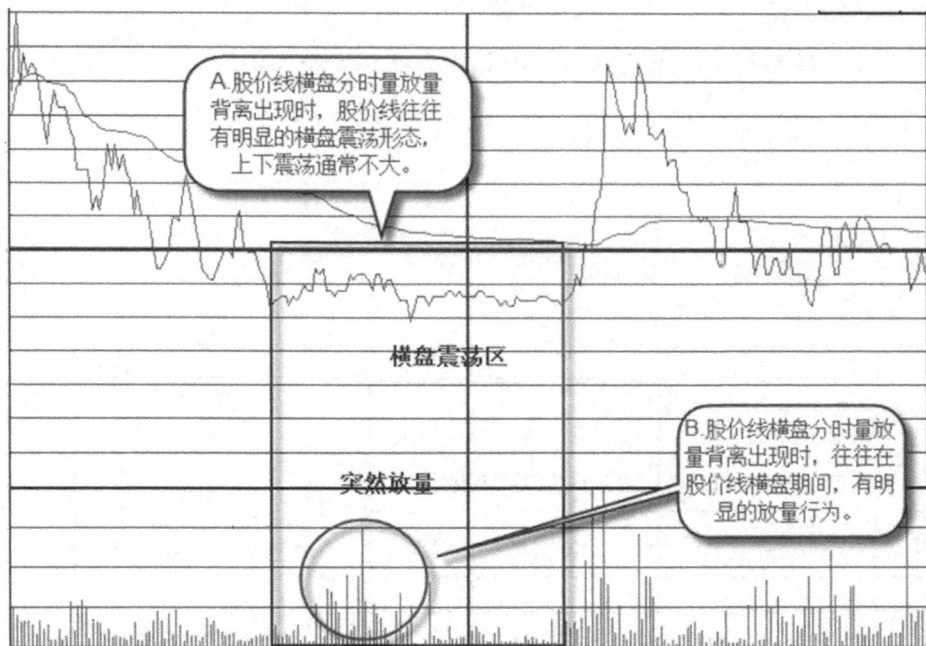

图7-17 现代制药：2016年4月19日分时图

形态特征

图7-17是现代制药（600420）2016年4月19日的分时图，其形态特征可以从以下两点分析确认：

A.股价线横盘分时量放量背离出现时，股价线往往有明显的横盘震荡形态，上下震荡通常不大。

B.股价线横盘分时量放量背离出现时，往往在股价线横盘期间，有明显的放量行为。

实战案例

在2016年4月19日现代制药分时图上，股价开盘后即出现一路下跌，其后成交量缩减后止跌，出现横盘震荡整理，而后突然分时量放大，形成股价线横盘与分时量放量背离，但因盘中放出的是阴量，这说明，股价在经历开盘的一路下跌后，在横盘震荡整理期间，仍然有大量卖盘出现，因此，再结合日线会发现，股价此时处于震荡下跌走势，所以即使是分时图上背离结束后出现放量上涨，也是一种短线拉高行为，不会持久，因此应当在其后拉高中卖出。以上说明如图7-18所示。

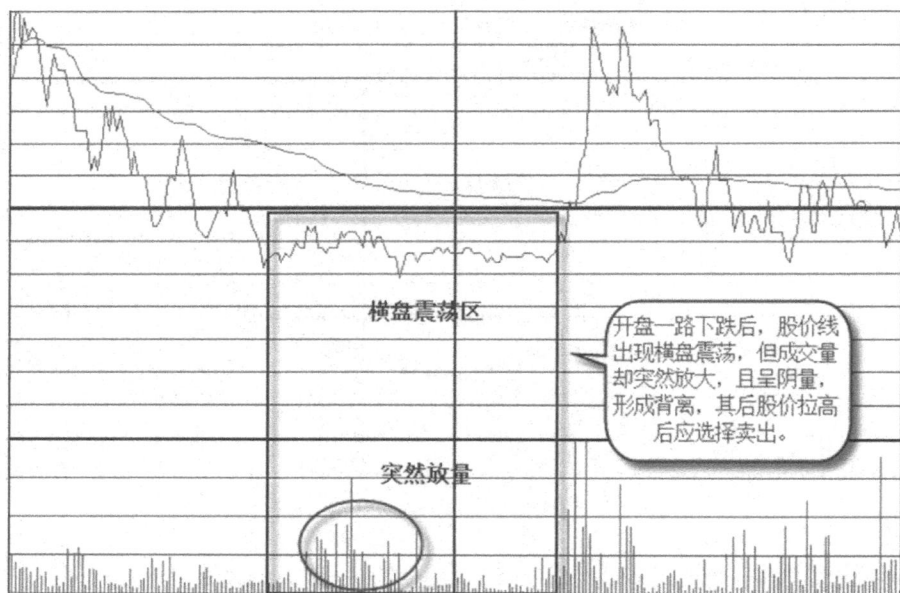

图7-18　现代制药：2016年4月19日分时图

技术要领

1.股价线横盘分时量放量背离出现时，应当首先从日线看清股票当前的趋势，这样才能在大趋势中把握好分时图上的小趋势。

2.股价线横盘分时量放量背离出现时，如果日线上是下跌形态，往往分时图上会出现震荡走低后或直接低开后横盘震荡，这往往是一种弱势的表现，尤其上股价线横盘放阴量，后市看跌。

　　3.股价线横盘分时量放量背离出现时，如果日线上呈上涨趋势，分时图上此时的股价线低位横盘整理时，往往放出的是阳量，其后股价一旦回升时，应当买入。如果是股价线横盘期间放出阴量，说明盘中调整尚未结束，应观望，发现企稳时再买入。

7.4 分时图底背离买入形态

7.4.1 均价线与股价线底背离

均价线与均价线底背离，是指在分时图上，当股价线出现向下运行时，均价线却并没有出现向下运行，而是一直处于向上运行的状态。但在判断行情时，由于分时图在判断行情时，只限于当日，所以投资者应当在日线的基础上对分时图进行分析。因此，只有日线上股价已处于较低位置时，如果分时图上多次出现均价线与股价线的底背离，则表明股价已见到短期的底部，此时方可大胆买入。

形态特征

图7-19是恩华药业（002262）2016年3月1日的分时图，其形态特征可以从以下三点分析确认：

A.均价线与股价线底背离出现时，均价线须呈明显的向上运行的趋势。

B.均价线与股价线底背离出现时，股价线须呈明显的向下运行的趋势。

C.均价线与股价线底背离出现前，股价线须在均价线之上运行。

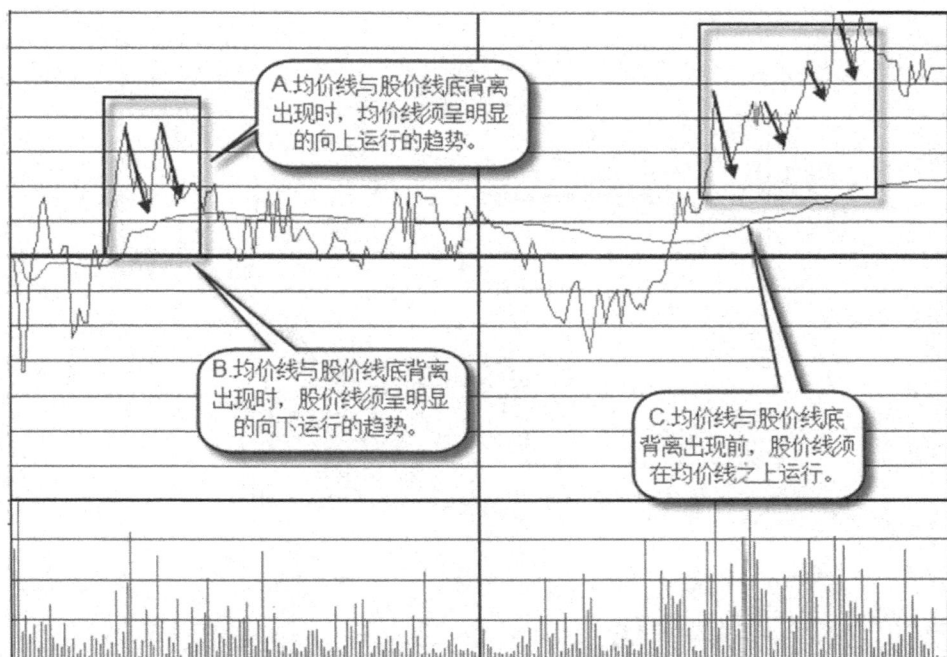

A.均价线与股价线底背离出现时，均价线须呈明显的向上运行的趋势。

B.均价线与股价线底背离出现时，股价线须呈明显的向下运行的趋势。

C.均价线与股价线底背离出现前，股价线须在均价线之上运行。

图7-19 恩华药业：2016年3月1日分时图

实战案例

在2016年3月1日恩华药业分时图上，在开盘后及午后盘中，多次出现股价线在均价线上方突然拐头向下运行，而均价线却始终向上运行，形成多次均价线与股价线底背离。以上说明如图7-20所示。

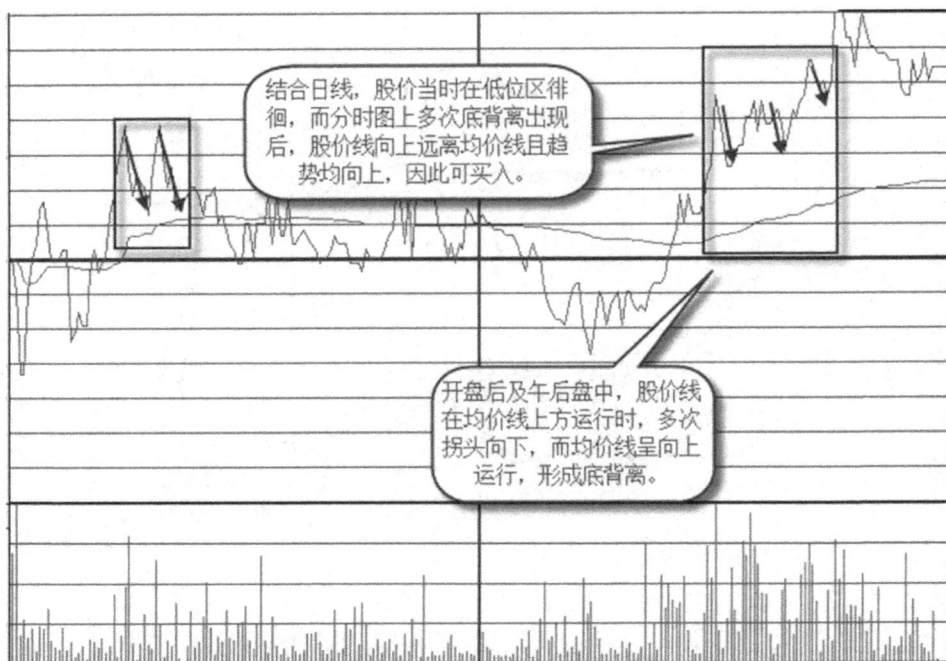

图7-20　恩华药业：2016年3月1日分时图

此时，再观察恩华药业的日线图就会发现，日线上股价正处于下跌后的低位区，分时图上出现均价线与股价线的底背离，且股价线在与均价线底背离后的午后，均发生在向上远离均价线的情况，说明股价在低位买盘很大，因此，说明股价已短线企稳，应买入。

技术要领

1.均价线与股价线底背离出现时，应当结合日线图来判断行情演变。

2.均价线与股价线底背离出现时，如果日线上股价位于低位区时，往往分时图上均价线须最终为始终向上运行的形态，且股价线与均价线底背离发生时，股价线是向上远离、底背离发生后，股价线并未向下触及到均价线方可买入。

3.均价线与股价线底背离出现时，如果股价线与均价线发生底背离后，向下多次跌破了均价线，其后并未恢复在均价线之上向上远离运行时，说明行情仍属震荡行情，此时应观望。

7.4.2　均价线与分时量底背离

　　股价线与分时量底背离，是指在分时图上，当均价线向下跌的时候，分时量却出现了不减反增的情况，而股价线却出现了较大幅度的下跌，与均价线拉开了较大距离。这往往说明，主力是在借大单打压股价，因此这种均价线与分时量的背离出现在日线上涨趋势中时，往往是主力在洗盘，尤其是急跌的出现，是一种强烈买入的形态。如果是出现在日线下跌势里时，则是短线即将出现反弹的征兆，可在随后的反弹进口货逢高卖出。

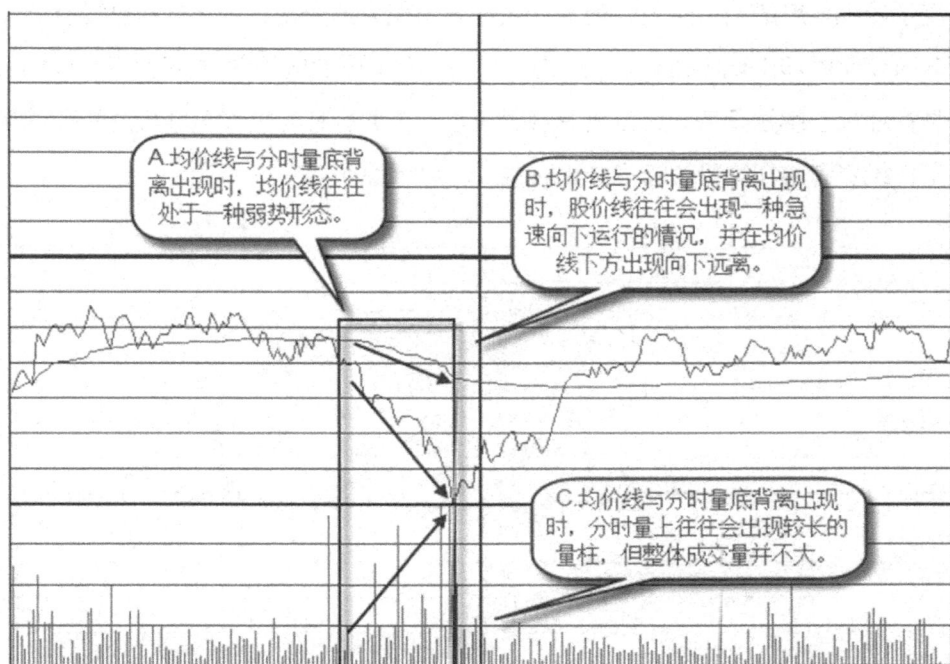

图7-21　五粮液：2016年3月9日分时图

形态特征

　　图7-21是五粮液（000858）2016年3月9日的分时图，其形态特征可以从以下三点分析确认：

　　A.均价线与分时量底背离出现时，均价线往往处于一种弱势形态。

B.均价线与分时量底背离出现时，股价线往往会出现一种急速向下运行的情况，并在均价线下方出现向下远离。

C.均价线与分时量底背离出现时，分时量上往往会出现较长的量柱，但整体成交量并不大。

实战案例

在日线上，五粮液自2月底创出新低后，3月开始出现反弹，但在3月9日的分时图上，均价线与股价线却出现了弱势调整，并且在午间收盘前，股价线突然出现了较大幅度的向下运行，但均价线却未出现大的变化，依然处于盘整状态，而分时量此时却出现了数根较长的量柱，形成了均价线与分时量底背离。说明主力是在经过连续拉升后，在以大单短时洗盘。因此，在均价线盘整形态不变的情况下，投资者应在均价线探底止稳时买入。以上说明如图7-22所示。

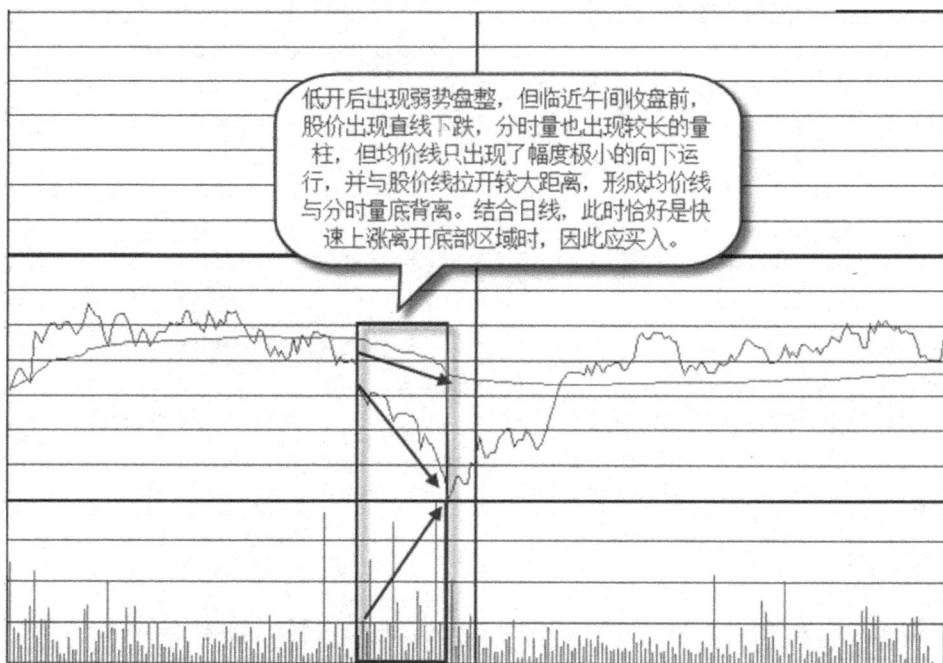

图7-22　五粮液：2016年3月9日分时图

技术要领

1.均价线与分时量底背离出现时，投资者应当结合日线观察，在判定大趋势后再决定如何操作。

2.均价线与分时量底背离出现时，只有日线上处于上涨初、中期时才是较好的买入形态；若是在高位区出现，极有可能是变盘前的假背离。

3.均价线与分时量底背离出现时，股价线向下急跌时，短时跌幅越大，则后市反转的力度往往越强。但如果是此时分时量较大，是长量柱伴着许多小量柱时，应谨慎变盘的发生。因此，稳健型投资者应在其后股价出现明显的放量回升时买入。

7.5 分时图顶背离卖出形态

7.5.1 均价线与股价线顶背离

均价线与股价线顶背离，是指在分时图上，当均价线在向下运行的过程中，股价线却出现了向上运行的情况。这种情况的出现，说明主力在一边向下卖出股票的同时，一边又在不断维持股价的上涨，因此是主力出货时的表现，也是一种卖出形态。

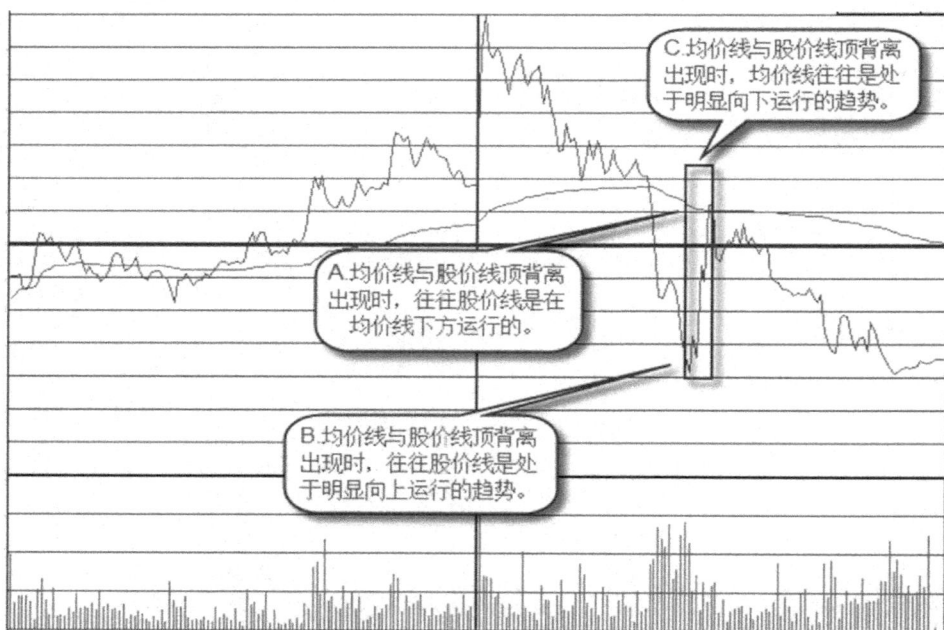

图7-23　和顺电气：2016年5月4日分时图

形态特征

图7-23是和顺电气（300141）2016年5月4日的分时图，其形态特征可以从以下三点分析确认：

A.均价线与股价线顶背离出现时，往往股价线是在均价线下方运行的。

B.均价线与股价线顶背离出现时，往往股价线是处于明显向上运行的趋势。

C.均价线与股价线顶背离出现时，均价线往往是处于明显向下运行的趋势。

实战案例

在日线上，和顺电气在接连上涨中，2016年5月4日开盘后创出新高，但其后即出现了快速回落，并在回落的过程中，分时图上显示，股价线在跌到均价线之下后，突然出现了一波快速向上运行，而此时均价线却明显是在向下运行的，从而形成均价线与股价线背离形态。综合日线，此时股价已位于高位区，因此，均价线与股价线线的顶背离，说明股价其后会出现遇顶回落，应当在股价线与均价线顶背离冲高的高点及时卖出股票。以上说明如图2-24所示。

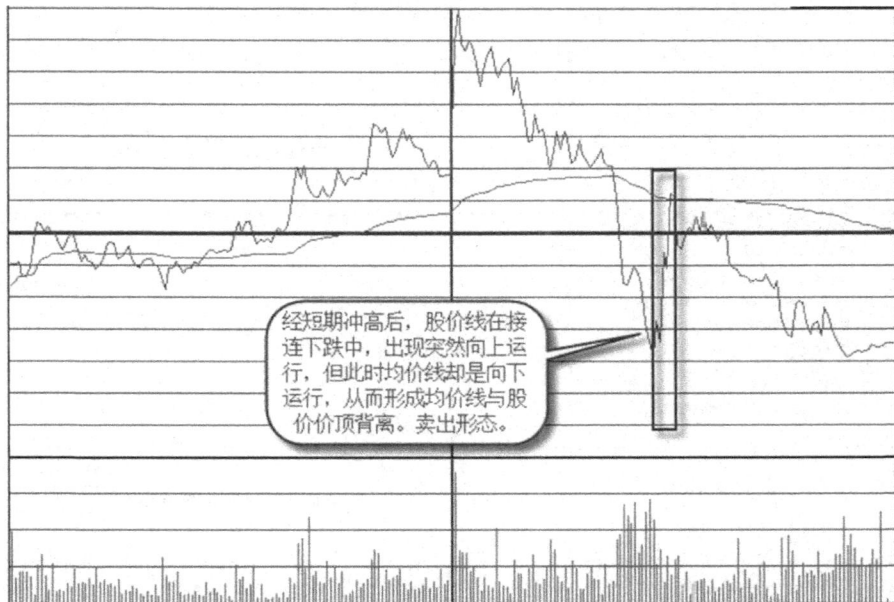

图7-24　和顺电气：2016年5月4日分时图

技术要领

1.均价线与股价线顶背离出现时，应当结合日线上股价所处的位置来综合研判。

2.均价线与股价线顶背离出现时，如果日线上是处于上涨多时的行情，且有了较大涨幅时，或是震荡反弹行情中时，应果断卖出股票。

3.均价线与股价线顶背离出现时，如果日线上处于下跌行情中时，往往说明行情会继续加速下跌，因此也应当卖出远离。

7.5.2 均价线与分时量顶背离

均价线与分时量顶背离，是指当均价线在向上运行的过程中，在分时图上，分时成交量却出现了阴量柱突然放大的情况。而正常的情况是，股价上涨时分时量同步放大，股价下跌调整时分时量缩小。所以分时图上均价线向上运行而分时量上却出现阴量放大，是一种分时图上的量价背离形态，也是一种卖出形态，说明股价冲高后卖盘没有减少，反而开始增大。

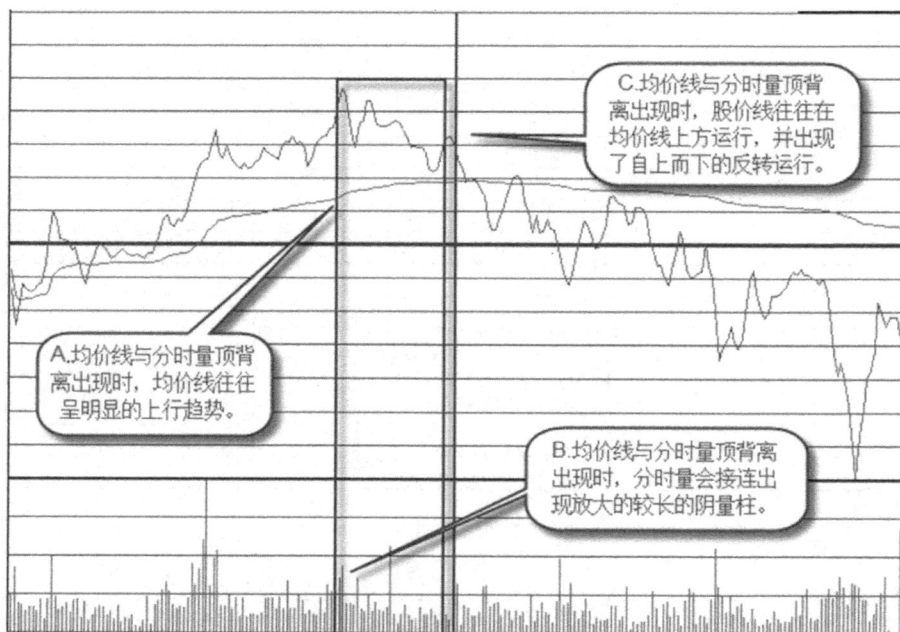

图7-25　楚江新材：2015年11月27日分时图

形态特征

图7-25是楚江新材（002171）2015年11月27日的分时图，其形态特征可以从以下三点分析确认：

A.均价线与分时量顶背离出现时，均价线往往呈明显的上行趋势。

B.均价线与分时量顶背离出现时，分时量会接连出现放大的较长的阴量柱。

C.均价线与分时量顶背离出现时，股价线往往在均价线上方运行，并出现了自上而下的反转运行。

实战案例

日线上，楚江新材经9月下旬开始的上涨后，至11月底时股价实现了翻番，但在11月27日时，分时图上却显示，股价在开盘后的上涨中，一经创出25.98元的新高后，即开始出现下跌，分时成交量也出现了较长的阴线柱，股价线一路拐头向下，但均价线却依然保持着向上运行的趋势，形成了均价线与分时量的顶背离。因此时日线上股价短期涨幅较大，加上分时图上出现了均价线与分时量的顶背离，说明趋势将发生反转向下，因此，应在均价线与分时量出现顶背离时，及时卖出股票。以上说明如图7-26所示。

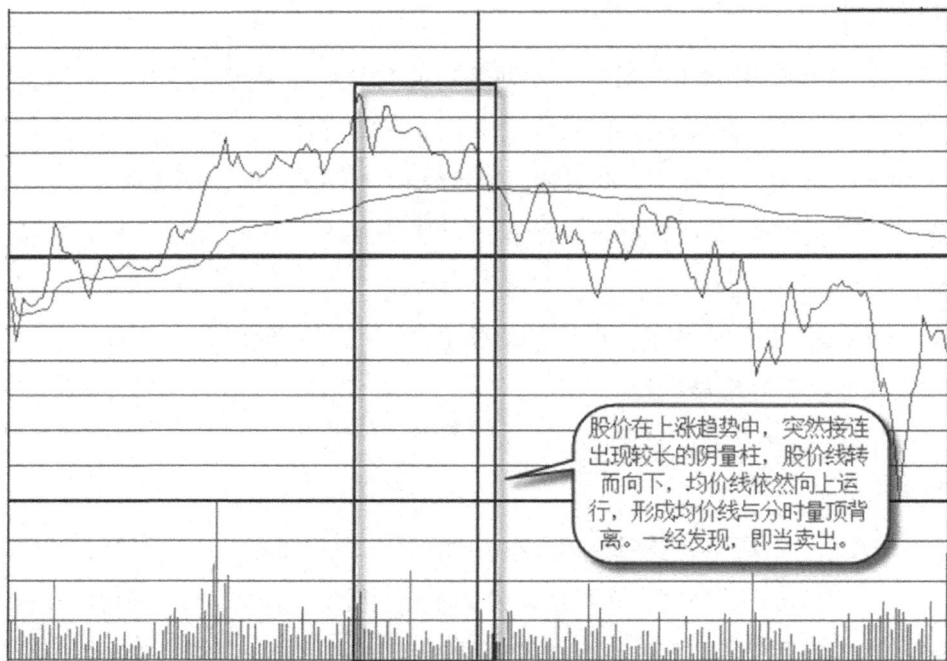

图7-26　楚江新材：2015年11月27日分时图

技术要领

1.均价线与分时量顶背离出现时，投资者应当结合日线趋势来判断大行情中的小行情演变。

2.均价线与分时量顶背离出现时，如果日线上股价正处于高位区，则往往意味着趋势即将反转向下，而分时图上在顶背离出现后，股价也会在阴量的持续增多中持续下跌。

3.均价线与分时量顶背离出现时，如果日线上处于震荡整理行情，则是阶段性高点到来时的征兆，因此也当以卖出为主。

第8章
MACD指标背离典型买卖形态

MACD指标是投资者在操作中经常使用的一种指标，尤其是在判断波段趋势演变时，MACD往往有着较为离奇的效果。同样，MACD指标背离时，也有着许多经典的形态，以及对后市行情的影响，比如MACD顶背离。许多K线形态出现后，如果MACD指标发出了某种背离的信号，往往就会成为可信的买入与卖出形态。但是，要想玩转MACD指标背离，就要明白有哪些MACD背离形态会影响趋势转变。

8.1 MACD底背离类型及买卖点

8.1.1 MACD波谷底背离

MACD波谷底背离，是指，当股价处于空头趋势中时，DIFF出现了向下后再向上的运行，从而形成了一个明显凹下去的"波谷"。正常的情况时，此时DEA线也应当与DIFF线呈现同步的状态。如果此时DEA线出现了走平或向上的趋势，就是MACD波谷出现了底背离。而通常，MACD出现波谷底背离时，成交量应当是放大的。

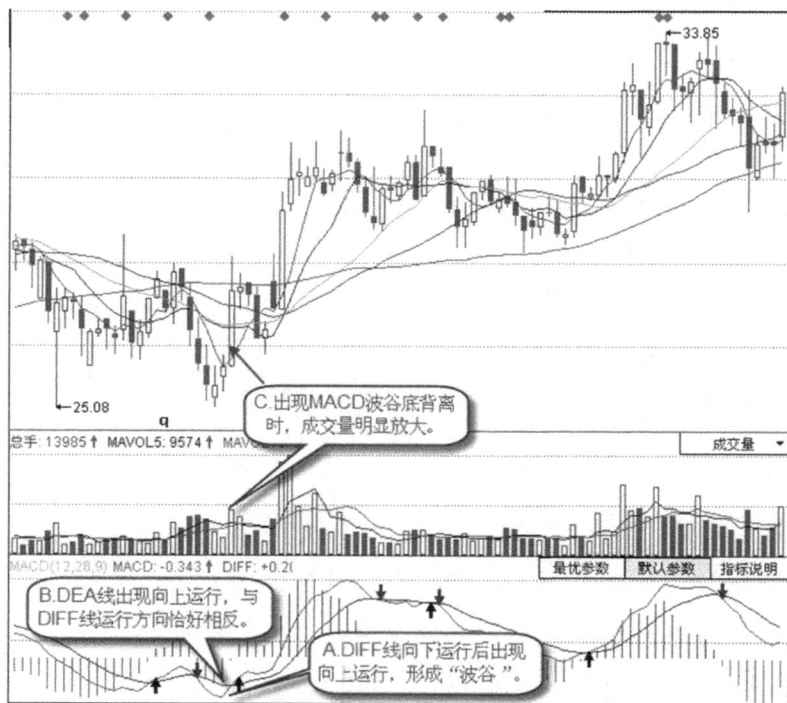

图8-1 豪迈科技：2013年6月：11月的日线图

形态特征

图8-1是豪迈科技（002595）的日线图，其形态特征可以从以下三点分析确认：

A.DIFF线向下运行后出现向上运行，形成"波谷"。

B.DEA线出现向下运行的趋势，与DIFF线运行方向恰好相反。

C.出现MACD波谷底背离时，成交量明显放大。

实战案例

豪迈科技在2013年7月18日－23日时，DIFF线一直处于向下运行，此时DEA线也一直处于同步向下的运行，可到了7月24日时，DIFF线突然出现了拐头向上的运行，并出现了一个"波谷"，而此时的DEA线却未能做出反应，依然呈向下渐趋走平的趋势，与DIFF线的运行出现了背离，而此时从日线图上可以明显看出，2013年7月24日时的成交量是明显放大的，成交了1.2万手，与上一个交易日的4 437手相比，成交量接近翻了3倍，因此，成为投资者买入股票的良机，因为这种情况出现后，股价往往会走出底部，出现趋势性反转。以上说明如图8-2所示。

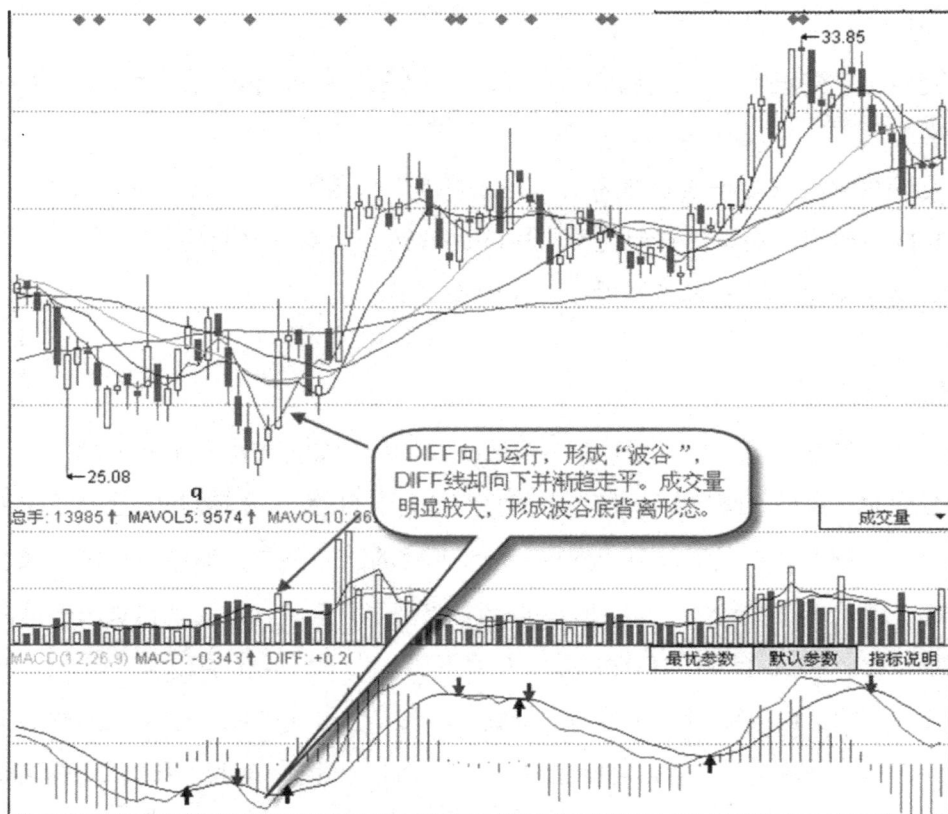

图8-2 豪迈科技：日线图

技术要领

1.投资者在判断波谷底背离时，通常当时的趋势都是震荡下跌的空头排列，单边上涨行情中出现的MACD波谷底背离时，也均是上涨中的调整行情。

2.当MACD波谷底背离出现时，往往成交量会出现明显的放大，如果当日成交量未能在背离发生时放大，则后市继续震荡调整的可能性较大。

3.通常，股价在下跌趋势中出现的底背离往往不会出现一次，只有多次出现波谷底背离时，可信度更好，但如果成交量此时能有效放大，背离当日即成为最佳买点，其后也会发生趋势性的转变。

8.1.2　MACD死叉底背离

　　MACD死叉底背离是指，当股价在震荡下跌中，突然出现了DIFF线向下与DEA线的死叉，其后DIFF线线均出现了向下运行，但是股价此时却在MACD死叉出现后呈现了向上的运行趋势，刚好与DIFF线与DEA线的走势呈现出一种相反的运行方向，这种形态就叫作MACD死叉底背离。

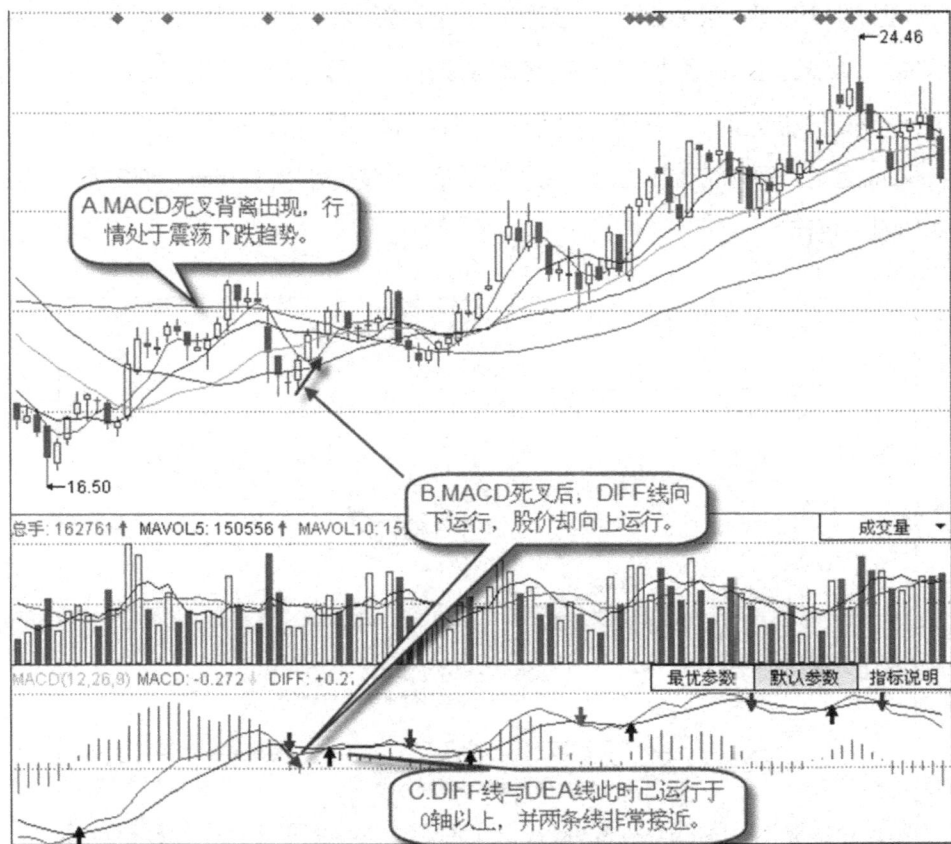

A.MACD死叉背离出现，行情处于震荡下跌趋势。

B.MACD死叉后，DIFF线向下运行，股价却向上运行。

C.DIFF线与DEA线此时已运行于0轴以上，并两条线非常接近。

图8-3　远光软件：2014年7月–11月的日线图

形态特征

　　图8-3是远光软件的日线图，其形态特征可以从以下三点分析确认：

　　A.MACD死叉背离出现前，行情处于震荡下跌趋势。

B.MACD死叉后，DIFF线向下运行，股价却向上运行。

C.DIFF线与DEA线此时已运行于0轴以上，并且两条线非常接近。

实战案例

远光软件（002063）在2014年8月29日的运行中，MACD发出了DIFF线下穿DEA线的死叉，而此时，股价正处于震荡下跌的走势，但死叉出现之后，DIFF线继续向下运行，但股价却出现了止跌回升，其后股价出现了接连增量上涨，从而形成了MACD死叉背离。而此时，DIFF线此时与DEA线非常接近，几乎处于粘合状态。因此，投资者应当在形态出现后及时买入股票，因为此时MACD值已经告别0轴以下的弱势运行，正运行于0轴之上，并且DIFF线与DEA线非常接近，说明趋势即将出现向上的逆转。以上说明如图8-4所示。

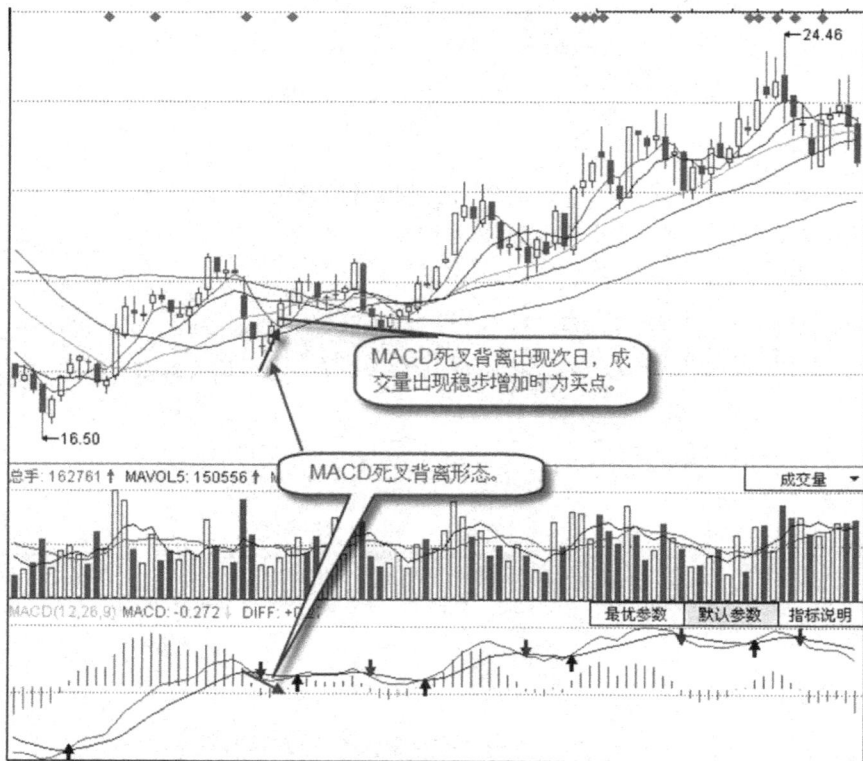

图8-4 远光软件日线图

技术要领

1.在0轴以上出现MACD死叉背离时更为可信，因为在0轴之下，行情尚属于弱势格局，MACD死叉背离出现后，往往要多次出现才会得以确认，而DIFF线运行于0轴之上后，说明趋势即将发生根本性的改变。

2.如果MACD死叉背离是出现在0轴之上，并且DIFF线与DEA线较为接近，并且DEA线呈走平趋势，若此时成交量若是能够得到持续稳步增量，后市发生趋势转变的概率较大。

3.MACD死叉背离是出现在0轴之上时，最佳的买点为形态确认后的次日。

8.1.3　MACD柱线底背离

MACD柱线底背离指的是，股票在下跌过程中，当股价出现下跌或上涨时，MACD的红绿柱与股价发生了相反的运行方向，如股价上涨，红柱却在缩减；股价下跌，绿柱却在增长。这种情况就叫作MACD柱线底背离。通常，MACD柱线底背离要出现一次以上后方可买入。

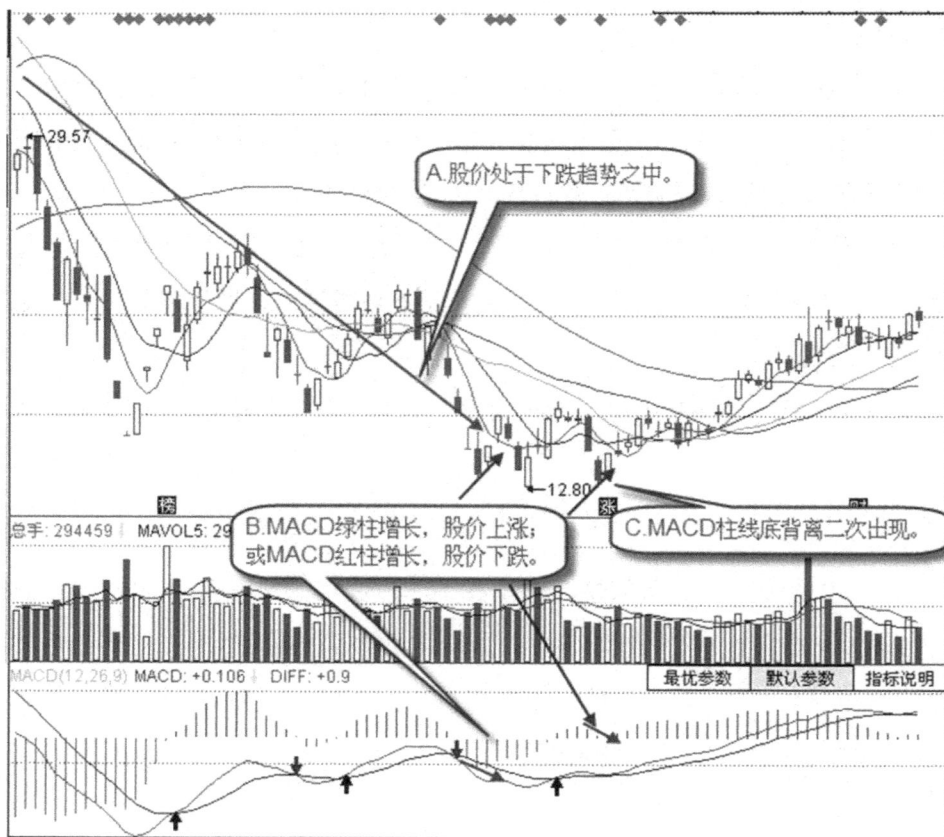

图8-5　恒宝股份：日线图

形态特征

图8-5是恒宝股份（002104）的日线图，其形态特征可以从以下三点分析确认：

A.股价处于下跌趋势之中。

B.MACD绿柱增长，股价上涨；或MACD红柱增长，股价下跌。

C.MACD柱线底背离二次出现。

实战案例

恒宝股份在2015年8月底和2月中旬就出现过这种MACD柱线底背离的形

态。在8月26日之前，股价一直处于震荡下跌的趋势，但到了27日时，MACD绿柱在不断增长的情况下，股价却出现了触底后的反弹，形成了该跌不跌的MACD柱线底背离。但此时，由于是首次出现底背离，其他指标并未显示股价已经告别底部，因此，此时投资者不可贸然买入。

到了9月16日，MACD红柱在逐渐减少，但是股价却出现了反弹，再次形成MACD柱线底背离，说明股价该跌时不跌反出现了上涨。

经由了两次的MACD柱线底背离，尽管此时成交量等并未形成明显的上涨特征，但两次柱线底背离的出现，令股价出现了该跌不跌该涨不长的情况，因此，投资者应当在每二次出MACD柱线底背离时果断买入，因为此时已说明下跌趋势已经接近了尾声，趋势将发生转变，所以是抄底的良机。以上说明如图8-6所示。

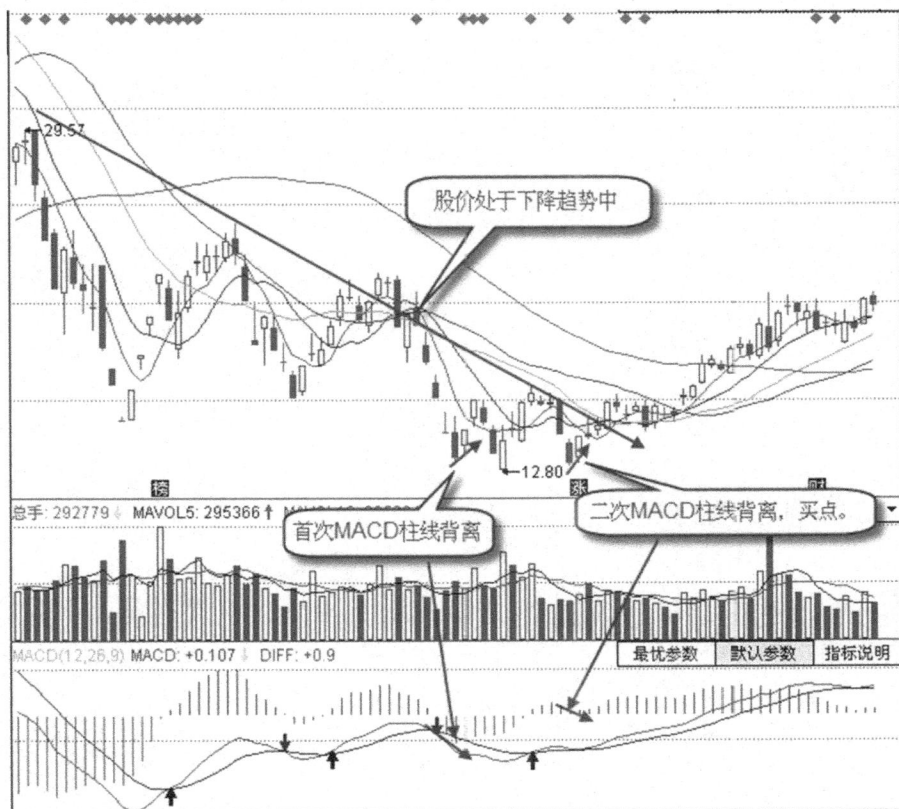

图8-6　恒宝股份：日线图

技术要领

1.出现MACD柱线背离时，必须是发生在下降趋势中才是抄底的良机，如果是出现在上涨过程中，往往15分钟、30分钟、60分钟、分时图上会出现短暂的背离，此时往往是短期的股价调整，实际意义并不大，投资者此时可根据其他指标来判断调整是否结束。

2.只有在股价下降趋势中出现的MACD柱线的变化趋势与股价短期走势形成相左的情况，才预示着跌势可能已近尾声。

3.MACD柱线底背离往往首次出现后，并不能使股价止跌，因此应当在再次发生背离时选择买入，尤其是该涨反跌、该跌反涨的背离情况相继出现后，说明股价已经触底，投资者可在形态出现后及时买入股票。

8.2 MACD顶背离类型及买卖点

8.2.1 MACD波峰顶背离

股价在上涨过程中，原本由DIFF线在向上运行中因起伏与DEA线向下不断交错形成DIFF向上的小峰，正常情况下，这种波峰的高度是一浪高于一浪的，而股价即在MACD指标的这种上涨中不断上涨。但是，如果在股价不断以波浪式向上推进的同时，MACD指标中DIFF线所掀起的波峰却出现了不断下降的趋势时，就与股价的上涨趋势形成了背离，这就叫MACD波峰顶背离。这种背离的出现，说明股价的上涨是一种虚高，其后必定会出现趋势反转，因此是一种较强的卖出信号。

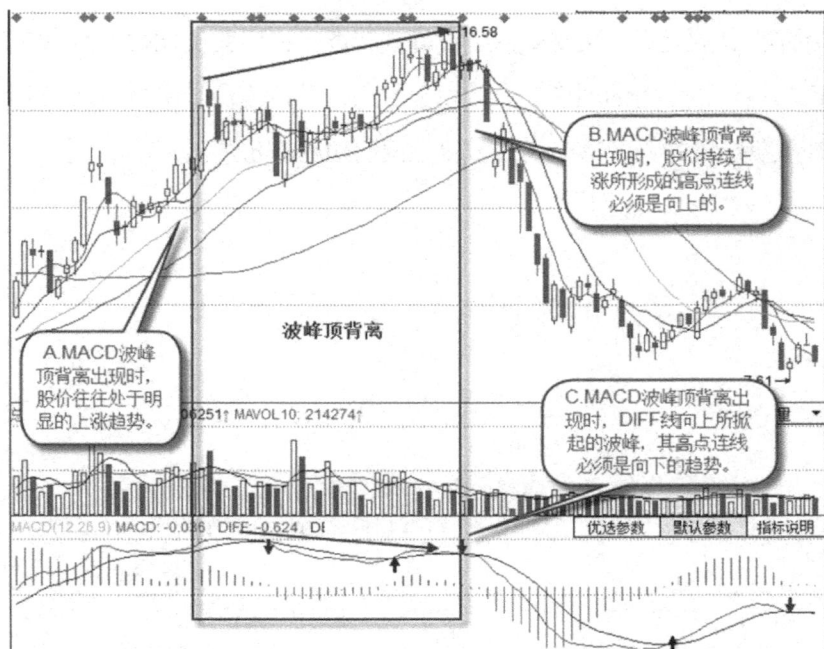

图8-7 粤传媒：日线图

形态特征

图8-7是粤传媒（002181）的日线图，其形态特征可以从以下三点分析确认：

A.MACD波峰顶背离出现时，股价往往处于明显的上涨趋势。

B.A.MACD波峰顶背离出现时，股价持续上涨所形成的高点连线必须是向上的。

C.MACD波峰顶背离出现时，DIFF线向上所掀起的波峰，其高点连线必须是向下的趋势。

实战案例

自2015年9月中旬触底反弹以来，粤传媒出现了以波浪的方式持续上涨的状态，股价波浪高点连线至2015年12月底时一直是持续向上运行的，但其MACD指标中，DIFF线向上所掀起的波峰高点自2015年11月7日到达顶部区域后，其后至12月25日时形成一个波峰高点后，其波峰高点连线却是向下运行的，与股价形成方向相反的运行，出现MACD波峰顶背离。说明股价此时虽然在接连创出新高，但却是一种主力的刻意而为，属于虚高，其后股价必定会下跌，因此，应当及时在股价出现冲高回落时卖出。以上说明如图8-8所示。

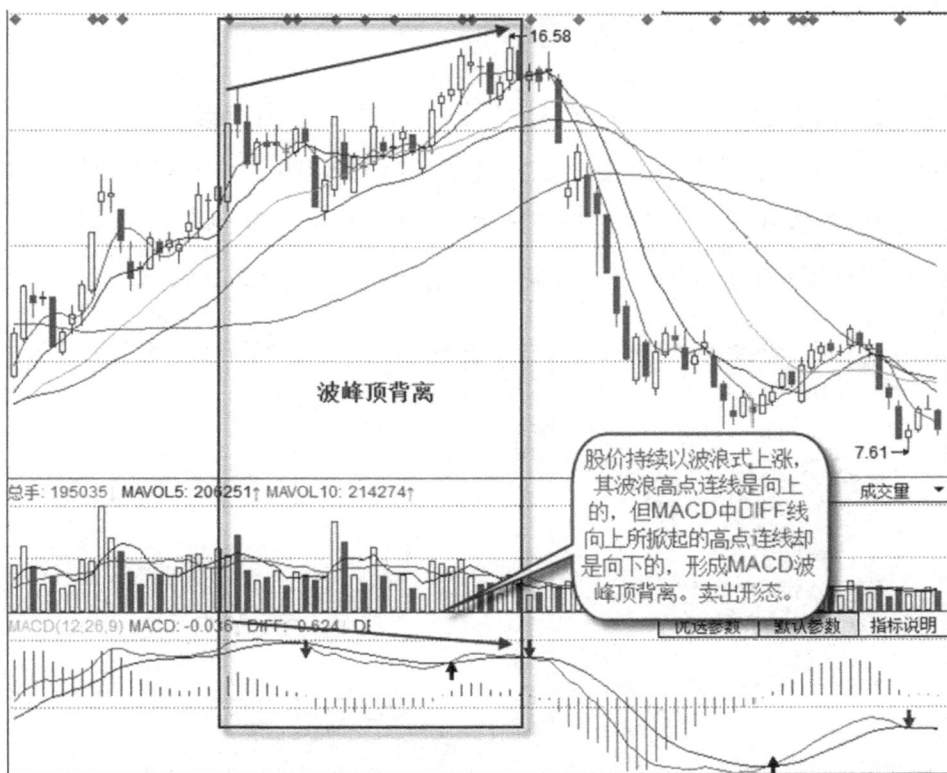

波峰顶背离

16.58

7.61

总手: 195035　MAVOL5: 206251↑　MAVOL10: 214274↑　　　成交量 ▼

股价持续以波浪式上涨，
其波浪高点连线是向上
的，但MACD中DIFF线
向上所掀起的高点连线却
是向下的，形成MACD波
峰顶背离。卖出形态。

MACD(12,26,9) MACD: -0.036 DIFF: 0.624 DI　　　优选参数　默认参数　指标说明

图8-8　粤传媒：日线图

技术要领

1.MACD波峰顶背离出现时，往往是主力在股价高位区一边拉升一边出货的象征，因此是极度危险区，因主力一旦全身而退，股价将一落千丈。因此，投资者一旦发现个股出现波峰顶背离时，应果断卖出股票。

2.因日线上形成波峰顶背离的周期较长，所以投资者可从短周期图上观察MACD指标的运行情况，同时结合KDJ指标决定具体卖点。

3.MACD波峰顶背离出现时，是一种指标先于股价体现趋势运行方向的提示，通常，明显的波峰顶背离，只须出现一次即当卖出，其准确率极高。

8.2.2 MACD高位死叉背离

MACD高位死叉背离，是指股价在上涨过程中，MACD指标中DIFF线在运行到顶部区域时，明明股价还在上涨，但DIFF线却出现了向下与DEA线交叉的死叉。这往往说明，DIFF线在顶部区域已无力上冲，进而出现了向下滑落。因此，也是指标先于股价体现趋势演变的情况，也是一种顶部卖出形态。

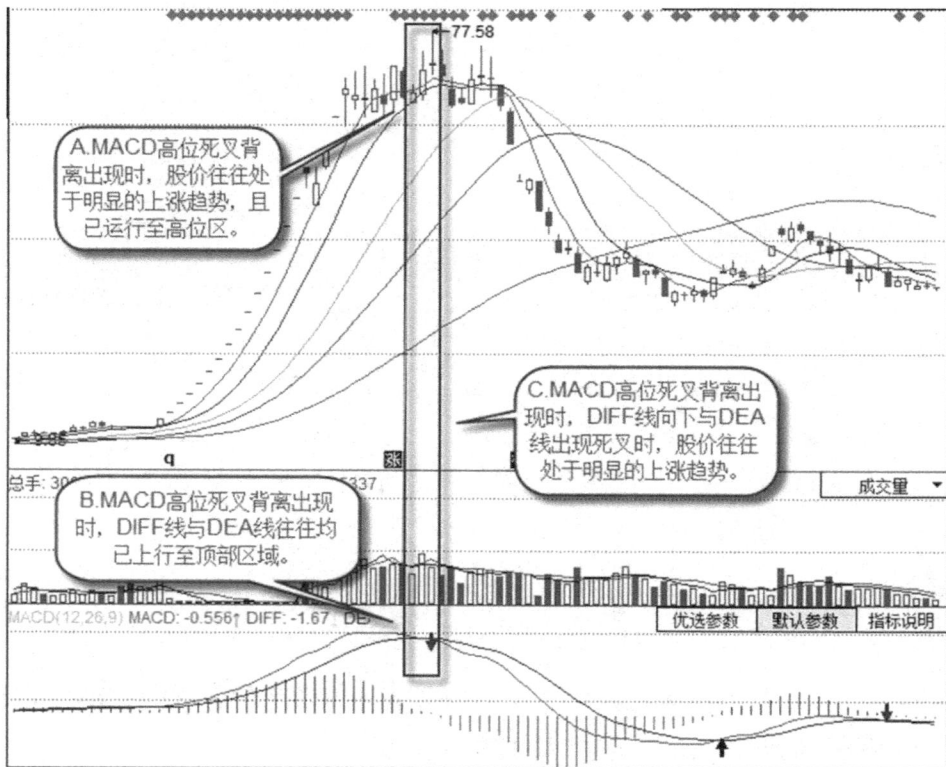

图8-9 九鼎投资：日线图

形态特征

图8-9是九鼎投资（600053）的日线图，其形态特征可以从以下三点分析确认：

A.MACD高位死叉背离出现时，股价往往处于明显的上涨趋势，且已运行至高位区。

B.MACD高位死叉背离出现时，DIFF线与DEA线往往均已上行至顶部区域。

C.MACD高位死叉背离出现时，DIFF线向下与DEA线出现死叉时，股价往往处于明显的上涨趋势。

实战案例

在经历了2015年11月15日开始的接连15个"一"字涨停后，九鼎投资再次接连上涨，股价一下子从12元左右一路飞升到了67元左右，产在高位横盘震荡了数日后，于12月17日再次出现接连上涨，并在21日时创出历史新高77.58元。而此时，MACD指标中，DIFF线与DEA线也快速上行至顶区域，当股价创出新高的当日，DIFF线却出现了由上而下的击穿DEA线的死叉，从而与股价的趋势形成了截然相反的情况，形成MACD高位死叉背离。这说明主力在以一字板的方式快速拉升股价后，一直在维持高位出货，因此时涨幅已最高达6倍多，但MACD指标却表明了其后股价的向下运行方向，所以应当在MACD高位死叉背离出现时及时卖出股票。以上说明如图8-10所示。

技术要领

1.MACD高位死叉背离出现时，如果发现之前的涨幅过大，应及时卖出股票。因涨幅过大，即使主力在高位出货不多，也可以在下跌时疯狂出货。

2.MACD高位死叉如果出现在震荡行情中时，往往是阶段性高点时，即使此时股价已处多头位置，涨幅也不大时，也应及时出货，因其后高位调整的概率极高。

3.有经验的投资者，往往在DIFF线达到顶部区域时即会卖出，而不一定非要等到MACD高位死叉背离的出现时再卖，因为当DIFF线运行至顶峰时，往往会出现钝化，其后必会冲高回落，但过短周期图上MACD指标所反映出的时间周期往往较短，应参照日线或周线进行波段操作。

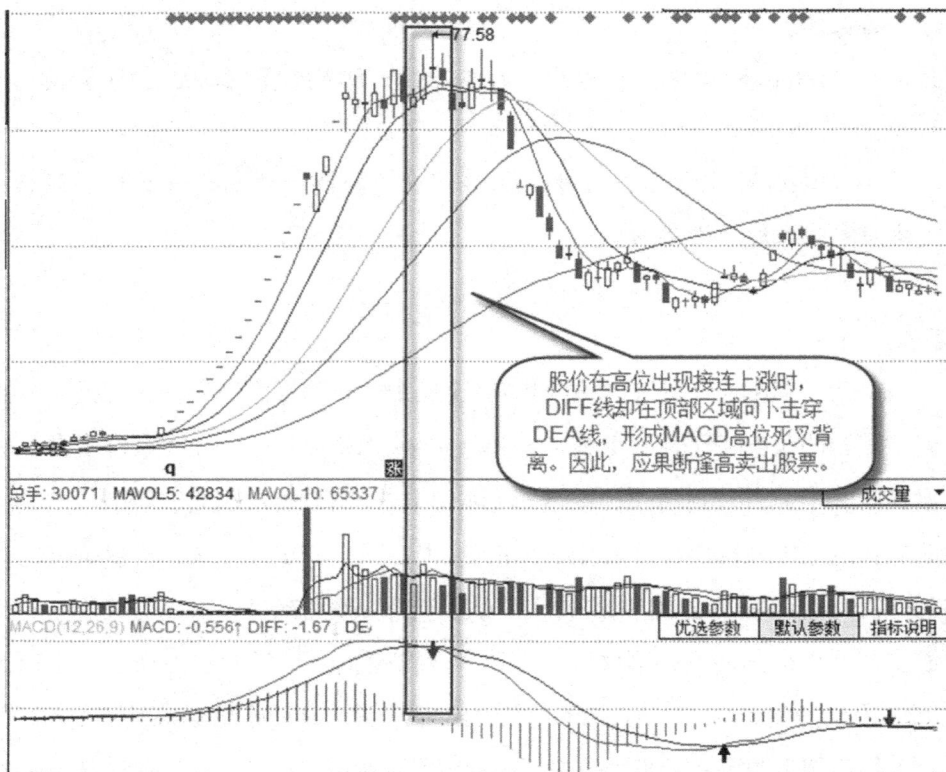

图8-10　九鼎投资：日线图

8.2.3　MACD柱线顶背离

MACD柱线顶背离，是指当股价在上涨过程中，MACD柱却出现红柱逐渐缩短的现象，与股价的走势形成了相反方向的运行。这表明，买盘在逐渐减少，卖盘在增加，因此，其后往往股价会出现回落，所以是一种高位卖出的形态。

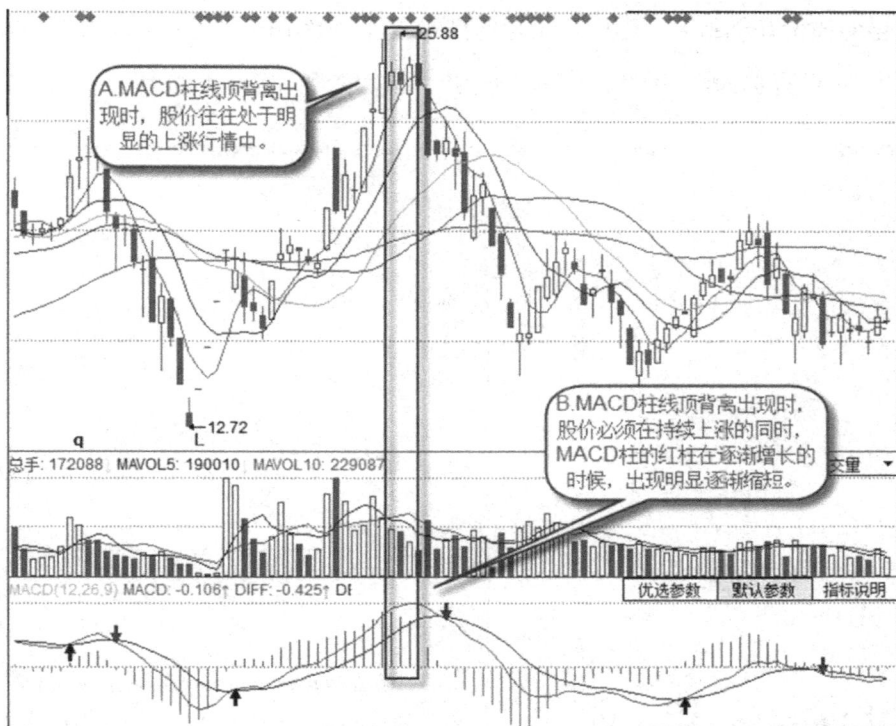

图8-11　三力士：日线图

形态特征

图8-11是三力士（002224）的日线图，其形态特征可以从以下两点分析确认：

A.MACD柱线顶背离出现时，股价往往处于明显的上涨行情中。

B.MACD柱线顶背离出现时，股价必须在持续上涨的同时，MACD柱的红柱在逐渐增长的时候，出现明显逐渐缩短。

实战案例

自2015年11月23日开始上涨以来，三力士到12月21日时，涨幅已接近100%，此时，股价出现了震荡上行，涨势放缓，但MACD红柱却在逐渐放大的情况下，突然在12月23日股价再创新高的同时开始了逐渐缩短，说明趋势放缓后，虽然股价在创新高，但回盘中短时涨幅较大，卖出一直在大量涌出，是股价遇顶即将回落的先兆，因此应当卖出股票。以上说明如图8-12所示。

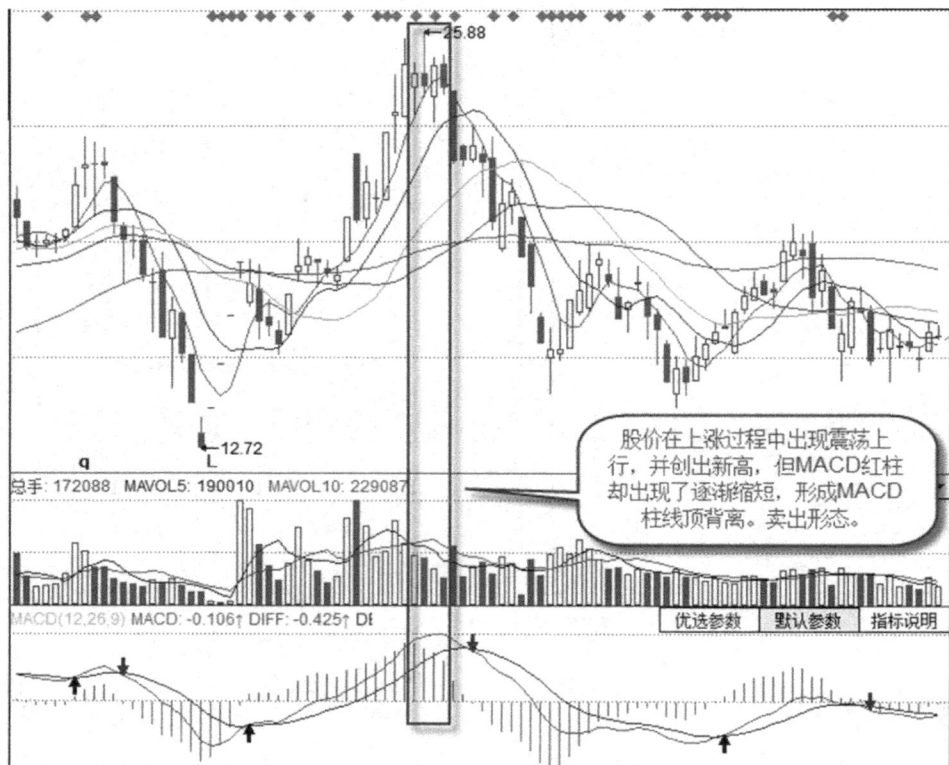

图8-12　三力士：日线图

技术要领

1.MACD柱线顶背离时，往往红柱线较长，如果红柱在背离时出现急速缩短，说明股价即将出现急速下跌，因此应快速卖出股票。

2.如果MACD柱线顶背离出现时，MACD指标中DIFF线未到达顶部，而MACD红柱又较短时，说明只是股价上涨过程中的回调，此后往往在MACD红柱渐渐消失的时候，再次出现，此时可安全持股。

3.MACD柱线顶背离时，如果DIFF线与DEA线是位于附近的，行情往往是震荡行情，此时可参照其他指标情况综合确定行情。

8.3 MACD底背离买入形态

8.3.1 双底背离

双底背离，是指股价在低位区震荡下跌的过程中，K线上会形成形状像W的两个在同一水平的低点，但MACD指标中DIFF线与DEA线却呈水平状态，但当双底即将形成之际，DIFF线出现了向上拐头。这种背离的出现，说明K线在低位区的震荡筑成了底，股价完成双底后会展开上涨，因此是一种底部买入形态。

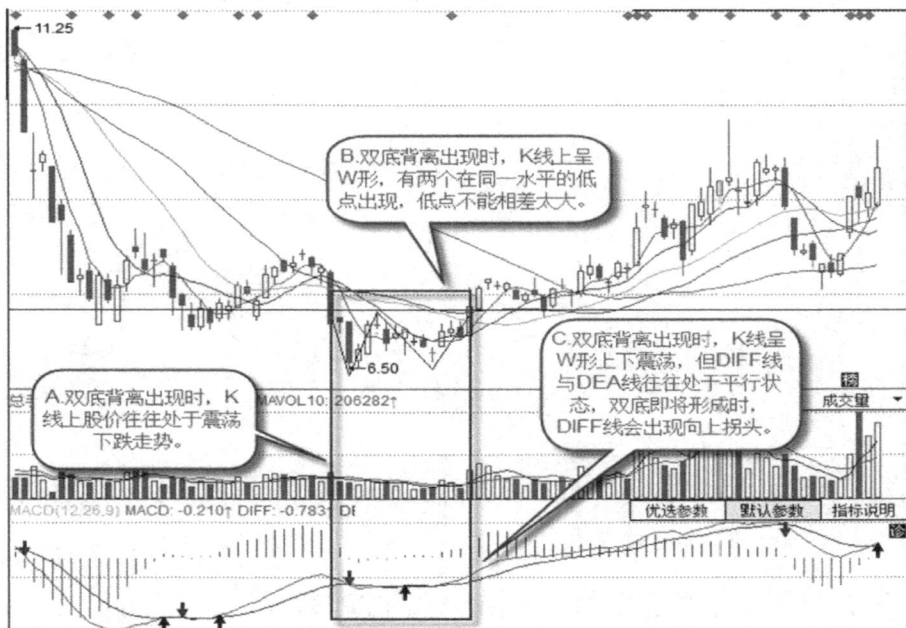

图8-13 御银股份：日线图

形态特征

图8-13是御银股份（002177）的日线图，其形态特征可以从以下三点分

析确认：

A.双底背离出现时，K线上股价往往处于震荡下跌走势。

B.双底背离出现时，K线上呈W形，有两个在同一水平的低点出现，低点不能相差太大。

C.双底背离出现时，K线呈W形上下震荡，但DIFF线与DEA线往往处于平行状态，双底即将形成时，DIFF线向上拐头。

实战案例

在经过2015年12月及2016年1月的持续下跌后，御银股份在2月25日至3月17日时，股价在震荡中形成两个低点在同一水平的W形的双底形态，但MACD指标中，DIFF线与DEA线却一直在双底形成期间处于水平运行，从而形成双顶背离。因此，投资者应当果断在双底背离出现后买入。以上说明如图8-14所示。

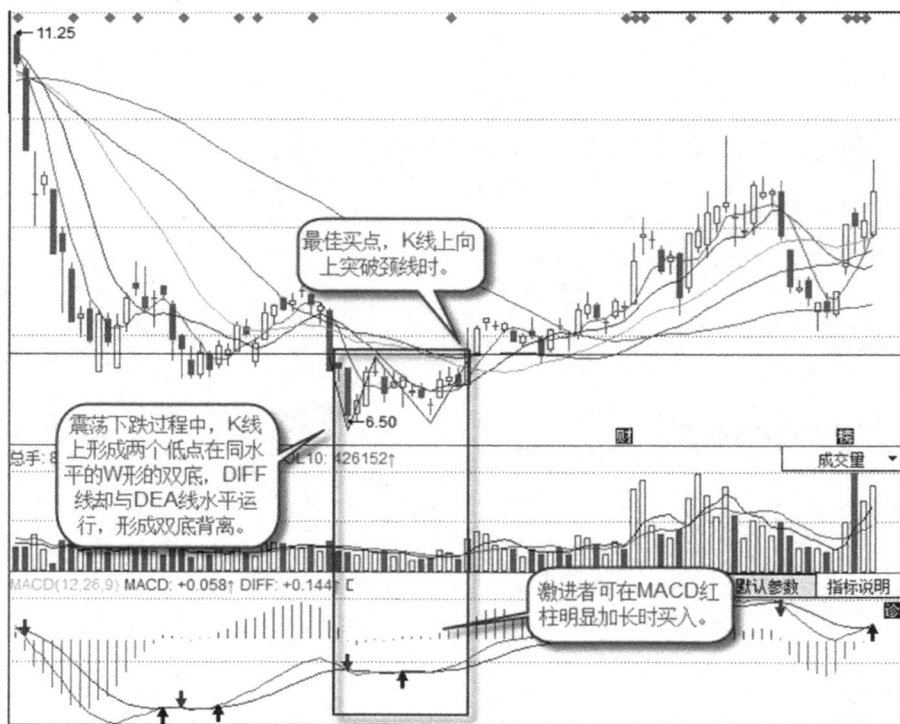

图8-14　御银股份：日线图

技术要领

　　1.双底背离出现时，MACD指标中的DIFF线与DEA线往往波动极小，呈水平或向上状态，如波动较大，说明其后行情仍会出现反复，应谨慎买入。

　　2.双底背离出现时，成交量此时往往处于近期较低水平，但应在双底低点出现后阳量逐渐放大，若是阴量过多，则极有可能会继续震荡，双底演变为多重底。

　　3.双底背离出现时，MACD柱线往往极小，如果过长，则后市极有可能会继续震荡。

8.3.2　头肩底背离

　　头肩底背离，是指股价在震荡下跌的过程中，以不断震荡出现反弹的方式下跌，在创出一个新的低点后，再次下跌，并创出新低后再次反弹，其后再次下跌，此时将其三个低点连接起来，K线上形成一个头、左右各有一个肩的头肩底形态，但在形成的过程中，MACD指标却出现了与K线趋势相反的向上运行情况。相对而言，如果仅仅从K线上来判断底部形态，准确率较低，但MACD指标的背离如果出现在头肩底形态中，更为准确。因此，头肩底背离是一种MACD指标加K线底部形态的抄底买入信号。

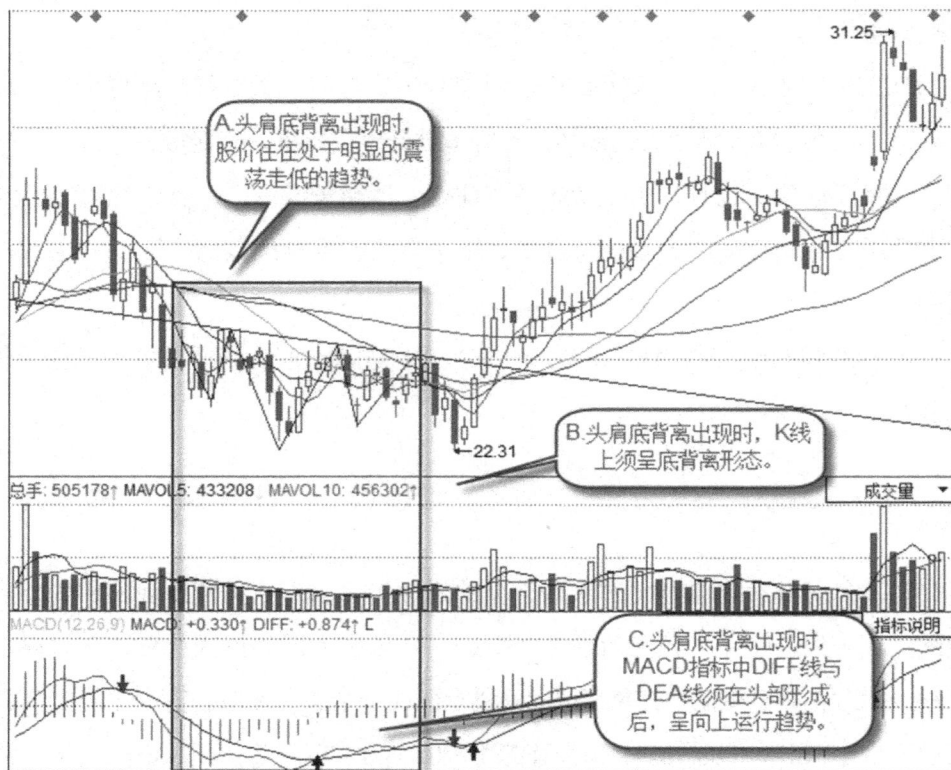

图8-15 五粮液：日线图

形态特征

图8-15是五粮液（000858）的日线图，其形态特征可以从以下三点分析确认：

A.头肩底背离出现时，股价往往处于明显的震荡走低的趋势。

B.头肩底背离出现时，K线上必须呈头肩底形态。

C.头肩底背离出现时，MACD指标中DIFF线与DEA线须在头部形成后，呈向上运行趋势。

实战案例

在经过2015年底与2016年初的震荡下跌后，五粮液在2016年1月中旬至2月下旬期间，在震荡中依次形成三个低点，明显第二个低点较低，形成了头肩底形态，但在形成头部后，DIFF 线与 DEA 线开始走平向上运行，现 K 线形态形成底背离。这说明，MACD 指标已先于股价出现底部反转，此时应果断买入。以上说明如图 8-16 所示。

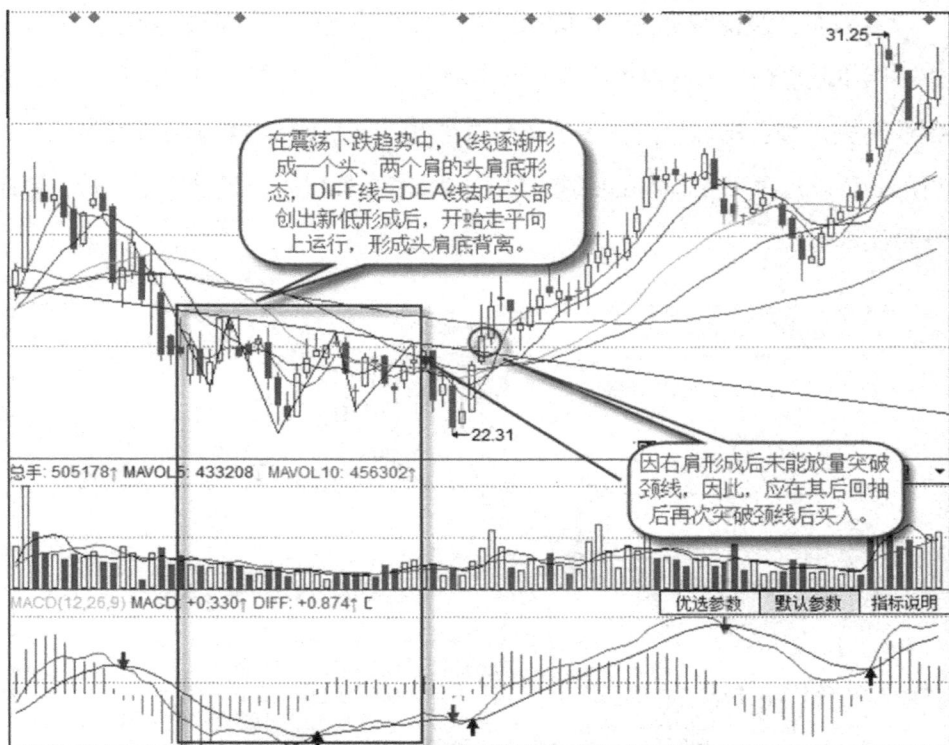

图8-16　五粮液：日线图

技术要领

1.头肩底背离出现时，应首先从 K 线上确定头肩底形态，再观察 MACD 指标的背离，如果 MACD 指标不出现向上的背离，应放弃操作。

2.头肩底背离出现后，头肩顶形态中，股价经常会出现反抽，因此，最稳妥的买点是股价突破颈线后反抽再突破时买入。

3.头肩底背离出现时，如果在反抽时，DEA 线已出现向下运行，宣告形态失败，可能会演变为多重底，因此回抽颈线时在成交量上必须有明显的放量突破行为出现。

8.3.3　平底背离

　　平底背离，是指股价在低位区运行的过程中，当股价上下波动不大、K线上多以小阴小阳出现，形成股价在同一水平窄幅震荡的平底时，MACD指标中，绿柱很快消失，接着出现逐渐变长的MACD红柱，并且DIFF线与DEA线出现向上运行的趋势。这种平底背离的出现，往往意味着指标已先于股份出现反转，因此是一种买入形态。

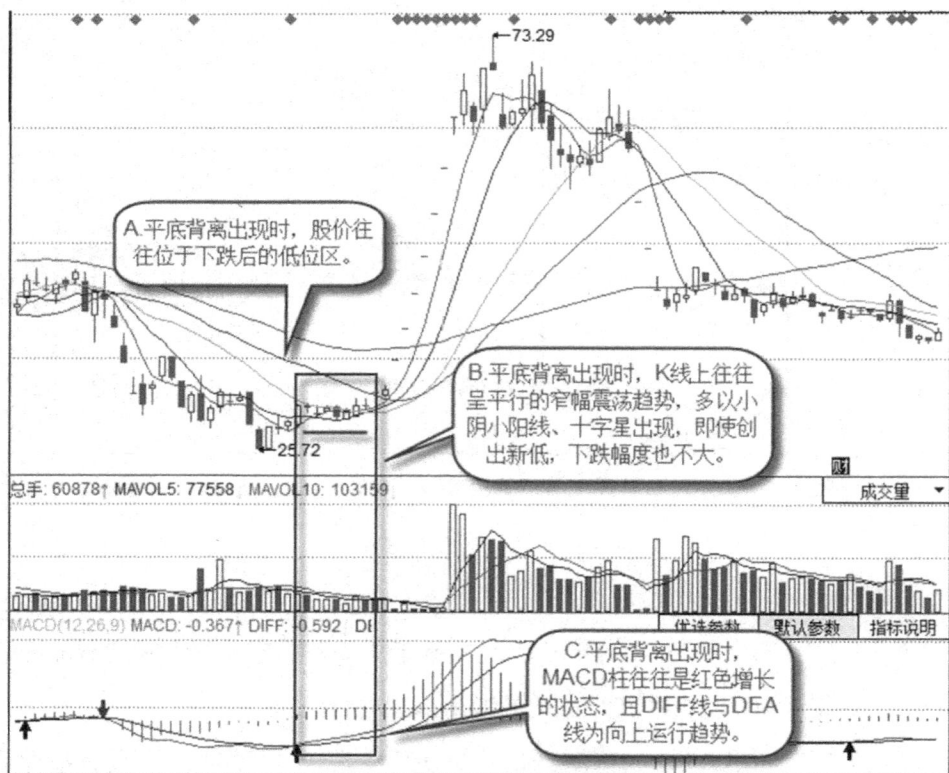

图8-17　同方国芯：日线图

形态特征

图8-17是同方国芯（002049）的日线图，其形态特征可以从以下三点分析确认：

A.平底背离出现时，股价往往位于下跌后的低位区。

B.平底背离出现时，K线上往往呈平行的窄幅震荡趋势，多以小阴小阳线、十字星出现，即使创出新低，下跌幅度也不大。

C.平底背离出现时，MACD柱往往是红色增长的状态，且DIFF线与DEA线为向上运行趋势。

实战案例

经过前期的下跌，并创出新低后，同方国芯于9月22日至30日期间，股价在略上行后开始在同水平下做窄幅震荡，K线上多以小阳小阴线、十字星出现，但MACD指标中，MACD红柱却在出现后一直处于小幅增长状态，且DIFF线与DEA线也一直呈向上缓慢运行的态势，形成平底背离形态。说明，股价在做平行运动的时候，MACD指标已先于股价出现上涨，其后股价也会反转向上，因此是一种买入形态。以上说明如图8-18所示。

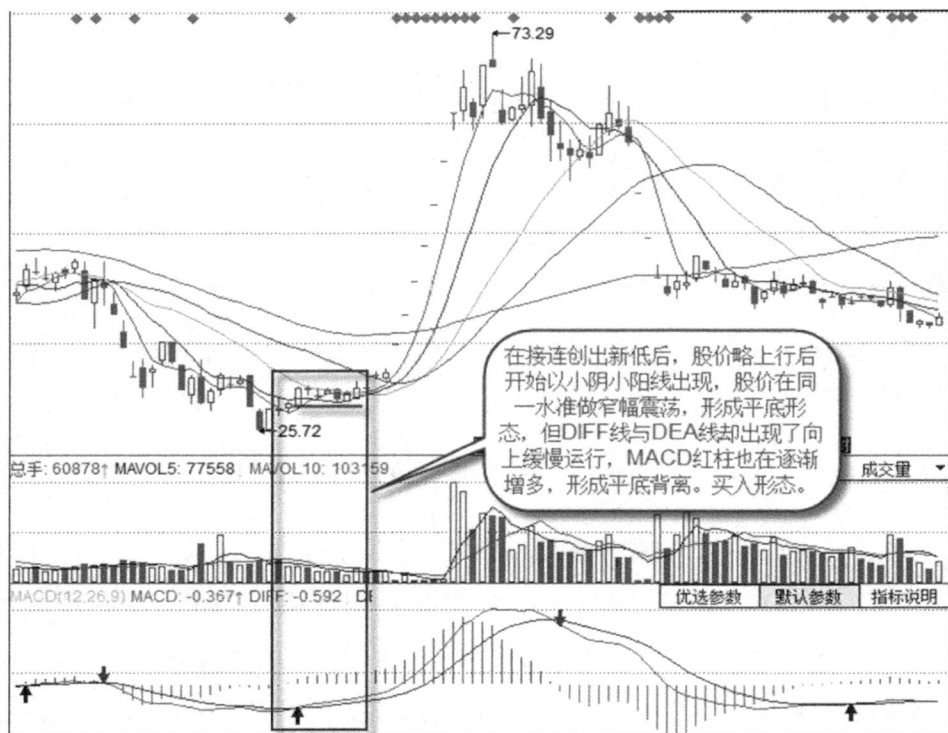

图8-18　司方国芯：日线图

技术要领

1.平底背离出现时，往往成交量也极小，但却以阳量居多，是主力的最后筑底，如果成交量在此时较大，则后市极有可能会出现反复，短期上涨幅度往往不会太大。

2.平底背离出现时，如果DIFF线与DEA是平行的状态，往往说明股价其后不会即刻启动，可在其后转为向上运行时再行买入，但如果此时MACD红柱在逐渐减少，则说明股价会继续震荡整理。

3.平底形态如果是出现在上涨中途的调整行情时，往往是快速拉升期前的最后整理，应果断在发现后买入，但如果是在跌势末端出现时，一经发现即应买入。

8.4 MACD顶背离卖出形态

8.4.1 双顶背离

双顶背离，是指股价在上涨趋势里，当上涨到一定幅度后，接连出现了两次调整后上涨，但两次调整后再上涨的高度又基本在同一水平上，K线上形成M形状的双顶形态，但MACD指标中，DIFF线与DEA线却出现了明显的向下运行。这说明，指标已先于股价转跌，因此是一种顶部卖出形态。

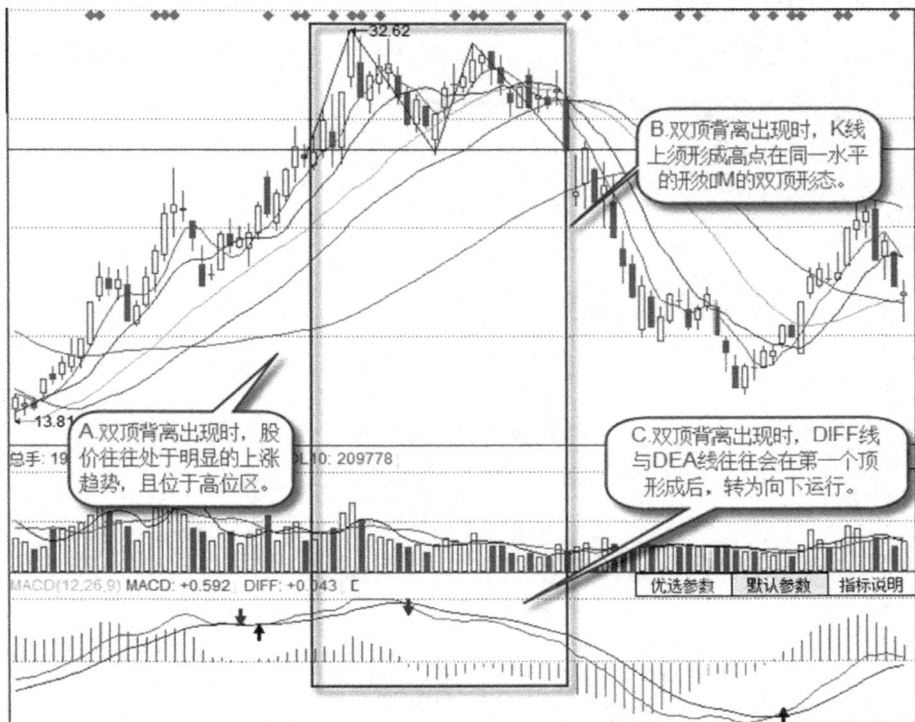

图8-19　鸿博股份：日线图

形态特征

图8-19是鸿博股份（002229）的日线图，其形态特征可以从以下三点分析确认：

A.双顶背离出现时，股价往往处于明显的上涨趋势，且位于高位区。

B.双顶背离出现时，K线上须形成高点在同一水平的形如M的双顶形态。

C.双顶背离出现时，DIFF线与DEA线往往会在第一个顶形成后，转为向下运行。

实战案例

自2015年9月中旬展开上涨后，鸿博股份于11月24日涨势放缓但很快再次上涨，于12月21日时创出新高32.62元后即开始回落调整，但调整到11月24日的位置时止跌回升，再次恢复上涨，在12月18日接近前期新高时却再次出现回落调整，形成M形的双顶形态，但MACD指标中，DIFF线与DEA线在第一个顶出现后，即开始由高位向下运行，从而形成双顶背离。说明指标已先于股价展开跌势，因此应当在双顶形态出现并跌破颈线时卖出。以上说明如图8-20所示。

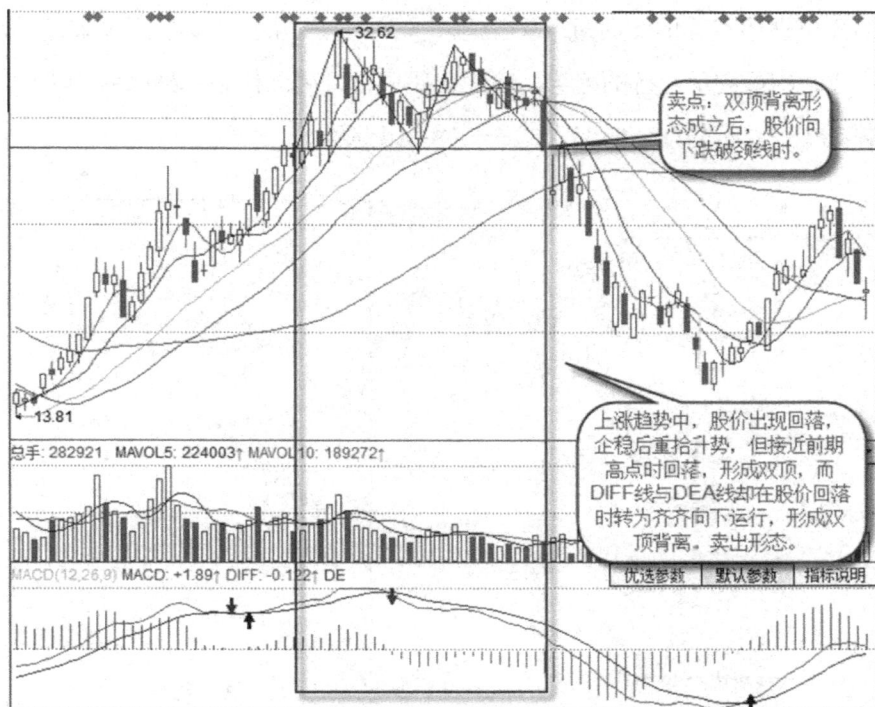

图8-20　鸿博股份：日线图

技术要领

　　1.双顶背离出现时，卖点为K线形态确立、股价跌破颈线时，但有经验的投资者，往往会在MACD中DIFF线由顶部向下死叉DEA线时卖出。

　　2.双顶出现时，如果DIFF线与DEA线此时并未行于顶部，也未出现向下背离，则往往说明此时只是上涨震荡行情中，上涨行情还未走完。

　　3.双顶背离出现后，有时股价出现回抽，但往往力度有限，反而成为最后的逃顶机会。

8.4.2　头肩顶背离

　　头肩顶背离，是指股价经过一定幅度上涨后，在高位区略有调整后，再次上涨并创出新高，其后回落调整后再次反弹上涨又回落后，形成一个正面的一头两肩的头肩顶形态，而此时MACD指标中，DIFF线与DEA线在高位震荡后，于右肩形成时出现向下运行的趋势。因此，头肩顶背离同样是一种MACD指标先于股价进入转势调整的顶部形态，也是一种卖出信号。

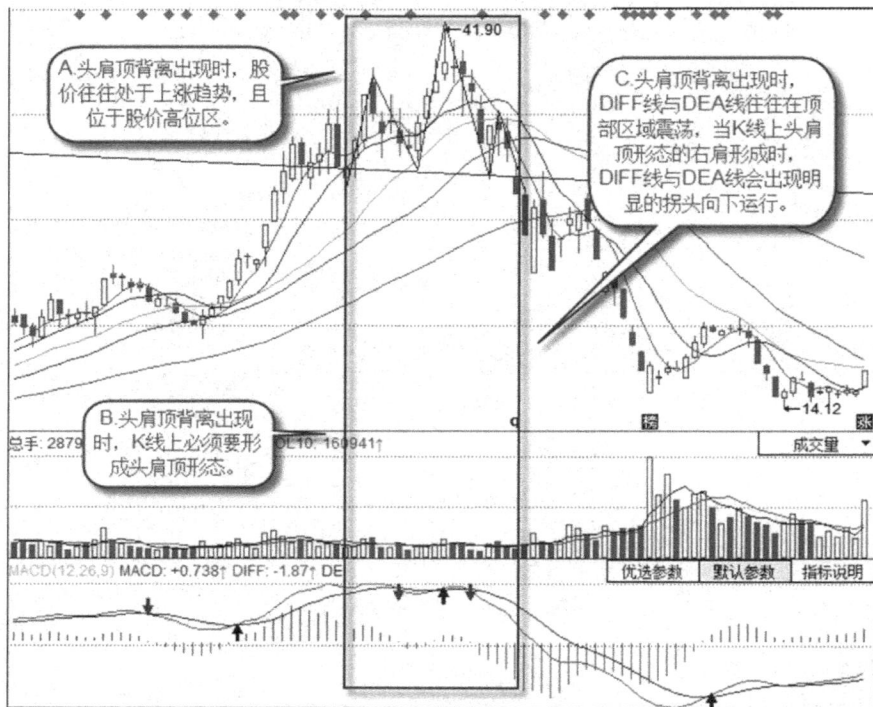

图8-21　合兴包装：日线图

形态特征

图8-21是合兴包装（002228）的日线图，其形态特征可以从以下三点分析确认：

A.头肩顶背离出现时，股价往往处于上涨趋势，且位于股价高位区。

B.头肩顶背离出现时，K线上必须要形成头肩顶形态。

C.头肩顶背离出现时，DIFF线与DEA线往往在顶部区域震荡，当K线上头肩顶形态的右肩形成时，DIFF线与DEA线会出现明显的拐头向下运行。

实战案例

在上涨趋势中，合兴包装（002228）在2015年5月29日的上涨调整行情中，结束短期调整，其后在出现短暂上涨后再次出现调整，形成左肩；当股份调整到5月29日时的低点位置时出现止跌，并再次开始反弹，上一举超过上一次反弹的高点，形成头部；当6月15日创出新高41.90元后，出现调整，但在跌到前两次低点时再次出现止跌回升，形成右肩；但反弹时间较短，尚未接近左肩记点即再次下跌，并一举跌破低点连线的颈线，形成头肩顶。此时再观察即会发现，在形成头肩顶时，股价已位于高位区，经过了持续上涨，且MACD指标中DEA线在顶部区域出现震荡向下，DIFF线呈明显向下，形成了头肩顶背离。因此，应在股价形成头肩顶背离形态后，向下跌破颈线时果断卖出股票。以上说明如图8-22所示。

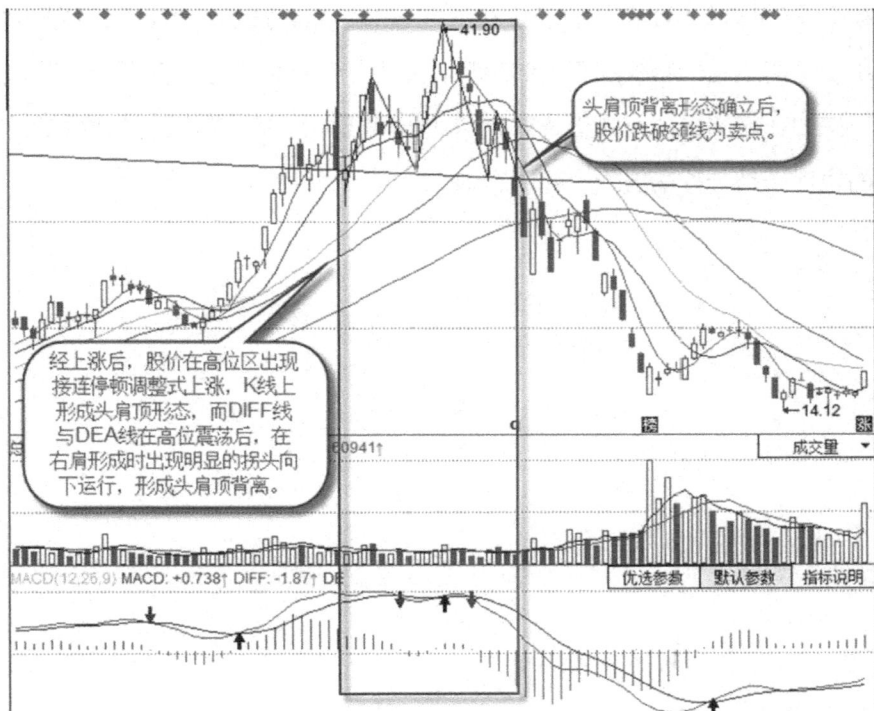

图8-22　合兴包装：日线图

技术要领

1.头肩顶背离出现时，如果右肩形成时，DIFF线与DEA线没有出现明显的向下运行，则行情往往还会在高位出现反复。

2.头肩顶背离出现时，有时，K线上形态的右肩与左肩在同一水平，甚至是略高，但只要DIFF线与DEA线已经拐头向下，同样应果断卖出。

3.头肩顶背离出现时，如果DIFF线与DEA线并未到达顶部区域，在头肩顶右肩形成时又未出现明显向下，而是依然平行时，则可能说明上涨趋势未止，此时宣告形态背离失败。

8.4.3 圆弧顶背离

圆弧顶背离，是指股价在上升趋势里，在缓慢上涨形成左弧时，DIFF线往往已处于顶部区域，而在其后股价在缓慢下降形成右弧的时候，DIFF线与DEA线却出现了明显的一路加速下行的趋势，完全与股价的趋势年前了一个节拍。这说明，主力在借圆弧顶右弧出货时，已在一路狂奔，因此是股价见顶后指标快速下跌的表现，是一种卖出的顶部形态。

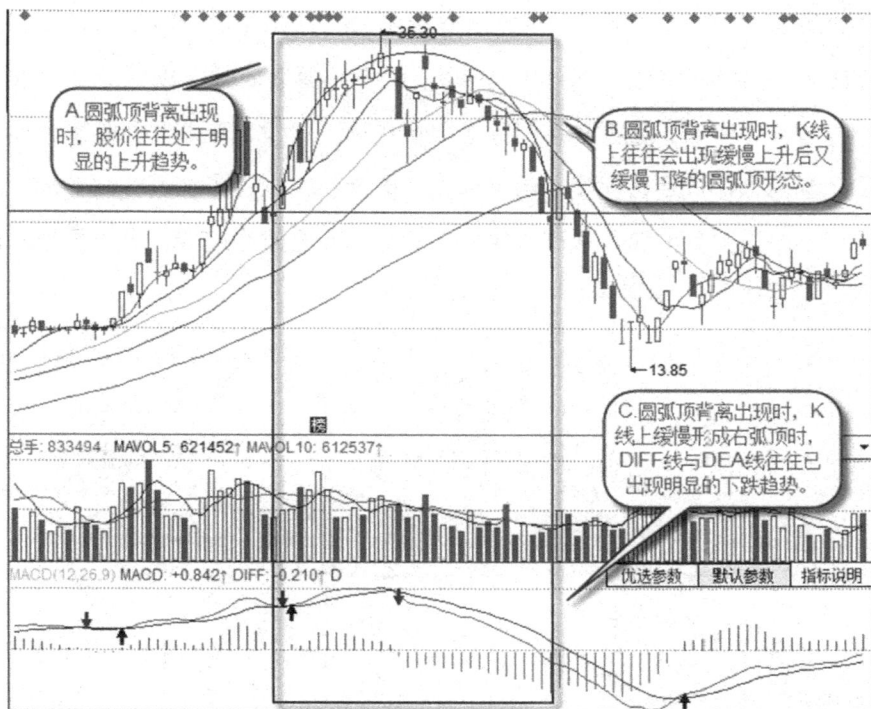

图8-23　上海电力：日线图

形态特征

图8-23是上海电力（600021）的日线图，其形态特征可以从以下三点分析确认：

A.圆弧顶背离出现时，股价往往处于明显的上升趋势。

B.圆弧顶背离出现时，K线上往往会出现缓慢上升后又缓慢下降的圆弧顶形态。

C.圆弧顶背离出现时，K线上缓慢形成右弧顶时，DIFF线与DEA线往往已出现明显的下跌趋势。

实战案例

经前期大幅上涨后，上海电力在经过数日短期调整后，于2015年5月11日开始恢复涨势，但出现了缓缓爬升，至5月26日创出35.30元新高后，开始徐徐回落，而此时MACD指标中DIFF线已运行于顶部，并在股价缓慢滑落过程中，与DEA线出现了高位死叉后一路向下快速下跌，从而形成圆弧顶背离。因此，投资者应在股价创新高，也就是圆弧顶左弧形成后，股价出现回落时卖出，而不要等到整个圆弧顶形成后再卖出。若是未能及时卖出，则应当在圆弧顶形成后，股价出现向下跌破弧柄时坚决卖出，因此时趋势已完全发生逆转，不应再报任何幻想。以上说明如图8-24所示。

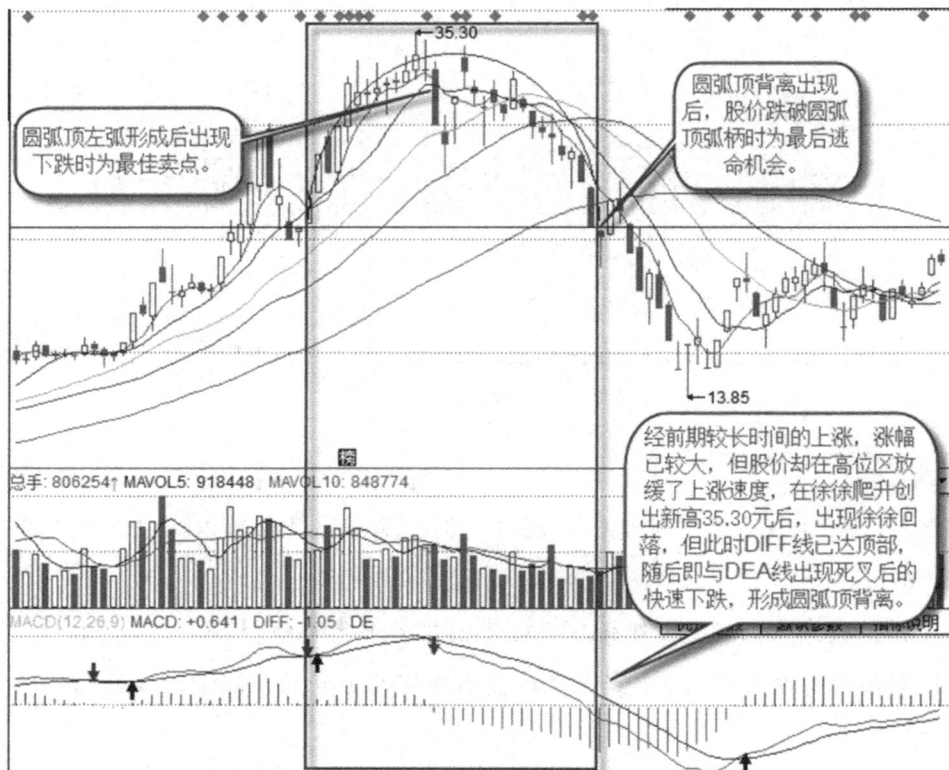

图8-24　上海电力：日线图

技术要领

1.圆弧顶背离出现后，往往预示着一轮周期较长的跌势已形成，因此应果断离场，因其后的跌幅及下跌时间均较大较长。

2.投资者在实际操盘中，不要非等到圆弧顶背离出现后再行卖出，可以结合其他指标，一旦发现股价上行乏力时即卖出。

3.圆弧顶背离出现时的最佳卖点为左弧形成后、逐渐形成右弧时，即MACD指标中DIFF线由顶部向下滑落死叉DEA线时。当形态完全确定后，股价跌破弧柄时，往往成为一轮由牛转熊时的最后逃命机会。

第9章　KDJ指标背离典型买卖形态

随机指标KDJ，也是短线操盘中的一种必备指标，尤其是当KDJ指标出现背离时，同样会影响到短线行情的变化。因为KDJ指标中的K值与D值，永远都会在0到100之间上下反复运行，因此，这给KDJ背离形态提供了很多参考，也给KDJ背离后的行情变化提供了许多参考意义，使得KDJ指标在背离时出现了许多经典的买入与卖出形态。

9.1 KDJ底背离

9.1.1　逆向底背离

逆向底背离，是指股价在下跌趋势中的低位区，股价在下跌，但KDJ指标却出现时向上运行的逆势运行。这种背离出现后，往往说明KDJ指标已先于股价企稳上行，因此是一种买入股票的形态。

形态特征

图9-1是华电国际（600027）的日线图，其形态特征可以从以下三点分析确认：

A.逆向底背离出现时，股价往往处于下跌趋势中的低位区。

B.逆向度背离出现时，KDJ指标往往在低位运行。

C.逆向底背离出现时，股价在下跌，KDJ指标中的K线与D线往往已处于向上或平行的状态。

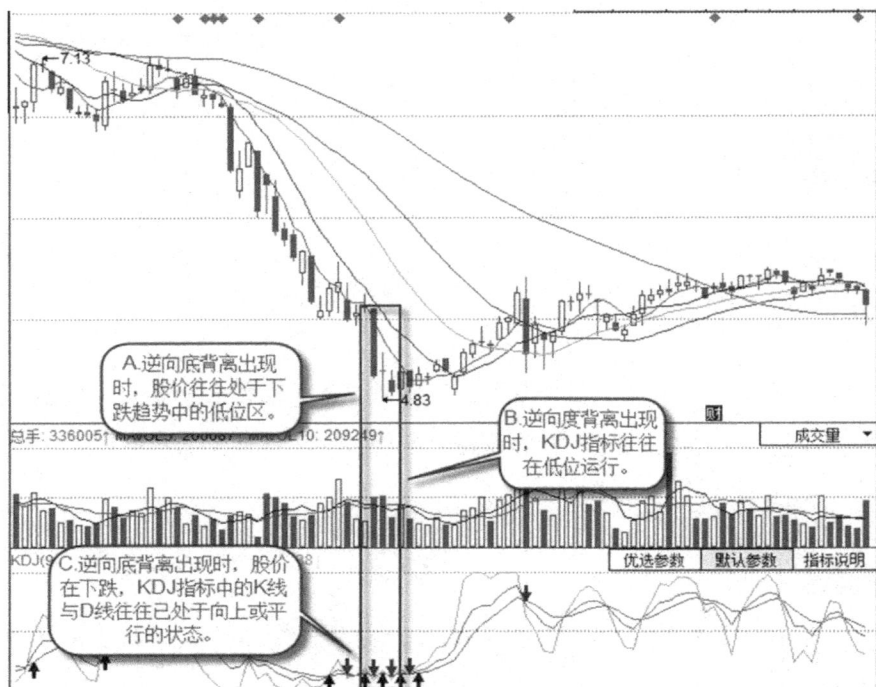

图9-1 华电国际：日线图

实战案例

经历了自2015年8月下旬开始的几轮下跌后，华电国际在低位区股价仍在下跌，但KDJ指标中的K线与D线却在低位出现由下跌转为平行，并略向上运行，形成逆向底背离形态。说明股价短线企稳在即，KDJ指标已先于股价出现转势。因此，投资者应在逆向底背离出现后，及时逢低买入。以上说明如图9-2所示。

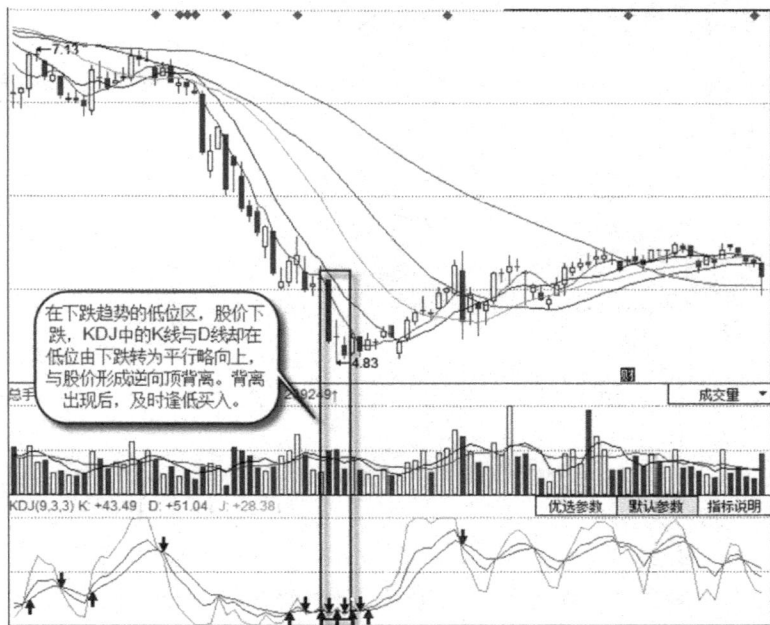

图9-2 华电国际：日线图

技术要领

1.逆向底背离出现时，往往是股价在低位区不断有买盘介入的结合，因此 KDJ指标才会出现背离，所以逆向底背离的出现，并不一定说明股价会立即转势，但起码短期低点已确认。

2.稳健的投资者，应当在逆向底背离出现后，量能出现持续明显的增量上涨时买入。

3.逆向底背离出现时，如果KDJ指标是在较高位置运行，则往往有可能是一种假背离，此时应结合其他指标判断行情。

9.1.2 隔谷底背离

隔谷底背离，是指股价在下跌趋势中，KDJ指标在低位区运行时，由于不断向上或向下运行，使得J线在K线、D线下方形成了一个又一个波浪式的谷底，并且，此时股价在不断下跌，J值向下运行形成的谷底却出现了一个比一个高的现象。这说明，KDJ指标已经先于股价出现反弹，因此是一种买入形态。

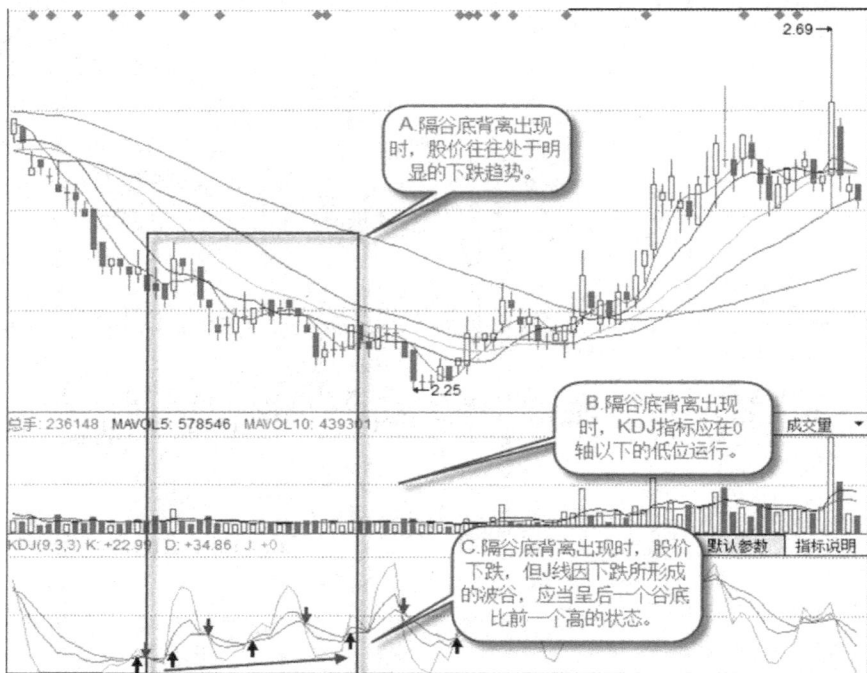

图9-3　中国石化：日线图

形态特征

图9-3是中国石化（600028）的日线图，其形态特征可以从以下三点分析确认：

A.隔谷底背离出现时，股价往往处于明显的下跌趋势。

B.隔谷底背离出现时，KDJ指标应在0轴以下的低位运行。

C.隔谷底背离出现时，股价下跌，但J线因下跌所形成的波谷，应当呈后一个谷底比前一个高的状态。

实战案例

在明显的下跌趋势中，中国石化在2014年4月的下跌过程中，股价在不断下跌，KDJ指标却在触底后出现了向上运行，并且J线因下跌所形成的波谷，后一波比前一波明显要高出很多，从而形成波谷底背离。这说明KDJ指标已先于股价企稳回升，因此，投资者可在波谷底背离出现后，逢低买入股票。以上说明如图9-4所示。

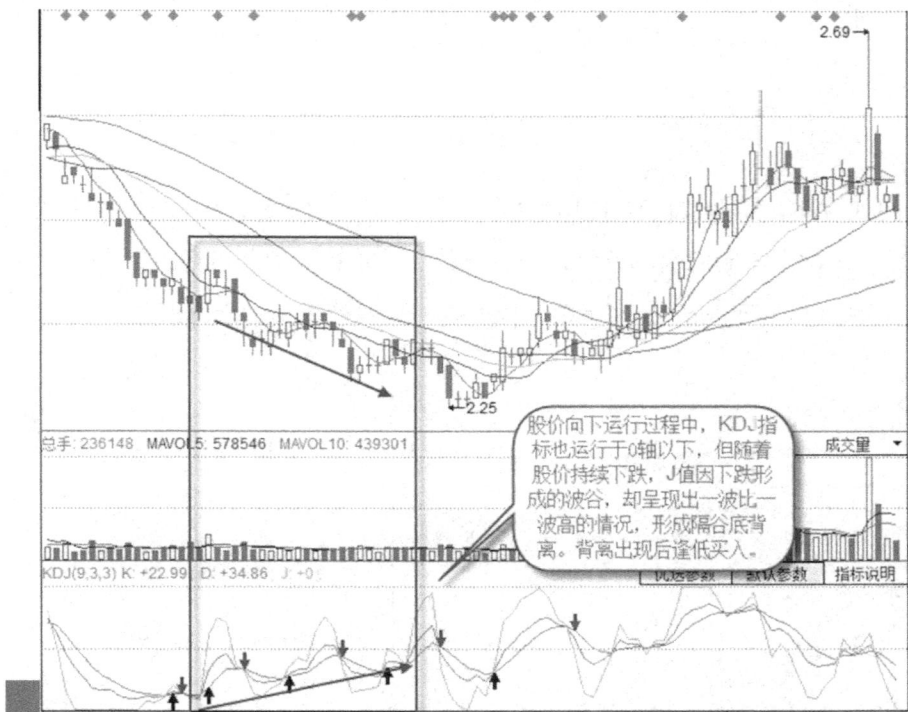

图9-4　中国石化：日线图

技术要领

1.隔谷底背离出现后，股价并不一定会立即出现反弹，但此时往往已成为短期的底部区域，因此可逢低分批建仓，或结合其他指标综合判断。

2.只有经过较长时期的下跌，或是从周线上出现的隔谷底背离，才更有可信度。

3.通常，日线上出现的隔谷底背离，投资者可进行波段操作。

9.2 KDJ顶背离

9.2.1 逆向顶背离

逆向顶背离，是指股价在上涨趋势里，股价在不断上涨，但KDJ指标中J线在遇顶后，出同了不断回落的趋势，与股价的上涨趋势呈相反运行的状态。这说明，KDJ指标已先于股价开始了下降，因此是一种股价见顶的卖出形态。

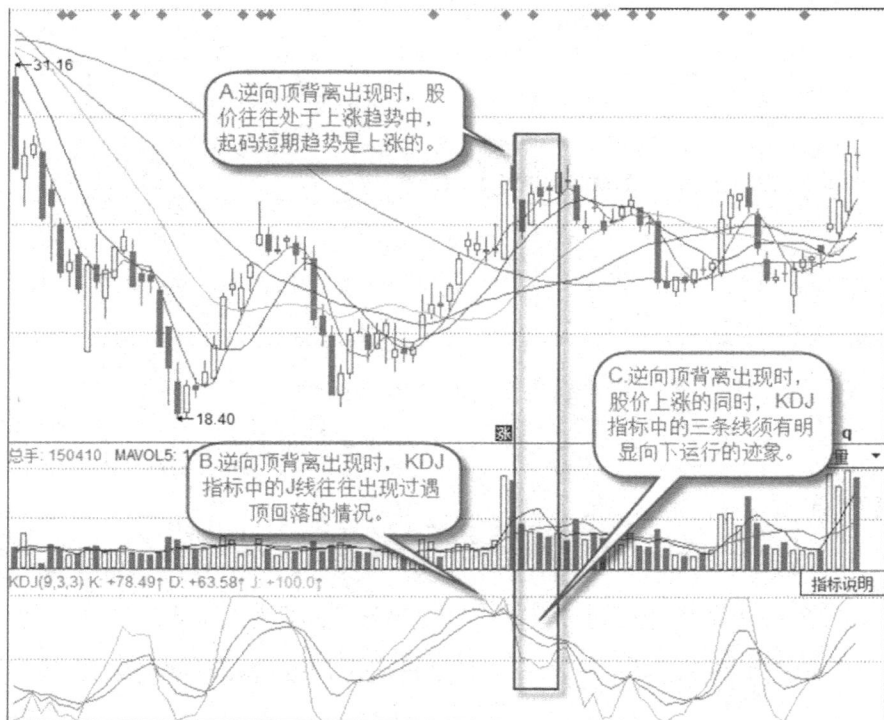

图9-5 威海广泰：日线图

形态特征

　　图9-5是威海广泰（002111）的日线图，其形态特征可以从以下三点分析确认：

A.逆向顶背离出现时，股价往往处于上涨趋势中，起码短期趋势是上涨的。

B.逆向顶背离出现时，KDJ指标中的J线往往出现过遇顶回落的情况。

C.逆向顶背离出现时，股价上涨的同时，KDJ指标中的三条线须有明显向下运行的迹象。

实战案例

　　在震荡行情的短线上涨趋势中，威海广泰在2016年3月29日至4月6日期间，股份持续上涨，但KDJ指标中的J线却在遇顶之后，与K线、D线出现了一同向下运行，与股价的运行方向截然相反，形成逆向顶背离。这说明，KDJ指标已先股价出现了下跌调整。因此，投资者应当在逆向顶背离出现时，及时卖出股票。以上说明如图9-6所示。

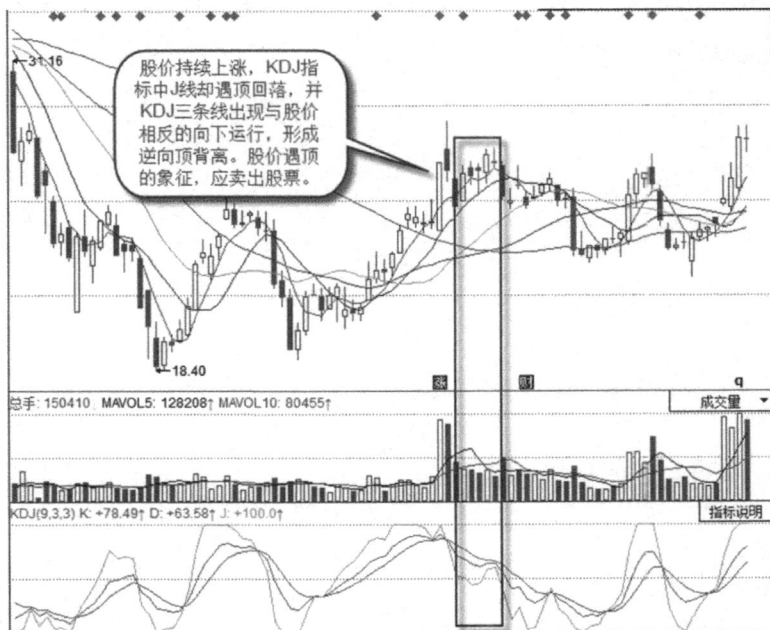

图9-6　威海广泰：日线图

技术要领

1.逆向顶背离的出现，是反映股价波段运行的征兆，即使是在牛市中，也是调整即将开始时的信号，因此投资者可在牛市中，KDJ逆向顶背离出现时卖出，逆向底背离时再行买入。

2.如果是震荡行情中出现逆向顶背离，说明股价阶段性高点即将出现，应果断离场，低位企稳后再波段买入。

3.如果逆向顶背离出现前，KDJ指标中的J线未出现遇顶即开始回落下跌，则说明行情极弱，应暂时观望。

9.2.2　隔峰顶背离

隔峰顶背离，是指股价在上涨趋势中，股价在持续上涨，但KDJ指标中的J线因不断向下运行形成了一个个波浪峰，但波浪峰却呈一个比一个低的情况，与股价的运行方向截然相反。这种KDJ指标与股价的背离，说明盘中的主力在借股价的上涨边拉边出货，因此才出现这种背离，所以是一种股价即将遇顶回落或下跌调整的卖出形态。

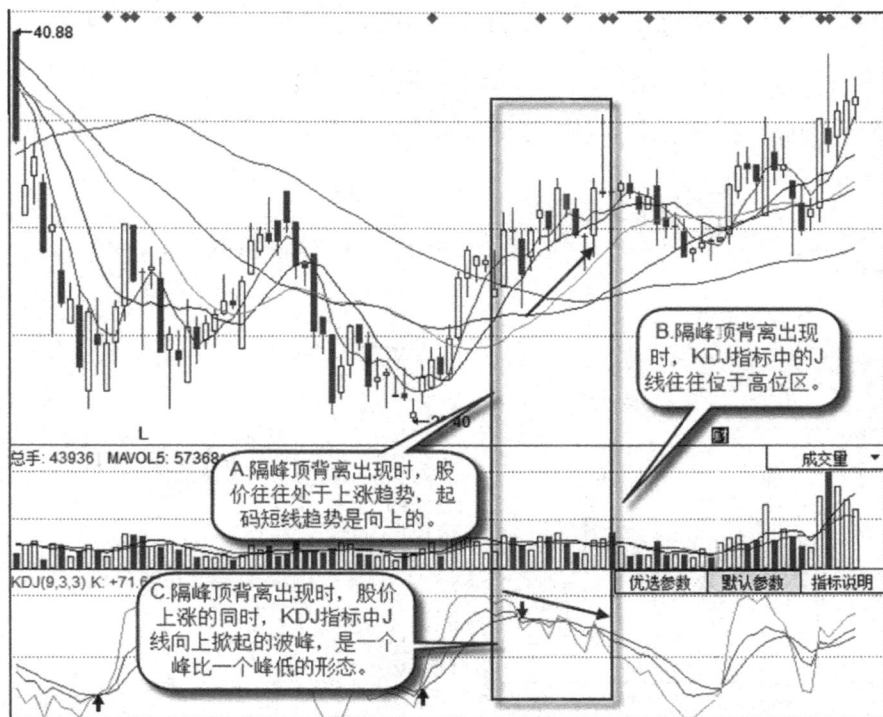

图9-7　再升科技：日线图

形态特征

图9-7是再升科技（603601）的日线图，其形态特征可以从以下三点分析确认：

A.隔峰顶背离出现时，股价往往处于上涨趋势，起码短线趋势是向上的。

B.隔峰顶背离出现时，KDJ指标中的J线往往位于高位区。

C.隔峰顶背离出现时，股价上涨的同时，KDJ指标中J线向上掀起的波峰，是一个峰比一个峰低的形态。

实战案例

经过2016年3月初到中旬的低位震荡后，再升科技于3月17日开始上涨，但在持续上涨的趋势中，自3月25日时，股价的上涨力度开始变小，但依然在持续上涨，可KDJ指标中的J线，却在遇顶回落后，形成了一个又一个波浪峰，并且波浪峰的顶峰是一个比一个低，并且K线与D线也均呈现向下运行的趋势，形成隔峰顶背离。这说明，主力在借一边拉升股价一边出货。所以，股价即将出现调整下跌，因此，投资者应当果断在KDJ隔峰顶背离出现后卖出股票。以上说明如图9-8所示。

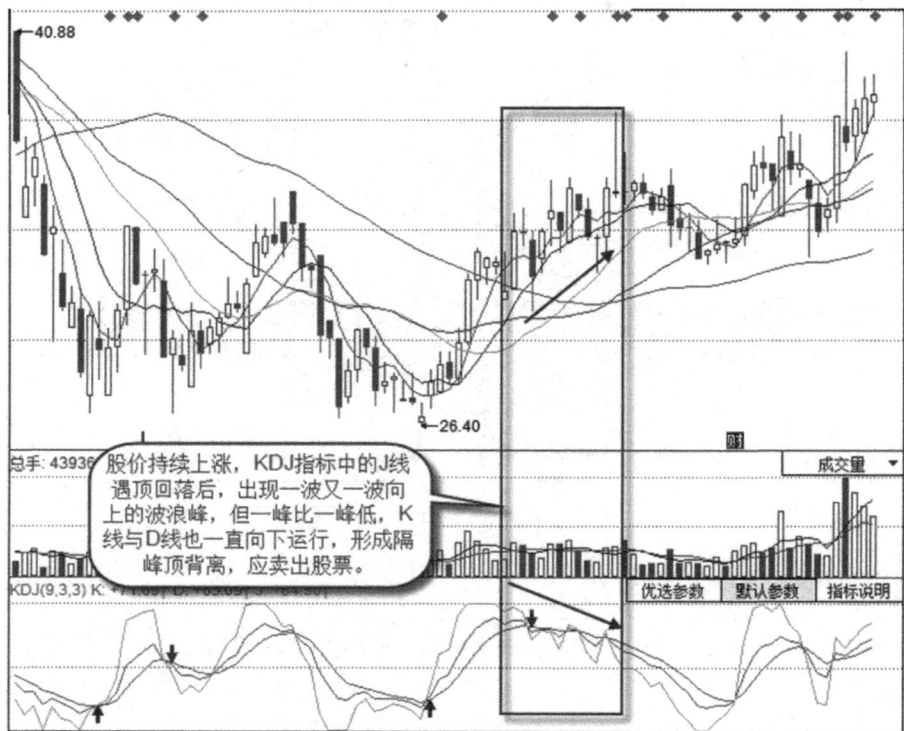

图9-8　再升科技：日线图

技术要领

1.隔峰顶背离，是一种短期股价见顶的信号，但如果在上涨初期出现，往往是调整即将开始的征兆，因此短线仍应以回避为主，即使是看好该股，也应在回落调整中止跌后再介入。

2.采取边拉边出方式操盘的主力，在操盘过程中，经常会出现KDJ隔峰顶背离。

3.隔峰顶背离出现时，如果是出现在KDJ指标的低位区时，往往属于下跌中继的弱势行情，此时应回避。

9.3 KDJ背离经典形态

9.3.1　上升三法背离买入形态

上升三法背离，是一种假背离，是指股价在上涨过程中，在拉出一根中阳以上的阳线后，接连出现几根较小的短期趋势向下的小阴或小阳线（原则上是3根和小阴线最佳），但此时，KDJ指标中的三条线却是呈向上运行的趋势，与这些小阴线形成背离，而后，再一根中阳以上的阳线出现，股价再次恢复了上涨。

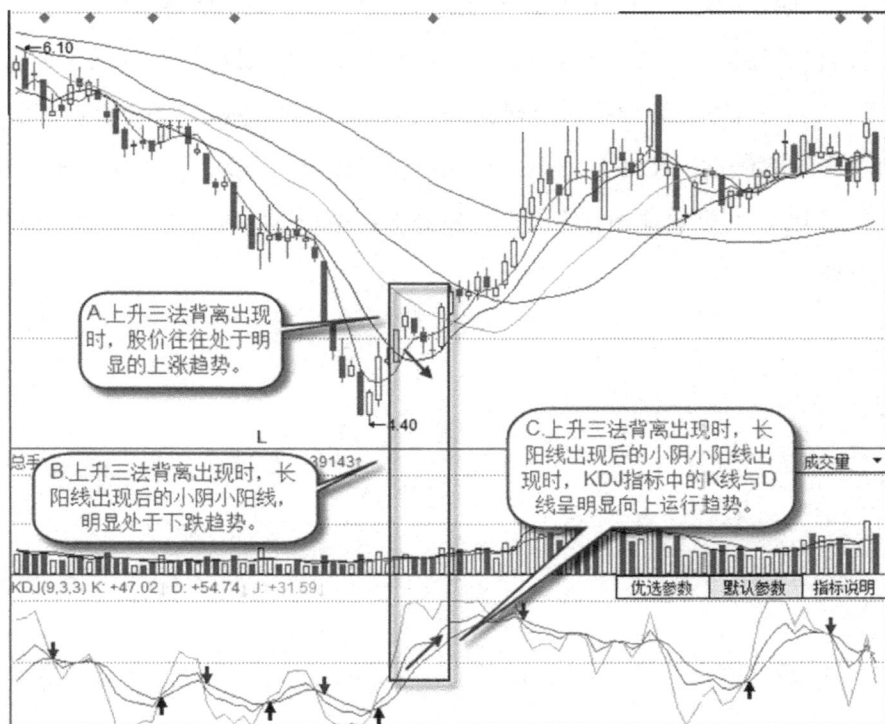

A.上升三法背离出现时，股价往往处于明显的上涨趋势。

B.上升三法背离出现时，长阳线出现后的小阴小阳线，明显处于下跌趋势。

C.上升三法背离出现时，长阳线出现后的小阴小阳线出现时，KDJ指标中的K线与D线呈明显向上运行趋势。

图9-9　金亚科技：日线图

形态特征

图9-9是金亚科技（300028）的日线图，其形态特征可以从以下三点分析确认：

A.上升三法背离出现时，股价往往处于明显的上涨趋势。

B.上升三法背离出现时，长阳线出现后的小阴小阳线，明显处于下跌趋势。

C.上升三法背离出现时，长阳线出现后的小阴小阳线出现时，KDJ指标中的K线与D线呈明显向上运行趋势。

实战案例

在2012年10月4日，金亚科技创出4.40元新低后，即出现反弹，并在持续上涨中，于12月7日出现了一根长阳。但其后的4个交易日中，却出现了接连呈下跌趋势的小阴小阳线，而此时，KDJ指标中的K线与D线均依然呈向上运行的趋势。与股价的短期运行相反，其后，在12月14日，再次拉出了一根长阳线。从线上看，12月7日的长阳出现后出现的1根小阴与3根小阳线，其低点均未低于12月7日的长阳线低点，而12月14日却明显出现了放量，因此，形成了上升三法背离形态。因此，投资者应当在上升三法背离形态出现后，及时买入。以上说明如图9-10所示。

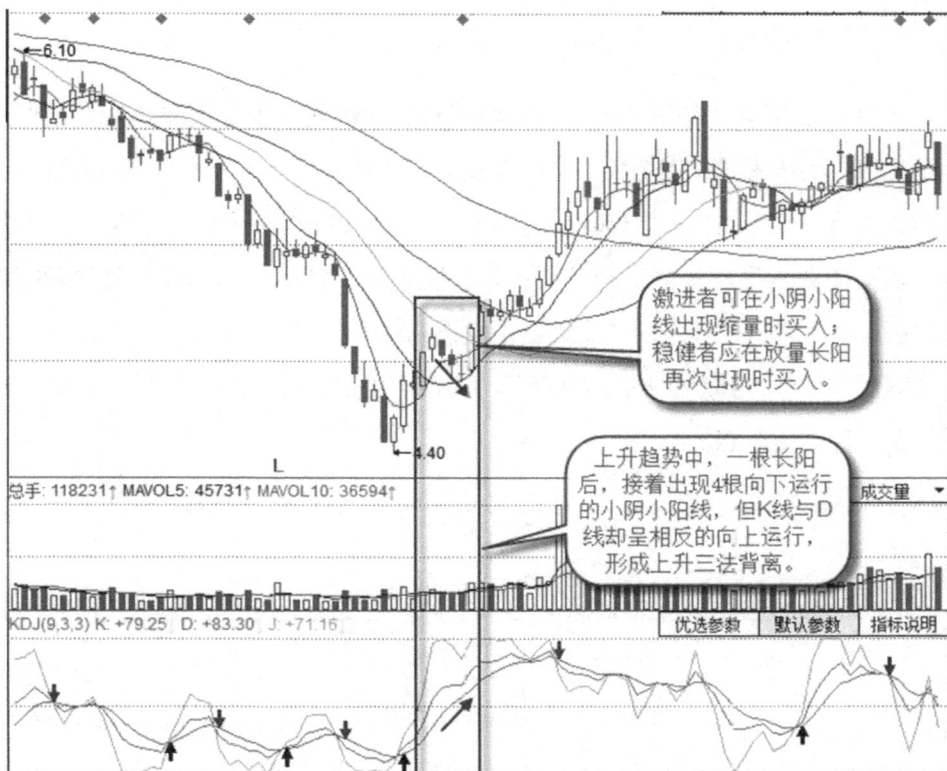

图9-10　金亚科技：日线图

技术要领

1.上升三法背离如果是出现在相对高位区时，往往不可信。

2.只有出现在上涨初期的上升三法背离形态，才是最佳的买入形态，买入后可安心持股，直至涨势结束。

3.上升三法背离出现时，激进者可在长阳出现后的缩量小阳小阴线时埋伏买入；稳健者可在形态确立后再买入。

4.上升三法背离出现时，最后一根阳线的长度越长则越有效，同时应伴有成交量的放大，但不能过大。

9.3.2 下降三法背离卖出形态

下降三法背离，是指股价在下跌趋势中，在出现一根长阴线之后，接着出现了几根小阴小阳线（理想状态为小阳线），并且这几根小阳小阴线的趋势是向上的，只是，此时的KDJ指标却没有因为几根向上的小阳小阴线而改变向下的趋势，从而与股价形成背离。随后，一根长阴出现，将小阴小阳线的涨幅瞬间跌去。因此，下降三法背离经常出现在下跌初期或是中途，小阴小阳线的出现，往往是短暂的反弹，其后的长阴说明股价将重新回归跌途。所以，下降三法背离形态，是一种卖出形态。

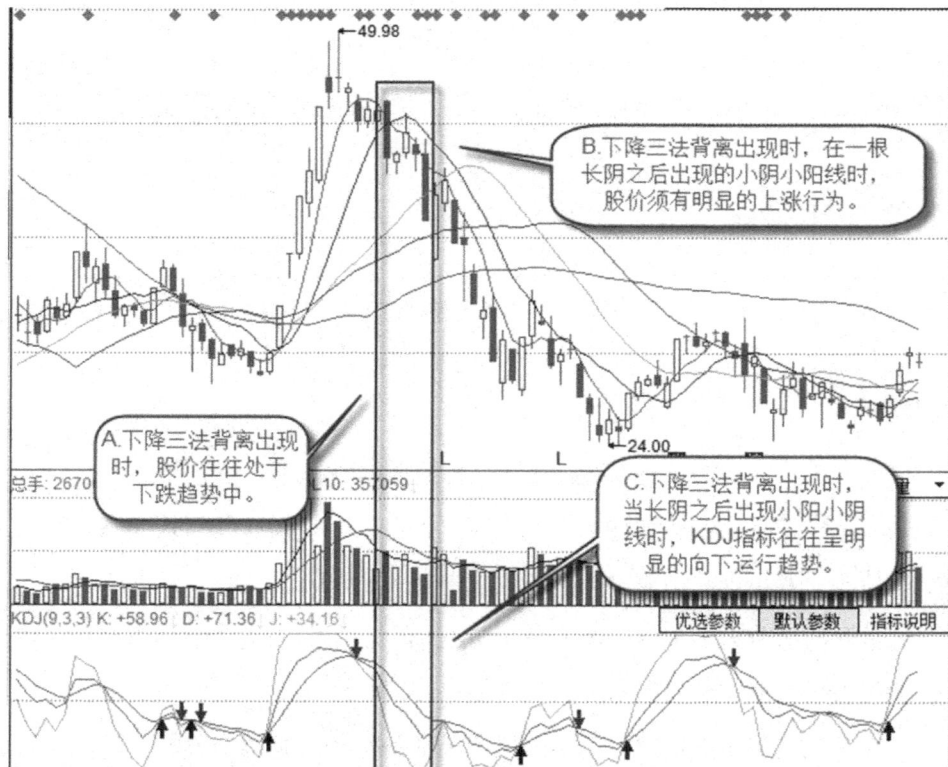

图9-11　神州信息：日线图

形态特征

　　图9-11是神州信息（000555）的日线图，其形态特征可以从以下三点分析确认：

　　A.下降三法背离出现时，股价往往处于下跌趋势中。

　　B.下降三法背离出现时，在一根长阴之后出现的小阴小阳线时，股价须有明显的上涨行为。

　　C.下降三法背离出现时，当长阴之后出现小阳小阴线时，KDJ指标往往呈明显的向下运行趋势。

实战案例

　　在经历前期上涨后，神州信息于2015年11月21日创出新高后，转为跌势，并于12月28日拉出一根长阴线，承接原来的下跌，但随后却出现了两根小阳线和一根小阴线，呈上行趋势，但此时KDJ指标却呈现明显的向下运行的趋势，第5天再次出现一根长阴线，形成了下降三法背离。这说明，三根小阴小阳线只是多头对快速下跌的一种自然反应，但并不能改变股价下跌的事实，而KDJ指标却已先于股价继续下行，因此，投资者应当果断卖出股票。以上说明如图9-12所示。

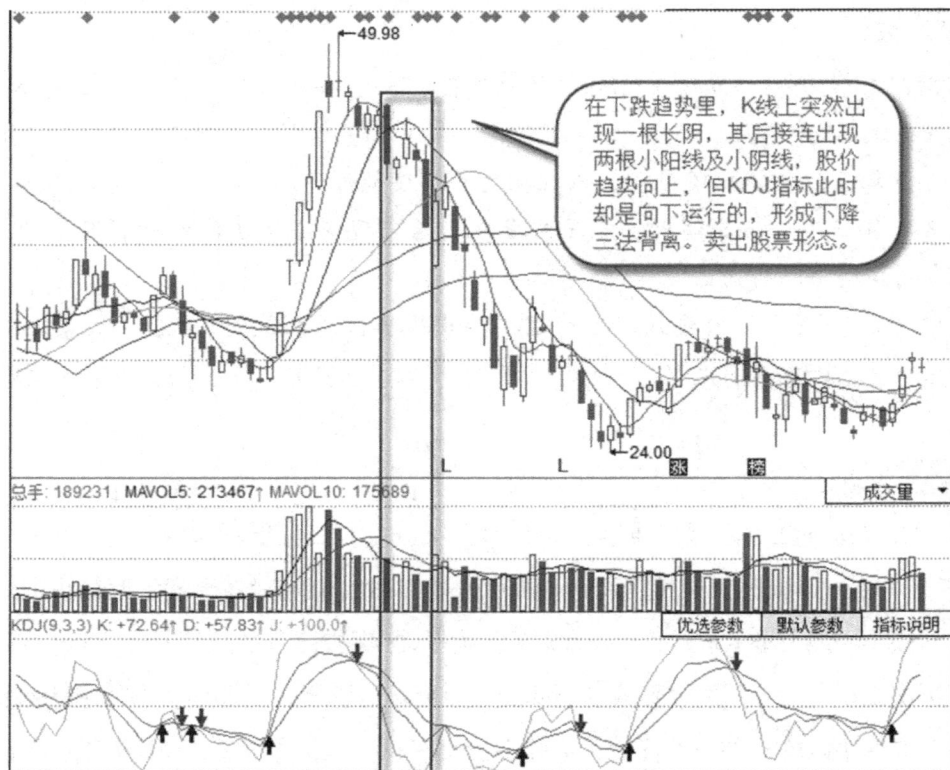

图9-12　神州信息：日线图

技术要领

　　1.下降三法背离出现时，如果是出现在下跌初期，投资者此时往往抱有幻想，但最后一根长阴的出现，则应果断放弃幻想，卖出股票。

　　2.如果下降三法背离出现在下跌途中，说明股价未跌到位，其后仍会继续下跌走势，因此应以卖出或观望为主。

　　3.如果上涨趋势中出现下降三法背离，往往是在股价高位区出现，是趋势反转的征兆，应理性对待此时的小阳小阴上涨。

　　4.下降三法出现时，有经验的投资者应在小阳小阴的反弹中选择离场，后知后觉的投资者，可在最后一根长阴出现时，快速离场。

第10章 其他指标背离典型买卖形态

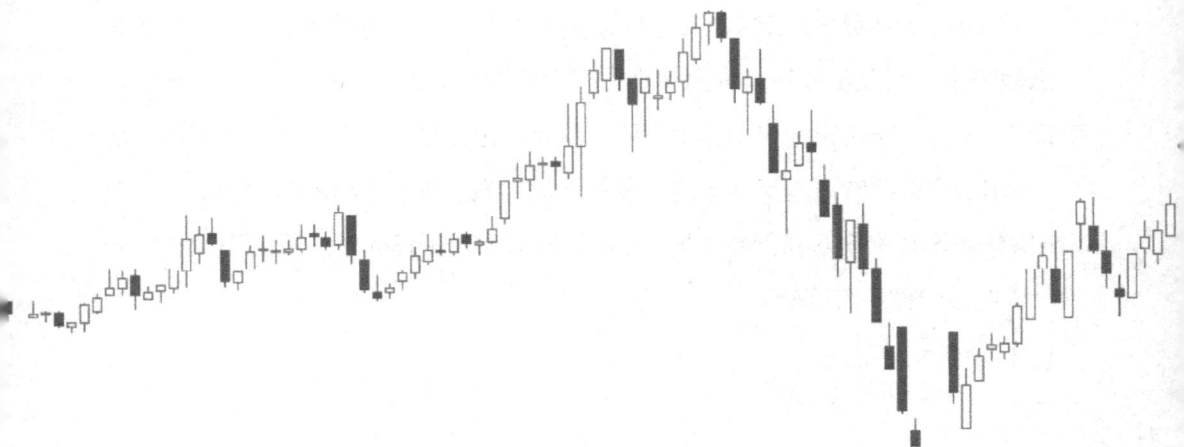

除了MACD与KDJ两种指标，还有许多指标同样能够解析行情，尤其是这些指标出现背离时，同样会出现很多经典的形态：买入形态或是卖出形态。比如CCI指标、RSI指标、ASI指标……这些指标的背离，都从某个角度，很好地诠释出了它们对趋势演变的影响。

10.1 RSI底背离

10.1.1　RSI逆势背离

RSI是强弱指标，因为任何价格的大涨或大跌，RSI指标均在0－100之间来回变动，而根据常态，RSI值大多在30－70之间变动，通常达到80甚至90时，被认为市场已经到达了超买状态，至此，市场价格自然会出现回落调整。而当价格低跌至30以下时，即被认为是超卖状态，市价将出现反弹回升。

RSI逆势背离分为RSI逆势顶背离与逆势底背离，RSI逆势顶背离是指在单边上涨趋势中，当股价在不断创出新高，但DSI指标却没有创出新高，RSI逆势顶背离出现时，是RSI指标先于股价下跌的信号，因此是一种股价见顶回落的卖出形态；RSI逆势底背离是指在单边下跌趋势里，当股价在不断刷新前期低点，但RSI指标却没有刷新前期低点。同样，RSI底背离是指标先于股价出现止跌的表现，因此是一种买入信号。

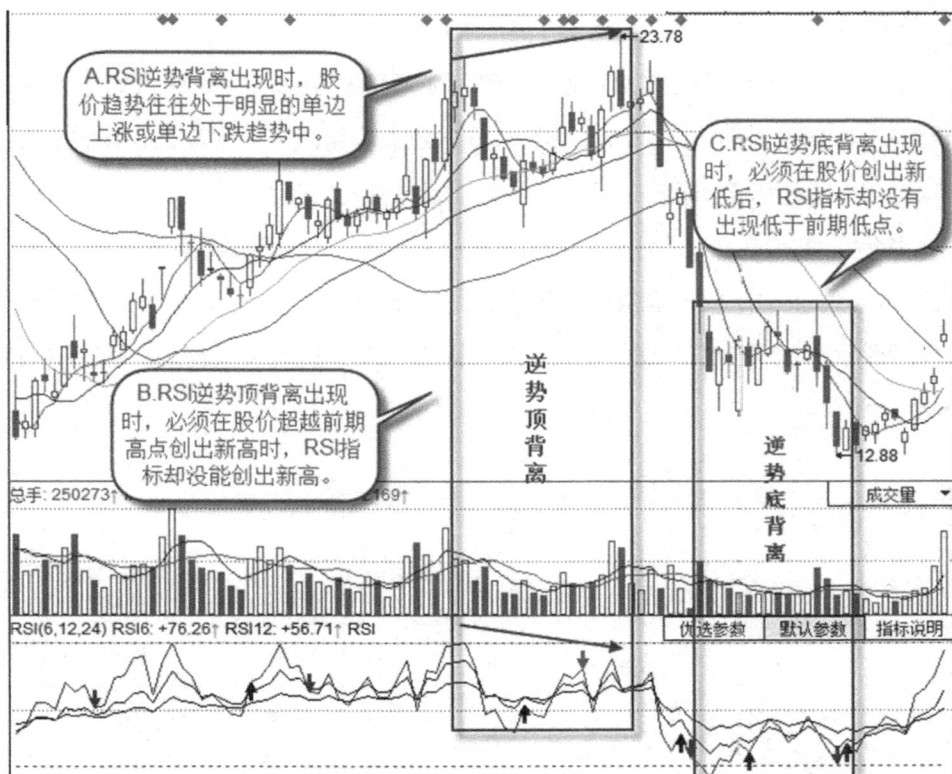

图10-1　凯盛科技：日线图

形态特征

图10-1是凯盛科技（600552）的日线图，其形态特征可以从以下三点分析确认：

A.RSI逆势背离出现，股价趋势往往处于明显的单边上涨或单边下跌趋势中。

B.RSI逆势顶背离出现，必须在股价超越前期高点创出新高时，RSI指标却没能创出新高。

C.RSI逆势底背离出现，必须在股价创出新低后，RSI指标却没有出现低于前期低点。

实战案例

在2015年10月到12月的上涨趋势里，凯盛科技在12月28日股价刷新了12月4日的高点，创出新高23.78元，但RSI指标却未能超越当时的高点，形成RSI逆势顶背离。说明RSI指标已先于股价转弱，因此应卖出股票。

其后，在2016年1月4日开始的跌势里，当1月28日股价刷新前低创出12.88元的新低时，RSI指标却未能刷低前期低点，形成RSI逆势底背离。说明RSI指标已先于股价出现了止跌，因此是一种买入形态，应当及时买入股票。以上说明如图10-2所示。

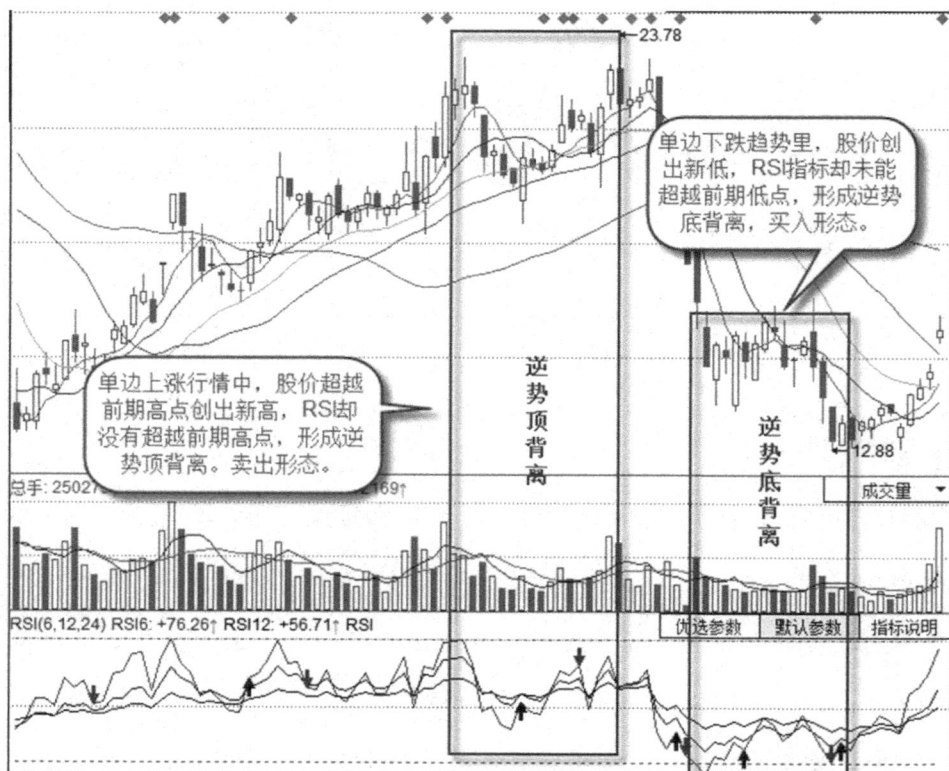

图10-2 凯盛科技：日线图

技术要领

1.RSI逆势背离出现时，投资者应当首先判断股票趋势，这样才能在不同的趋势里，判定出现的RSI背离是底背离还是顶背离，从而再决定操作。

2.RSI逆势顶背离出现时，往往是在股价高位区，通常一次明显的RSI顶背离，即可决定趋势的反转，所以一经在上涨趋势里发现，说明股价已涨到头了，应果断卖出。

3.RSI逆势底背离出现时，只能是超跌后的短时企稳，并不代表个股已出现大底，而大底的研判则需要从更长周期图上综合各指标具体判断。

10.1.2　RSI顺势背离

RSI顺势背离是指股价在单边运行过程中，如单边上涨趋势的调整行情中时，RSI跌破了上次调整时的低点，但股价却未能跌破上次调整时的低点，这往往说明，股价已不会继续深跌，是盘中止跌回升的信号，因此是一种调整结束时的买入形态；或是在单边下跌趋势中，当多次出现反弹时，RSI的低点刷新了上一次反弹时的低点，但股价却没有超越上一次反弹的高点，这说明反弹的力度较弱，是一种反弹结束的信号，因此是一种逢高卖出的形态。

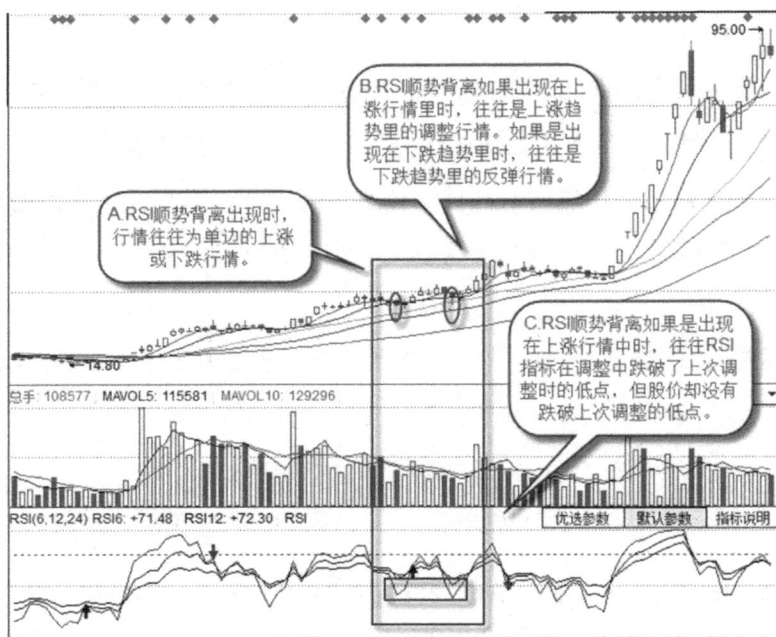

B.RSI顺势背离如果出现在上涨行情里时,往往是上涨趋势里的调整行情。如果是出现在下跌趋势里时,往往是下跌趋势里的反弹行情。

A.RSI顺势背离出现时,行情往往为单边的上涨或下跌行情。

C.RSI顺势背离如果是出现在上涨行情中时,往往RSI指标在调整中跌破了上次调整时的低点,但股价却没有跌破上次调整的低点。

95.00

14.80

总手: 108577 MAVOL5: 115581 MAVOL10: 129296

RSI(6,12,24) RSI6: +71.48 RSI12: +72.30 RSI   优选参数 默认参数 指标说明

图10-3 证通电子:日线图

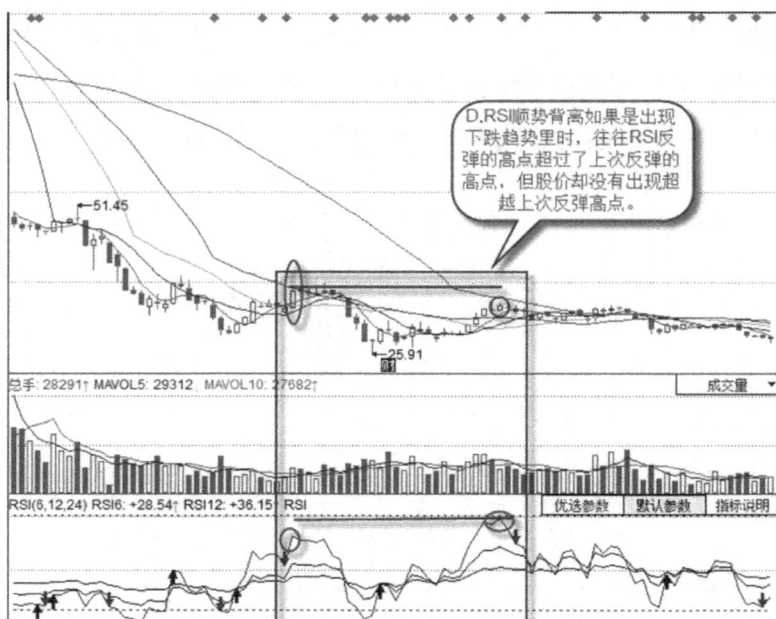

D.RSI顺势背离如果是出现下跌趋势里时,往往RSI反弹的高点超过了上次反弹的高点,但股价却没有出现超越上次反弹高点。

51.45

25.91

总手: 28291↑ MAVOL5: 29312 MAVOL10: 27682↑   成交量

RSI(6,12,24) RSI6: +28.54↑ RSI12: +36.15↑ RSI   优选参数 默认参数 指标说明

图10-4 通策医疗:日线图

形态特征

图10-3是证通电子（002197）的日线图，图10-4是通策医疗（600763）日线图，其形态特征可以从以下四点分析确认：

A.RSI顺势背离出现，行情往往为单边的上涨或下跌行情。

B.RSI顺势背离如果出现在上涨行情里，往往是上涨趋势里的调整行情。如果是出现在下跌趋势里，往往是下跌趋势里的反弹行情。

C.RSI顺势背离如果是出现在上涨行情中，往往RSI指标在调整中跌破了上次调整时的低点，但股价却没有跌破上次调整的低点。

D.RSI顺势背离如果是出现下跌趋势里，往往RSI反弹的高点超过了上次反弹的高点，但股价却没有出现超越上次反弹高点。

实战案例

» 上涨趋势中的SRI顺势背离

在2015上月开始的上涨趋势里，证通电子于2015年3月中旬与4月上旬分别出现了两次调整：第一次，于2015年3月30日，RSI出现了低点，当日RSI6达到了+51.25后止跌，股价最低达到了28.58元；第二次，于2015年4月9日，RST再次出现低点，当日RSI6达到了+48.91后止跌，股价最低达到了29.00元。

显然，第二次调整时RSI明显要低于第一次，但是股价的最低点却明显要高于第一次，从而形成了RSI顺势背离。这说明，RSI在刷新新低时，股价没有刷新上一次的新低，表明股价已调整到位，不会再出现更低价格的下跌，因此应当及时买入股票。以上说明如图10-5所示。

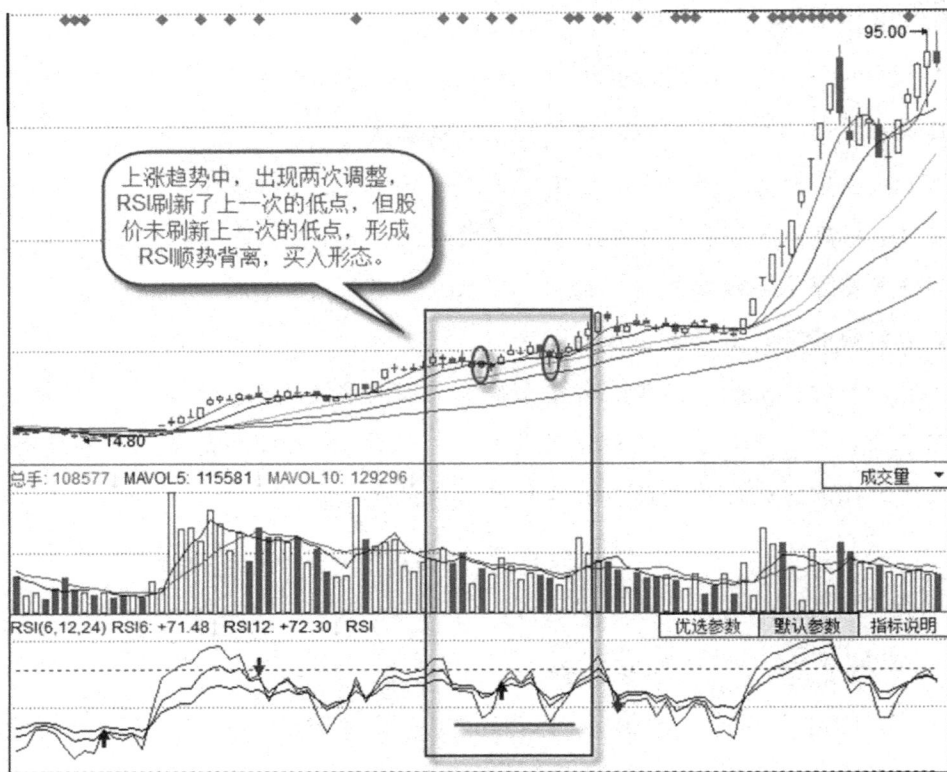

图10-5 证通电子：日线图

» 下跌趋势中的SRI顺势背离

在2015年12月下旬开始的下跌过程中，通策医疗在2016年1月28日与3月1日他别出现了两波反弹行情：第一次，在2016年2月16日，RSI指标与股价均出现了高点，当日RSI6最高达到了+66.56，股价最高达到了37.02元；第二次，在2016年3月23日，RSI指标与股价同样达到了反弹高点，RSI6当日最高达到了+77.94，股价最高达34.68元。

很明显，在这两轮反弹中，RSI第二次要较第一次反弹强了很多，刷新了上次反弹的新高，但是股价却较上次反弹相差较多，低了近10%。这说明，股价仍然处于弱势反弹中，因此应当卖出逃离。以上说明如图10-6所示。

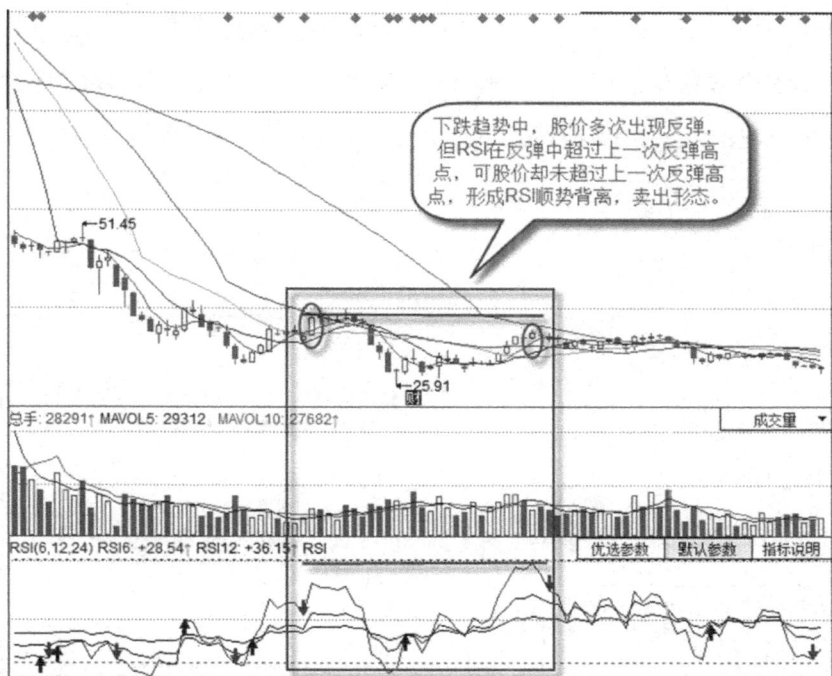

图10-6　通策医疗：日线图

技术要领

1.RSI顺势背离出现时，应首先来判断大的趋势，从而决定是买或卖。

2.RSI顺势背离出现时，下跌趋势中是以RSI的顶部来判断行情的，但若是在上涨趋势中，则是以RSI的底部形态来分析的。

3.当RSI顺势背离出现时，可能当时的股价不是理想的价格，但却是股价止跌或反弹的高点价格。

4.在暴涨暴跌行情中，RSI指数可能会出现钝化现象，因此应结合其他指标来综合判定行情。

10.1.3　RSI值极端背离

RSI的变动范围在0到100之间，判断强弱的指标值一般在20到80之间。通常，50到80之间为买入信号，20到50之间时属于弱势观望。但是，却有两种情况，属于极端背离：RSI在80到100之间时，属于极强的背离卖出信号，应当以卖出为主；RSI值在0到20之间时，属于极弱的背离买入信号，应当以买入为主。

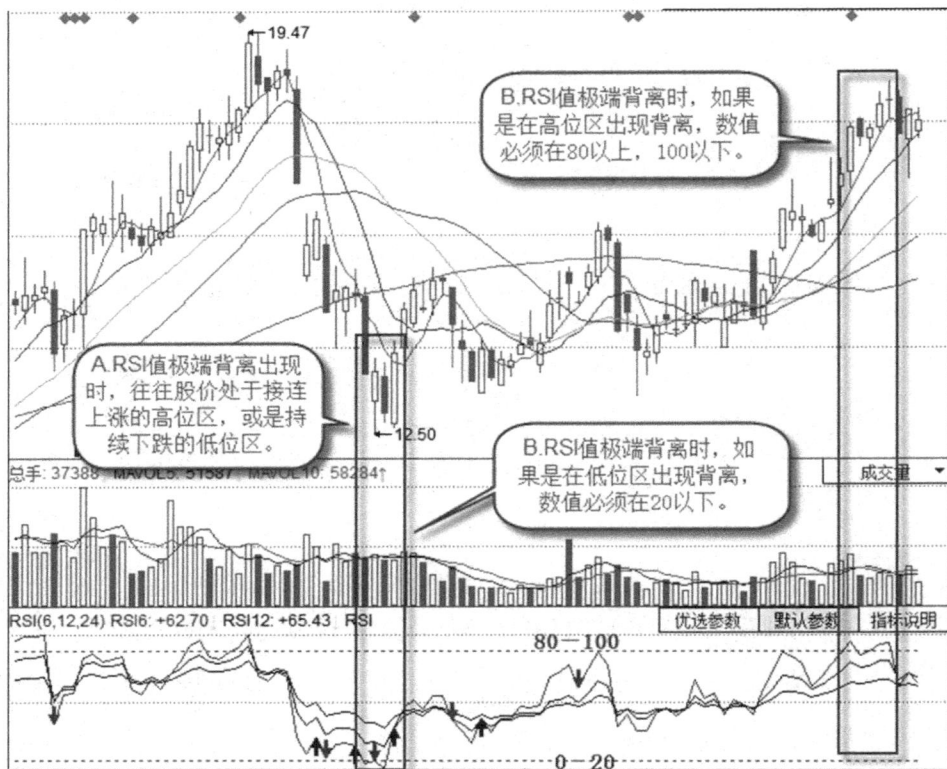

图10-7　*ST水晶：日线图

形态特征

图10-7是*ST水晶（002199）的日线图，其形态特征可以从以下三点分析确认：

A.RSI值极端背离出现，往往股价处于接连上涨的高位区，或是持续下跌的低位区。

B.RSI值极端背离，如果是在高位区出现背离，数值必须在80以上，100以下。

C.RSI值极端背离，如果是在低位区出现背离，数值必须在20以下。

实战案例

经过2015年12月－2016年1月的持续下跌后，*ST水晶于于2014年1月14日运行至了0－20区域，并在15日RSI6最低达到了16.21进入了RSI值极端背离区，其后即出现长阳反转，因此，投资者应在RSI值极端背离出现后，逢低买入。

在其后的震荡上涨过程中，RSI值开始向上运行，至2016年3月30日与4月6日，RSI6曾两次向上越过80，4月6日时达到了84.61，形成了高位的RSI极端背离，股价也出现了短期上涨幅度达50%的涨幅，因此，应当在RSI上冲至80以上时卖出。以上说明如图10-8所示。

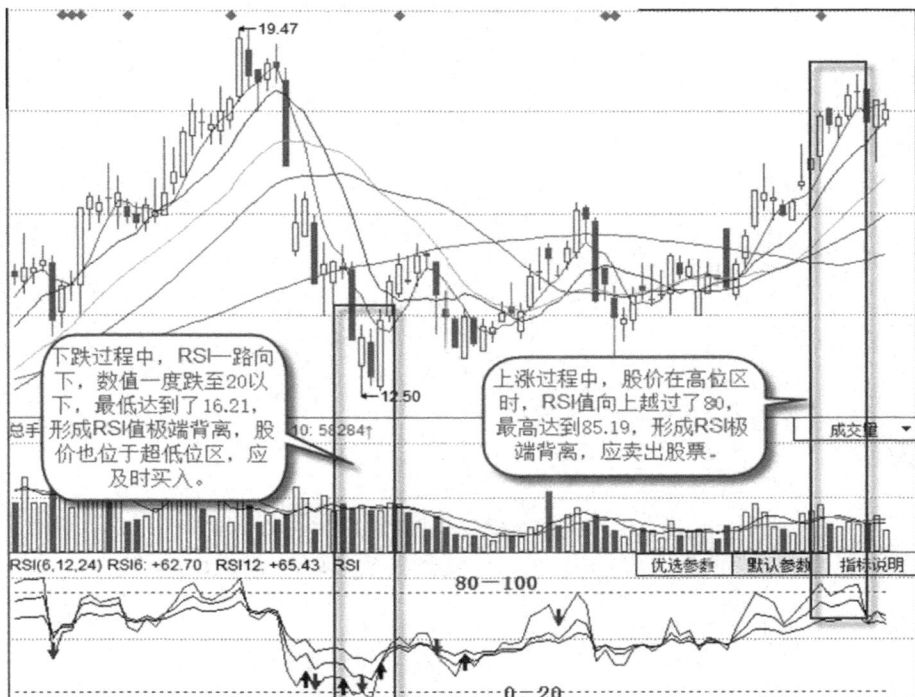

图10-8 *ST水晶：日线图

技术要领

1.RSI极端背离在高位区出现时，RSI数值若是一跃达到90以上，往往是超买严重的情况，而物极必反，因此应果断卖出。

2.当RSI在低位运行，尤其是经过长期在低位区徘徊后，突然进入了20以下区域时，一旦达到了10以下，应毫不犹豫地买入，因为这往往是否极泰来的临界点，也是股价的最低区域。

3.在实际操作中，稳健投资者可以在RSI值极端背离出现后，一旦出现拐头运行时买入，同时可结合成交量的变化来操作。

10.2 CCI背离

10.2.1　CCI底背离

　　CCI指标，又叫顺势指标。CCI指标底背离是指，当股价在不断创新低，可CCI指标却并没有创新低，反而出现向上运行。这说明，股价在不断走低的过程中，主力已认可了当前股价的低位，在大举买入，才会出现CCI指标的底背离，所以，这是一种买入股票的形态。

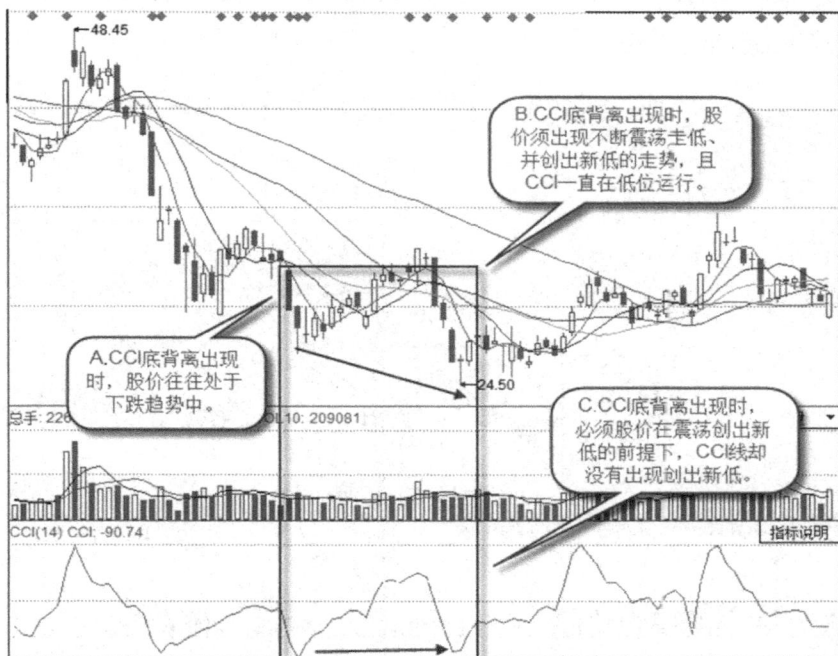

　　B.CCI底背离出现时，股价须出现不断震荡走低、并创出新低的走势，且CCI一直在低位运行。

　　A.CCI底背离出现时，股价往往处于下跌趋势中。

　　C.CCI底背离出现时，必须股价在震荡创出新低的前提下，CCI线却没有出现创出新低。

图10-9　达安基因：日线图

形态特征

　　图10-9是达安基因（002030）的日线图，其形态特征可以从以下三点分

析确认：

A.CCI底背离出现，股价往往处于下跌趋势中。

B.CCI底背离出现，股价须出现不断震荡走低，并创出新低的走势，且CCI一直在低位运行。

C.CCI底背离出现，股价在震荡创出新低的前提下，CCI线却没有创出新低。

实战案例

在持续震荡下跌趋势中，达安基因在2016年1月28日创出新低26.51元的价格后，开始震荡反弹，其后回落再次下跌，至3月1日时再次创出新低24.50元，但CCI的低点却再没有刷新上一次的低点，形成CCI底背离。这说明，主力已认可此时的低价，开始在低位大举买入，因此投资者应当及时在低位买入。以上说明如图10-10所示。

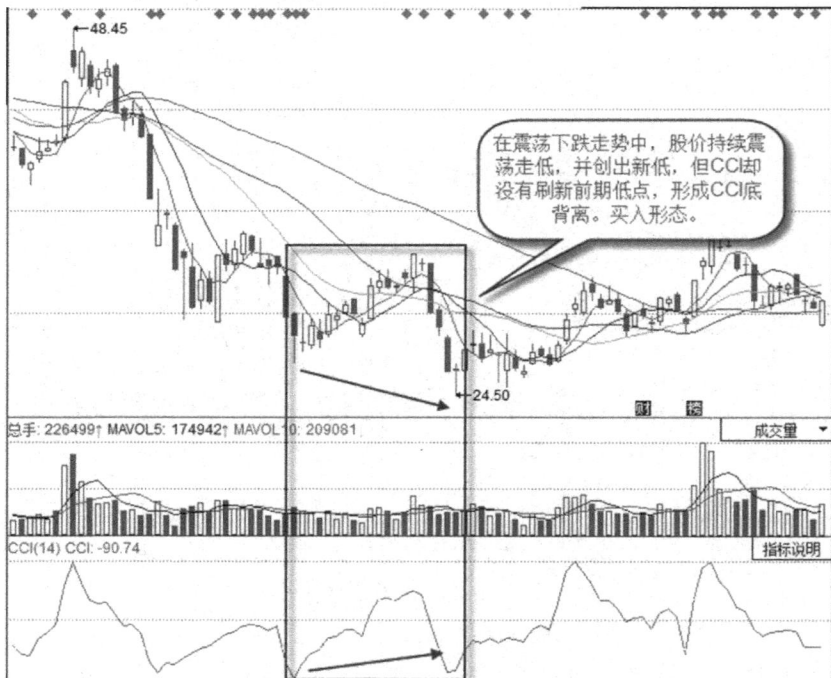

图10-10　达安基因：日线图

技术要领

1.CCI底背离出现，往往是在股价创出新低时，此时市场人心涣散，参与度不高，因此也成为主力大举进入的低位区，所以，有经验的投资者应当根据CCI底背离的出现，与主力一同在低位建仓。

2.CCI底背离出现后，往往是股价短期见底时的征兆，其后短期内再不会出现低价，但如果是对大底的研判，则应结合其他指标综合判断。

3.如果CCI底背离出现后，成交量不能持续放出阳量，则股价极有可能会再次震荡走低，尤其是此时CCI在相对较高的位置运行，因此应当在CCI背离出现后观察成交量的变化。

10.2.2　CCI顶背离

CCI顶背离，是指股价在上涨过程中，股价在不断创出新高，但CCI指标却出现了拐头向下运行。这说明，股价阶段性高点已经到来，因为盘中许多筹码在高位委卖。因此，CCI顶背离是一种强烈的卖出形态。

形态特征

图10-11是广誉远（600771）的日线图，其形态特征可以从以下三点分析确认：

A.CCI顶背离出现，股价往往处于上涨行情中，或是震荡反弹行情中。

B.CCI顶背离出现，股价及CCI指标多数在高位区运行。

C.CCI顶背离出现，股价上涨的同时，CCI指标须呈向下运行。

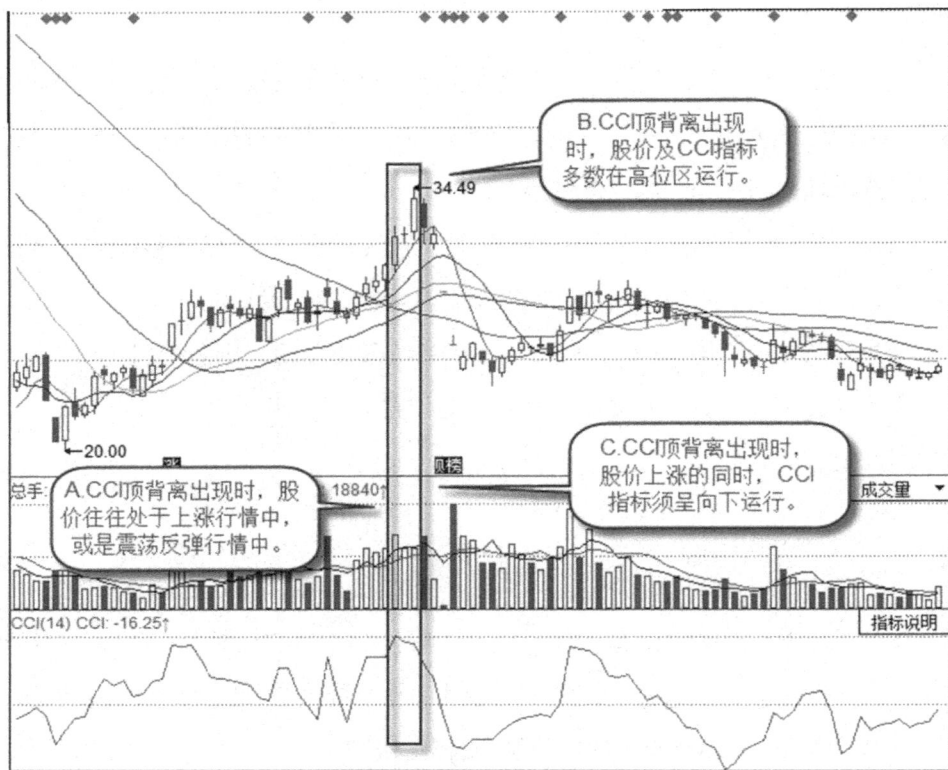

图10-11　广誉远：日线图

实战案例

　　自2015年9月16日广誉远创出新低20元后，股价开始震荡反弹，但到了11月10日股价达到32块多后，其后的两个交易日，股价虽然依然在上涨，并在11月12日创出新高34.49元，但CCI却在高位运行后了，于11月11与12日出现明显的拐头向下运行，形成CCI顶背离。这说明，在震荡行情中，经短期反弹后，股价至今涨幅已超过了50%，阶段性高点已经到来，因此，投资者应当及时卖出股票。以上说明如图10-12所示。

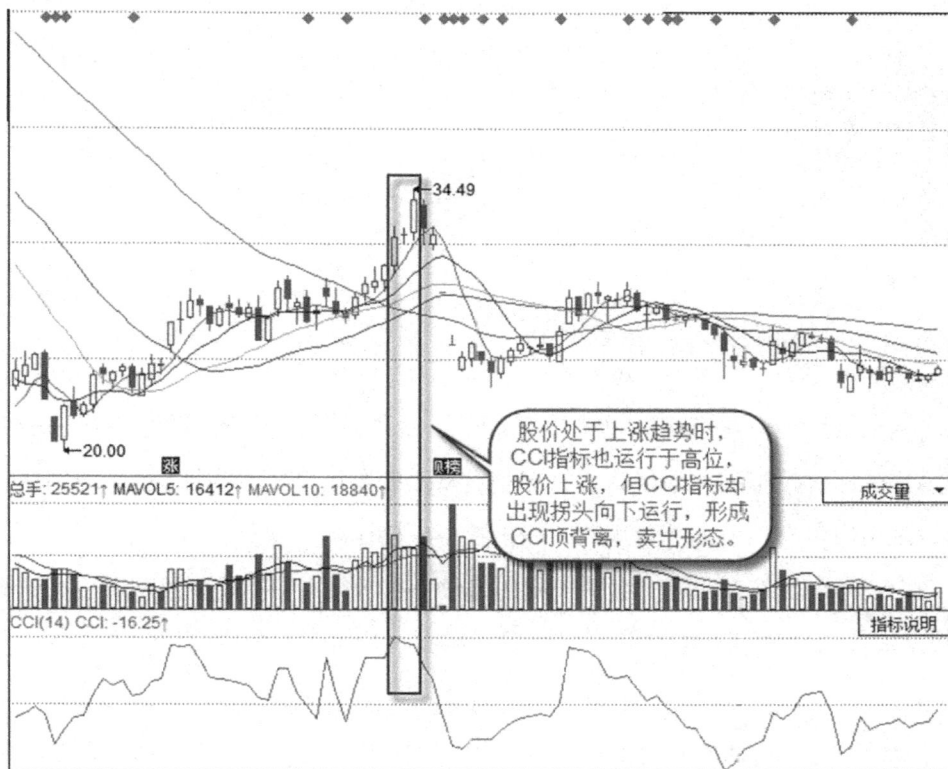

图10-12　广誉远：日线图

技术要领

　　1.在单边上涨行情中，出现明显的CCI顶背离时，投资者都应果断卖出股票。因此时股价涨幅较大，因为高位CCI顶背离出现后，股价转势率极高，因此一次顶背离即可确定行情将反转。

　　2.震荡行情中，即使股价在反弹临行情中上涨幅度并不大，但CCI顶背离的出现，说明反弹高点已到，也应果断离场，等待低点出现后承接。

　　3.如果运用CCI指标底背逃顶时，通常日线与周线所代表的周期较长，而5分钟或15分钟等短期K线图，往往只能代表更短周期的高点。

10.3 ASI背离

10.3.1 ASI指标熊背离

ASI是振动升降指标，是由以开盘价、最高价、最低价、收盘价和前一个交易日的各种价格相比较作为计算因子，从而研判市场的方向性指标。ASI熊背离，是指股价在下跌的趋势里时，股价在不断创出新的低点，但ASI指标却出现了向上运行。这往往说明，经过长期的低位下跌运行，指标已先股票做出了方向性的选择，出现拐头向上，因此往往是一种买入信号。

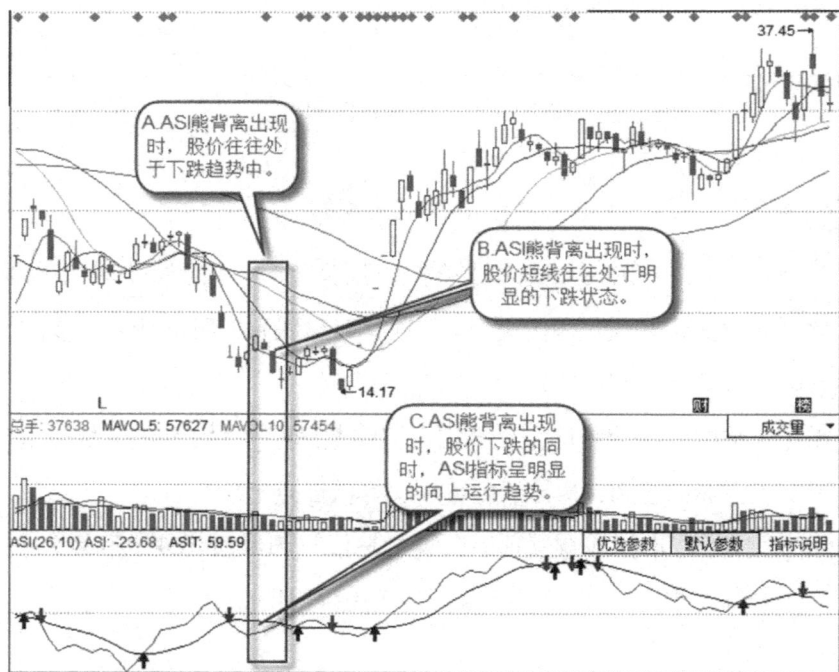

图10-13　好想你：日线图

形态特征

图10-13是好想你（002582）的日线图，其形态特征可以从以下三点分析确认：

A.ASI熊背离出现，股价往往处于下跌趋势中。

B.ASI熊背离出现，股价短线往往处于明显的下跌状态。

C.ASI熊背离出现，股价下跌的同时，ASI指标呈明显的向上运行趋势。

实战案例

在经历2015年5月的暴跌及其后的震荡走低，好想你在8月31日、9月1日与2日这三天里，股价在持续下跌，但ASI指标却出现了明显的拐头向上运行，形成明显的ASI熊背离形态。这说明，ASI指标已先于股价止跌，做出了反转向上的方向运行。因是低位首次出现底背离，所以，投资者应在随后观察，发现成交量持续阳量增长后，果断买入。以上说明如图10-14所示。

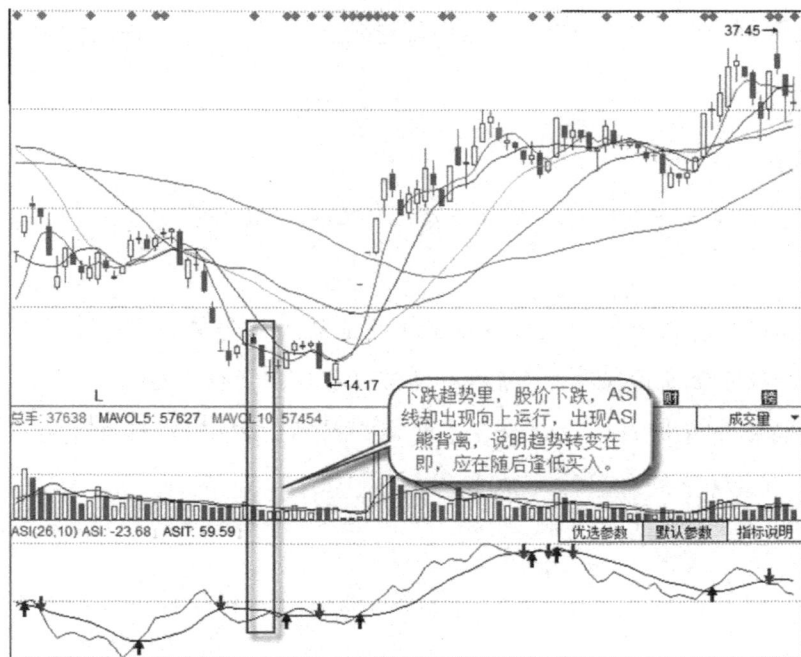

图10-14 好想你：日线图

技术要领

1.ASI指标熊背离出现后，并不一定会是真正的低点出现，有时多次ASI底背离出现后，股价才会见底，因此，投资者可在ASI底背离出现后，综合其他指标来具体判断。

2.ASI熊背离出现后，若是成交量能够持续在低位放出阳线，则往往说明主力此时已在介入，可大胆介入。

3.ASI熊背离出现时，如果ASI线与ASIT均在相对高位运行时，则往往是上涨行情中的下跌调整行情，说明调整即将结束，也是一种买入信号。

10.3.2 ASI指标牛背离

ASI指标牛背离，是指股价在上涨过程中，接连上涨，出现一浪比一浪高的趋势，但是ASI指标却是一浪低于一浪，股价在不断创出新的高度，但ASI指标却开始出现了向下的弱势运行。这种背离形态的出现，表明主力在股价高位区大举在卖出股票，以至于ASI指标无法出现持续上行，因此是一种高位卖出股票的形态。

形态特征

图10-15是生意宝（002095）的日线图，其形态特征可以从以下三点分析确认：

A.ASI指标牛背离出现，股价往往处于明显的上升趋势。

B.ASI指标牛背离出现，ASI指标与股价往往均在高位区运行。

C.ASI指标牛背离出现，股价在不断创出新高，但ASI指标却没有创出新高，反而出现节节向下的运行。

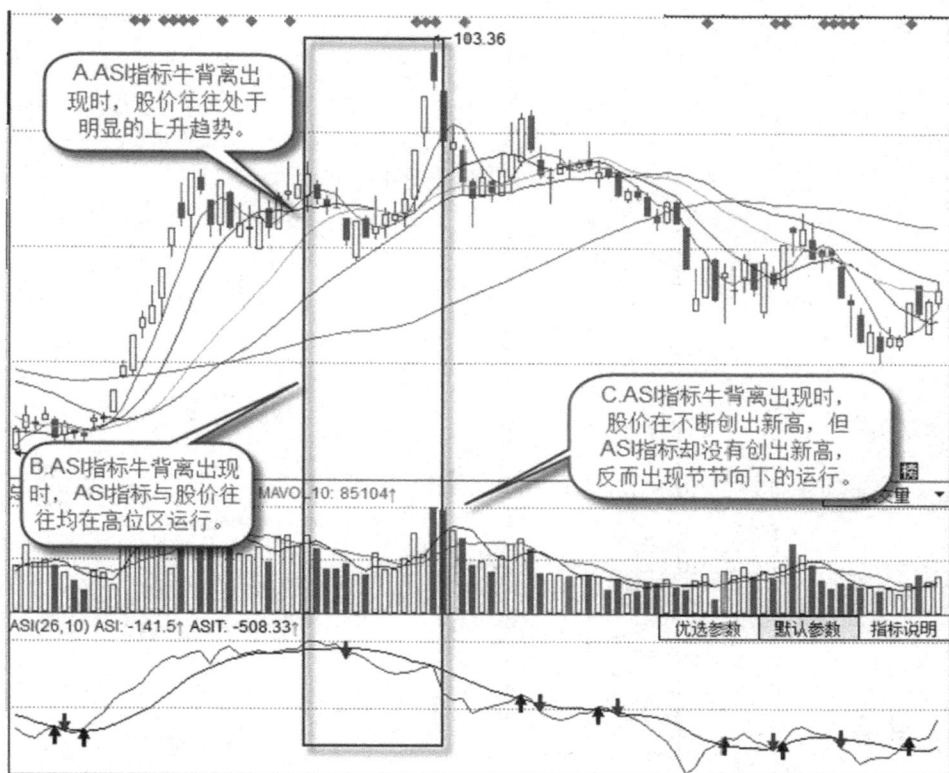

图10-15   生意宝：日线图

实战案例

自2015年10月开始上涨后，生意宝一路上行，很快股价至11月26日即最高，达到了103.36元，此时与底部40元左右的价格相比，已上涨150%多，股价在节节攀升，但ASI指标却在11月中旬到达顶部后，即出现了与股价截然相反的节节向下走势，ASI指标较弱，到股价创出103.36元新高时，ASI线只是向上触及了一下ASIT线即宣告反弹结束，形成了ASI指标牛背离。因此，投资者应在ASI牛背离出现后，及时高位卖出股票。以上说明如图10-16所示。

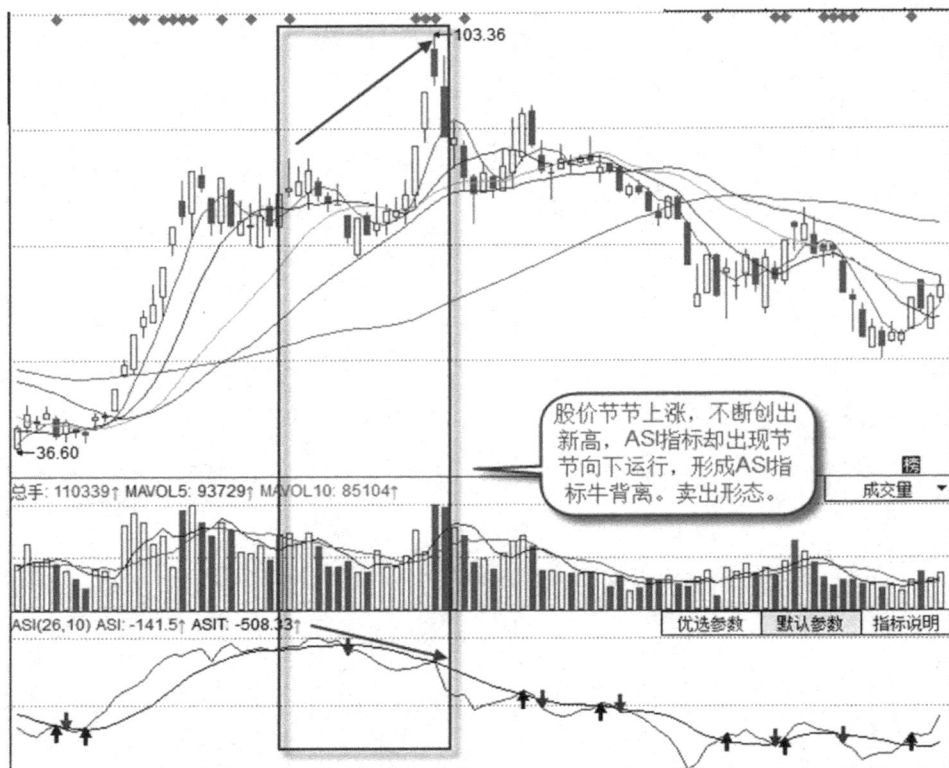

图10-16　生意宝：日线图

技术要领

1.ASI指标牛背离出现时，如果ASI指标并没有出现在高位区，且股价依然处于上涨行情，则往往是上涨过程中的调整行情。因此，只要此时上涨趋势不变，即说明调整已结束，应买入。

2.震荡反弹行情中出现ASI指标牛背离时，往往是阶段性高点的到来，也应及时卖出股票。

3.在实际操作中，如果个股出现ASI指标牛背离时，不应只以单一指标去判断，可结合其他指标的情况，综合判断行情，如KSJ、MACD等，则更为准确。

第11章　背离形态实战精要

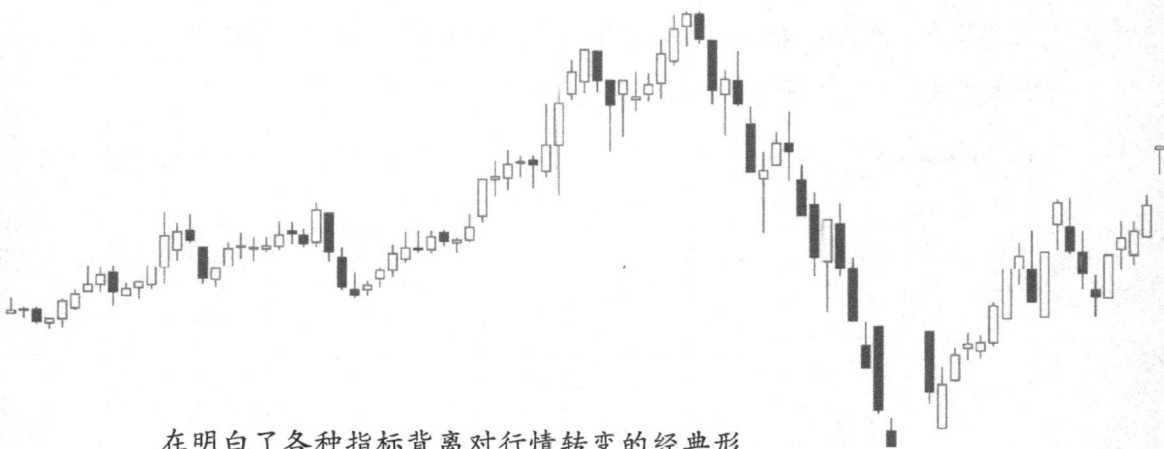

在明白了各种指标背离对行情转变的经典形态后，其实只是对背离种类有了一种分类式的了解。而投资者在实战中，最终要克服的，其实是死板地对背离技术的单一指标，进行机械化或是片面的操作。而应当分析所有的技术指标背离，从不同周期图的不同指标，对现实行情进行综合研判，这样才能运用背离技术，从时、空、量、价上，深刻地洞悉行情。

11.1 如何从大盘背离形态判断牛熊临界点

11.1.1 指数底背离共振

指数底背离共振，是当指数在低位震荡下跌过程中，多种指标均显示出与指数的背离，从而形成一种背离共振。这种情况，往往说明指数的指标已先于指数出现了底部反转。因此，这种指数底背离共振的情况，其可信度较高，投资者可选择盘中个股，大举买入。

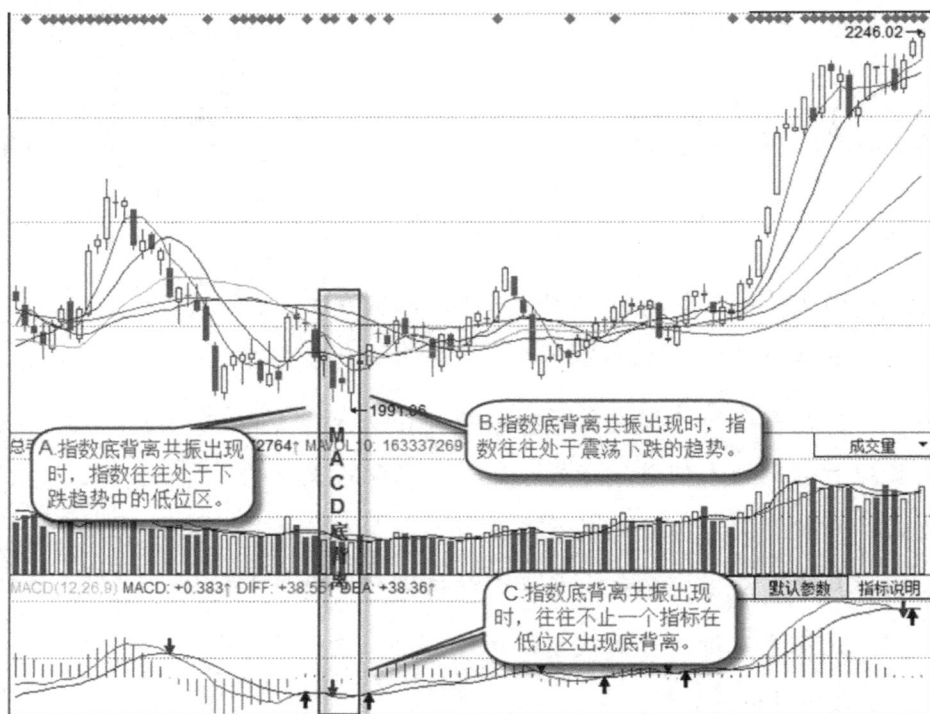

图11-1 上证指数：2014年日线图-MACD指标

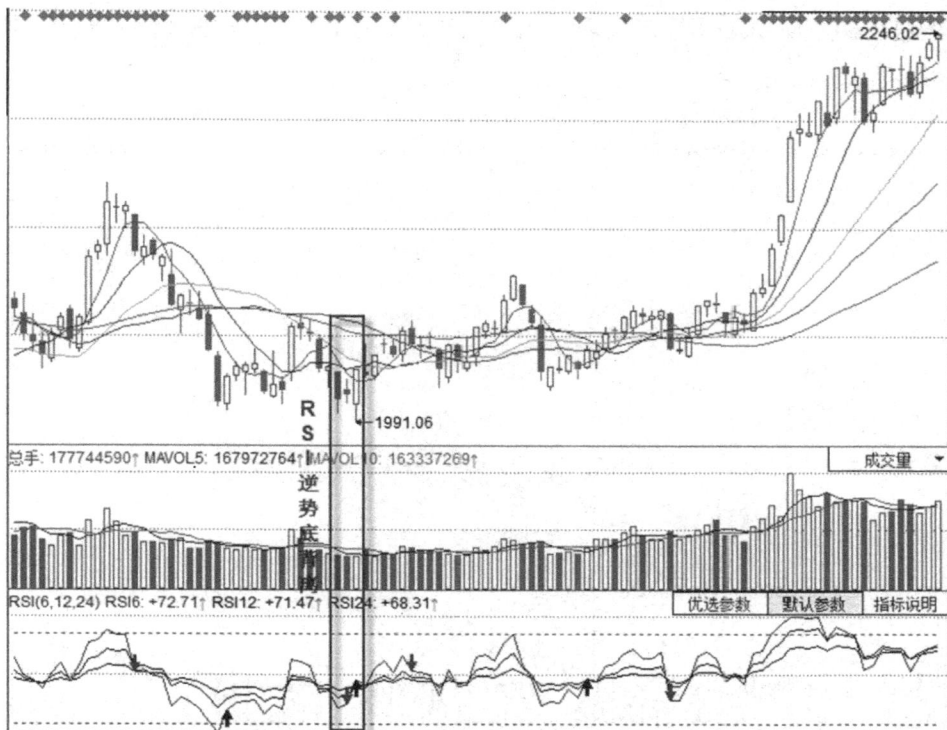

图11-2　上证指数：2014年日线图－ASI指标

形态特征

　　图11-1是上证指数（000001）2014年日线图的MACD指标图，图11-2是上证指数（000001）2014年日线图的RSI指标图，其形态特征可以从以下三点分析确认：

　　A.指数底背离共振出现时，指数往往处于下跌趋势中的低位区。

　　B.指数底背离共振出现时，指数往往处于震荡下跌的趋势。

　　C.指数底背离共振出现时，往往不止一个指标在低位区出现底背离。

实战案例

　　在2015年5月的震荡下跌行情里，上证指数在接连下跌的过程中，不断创出新低，并于2014年5月21日创出了1991.06的历史新低，但此时，在指数不断下跌的过程中，MACD指标却出现了DEA线走平、DIFF线向上的底背离现象。以上说明如图11-3所示。

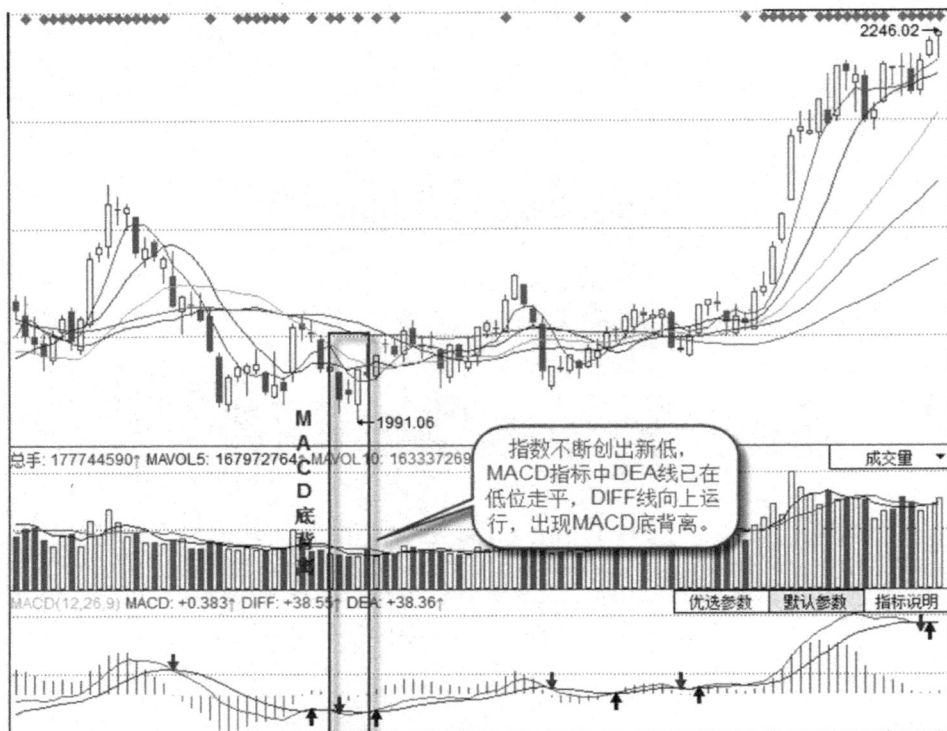

图11-3　上证指数：2014年日线图－MACD指标

　　然而，与此同时，在上证指数的指标显示中，RSI指标同样出现了指数下跌的同时，RSI24线走平、RSI12与RSI6未刷新新低并向上运行的RSI逆势底背离。以上说明如图11-4所示。

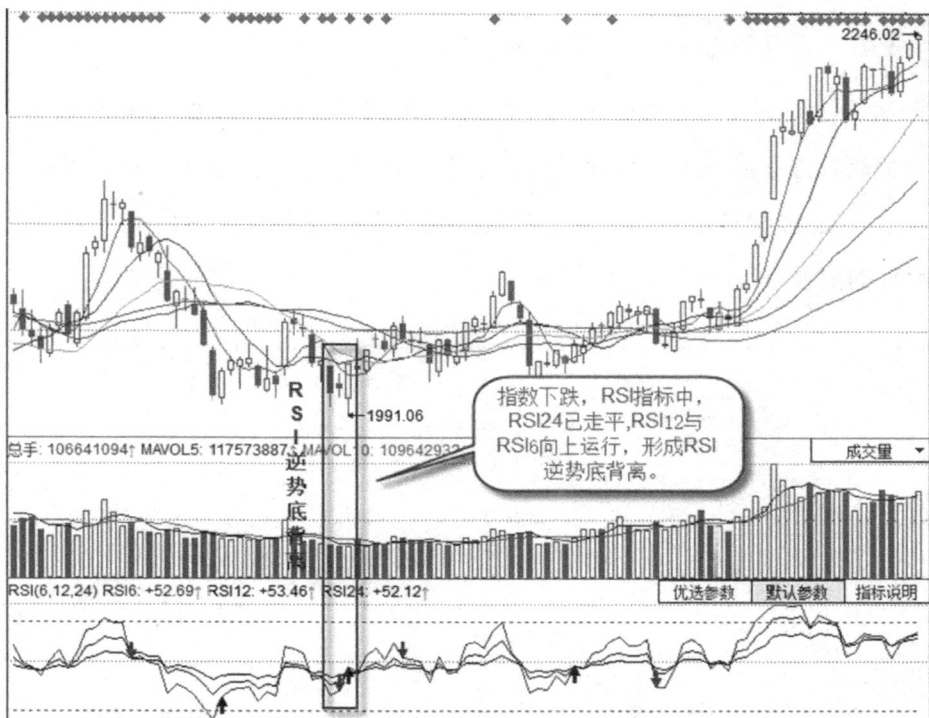

图11-4 上证指数：2014年日线图－RSI指标

技术要领

1.当指数在低位区运行时，如果出现了一种指标的底背离时，投资者应当再查看其他的技术指标，看是否有不同指标的共振出现。因为单一指标的显示往往在判断大行情时较为片面，而多种指标底背离，往往更为真实可信。

2.如果指数在低位同时出现两种以上的多指标共振底背离现象，则其后底部趋势反转的意味更强，往往是大盘见底的低位区。

3.指数共振底背离出现后，投资者应当选择那些盘中与大盘同步的股票来操作，而不要选择那些逆势上涨的个股，否则即使是大盘见了底，也可能会出现亏损被套。

11.1.2　指数顶背离共振

　　指数顶背离共振，是大盘在持续上涨过程中，当指数出现上涨的时候，有两种或两种以上的技术指标同时出现了底背离现象。这种指标顶背离共振的出现，往往强烈地表明，指标已先于指数出现了转跌，因此是一种指数即将见顶回落反转的信号，应及时卖出盘中股票。

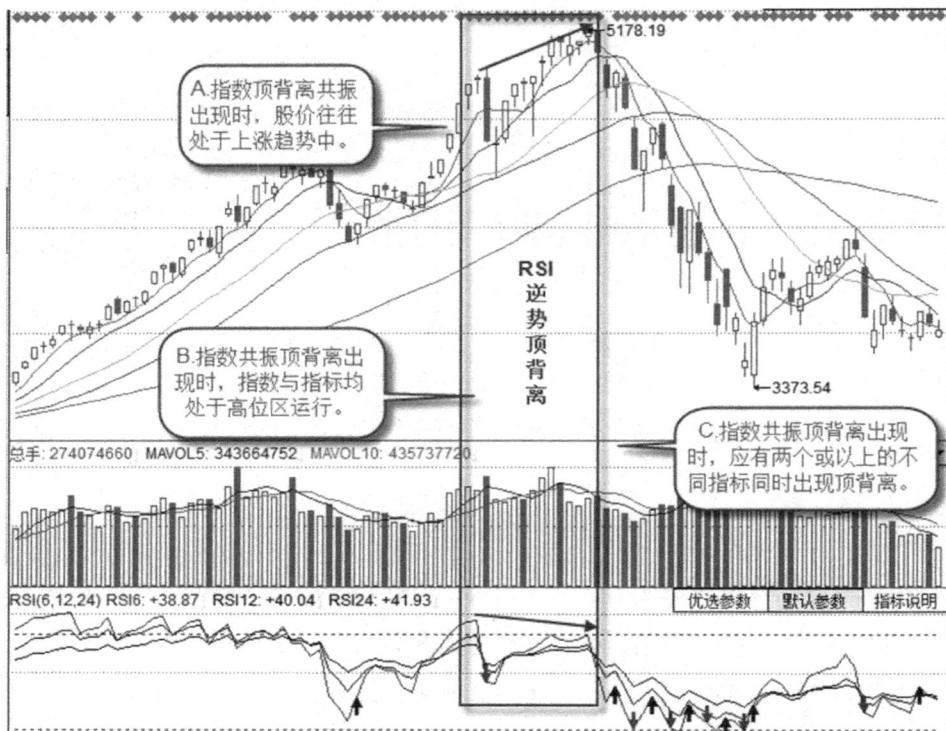

A.指数顶背离共振出现时，股价往往处于上涨趋势中。

B.指数共振顶背离出现时，指数与指标均处于高位区运行。

RSI逆势顶背离

C.指数共振顶背离出现时，应有两个或以上的不同指标同时出现顶背离。

图11-5　上证指数：2015日线图 – RSI指标

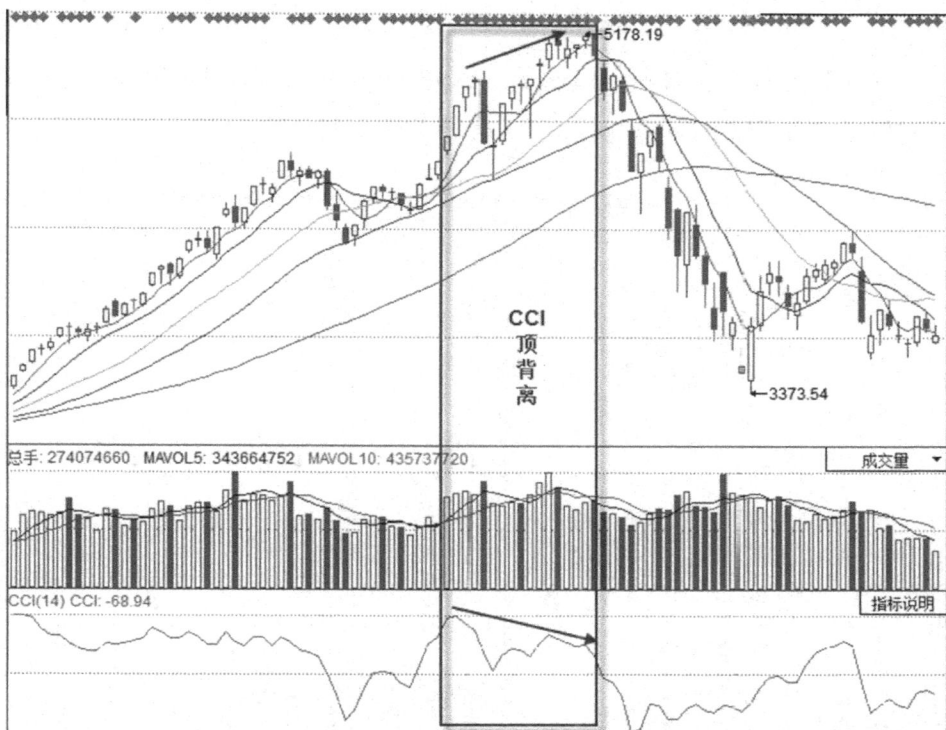

图11-6 上证指数：2015日线图－CCI指标

形态特征

图11-5是上证指数（000001）2015年日线图RSI的指标图，图11-6是上证指数（000001）2015年日线图的CCI指标图，其形态特征可以从以下三点分析确认：

A.指数顶背离共振出现时，股价往往处于上涨趋势中。

B.指数共振顶背离出现时，指数与指标均处于高位区运行。

C.指数共振顶背离出现时，应有两个或以上的不同指标同时出现顶背离。

实战案例

上证指数在2015年5月底至6月上行期间的上涨趋势中，指数在不断上涨，上涨趋势一浪高过一浪，不断创出新高，6月12日创出了5178.19点的近几年新高，但RSI指标却在此时期间出现了一浪比一浪低的明显向下运行趋势，形成RSI逆势顶背离。以上说明如图11-7所示。

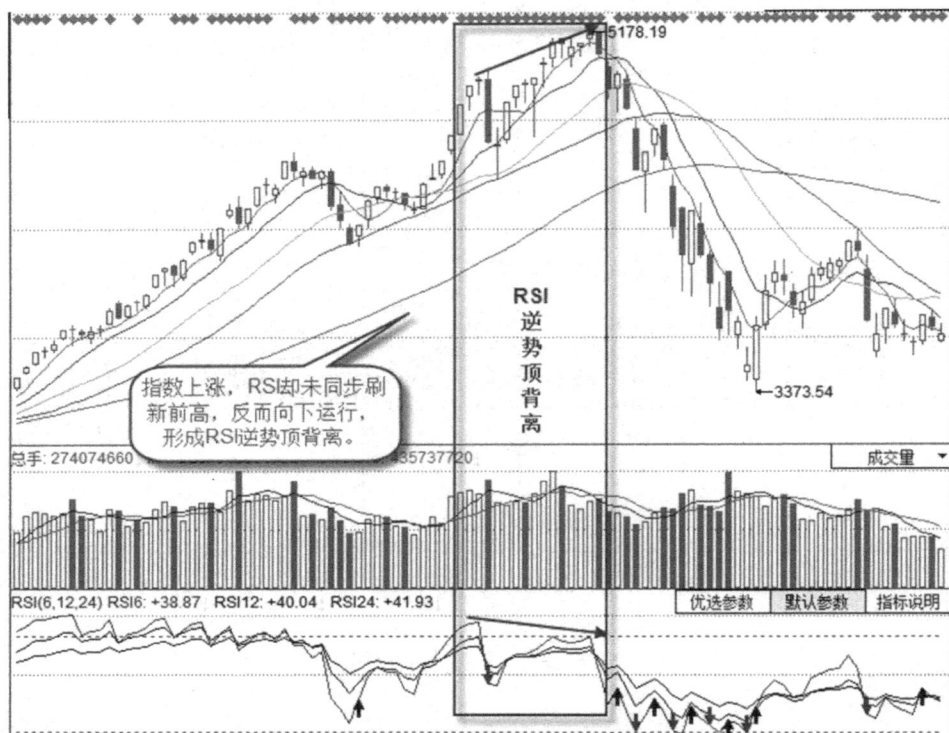

图11-7　上证指数：2015日线图－RSI指标

在这同一时间，不仅RSI指标出现了逆势顶背离，CCI指标同样呈现出一浪比一浪低的向下运行，形成了CCI顶背离。以上说明如图11-8所示。

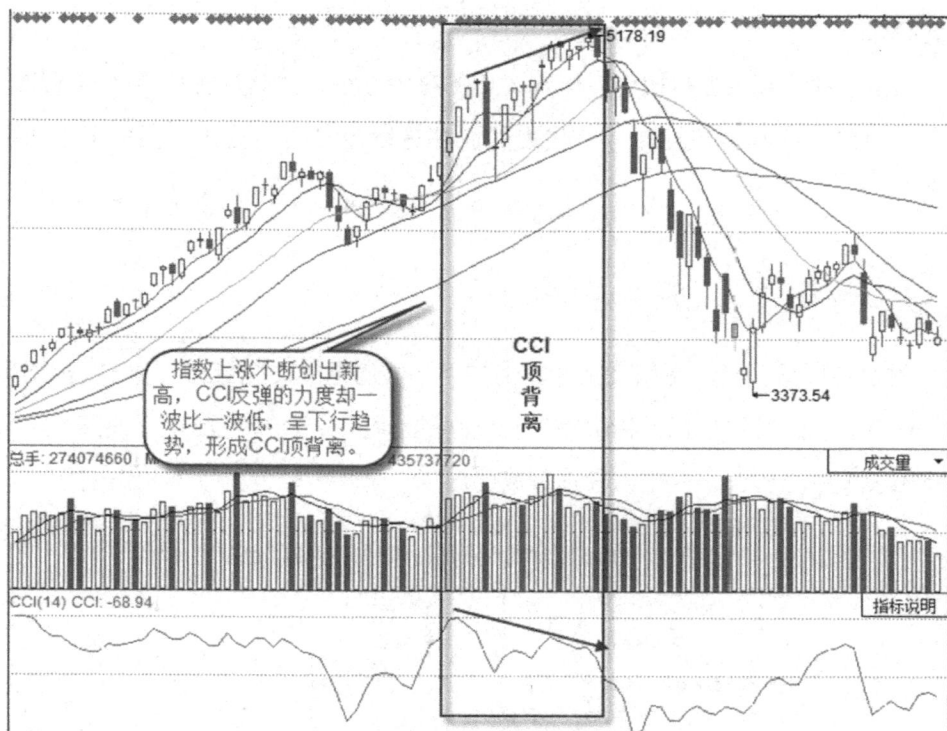

图11-8　上证指数：2015日线图－CCI指标

在同一时间内，当大盘持续上涨并不断刷新前高时，RSI与CCI指标却同时出现了顶背离共振，这说明，指数此时的新高是一种虚高，很快即将出现反转向下。因此，投资者应当在大盘出现指数顶背离共振时，卖出盘中个股。

技术要领

1.指数顶背离共振出现时，指标不仅仅局限于常用的MACD或KDJ，RSI与CCI或是其他指标，如果同时有两种或以上指标出现顶背离时，均为指数顶背离共振，应及时卖出股票。

2.如果指数在高位运行期间，同时出现两个以上的指标顶背离，则意味着反转会很快出现，此时，投资者不应再幻想手中的股票会走出独立行情，因为指数的顶背离，往往意味着盘中的获得筹码已积累太多，一旦转势，很难出现独善其身的股票。

3.指数顶背离共振是投资者研判大市的有效方法，尤其是较长周期的日线或周线、月线，而其他短期图，其代表的往往是较短时间的变化，很难用于研判后市。

11.1.3 时空共振顶背离

时空共振顶背离，是指在上涨行情中，不同周期的K线图上，同一指标均出现了顶背离。这往往说明，指数在较长周期的运行中，指标已出现了顶部，指数即将出现下跌。因此，时空共振顶背离的出现，是一种较强的顶部卖出信号。

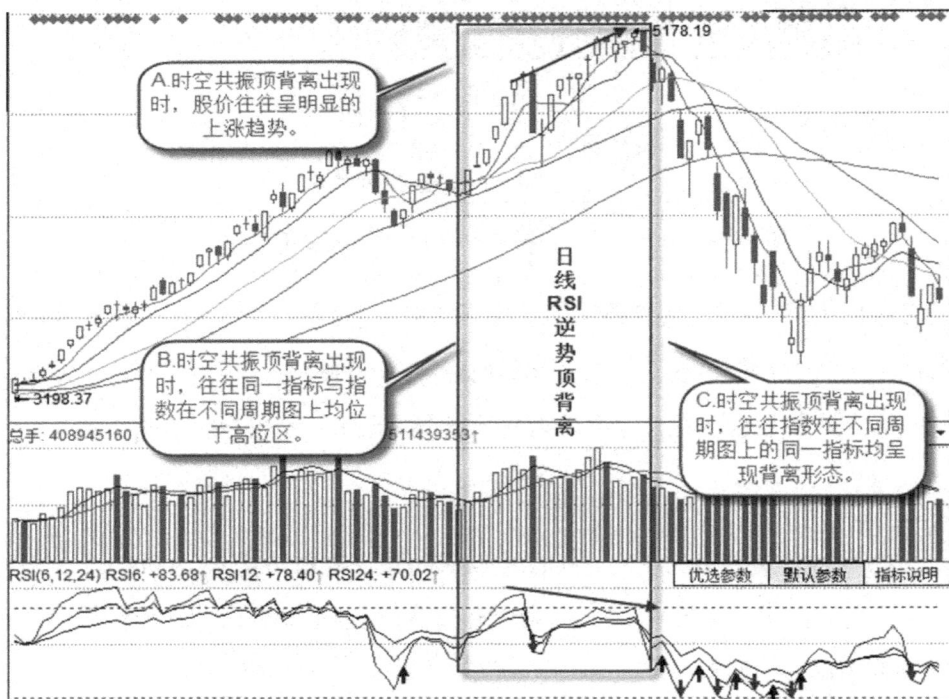

图11-9　上证指数：2015年日线图－RSI指标

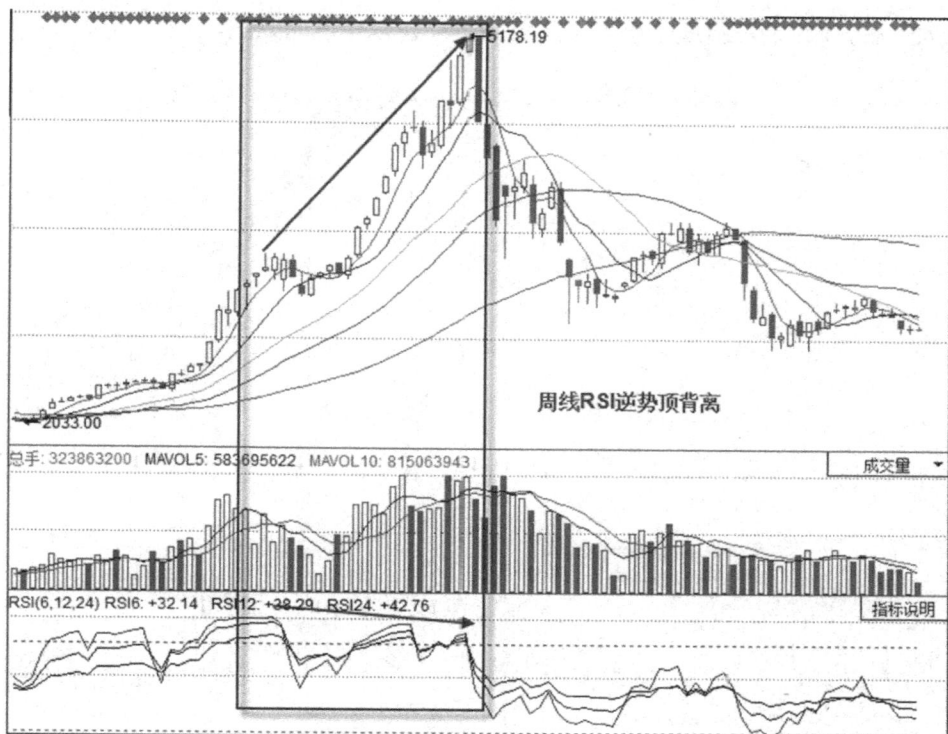

图11-10   上证指数：2015年周线图－RSI指标

形态特征

　　图11-9是上证指数（000001）的日线图RSI指标，图11-10是上证指数周线图RSI指标，其形态特征可以从以下三点分析确认：

　　A.时空共振顶背离出现时，股价往往呈明显的上涨趋势。

　　B.时空共振顶背离出现时，往往同一指标与指数在不同周期图上均位于高位区。

　　C.时空共振顶背离出现时，往往指数在不同周期图上的同一指标均呈现背离形态。

实战案例

　　上证指数在2015年上半年的上涨趋势中，当指数于2015年6月8日冲上5000

点大关后，RSI即在日线上出现了逆势顶背离，以上说明如图11-11所示。

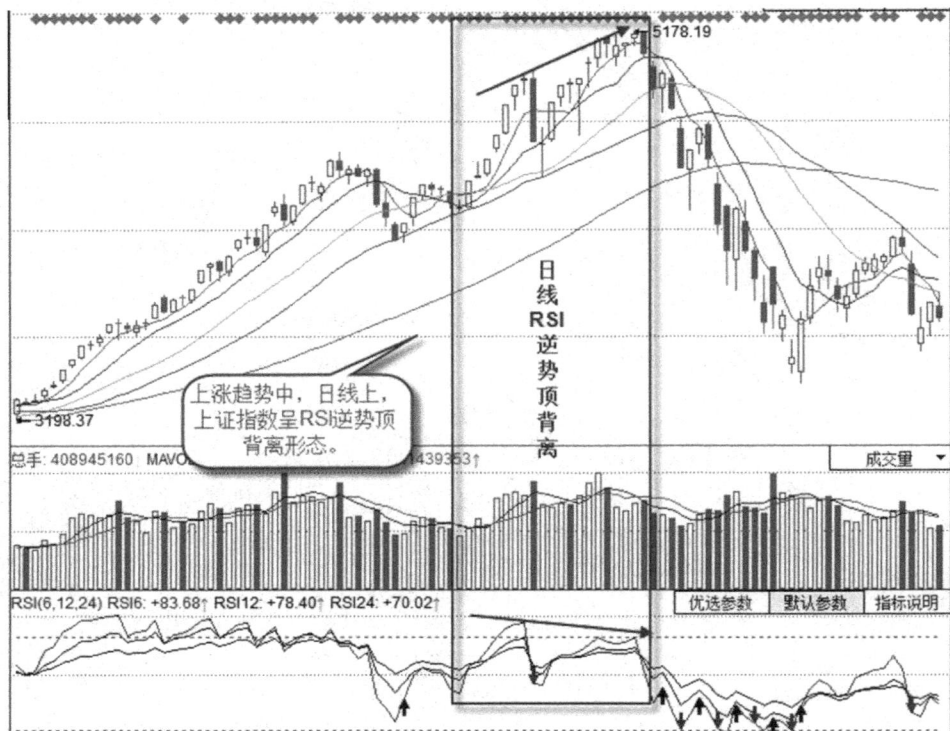

图11-11　上证指数：2015年日线图－RSI指标

此时，如果再观察上证指数的周线图，就会发现，其实早在日线上出现RSI逆势顶背离之前，周线上就已经出现了RSI逆势顶背离。以上说明如图11-12所示。

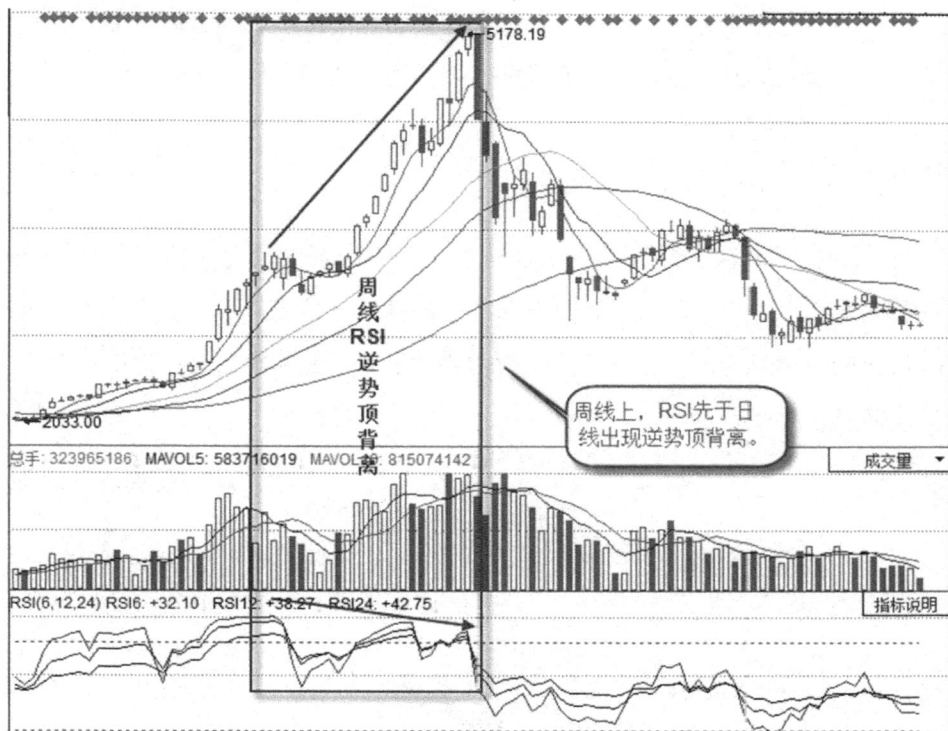

图11-12　上证指数：2015年周线图－RSI指标

这说明，从上证指数的不同周期图上，RSI指标均已出现背离，表明趋势即将突转，因此应及时卖出盘中股票。

技术要领

1.时空共振顶背离出现时，往往是趋势发生反转的征兆，所不同的是，往往同一指标的顶背离现象是从周线上最先体现出来的，但通常而言，周线上同一指标出现了顶背离，则日线上必然也会出现顶背离。

2.同一指标在不同时空里发生的顶背离，往往是趋势即将反转的象征，只不过最先体现出来的反转，往往是从短周期K线图体现出来，因此判断盘中股票的买卖点时，应在长周期的提示下，依照短周期的顶背离趋势反转寻找好的高位卖点。

3.并不一定在趋势反转前，各个指标都会出现时空共振顶背离，但只要同一指标在上涨趋势里出现时空共振顶背离，则行情必然会在其后出现反转。

11.1.4 时空共振底背离

时空共振底背离，是大盘指数在持续下跌后出现的震荡行情中，当同一指标在不同周期中，均呈现出了底背离形态。这种情况的出现，往往意味着大盘指数即将出现底部反转，因此是趋势由熊转牛的信号。此时投资者可以选择盘中有明显底部形态的个股买入。

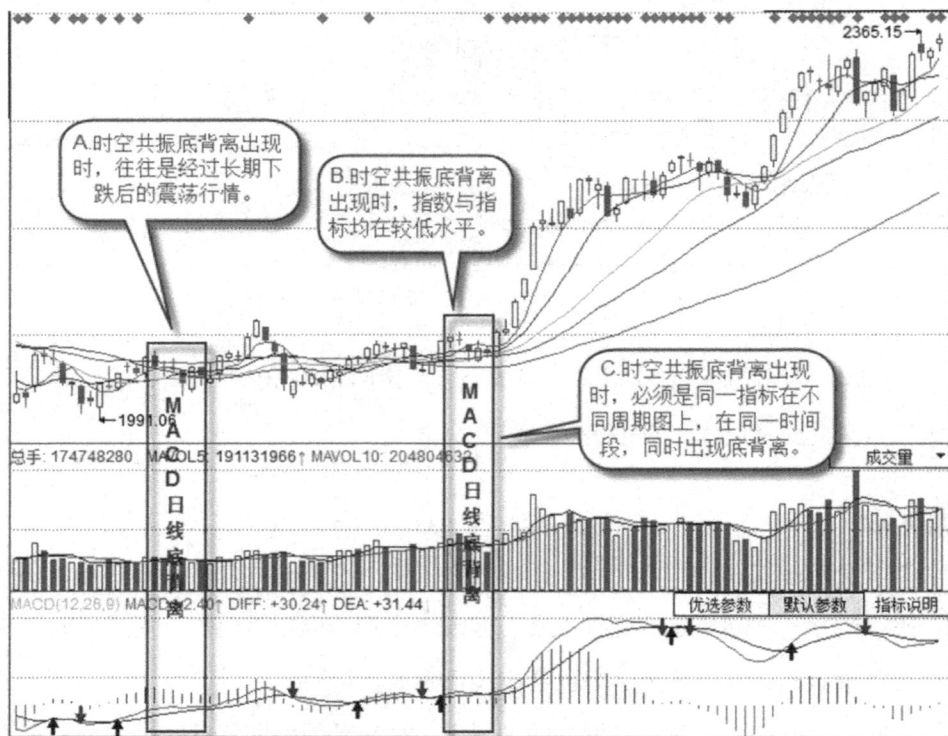

图11-13 上证指数：2014年日线图－MACD指标

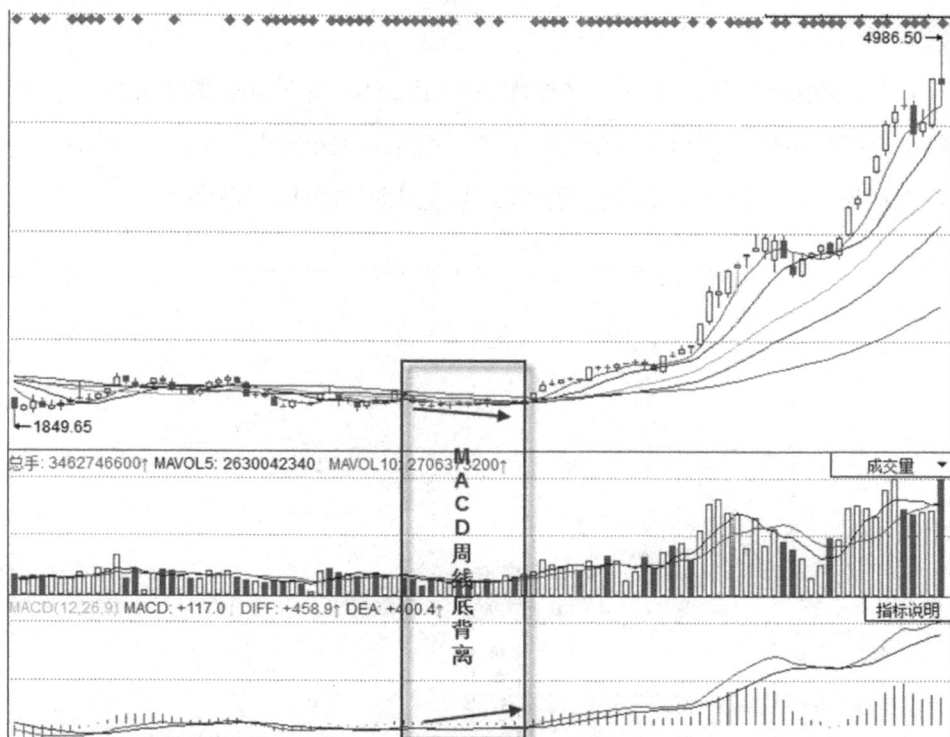

图11-14　上证指数：周线图－MACD指标

形态特征

图11-13是上证指数（000001）2014年的日线图MACD指标，图11-14是上证指数（000001）的周线图MACD指标，其形态特征可以从以下三点分析确认：

A.时空共振底背离出现时，行情往往是经过长期下跌后的震荡行情。

B.时空共振底背离出现时，指数与指标均在较低水平。

C.时空共振底背离出现时，必须是同一指标在不同周期图上，在同一时间段，同时出现底背离。

实战案例

在2014年5月13日至20日，与7月15日至21日，上证指数在日线上先后两次在指数与指标的低位区出现MACD底背离，而期间阳量呈明显的逐渐增加状态，说明在此期间，得到了众多资金的认可。以上说明如图11-15所示。

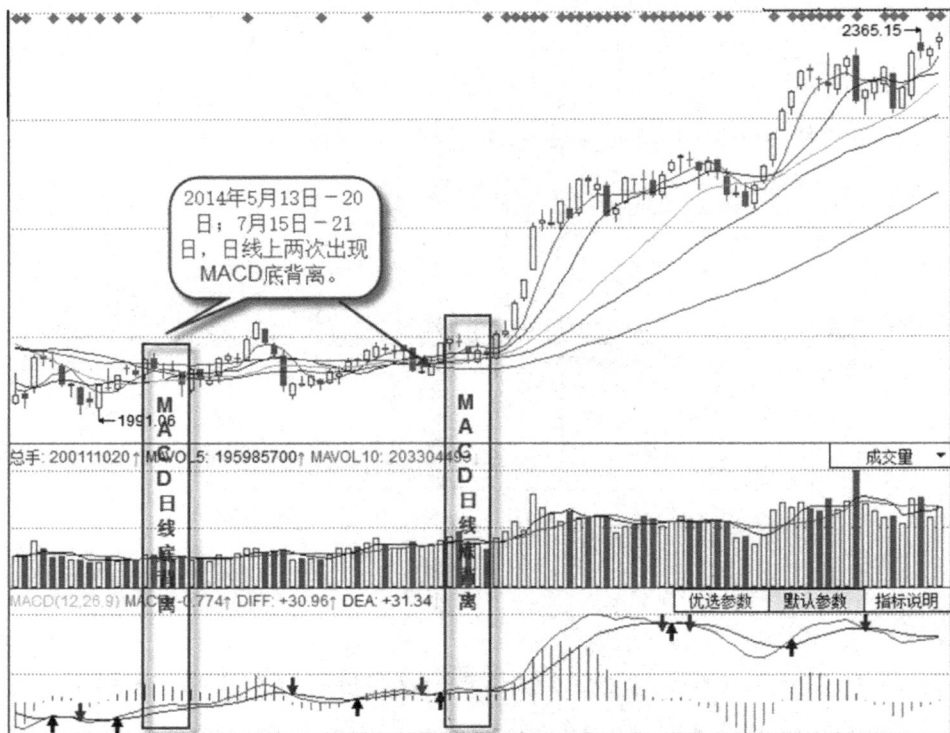

图11-15　上证指数：周线图-MACD指标

与此同时，如果再看一下上证指数的周线就会发现，其实早在2014年4月中旬开始，到7月底时，上证指数就一直处于MACD底背离状态。以上说明如图11-16所示。

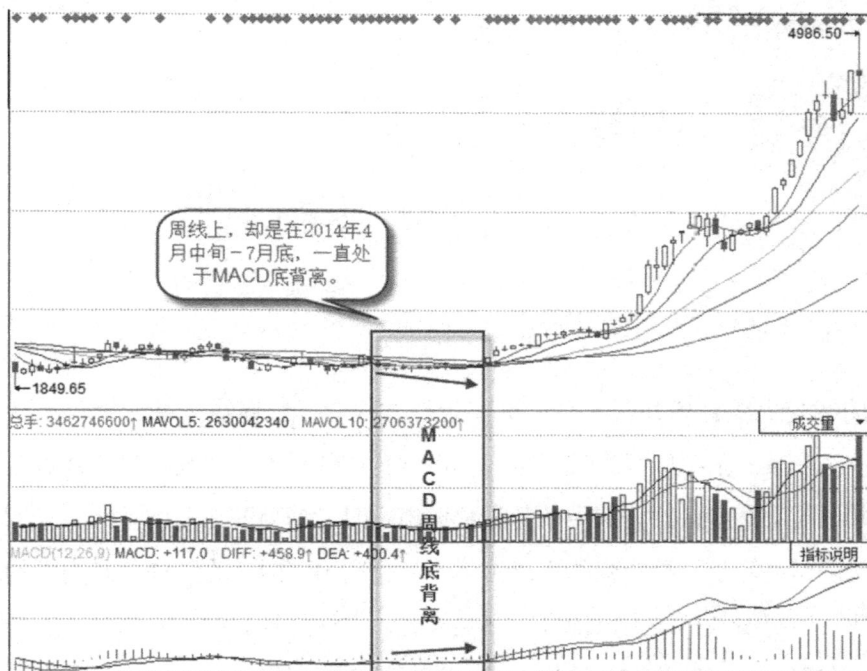

图11-16 上证指数：周线图-MACD指标

日线周线上在同一时间段上的背离，出现了时空共振底背离，再加上成交阳量的温和放大，说明资金已经认可了当前的点位，在大举进入市场，即将发生趋势性的行情转变。因此，投资者可在盘中选择那些有明显底部形态的股票买入。

技术要领

1.时空共振底背离出现时，往往是一种对指标背离的相互印证，因为很多时候，指标背离往往出现在短周期K线图上，时间较短，只能说明短期的背离，而长周期K线图上的背离，周期较长，可信度更好。

2.在使用指标根据时空背离判断趋势反转时，相对来说，MACD指标更为准确，尤其周线与日线的共振，无论是顶背离还是底背离，往往能准确捕捉到指数波段运行的高低点。

3.在利用时空共振底背离捕捉趋势反转时的抄底中，周线上往往更为准确些，周线上出现的底背离往往会成为判断底部低位区的有力保障。

11.2 周期背离共振经典形态

11.2.1 周线与日线背离共振

周线与日线背离共振,是股价在运行过程中,在周线上某一指标出现背离后,日线上某一指标同样出现了背离。根据背离的种类,周线与日线共振包括顶背离共振与底背离共振,其中顶背离共振出现时,趋势往往是向上的,顶背离共振的出现,往往是一种较强的卖出信号;底背离出现时,趋势往往是向下的或震荡行情,当周线与日线上出现底背离共振时,往往是抄底的买入信号。值得注意的是,在周线与日线背离共振出现时,可以是同一指标的共振,也可以是不同指标出现的背离共振。

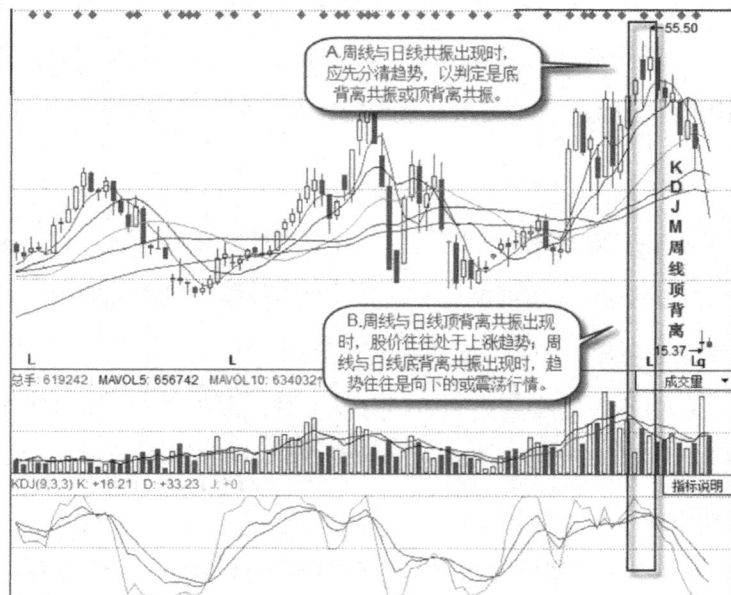

图11-17 亿帆鑫富:周线图-KDJ指标

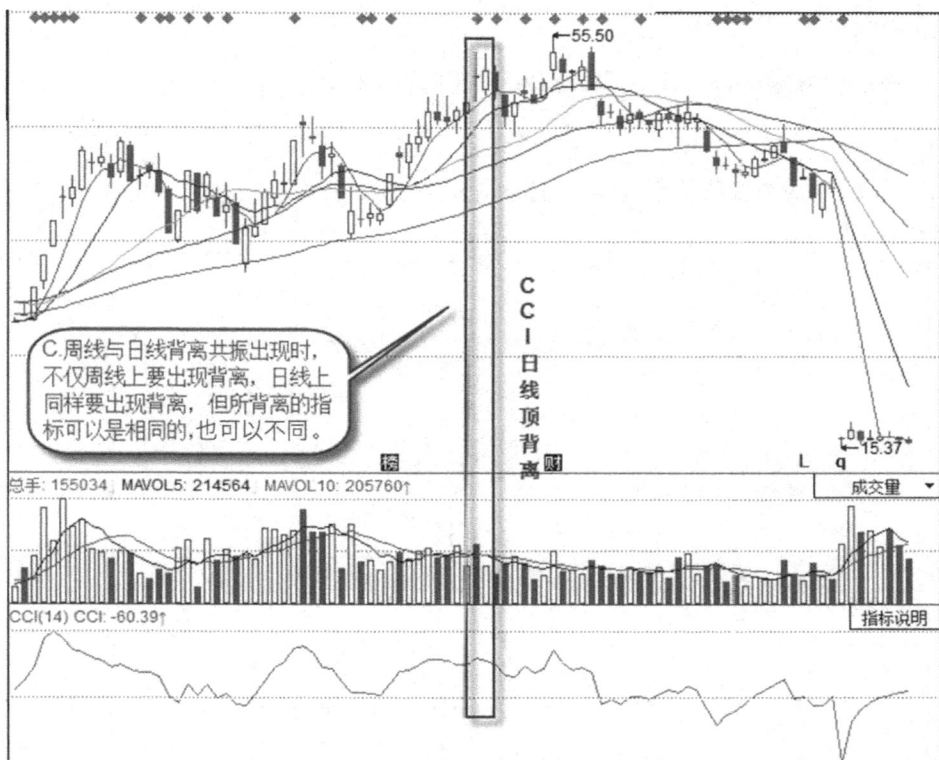

C.周线与日线背离共振出现时，不仅周线上要出现背离，日线上同样要出现背离，但所背离的指标可以是相同的，也可以不同。

CCI日线顶背离

总手: 155034　MAVOL5: 214564　MAVOL10: 205760↑

成交量

CCI(14) CCI: -60.39↑

指标说明

图11-18　亿帆鑫富：日线图-CCI指标

形态特征

图11-17是亿帆鑫富（002019）的周线图KDJ指标，图11-18是亿帆鑫富的（002019）日线图CCI指标，其形态特征可以从以下三点分析确认：

A.周线与日线共振出现时，应先分清趋势，以判定是底背离共振或顶背离共振。

B.周线与日线顶背离共振出现时，股价往往处于上涨趋势；周线与日线底背离共振出现时，趋势往往是向下的或震荡行情。

C.周线与日线背离共振出现时，不仅周线上要出现背离，日线上同样要出现背离，但所背离的指标可以是相同的，也可以是不同的。

实战案例

在亿帆鑫富的周线图，股价在2015年9月至2016年4月一直是处于向上运行的，但2016年3月23日－4月1日期间，出现了股价持续上涨、KDJ指标却向下运行，形成了周线KDJ指标顶背离。以上说明如图11-19所示。

图11-19　亿帆鑫富：周线图－KDJ指标

此时，如果我们再调出亿帆鑫富的日线图就会发现，股价一直也是处于上涨趋势，但在3月21日、22日、23日这三个交易日中，股价持续震荡上行，CCI指标却开始出现向下运行，形成CCI顶背离。以上说明如图11-20所示。

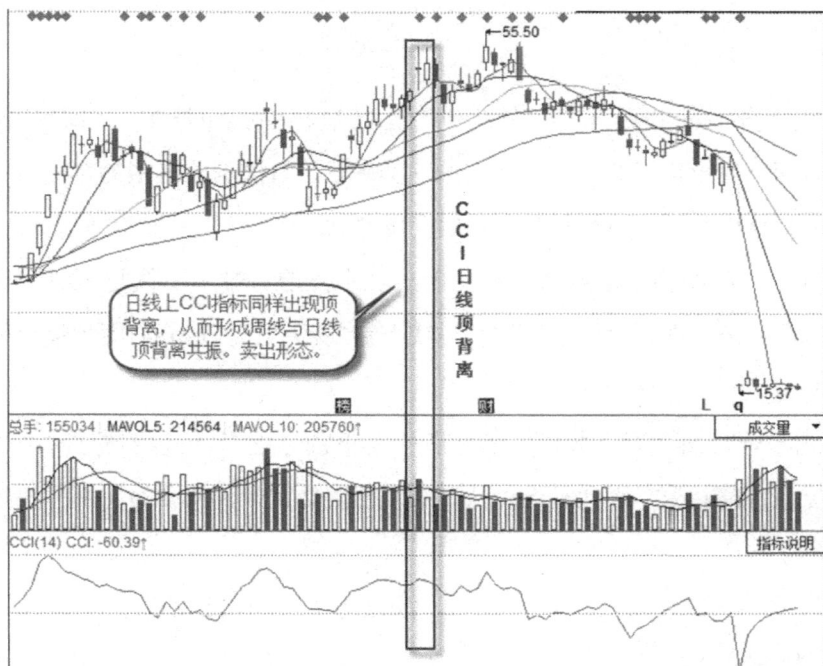

日线上CCI指标同样出现顶背离，从而形成周线与日线顶背离共振。卖出形态。

CCI日线顶背离

总手: 155034　MAVOL5: 214564　MAVOL10: 205760↑

成交量

CCI(14) CCI: -60.39↑

指标说明

图11-20　亿帆鑫富：日线图－CCI指标

综合亿帆鑫富的周线图与日线图后发现，其日线上出现CCI要早于周线两天，但在日线上CCI出现顶背离即将结束时，周线上KDJ已开始出现顶背离，形成了周线与日线共振顶背离。这说明此时的股价在高位区即将出现趋势反转，因此才出现了不同指标的相继背离，所以应及时逢高获利了结。

技术要领

1.周线与日线背离共振出现时，投资者在实战中应当选择在同一时期之内发生的共振，因为不同时期的行情会有所不同，尤其是不同指标的背离，所以无法达成共振效果。

2.不同指标的周线与日线共振背离，往往更为准确。

3.投资者在通过周线与日线共振背离研判底部时，应当多结合其他指标及信息，而不能仅以一两种指标的背离来判断。

11.2.2　日线与分时图背离共振

　　日线与分时图共振背离，是股价在运行过程中，当日线上出现背离的时候，分时图上也出现了背离。从背离的种类来看，日线与分时图的背离有：日线与分时图顶背离共振、日线与分时图底背离共振。

　　日线与分时图顶背离共振，是指股价在上涨趋势中，日线与分时图上同时出现高位顶背离共振，因此是高位从日线上判断顶部，再从分时图上捕捉较高卖点的时机。

　　日线与分时图底背离共振，是指股价在下跌过程中，日线与分时图上同时出现低位底背离共振，因此是低位从日线上捕捉低点，再从分时图上寻找较低买点的时机。

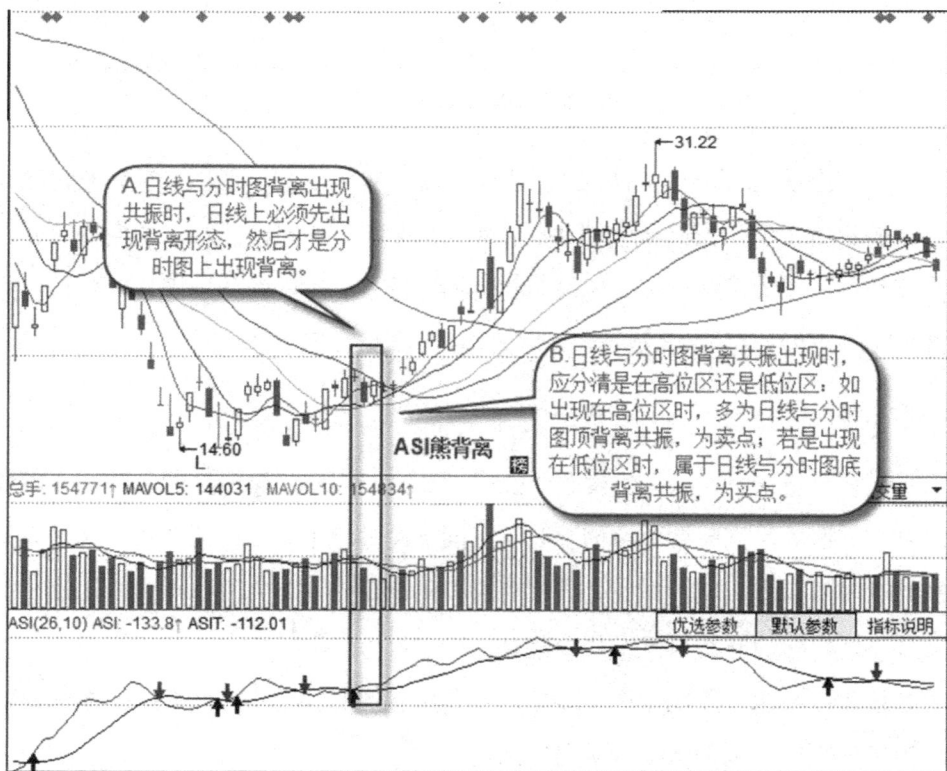

图11-21　积成电子：日线图－ASI指标

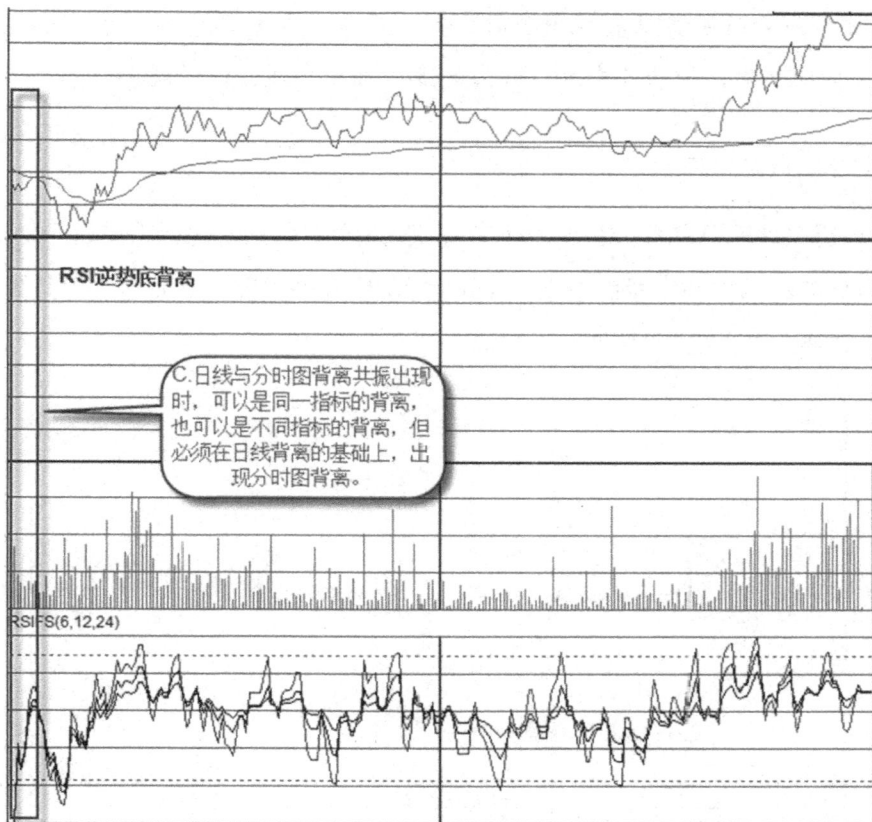

图11-22　积成电子：2015年9月28日分时图－RSI指标

形态特征

图11-21是积成电子（002339）的日线图ASI指标，图11-22是积成电子（002339）2015年9月28日的分时图RSI指标，其形态特征可以从以下三点分析确认：

A.日线与分时图背离出现时，日线上必须先出现背离形态，然后才是分时图上出现背离。

B.日线与分时图背离共振出现时，应分清是在高位区还是低位区：如出现在高位区时，多为日线与分时图顶背离共振，为卖点；若是出现在低位区时，属于日线与分时图底背离共振，为买点。

C.日线与分时图背离共振出现时，可以是同一指标的背离，也可以是不同指标的背离，但必须在日线背离的基础上，出现分时图背离。

实战案例

经历前期的下跌后，积成电子在2015年9月开始的震荡行情中，于2015年9月24日与25日出现了股价下跌、ASI指标却走高的情况，从而形成了日线上的ASI熊背离。以上说明如图11-23所示。

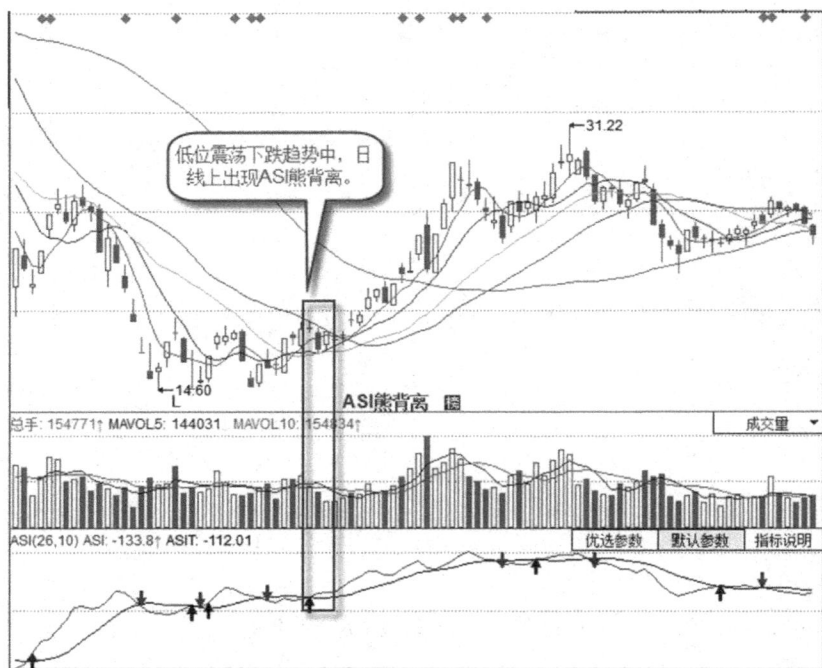

图11-23　积成电子：日线图－ASI指标

在日线上确认出现底背离后，下一个交易日，即9月28日，在积成电子的分时图上，开盘后，股价即出现了震荡下行，但RSI指标却出现了强劲的上涨，从而形成了RSI逆势背离。以上说明如图11-24所示。

如此一来，在9月28日开盘后，积成电子即出现了日线与分时图上的底背离共振，说明指标已先于股价企稳并转向，因此，投资者可在分时图上出现RSI逆势背离后，及时买入股票。

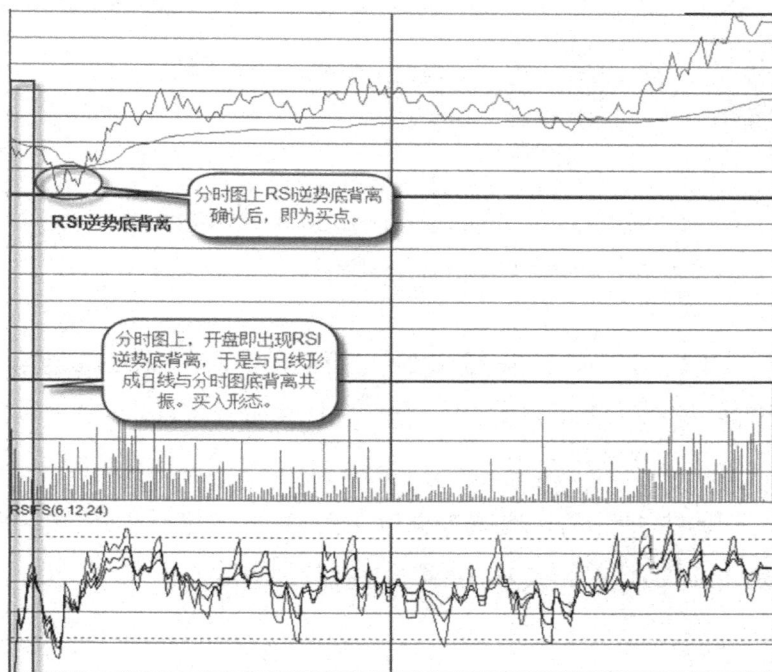

图11-24　积成电子：2015年9月28日分时图－RSI指标

技术要领

1.日线与分时图背离共振出现时，若是出现的底背离共振，往往其后股价很难再出现高点，即使出现也是瞬间的拉高回落，因此应果断在背离出现后卖出；若出现底背离，表明其后股价很难再出现低点，即使出现也是瞬间的走低后即会被拉起，因此背离确认后是最好的低点买入。

2.日线与分时图背离共振出现时，投资者应当以日线的背离情况来决定分时图上的买点或卖点，因为分时图反映的往往是当日的具体变化，无法从长周期去说明行情。

3.如果日线上与分时图上出现的背离情况不同，比如，日线上是顶背离，但分时图上却是底背离，此时不能以日线与分时图背离共振对待，应当遵从日线的形态决定操作。

11.3 不同指标背离共振经典形态

11.3.1 MACD与KDJ背离共振

MACD与KDJ背离共振，是指在股价运行过程中，MACD指标与KDJ指标同时出现了背离。根据背离的种类，MACD与KDJ共振背离可分为顶背离共振与底背离共振。这种情况的出现，往往说明股价的顶或底已被MACD、KDJ两种指标共同印证，因此往往趋势的行将转变更为可信，MACD与KDJ顶背离共振成为了最好的卖点，MACD与KDJ底背离共振也成为了抄底良机。

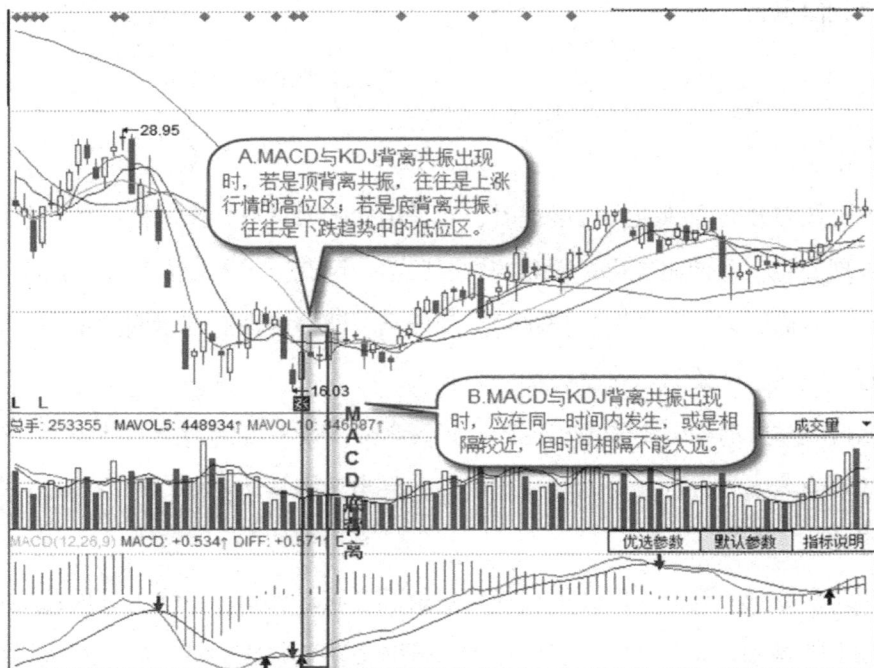

图11-25 东华软件：日线图 – MACD指标

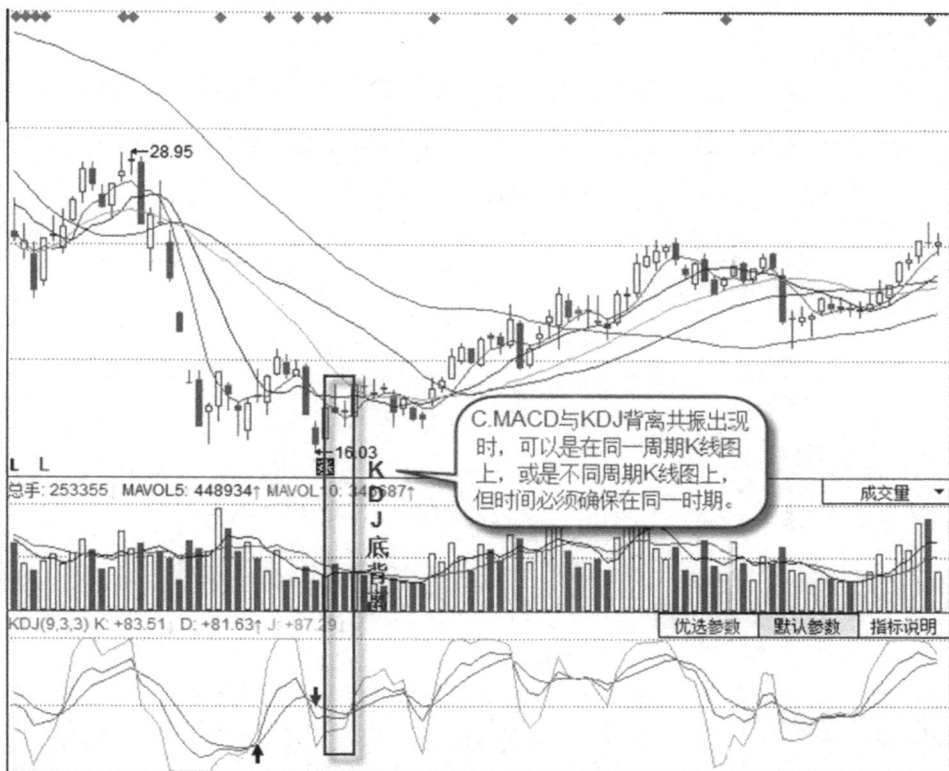

图11-26 东华软件：日线图–KDJ指标

形态特征

图11-25是东华软件（002065）的日线图MACD指标，图11-26是东华软件（002065）的日线图KDJ指标，其形态特征可以从以下三点分析确认：

A.MACD与KDJ背离共振出现时，若是顶背离共振，往往是上涨行情的高位区；若是底背离共振，往往是下跌趋势中的低位区。

B.MACD与KDJ背离共振出现时，应在同一时间内发生，或是相隔较近，但时间相隔不能太远。

C.MACD与KDJ背离共振出现时，可以是在同一周期K线图上，或是不同周期K线图上，但时间必须确保在同一时期。

实战案例

在2015年8月底的震荡下跌趋势里，东华软件于2015年9月17日与18日，连续两天出现股价下跌、MACD指标中的DIFF线与DEA线却双双向上运行的情况，形成MACD底背离。以上说明如图11-27所示。

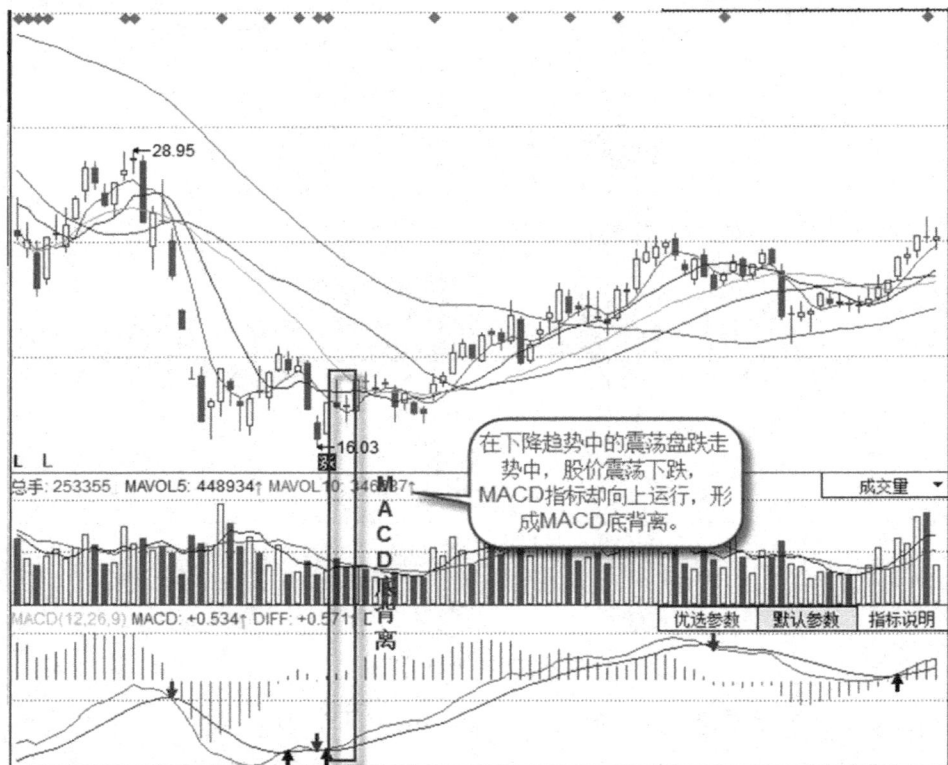

在下降趋势中的震荡盘跌走势中，股价震荡下跌，MACD指标却向上运行，形成MACD底背离。

图11-27 东华软件：日线图－MACD指标

与此同时，在日线图上同两个交易日，KDJ指标中的J线也出现了明显的向上运行，同样与股价运行趋势形成KDJ底背离。以上说明如图11-28所示。

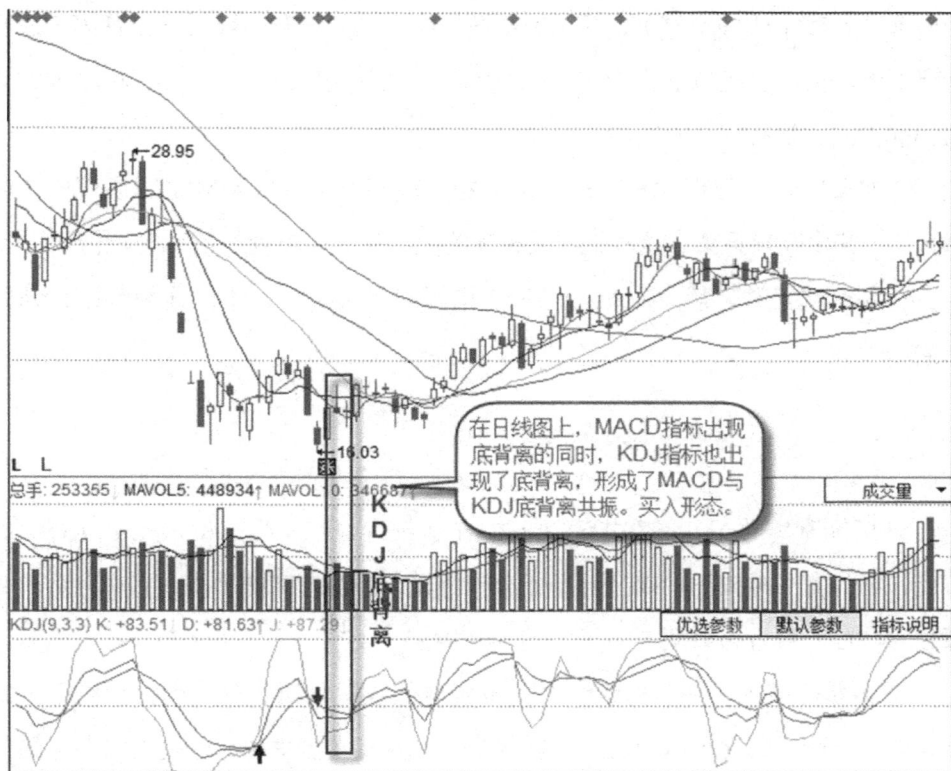

在日线图上，MACD指标出现
底背离的同时，KDJ指标也出
现了底背离，形成了MACD与
KDJ底背离共振。买入形态。

图11-28　东华软件：日线图－KDJ指标

在同一时间内，MACD指标与KDJ指标同时在日线上出现了底背离，从而形成了MACD与KDJ底背离共振。这说明，MACD与KDJ两种指标已经在低位区先于股价出现反转。因此，投资者应在MACD与KDJ底背离共振出现后，及时买入股票。

技术要领

1.MACD与KDJ背离共振出现时，往往是两种指标的相互印证，因此在低位区出现的MACD与KDJ底背离共振，往往成为股价企稳的买入时机；而在高位出现的MACD与KDJ顶背离共振，往往成为高位顶的卖出时机。

2.通常而言，投资者应当以MACD指标的背离来判断波段趋势的底与顶，而用KDJ指标来判断股价短线波动的底与顶，比如从周线上，如果MACD在某一时期出现顶背离（或底背离），而KDJ却在日线上的同一时间段出现顶背离（或底背离）的共振时，可以选择卖出（或买入）。条件是KDJ与MACD指标出现的背离必须相同，且在同一时间段内出现。

3.如果MACD出现顶背离时，KDJ却出现底背离；或是MACD出现底背离时，KDJ却出现顶背离，这种情况将毫无意义，可综合其他情况研判行情。

4.暴涨或暴跌之后，MACD与KDJ指标的背离共振，不能作为判断行情的依据。

11.3.2　多指标背离共振

多指标背离共振，是在指数或股价在运行过程中，当一种指标出现背离的情况，至少有三种或三种以上的指标出现背离。根据背离的种类，多指标背离共振分为多指标顶背离共振与多指标底背离共振。

在实际行情中，往往投资者对高位区或低位区难以区分，因为市场不一定总是单边行情，因此个股的运行又往往会在大盘震荡行情中，分别上演各自的行情，所以，多指标背离共振，往往能够从不同的指标，对股价的现行行情做一次多方印证：当某一指标顶背离共振出现时，其他至少两种指标共同顶背离，往往更为准确地说明行情已到头，应卖出股票；当一种指标发出底背离信号时，而其他至少两种指标也同时发出了底背离信号，说明行情已跌到头，应当及时买入股票。

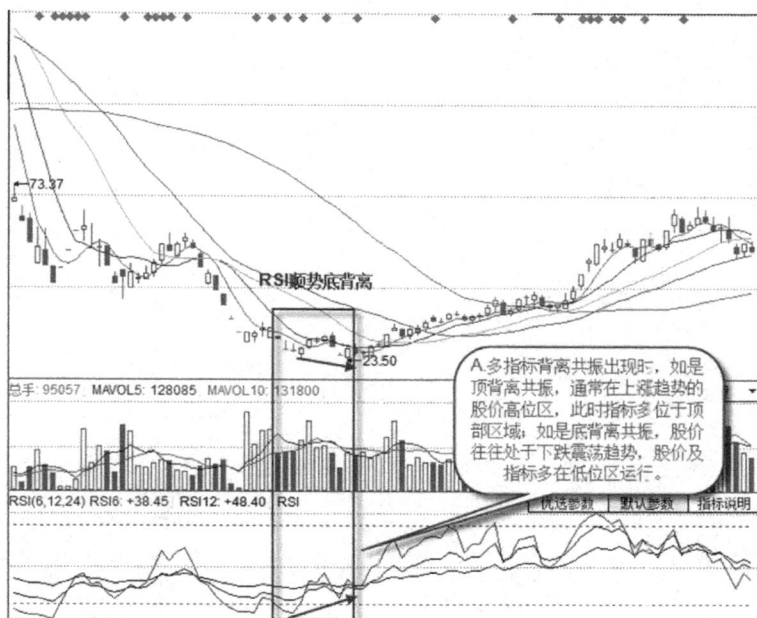

图11-29　东方网络：日线图－RSI指标

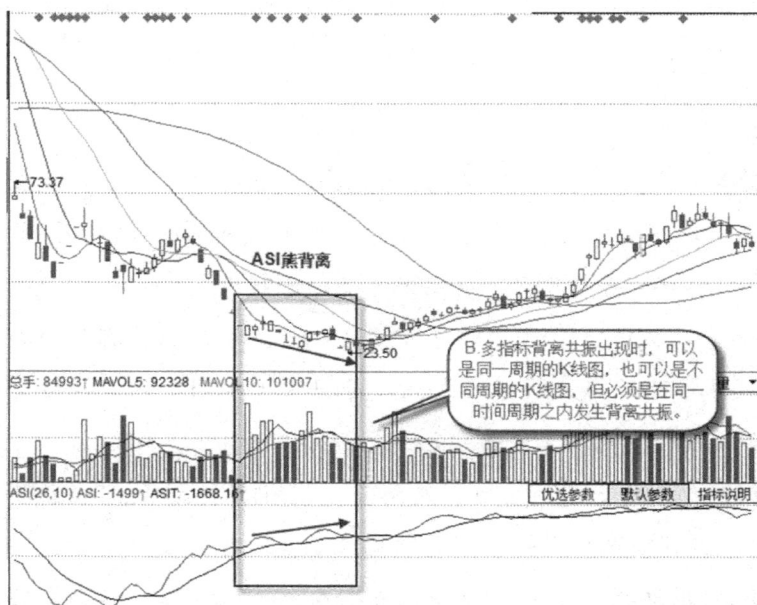

图11-30　东方网络：日线图－ASI指标

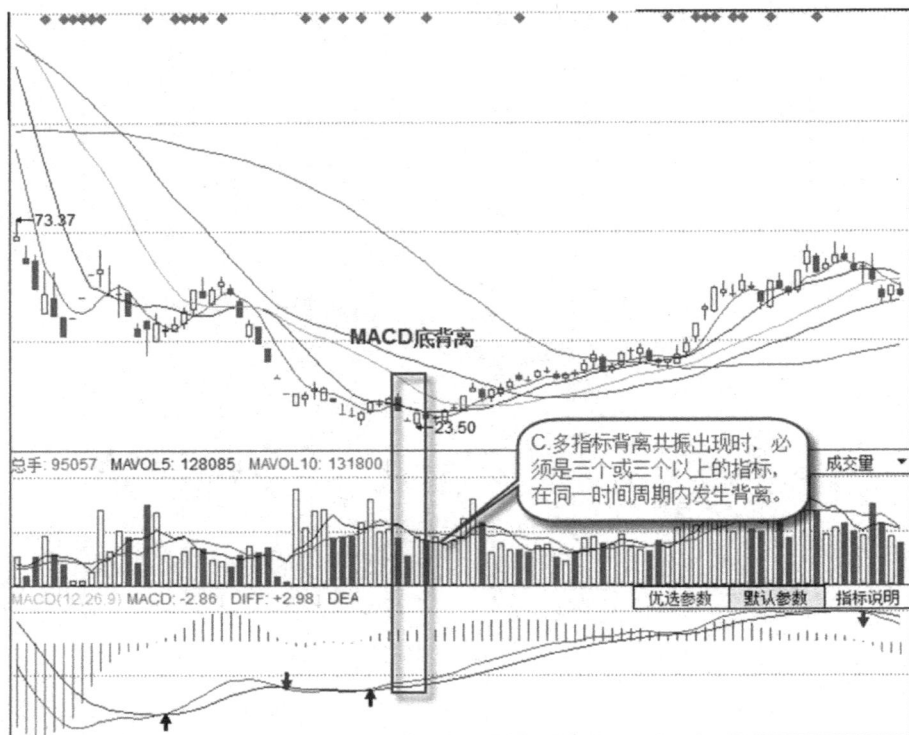

图11-31　东方网络：日线图－MACD指标

形态特征

图11-29是东方网络（002175）的日线图RSI指标，图11-30是东方网络（002175）的日线图ASI指标，图11-31是东方网络（002175）的日线图MACD指标，其形态特征可以从以下三点分析确认：

A.多指标背离共振出现时，如是顶背离共振，通常在上涨趋势的股价高位区，此时指标多位于顶部区域；如是底背离共振，股价往往处于下跌震荡趋势，股价及指标多在低位区运行。

B.多指标背离共振出现时，可以是同一周期的K线图，也可以是不同周期的K线图，但必须是在同一时间周期之内发生背离共振。

C.多指标背离共振出现时，必须是三个或三个以上的指标，在同一时间周期内发生背离。

实战案例

　　在震荡下跌趋势里，东方网络的日线图上，于2015年1月13日 – 29日，出现了股价持续震荡走低，不断刷新前期低点，并创出23.50元的新低，但RSI指标却未能刷新前低，形成RSI顺势底背离。并且，RSI刚刚从0 – 20的极端背离中走出来。以上说明如图11-32所示。

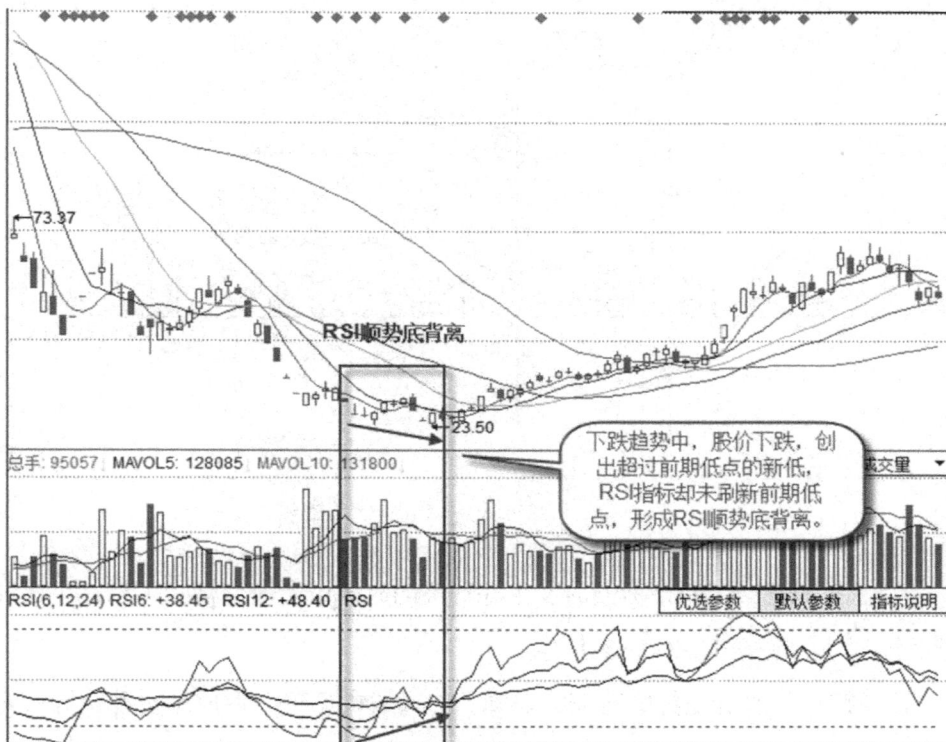

图11-32　东方网络：日线图 – RSI指标

　　在同一时间内，ASI指标同样，在股价接连创出新低的情况下，低点在不断抬高，未能出现新的低点，形成ASI熊背离。以上说明如图11-33所示。

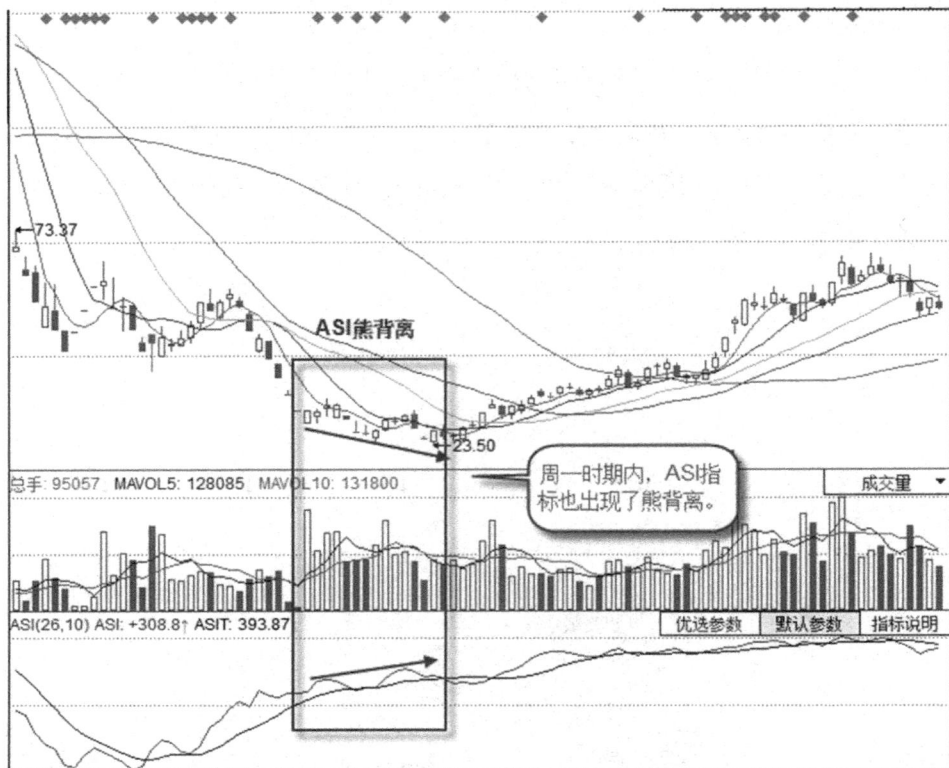

图11-33　东方网络：日线图 – ASI指标

同样，在RSI与ASI指标同时发生底背离的时间段末端，MACD指标也出现了底背离。以上说明如图11-34所示。

三种指标与股价趋势的背离，在同一时间段内出现，形成了多种指标底背离共振。这说明，尽管股价在持续创出新低，但已运行至底部，后市将不会创出新的价格，而即将反转趋势上涨，因此是一种买入形态，应及时买入股票。

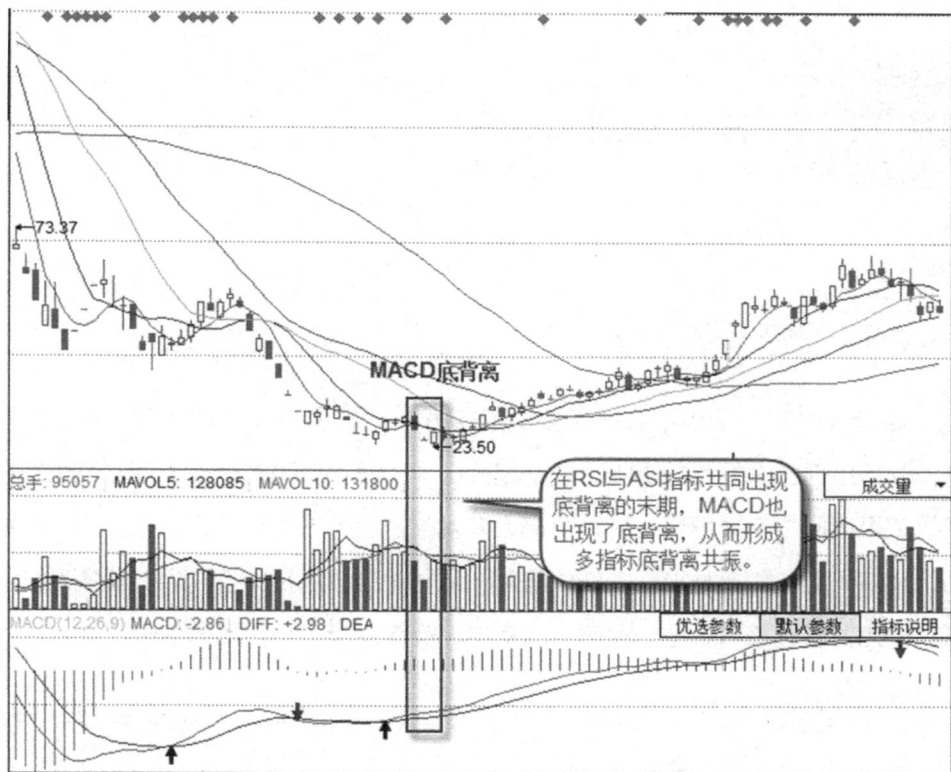

図11-34　东方网络：日线图-MACD指标

技术要领

1.在实战中，当多种指标背离共振出现时，投资者应看清当时的趋势，从而认定是多指标底背离共振还是多指标顶背离共振，以便决定买入还是卖出。

2.多种指标背离共振出现时，如果其中有的指标的背离状态与其他指标不同，则不能以多指标共振来操作，应以多数服从少数的原则，再结合其他指标来研判行情。

3.多种指标背离共振出现时，可以从不同的周期图上的同一时间段入手，这样对大趋势的研判更为准确。

4.如果是周线上某一指标出现背离，而日线上不同指标也在同一时间段落发生背离共振，则背离后的趋势反转意义更强。

11.4 背离陷阱

11.4.1 底背离陷阱

底背离陷阱，是当指数或股价的运行方向与技术指标出现底背离时，却没有在其后出现行情的反转上涨，或是仅仅出现了昙花一现的短暂上涨，其后股价或指数再次回归下跌行情。这种情况大多发生在股价或指数的高位区，主力借机高位大举出货；如果是出现在低位区时，往往是低位的反弹行情中，说明跌势未止。因此，底背离陷阱是一种诱多的表现，反而成为一种卖出的信号。

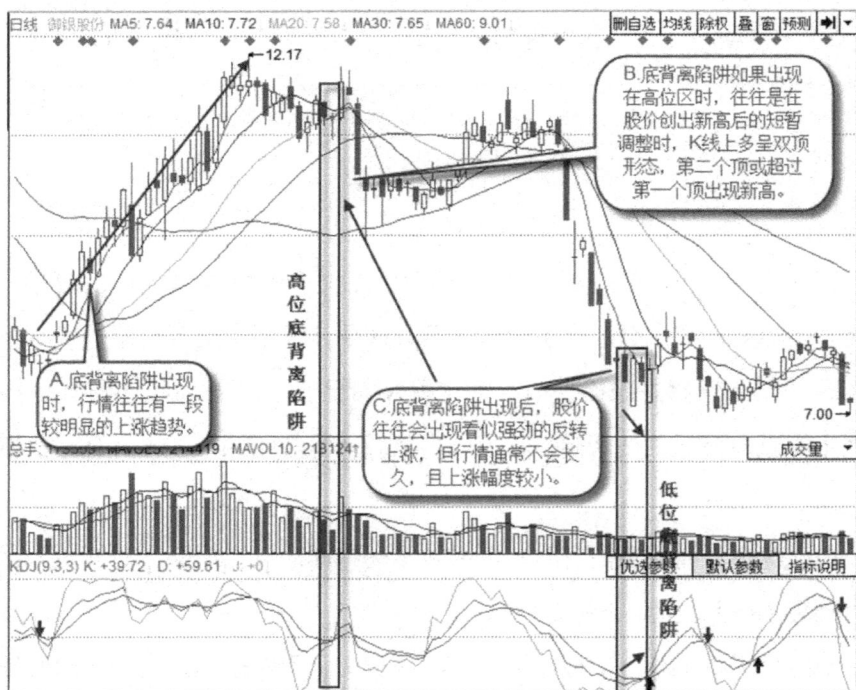

图11-35　御银股份：日线图

形态特征

　　图11-35是御银股份（002177）的日线图，其形态特征可以从以下三点分析确认：

　　A.底背离陷阱出现时，行情往往有一段较明显的上涨趋势。

　　B.底背离陷阱如果出现在高位区时，往往是在股价创出新高后的短暂调整时，K线上往往呈双顶形态，第二个顶或超过第一个顶出现新高。

　　C.底背离陷阱出现后，股价往往会出现看似强劲的反转上涨，但行情通常不会长久，且上涨幅度较小。

实战案例

　　御银股份（002177）在经历了2015年10月9日－11月10日一个月的上涨后，上涨幅度已达50%，其后股价出现震荡调整，11月10日的高点12.17元成为第一高点，但在11月23日与24日，股价明明在下跌，但KDJ指标却出现上涨，形成底背离，其后股价以一根中阳上涨后，即开始下跌，随后，虽经反弹后仍然再次回归了下跌。因此，高位底背离出现后的反弹时，反而成为了高位获利了结的卖点。

　　在经历2015年12月的下跌后，至2016年1月13日、14日与15日时，股价明显还处于下跌趋势，但KDJ指标却出现了上涨，形成低位底背离。其后，股价在出现短暂反弹后又一次回归震荡下跌。所以，此时的底背离并不是真正的底，同样不能参与。以上说明如图11-36所示。

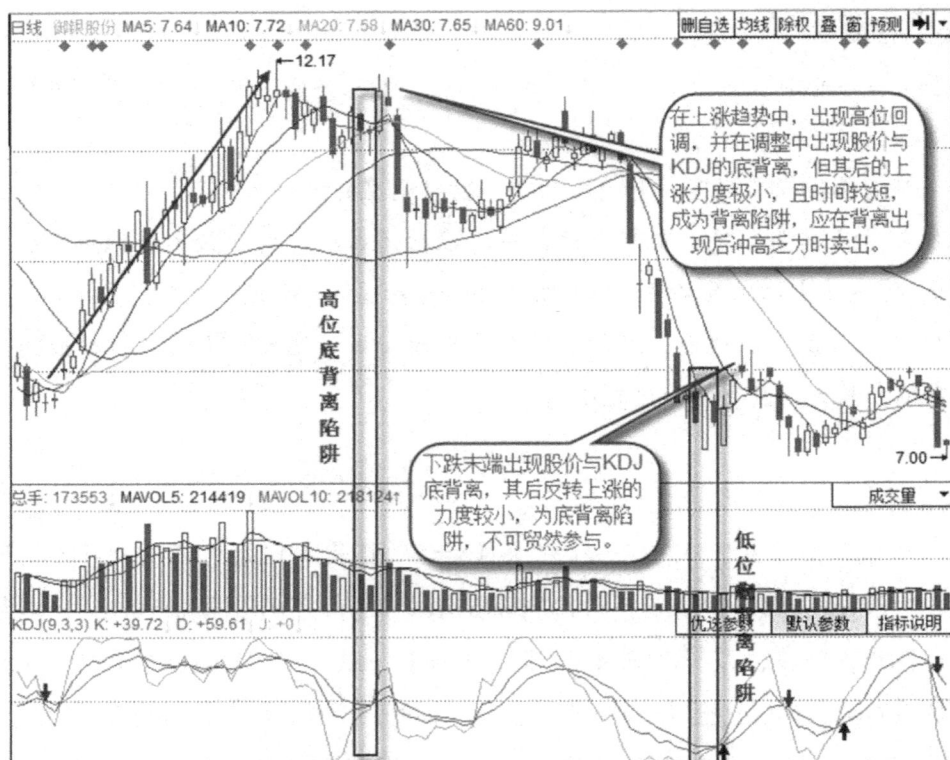

图11-36　御银股份：日线图

技术要领

1.判断行情是否为底背离陷阱的方法是，往往在高位底背离出现时，短期涨幅已大，即使其后股价接连创出新高，但往往为逼空行情，最好结合大盘走势及个股多种指标综合判断，一旦发现上行乏力，应果断卖出。

2.低位底背离陷阱出现时，可结合K线趋势，因为往往在趋势发生转变前，均线趋势即将出现多头排列，并配合成交量观察，如低位底背离出现后，均线即将转为多头排列，成交量又持续放大方可买入，否则为诱多陷阱的概率要大。

11.4.2　顶背离陷阱

顶背离陷阱，是当指数或股价在运行过程中，出现与技术指标的顶背离后，然而指数或股价并没有下跌，而是出现了持续维持原来的趋势。这种情况如果是出现在股价低位区时，往往是主力以诱空的方式，在技术指标顶背离出现时下跌，但股价往往很快即恢复上涨，并走出低谷，因此K线上往往会在顶背离出现后，出现"黄金坑"形态；如果是在高位出现时，往往技术指标出现顶背离时，并没有到达顶部区域，而K线上往往以大阴伴大阳的方式出现，以实现快速洗盘。因此，顶背离陷阱出现后，往往是低位的一种买入形态。

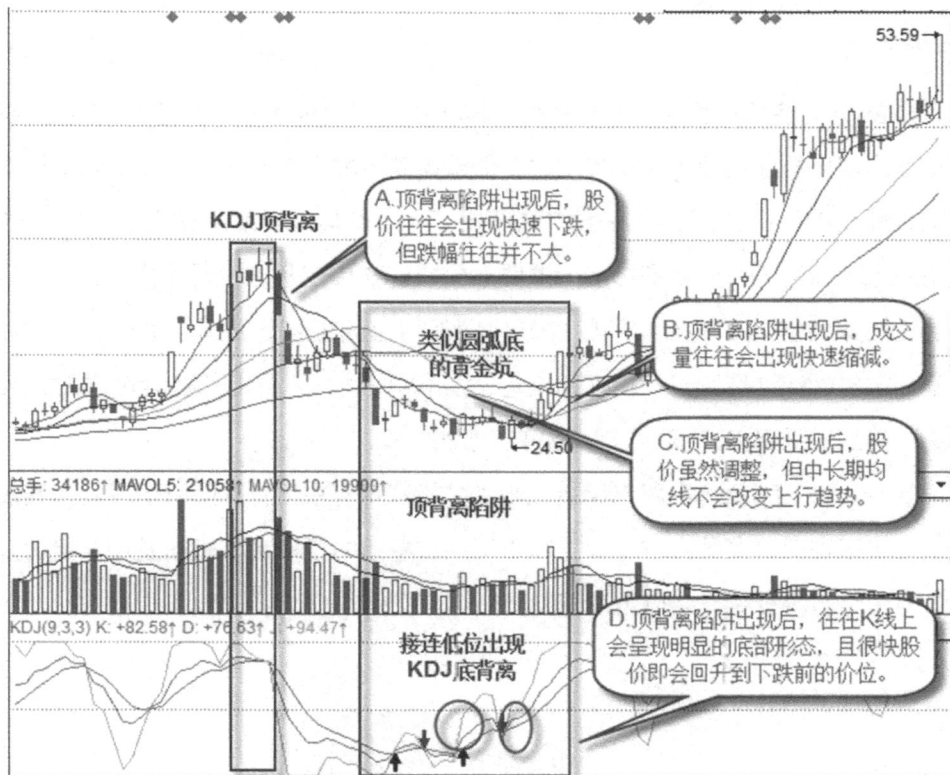

图11-37　兆日科技：日线图

形态特征

图11-37是兆日科技（300333）的日线图，其形态特征可以从以下四点分析确认：

A.顶背离陷阱出现后，股价往往会出现快速下跌，但跌幅往往并不大。

B.顶背离陷阱出现后，成交量往往会出现快速缩减。

C.顶背离陷阱出现后，股价虽然调整，但中长期均线不会改变上行趋势。

D.顶背离陷阱出现后，往往K线上会呈现明显的底部形态，且很快股价即会回升到下跌前的价位。

实战案例

在2014年底的涨势中，兆日科技突然在12月初出现了KDJ顶背离，K线上在顶背离出现后接连出现了两根长阴线，但整体跌幅并不大，而随着成交量的快速缩减，股价的下跌放缓，并在低位区形成了一个类似圆弧底的黄金坑，并且60日均线上上涨趋势并未受到影响，同时很快股价在接连两次出现的KDJ底背离后快速走出黄金坑，并在2015年1月20日时恢复了上涨趋势，展开了新一轮的快速上涨，到2015年4月13日，仅仅用了近3个月的时间，股价即从黄金坑时的26元左右上涨到了最高64.78元，上涨幅度高达250%。

因此，被KDJ顶背离踢出局者，激进的投资者应在顶背离陷阱出现后，当发现黄金坑出现时，在黄金坑底部果断再买入；稳健的投资者，可在股价走出黄金坑恢复涨势时再行买入。以上说明如图11-38所示。

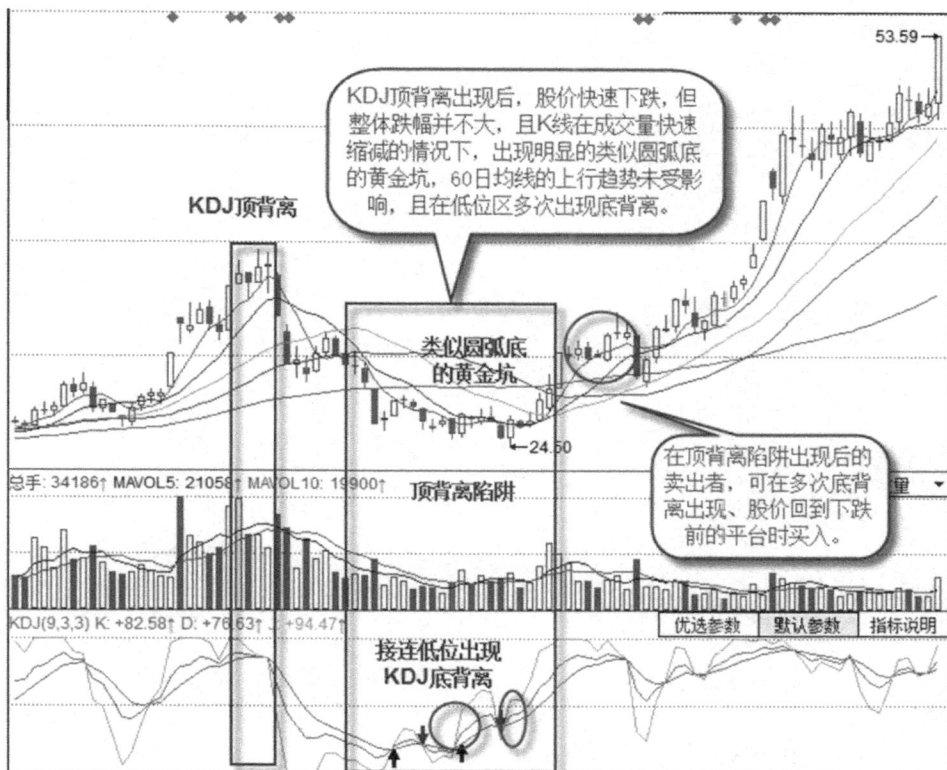

图11-38　兆日科技：日线图

技术要领

1.顶背离陷阱出现时，投资者也可以从其他的不同指标运行情况，比如均线、K线形态，或是MACD指标等加以判断。

2.如果是新一轮牛市发动，投资者也可结合消息面来判断趋势的演变。

3.顶背离陷阱如果出现在上涨中途，往往是主力借机洗盘的象征；若是出现在上涨之初，则此时K线系统往往各条均线距离较近，而突然出现向下发散即将破位的形态，只要再次下跌后的整体跌幅并不大，且中长期均线呈上行趋势，则应在顶背离出局后果断介入。